Hoffmann und Campe *Reader*

Redaktion Hans-Helmut Röhring
Anneliese Schumacher-Heiß

Fritz Süllwold (Hrsg.)

Begabung und Leistung

Hoffmann und Campe

Die Übersetzungen aus dem Englischen
und Amerikanischen besorgte Liselotte Mickel.

1. bis 5. Tausend 1976

Gesetzt aus der Borgis Garamond-Antiqua
Umschlag Jan Buchholz und Reni Hinsch
Gesamtherstellung Süddeutsche Verlagsanstalt, Ludwigsburg
ISBN 3-455-09183-0 · Printed in Germany

Inhalt

Einführung

Es ist nicht auszuschließen, daß der Titel ›Begabung und Leistung‹ von manchen als provozierend empfunden wird. Wer heute das Wort »Begabung« oder »begabt« benutzt, setzt sich leicht dem Verdacht aus, einer als antiquiert geltenden Theorie der interindividuellen Differenzen oder gar einer verhängnisvollen Ideologie anzuhängen.

Derartigen Reaktionen auf das Wort »Begabung« liegt wohl stets die Ansicht zugrunde, daß »Begabung« oder »begabt« Bezeichnungen für rein genetisch bestimmte Persönlichkeitsmerkmale seien oder sein sollen. Mit anderen Worten: Wenn von der »hohen Begabung« eines Menschen die Rede ist, wird, so meint man, die Glaubensüberzeugung zum Ausdruck gebracht, daß dieser Mensch seinen hohen Leistungsstand ausschließlich seiner genetischen Ausstattung verdankt. Dementsprechend werden Hinweise auf Begabungsunterschiede zwischen bestimmten Individuen als Bemühungen zur interindividuellen Differenzierung nach dem genetischen Potential verstanden. Da man jedoch Leistungsunterschiede zwischen Menschen nicht ausschließlich, eventuell nicht einmal zum größeren Teil, auf hereditäre Faktoren zurückführen könne, sei es, so wird gefolgert, unangemessen, weiterhin von Begabung und Begabungsunterschieden zu sprechen.

Gegen eine solche Argumentation ist einzuwenden, daß bis jetzt keine Untersuchungen über die umgangssprachliche Bedeutung des vielbenutzten Wortes »Begabung« bekannt sind, aus denen zwingend hervorgeht, daß dieses Wort tatsächlich in der Regel zur Bezeichnung einer ererbten Leistungsfähigkeit verwendet wird. Auch für das fachwissenschaftliche Schrifttum läßt sich eine derartige Bedeutungsperspektive nicht durchgehend belegen. Vieles spricht hingegen für die These, daß die Ausdrücke »Begabung« und »begabt« meistens nicht eigentlich in einem erklärenden Sinne, sondern vornehmlich deskriptiv gebraucht werden, um auf ein konstantes Leistungsniveau oder eine langfristig stabile Leistungsfähigkeit in einem bestimmten Bereich hinzuweisen. Eine analoge Betrachtung stellt übrigens Ferguson in seinem unten wiedergegebenen programmatischen Aufsatz zu dem englischen Ausdruck ›ability‹ an, indem er bemerkt, daß viele Psychologen sich dieser Bezeichnung im Hinblick auf Leistungen bedienen, die sich über längere Zeiträume hinweg nicht stark verändern.

Diesem Reader liegt eine ähnliche Begriffsbestimmung zugrunde. Wir verwenden demnach den Ausdruck »Begabung«, um das langfristig stabile Leistungsniveau eines Individuums in einem bestimmten Tätigkeitsbereich zu kennzeichnen. Mit Stabilität des Leistungsniveaus ist allerdings nicht notwendig gemeint, daß die Leistung als solche konstant bleibt. Vielmehr bedeutet Stabilität in diesem Zusammenhang, daß sich auf dem betreffenden Leistungsgebiet der relative Abstand zu den anderen Individuen in einem überschaubaren Zeitraum nicht wesentlich ändert. Mit anderen Worten: Stabilität meint hier eine hinreichende Konstanz der relativen Position des Individuums in seiner Gruppe.

Aus der zuvor gegebenen allgemeinen Begriffsbestimmung folgt, daß nicht in jedem beliebigen Tätigkeits- und Leistungsbereich von Begabung, Begabungsgraden und Begabungsunterschieden gesprochen werden kann. Da unter Begabungen nur solche Fähigkeiten verstanden werden, die eine Stabilität des individuellen Leistungsniveaus über einen längeren Zeitraum bewirken, sind Begabungsdiagnosen nur in den Tätigkeitsbereichen möglich, in denen eine derartige Stabilität festzustellen ist.

Wenn von der Leistung in einem Tätigkeitsbereich, der dem erläuterten Stabilitätskriterium genügt, auf ein Begabungsniveau geschlossen wird, handelt es sich stets um eine Aussage über den individuellen Ausprägungsgrad bei einer bestimmten Begabungsart (Begabungsrichtung, Begabungsdimension), also nicht um eine Aussage über die Begabung schlechthin. Begabungsdiagnosen sind nach unserem Verständnis immer differentiell, d. h. immer Aussagen über den individuellen Grad der Begabung in bezug auf etwas (räumliches Vorstellen, unmittelbares Gedächtnis, Wortflüssigkeit, Erfassen sprachlogischer Zusammenhänge usw.). Damit wird jedoch nicht behauptet, daß jeder Tätigkeitsart oder jedem Leistungssektor eine eigene Begabungsrichtung entspricht. Eine Begabungsart kann sich vielmehr bei inhaltlich verschiedenen Tätigkeiten und Leistungsbereichen auswirken. Der Allgemeinheitsgrad einer Begabungsdimension ist um so höher, je größer die Zahl der Leistungen oder Leistungsbereiche ist, bei denen sie eine wichtige Rolle spielt. Hinsichtlich »der Intelligenz«, wie sie konventionell definiert ist, kann von einer hochgradig allgemeinen Begabung (»Fähigkeit zum Lösen verschiedenartiger Probleme«) gesprochen werden, die allerdings verschiedene Begabungsdimensionen geringeren Geltungsbereichs einschließt. Der Begabungsbegriff an sich, so wie wir ihn hier verwenden, ist dementsprechend weiter als der Begriff der (allgemeinen) Intelligenz. Er bezieht sich – wie bereits dargelegt – auf alle dem Stabilitätskriterium genügenden Leistungen.

Neben dem Aspekt der Differenzierung nach Begabungsarten oder Dimensionen muß der Gesichtspunkt der Graduierung beachtet werden. Damit ist gemeint, daß die Ausdrücke »Begabung« und »begabt« nicht in der Bedeutung von »hochbegabt« oder »hochgradig leistungsfähig« zu verstehen sind, was ja zur Konsequenz haben würde, daß alle unterhalb der oberen Extremgruppe befindlichen Individuen keinen Anspruch auf das Etikett »begabt« hätten. Danach wären in leistungsmäßiger Hinsicht nur zwei Gruppen von Individuen zu unterscheiden, nämlich »Begabte« und »Nichtbegabte«; zu den letztgenannten würden sowohl unterdurchschnittliche als auch durchschnittliche und leicht überdurchschnittliche Individuen gehören. Wir begreifen dagegen Begabung nicht als dichotome, sondern als kontinuierliche Variable. Dementsprechend werden bei jeder Begabungsart, also bei jeder Begabung für irgendeine Tätigkeit, viele Begabungsgrade unterschieden, die von »sehr gering begabt« über »durchschnittlich begabt« bis »hochbegabt« reichen. Es wird angenommen, daß bei jeder Begabungsdimension die mittleren Begabungsgrade in der Gesamtbevölkerung häufiger vertreten sind als die extremen. Die Vokabel »unbegabt« bedeutet in unserem Konzept, daß die betreffende Fähigkeit überhaupt nicht, also auch nicht in minimaler Ausprägung, vorhanden ist. Dieser dem absoluten Nullpunkt entsprechende Fall dürfte in der Praxis bei den meisten Begabungsdimensionen kaum anzutreffen sein. Dagegen liegt die Annahme nahe, daß die meisten Individuen auf jeder der zahlreichen Begabungsdimensionen einen Wert (Grad) erreichen, der oberhalb des absoluten Nullpunktes (des »Unbegabtseins«) liegt. Da die einzelnen Begabungsdimensionen funktional verschieden sein sollen, können beträchtliche intra-individuelle Schwankungen auftreten, d. h., der Skalenwert oder Ort eines Individuums kann von Dimension zu Dimension erheblich variieren.

Nach diesen Erläuterungen des mit »Begabung« gemeinten Sachverhalts mag doch noch die Frage erwägenswert erscheinen, ob vielleicht ein anderer Terminus zur Begriffsbezeichnung und zur gegenseitigen Verständigung geeigneter sei als das Wort »Begabung«. In der Vergangenheit hat es nicht an Bemühungen gefehlt, eine Sammelbezeichnung für all die Variablen zu finden, die sich in langfristig stabilen Leistungen auf verschiedenen Gebieten äußern (also dem Stabilitätskriterium genügen) sowie Differenzierungen und Graduierungen der gekennzeichneten Art gestatten. Die Bezeichnungen »Intelligenz«, »Intelligenzfaktoren« oder »Intelligenzdimensionen« werden zweifellos nur einem Teil dieser Variablen gerecht; man denke z. B. an die nicht den Intelligenzfaktoren zuzuordnende Musikalität oder an psychomotorische Fähigkeiten. Ähnliches gilt für den in jüngster Zeit gelegentlich gebrauchten Sammelnamen »intellektuelle Tüchtigkeit« beziehungsweise »intellektuelle Tüchtigkeiten«. Breiter konzipiert, aber in mancherlei Hinsicht mißverständlich erscheinen die Termini »Eignung« und »Eignungsdimensionen«. Die Ausdrücke »Fähigkeit« und »Fähigkeiten« werden zweifellos nicht selten in ähnlicher Weise gebraucht wie die Bezeichnungen »Begabung« und »Begabungen«. Dennoch erscheint es nicht angemessen, statt von »Begabungen« einfach von »Fähigkeiten« zu sprechen. Der Begriff der Fähigkeit gehört notwendig zum Begriff der Leistung schlechthin, d. h., jede Leistung setzt irgendeine Fähigkeit voraus oder ist als aktueller Ausdruck einer Fähigkeit zu begreifen. Manche der in diese weite Begriffskategorie fallenden Fähigkeiten sind als Resultat einer ungewöhnlichen Bedingungskonstellation aber nur sehr kurzfristig vorhanden. Mit Begabungen meinen wir jedoch nicht beliebige Fähigkeiten, sondern nur diejenigen, die langfristig stabilen Leistungen oder Leistungsniveaus zugrunde liegen. Wir sehen tatsächlich keinen besseren Weg als den, diese langfristig stabilen Leistungsgrundlagen, auf die sowohl Alltagserfahrungen als auch die systematisch betriebene Forschung immer wieder hinweisen, mit dem geläufigen Sammelnamen »Begabungen« zu bezeichnen.

Der dargestellte Begabungsbegriff impliziert keine Bestimmung über die Abhängigkeit einer Begabung von genetischen oder peristatischen Faktoren.

Dieser Begriff dient allein der Deskription, nicht der Erklärung. Wenn jedoch die naheliegende Frage nach den eigentlichen Ursachen langfristig stabiler Leistungen gestellt wird, sieht man sich zwangsläufig dem Anlage-Umwelt-Problem konfrontiert. Dementsprechend nimmt dieses Problem mit seinen verschiedenen Aspekten und vielfältigen Verzweigungen einen breiten Raum in dem vorliegenden Reader ein. Es ist das zentrale Thema dieses Werkes; außer dem ersten Teil, in dem Strukturfragen der Begabung und Grundrichtungen der Intelligenzentwicklung erörtert werden, sind ihm alle Kapitel gewidmet. Das Problem der Bedeutung sowie der Wechselwirkung von Anlage und Umwelt im Bereich der Begabungen wird nicht nur grundsätzlich und allgemein abgehandelt, sondern das Bestreben geht auch dahin, den Einfluß verschiedener peristatischer Gegebenheiten auf die Begabungsentwicklung detailliert darzustellen.
Die Kontroverse um die Bedeutung hereditärer und peristatischer Faktoren ist bekanntlich nicht auf die Psychologie und benachbarte Wissenschaften beschränkt. Das Anlage-Umwelt-Problem findet auch in der breiteren Öffentlichkeit ein starkes Interesse und ist oft Gegenstand heftig geführter Diskussionen. Seine politische Relevanz gewinnt es vornehmlich durch die engen Beziehungen zu fast allen wesentlichen Erziehungs- und Bildungsfragen. In den öffentlichen Diskussionen, gelegentlich aber auch im innerfachlichen Disput, wird das Anlage-Umwelt-Problem sehr stark und durchaus unzulässig vereinfacht, was die Affektbesetzung dieses wichtigen Fragenkomplexes zweifellos erheblich fördert.
Im Hinblick auf unterschiedliche Begabungsgrade kommt die Vereinfachung der Fragestellung häufig in der Alternative »Anlage oder Umwelt« zum Ausdruck, d. h., es wird die Möglichkeit ausgeschlossen, daß ein Mensch sowohl durch genetische Faktoren als auch durch Milieueinflüsse »begabt« wird. Die im Alltag zu diesem Problem anzutreffenden Stellungnahmen dürften nicht selten weniger durch Kenntnisse und Einsichten determiniert sein als von außerrationalen Grundeinstellungen und von Motiven, die den sogenannten Tiefenschichten entstammen, abhängen. Das Resultat einer derartigen Determination kann sehr wohl in der einen wie auch in der anderen Richtung liegen. Bei vielen dürfte der extreme Milieustandpunkt vorbehaltlose Zustimmung finden, wenn im Kontext dieser Fragestellung die eigene Persönlichkeit nicht unberücksichtigt bleibt. Der Grund ist leicht einzusehen. Nur wenige Menschen dürften ihre Begabung auf einem bestimmten Gebiet, namentlich ihre allgemeine geistige Leistungsfähigkeit oder Intelligenz, für so überragend halten, daß sie sich nicht einer beträchtlichen Anzahl anderer Menschen in dieser Hinsicht unterlegen fühlen. Es fällt sicherlich leichter, diesen an sich nicht erfreulichen Tatbestand auf widrige oder unzureichende Milieugegebenheiten während der individuellen Entwicklung zurückzuführen, als ihn durch ein unzulängliches Erbgut zu erklären. Zwar ist jemand für seine Erbanlagen ebensowenig verantwortlich zu machen wie für das Vorhandensein oder Fehlen bestimmter Milieueinflüsse in der Zeit seiner Kindheit, jedoch darf wohl angenommen werden, daß die meisten vor einer negativen Charakterisierung des Erbguts eher zurückschrecken, weil dadurch die unabänderlichen Grundlagen der eigenen Existenz in Frage gestellt

würden. Dies käme dem Versuch gleich, das eigene Selbst, wie es nun einmal unabänderlich gegeben ist, zu negieren. Die angesichts eines unangenehmen Tatbestandes (Unterlegenheit gegenüber anderen) erstrebte psychische Entlastung muß somit durch eine Kritik der grundsätzlich variablen Umweltverhältnisse erfolgen bzw. durch eine Beschuldigung derjenigen, die man für jene Verhältnisse verantwortlich macht. Diese in bezug auf die eigene Persönlichkeitsentwicklung angestellten Betrachtungen können leicht zur Basis eines Generalisationsprozesses werden, dessen Ergebnis ein festes Bekenntnis zu einer strengen Milieudeterminiertheit der Begabungsentwicklung und des Begabungsniveaus ist. Unberücksichtigt bleibt dabei unter anderem der wichtige Aspekt der Wechselwirkung (Interaktion) von Anlage und Umwelt.

Die soeben angestellten Überlegungen könnten zu dem Schluß verleiten, daß die meisten Menschen Anhänger eines extremen Milieustandpunktes der Begabungsentwicklung sein müssen, weil es nur wenigen vergönnt ist, zur Spitzengruppe der Begabungen zu gehören und sich anderen gegenüber nicht unterlegen zu fühlen. Ob ein solcher Schluß zu Recht besteht, kann selbstverständlich letzten Endes nur durch eine sorgfältig durchgeführte Meinungserhebung in der Gesamtbevölkerung entschieden werden.

Schon vor einer solchen Erhebung ist allerdings zu bedenken, daß die Korrelation zwischen Unterlegenheits- oder Überlegenheitsgefühlen gegenüber anderen und dem objektiv zu bestimmenden individuellen Begabungsgrad nicht ideal, eventuell nicht einmal sehr hoch ist. Außerdem dürfte die Neigung, den Grund für ein geringeres Leistungsniveau weniger bei »sich selbst«, namentlich in der genetischen Ausstattung, als in Milieueinflüssen und »bei anderen« zu suchen, interindividuell verschieden stark ausgeprägt sein. Schließlich ist zu berücksichtigen, daß nicht wenige Menschen in der einen oder anderen Form als Erzieher tätig sind. Wenn die ergriffenen Erziehungsmaßnahmen nicht zu dem erstrebten – eventuell sogar als normal oder als notwendig geltenden – Erfolg führen, ist es zum Zwecke der psychischen Entlastung günstiger, auf Mängel im Erbgut des Zöglings zu rekurrieren, da die als relevant angesehenen Umweltbedingungen weitgehend vom Erzieher selbst geschaffen oder kontrolliert werden. In der Tat werden extreme Thesen über die Bedeutung des genetischen Potentials nicht selten mit Erfahrungen im Erziehungsbereich begründet, wobei allerdings auch auf Fälle hingewiesen zu werden pflegt, in denen sich hohe Begabungen ohne besondere erzieherische Bemühungen entwickelten.

In der Wissenschaft, namentlich in der Psychologie, ist das Interesse am Anlage-Umwelt-Problem in Zusammenhang mit Begabungsfragen gewissen Schwankungen unterworfen, wie sich durch Variationen in der Zahl und der Qualität einschlägiger Veröffentlichungen unschwer belegen läßt. Im besonderen sind aber auch Interessenverschiebungen innerhalb des Problemkomplexes im Laufe der Zeit deutlich zu erkennen. Während zu bestimmten Zeiten das Interesse bevorzugt den möglichen Auswirkungen genetischer Faktoren galt und wohl auch von vornherein eine Bereitschaft bestand, die Bedeutung solcher Faktoren zu betonen, waren zu anderen Zeiten das Interesse und die Betonungsabsicht vornehmlich auf Umweltbedingungen der Begabungsentwicklung gerichtet. Es scheint, daß diese Schwankungen des Interesses, der Forschungsrichtung und Forschungsintensität nicht ganz unabhängig von ideologischen Grundströmungen der jeweiligen Epoche waren. Diese Bemerkung stellt selbstverständlich nicht zwangsläufig die Forschungsbefunde als solche in Frage.

Der vorliegende Reader ist vor allem darauf angelegt, sachlich und untendenziös über das ebenso schwierige wie faszinierende Anlage-Umwelt-Problem auf dem Gebiet menschlicher Begabungen zu informieren. Dementsprechend herrscht in vielen Beiträgen das Bemühen um die nüchterne Bestandsaufnahme vor. Artikel propagandistischen Charakters, die sicherlich auch in mancherlei Hinsicht aufschlußreich sein können, sind grundsätzlich unberücksichtigt geblieben. Wenngleich sich dieser Reader nicht nur an den Fachwissenschaftler, sondern auch an einen breiteren Leserkreis interessierter »Laien« wendet, ist alles unterlassen worden, was dazu führen könnte, die Kompliziertheit der Materie zu verschleiern. Das Wissen um die Kompliziertheit des Problems und den tatsächlichen Stand der Forschung bietet die beste Gewähr, Modeströmungen und ideologisch bestimmten Sentenzen auf diesem Gebiet zu widerstehen. Die Probleme von Anlage und Umwelt, namentlich die Fragen der Entstehung, Entwicklung und Förderung von Begabungen, sind zu ernst und zu wichtig, als daß man sie Ideologen dieser oder jener Provenienz überlassen sollte.

Für diesen Reader konnten ausschließlich Artikel aus wissenschaftlichen Zeitschriften, also keine Buchtexte, herangezogen werden. Berücksichtigt wurden die seit 1945 erschienenen einschlägigen Arbeiten. Es ist sicher kein Zufall, sondern Ausdruck der spezifischen Forschungslage in den jeweiligen Ländern, daß die weitaus meisten Beiträge aus dem englischen Sprachgebiet stammen: acht Abhandlungen sind in Nordamerika und fünf in Großbritannien entstanden. Je ein Beitrag kommt aus der Bundesrepublik Deutschland, der DDR, Schweden und der Schweiz. Die endgültige Entscheidung über die Aufnahme eines Artikels in den Reader resultierte nicht selten aus der simultanen Berücksichtigung recht verschiedener Gegebenheiten. Im Hinblick darauf sei bemerkt, daß zu einigen der im Reader behandelten Themen Veröffentlichungen aus noch jüngerer Zeit vorliegen. Für die Auswahl eines Artikels war jedoch das Erscheinungsdatum weniger wichtig als die Frage, wie genau und verständlich die eigentlichen Forschungsprobleme und die seinerzeit dazu erhobenen Daten dargestellt werden. Auch in jüngster Zeit kommt man bei der Erörterung der Anlage-Umwelt-Problematik nicht umhin, immer wieder auf empirische Untersuchungen, z. B. im Rahmen der Zwillingsforschung, zurückzugreifen, die schon vor relativ vielen Jahren durchgeführt wurden. Die zu jener Zeit gewonnenen Ergebnisse sind nach wie vor die wichtigsten Ausgangsdaten für jede sachbezogene Diskussion.

Frankfurt a. M., im Herbst 1975 — Fritz Süllwold

I. Grundmodelle des Intellekts und der Intelligenzentwicklung

Einleitung des Herausgebers

Eine zentrale Frage jeder Begabungsforschung ist das Problem der Dimensionalität des gesamten Begabungsbereichs, also die Frage nach den Dimensionen, Arten, Richtungen oder Faktoren von Begabungen, die an Hand sinnvoller Kriterien unterschieden werden können. Dieses für Theorie und Praxis überaus bedeutsame Problem wird in der Psychologie zumeist mit Hilfe der Korrelationsrechnung und der Faktorenanalyse in Angriff genommen. Über die Ergebnisse und die Anerkennung einzelner methodischer Prinzipien besteht bis jetzt kein genereller Konsens. Uneinheitlich beantwortet wird zum Beispiel die Frage, ob die als verschieden zu erachtenden Begabungsdimensionen statistisch voneinander völlig unabhängig sein sollen (orthogonale Begabungsdimensionen) oder ob die Unterscheidbarkeit auch dann noch als hinreichend anzusehen ist, wenn zwischen definierten Begabungsdimensionen leichte Korrelationen bestehen (oblique Dimensionen). Ein weiteres Beispiel für Differenzen im Grundsätzlichen sind unterschiedliche Vorstellungen über die Allgemeinheitsgrade und die Struktur von Begabungsfaktoren. Während auf einer Seite, namentlich in der sogenannten Englischen Schule der Faktorentheorie, hierarchische Begabungsmodelle bevorzugt werden, begegnet man bei Vertretern anderer theoretischer Positionen Vorstellungen über die Organisation von Begabungsfaktoren, die als nichthierarchisch charakterisiert werden können. Nach dem hierarchischen Modell unterscheiden sich die Begabungs-, namentlich die Intelligenzfaktoren sehr erheblich in ihren Allgemeinheitsgraden oder Geltungsbereichen und stehen dementsprechend zueinander in einer Beziehung der Über- oder Unterordnung, wobei ein im höchsten Grade allgemeiner Faktor die Spitze der Hierarchie bildet. Neben den Extremfällen des streng hierarchischen und des eindeutig nichthierarchischen Modells sind in der neueren Fachliteratur verschiedene Misch- oder Übergangsformen anzutreffen.
Variationen in den allgemeinen Modellvorstellungen sowie in der Bewertung bestimmter methodischer Prinzipien haben zusammen mit Unterschieden im Umfang und in der Technik der Datenerhebung dazu geführt, daß die von einzelnen Autoren beschriebenen Begabungsdimensionen in der Anzahl wie in der Qualität zum Teil beträchtlich differieren. Es muß allerdings auch festgestellt werden, daß über die Existenz (im Sinne der Konstruktvalidität) nicht weniger Begabungsfaktoren heute weitgehend Einigkeit besteht.
Richard Meili erörtert in seinem Beitrag fundamentale begriffliche und methodologische Probleme der faktorenanalytischen Intelligenzforschung. Neben einem kurzen Überblick über vielbeachtete Intelligenzmodelle anderer Autoren erläutert er vor allem das von ihm selbst konzipierte Faktorenmodell

des Intellekts. Dieses Modell, über das an Hand der bis jetzt vorliegenden Erfahrungen noch kein abschließendes Urteil möglich erscheint, ist gegenüber anderen Differenzierungs- und Klassifikationsversuchen im Intelligenzbereich durch recht eigenwillige theoretische und methodische Ansätze gekennzeichnet. Diese zeigen sich zum Beispiel bei der Behandlung des Rotationsproblems, bei der Definition des allgemeinen Faktors und bei dem Bemühen, die Faktoren des Intellekts aus einer allgemeinen Theorie des Denkens abzuleiten. Der Versuch, Aussagen über Intelligenzdimensionen in größere theoretische Zusammenhänge einzuordnen, ist grundsätzlich der Beachtung wert.

Der zweite in diesem Kapitel aufgegriffene Problemkomplex, nämlich die Frage nach der allgemeinen Richtung der Intelligenzentwicklung, steht in enger Beziehung zu dem Dimensionalitätsproblem. Wenn angenommen wird, daß Entwicklung auch im Bereich des Intellekts fortschreitende Differenzierung bedeutet, also vom Allgemeinen zum Differentiellen verläuft, muß gefolgert werden, daß der Intellekt sich auf verschiedenen Altersstufen in einer unterschiedlichen Anzahl und eventuell auch in verschiedenen Arten von Dimensionen darstellt. Mit anderen Worten: In den verschiedenen Altersgruppen der Gesamtbevölkerung lassen sich verschieden viele Begabungsrichtungen (Intelligenzdimensionen) unterscheiden, und es bestehen zum Teil auch qualitative Differenzen zwischen den Intelligenzfaktoren der einzelnen Altersgruppen. Nach einem solchen Differenzierungsmodell müßten sich selbstverständlich bei jüngeren Individuen, namentlich bei Kindern, weniger Intelligenzdimensionen als bei älteren Menschen nachweisen lassen, und der Allgemeinheitsgrad dieser Dimensionen müßte besonders hoch sein. Jüngere Menschen könnten demnach in begabungsmäßiger Hinsicht nur nach wenigen Intelligenzdimensionen, eventuell lediglich in bezug auf eine einzige Grundfähigkeit, voneinander unterschieden werden.

Zu diesem Modell der allgemeinen Richtung der Intelligenzentwicklung lassen sich leicht Konkurrenzmodelle vorstellen. Das einfache Gegenmodell würde besagen, daß die Intelligenzentwicklung vom Speziellen zum Allgemeinen verläuft, womit gemeint ist, daß das Leistungsverhalten und die interindividuellen Leistungsunterschiede in der frühen Phase der Kindheit von relativ vielen und engbegrenzten Fähigkeiten bestimmt werden, während sich in späteren Lebensjahren allmählich breitere Begabungsfaktoren herausbilden, die sich als »allgemeine Fähigkeiten« jeweils bei mehreren Aufgaben und Leistungsanforderungen auswirken. Ein drittes Modell schließlich könnte auf die These zentriert sein, daß auf allen – oder zumindest den meisten – Altersstufen die Anzahl und der Charakter der Intelligenzdimensionen etwa gleich seien.

Die sogenannte Differenzierungshypothese der Intelligenz, die dem an erster Stelle genannten Modell der Intelligenzentwicklung entspricht, geht im wesentlichen auf *Henry Garrett* zurück. Er hat mit dem unten wiedergegebenen grundlegenden Aufsatz eine Vielzahl empirischer Untersuchungen sowie zahlreiche theoretische und methodologische Diskussionen ausgelöst. Aus der Reihe der kritischen Stellungnahmen haben wir die Abhandlung von *Ferdinand Merz* und *Karl Theo Kalveram* ausgewählt, welche die Diskussion über die Differenzierungshypothese der Intelligenz um den wichtigen Aspekt der »simultanen Überlagerung« erweitert hat.

Die faktorenanalytische Interpretation der Intelligenz *

von R. Meili
(Universität Bern)

Es gibt drei hauptsächliche, auf das Phänomen Intelligenz ausgerichtete Forschungsrichtungen: die denkpsychologische, die genetische und die differentialpsychologische, von der die Faktorenanalyse ein besonders wichtiger Zweig ist. Die Denkpsychologie fragt nach dem Grund der intellektuellen Leistungen im allgemeinen, die Entwicklungspsychologie untersucht die Veränderungen mit dem Alter und sucht von ihnen aus ein Bild der Intelligenz zu gewinnen, und die Faktorenanalyse forscht nach den Gründen der individuellen Leistungsunterschiede; sie muß die Intelligenz als etwas erfassen, das nicht nur genetische, sondern auch individuelle Variationsmöglichkeiten in sich schließt.

Es ist klar, daß die Psychologie nach einer Auffassung der Intelligenz streben muß, die die Ergebnisse der drei Forschungsgebiete unter einheitlichen Begriffen erklären kann, und es ist wahrscheinlich, daß jedes Forschungsgebiet für sich überhaupt nicht zu befriedigenden Erklärungen gelangt, wenn es nicht die anderen Ergebnisse mitberücksichtigt. Weil man ohne Berücksichtigung der individuellen Unterschiede keinen genügenden Einblick in die Bedingungen der Denkvollzüge erhält (Meili 1963), hat die Denkpsychologie Mühe, fruchtbare Ansätze für die experimentelle Forschung zu finden.

Für die Faktorenanalyse ist diese Abhängigkeit besonders zu betonen, da die mit ihr verbundene mathematische Methode im Gegenteil den Anschein völliger Selbstgenügsamkeit erweckt, weshalb vielfach das Charakteristische dieser Methode geradezu darin erblickt wird, daß sie ermögliche, unbeeinflußt durch psychologische Theorien und Meinungen, Ergebnisse zu gewinnen. Die mathematische Verarbeitung der Korrelationen zwischen einer Gruppe von Intelligenzleistungen soll in objektiver Weise die Faktoren aufzeigen, die die Leistungen bedingen. Aber es ist immer wieder nötig, daran zu erinnern, wie viele, außerhalb der mathematischen Methode liegende, vom Forscher und theoretischen Voraussetzungen abhängige Momente das Endresultat beeinflussen. Ich begnüge mich, sie kurz aufzuzählen: 1. die Zusammenstellung der zu untersuchenden Tests, 2. verschiedene Versuchsumstände, 3. die Wahl der mathematischen Methode, von der u. a. die Zahl der Faktoren abhängt, 4. die Rotation und 5. die psychologische Interpretation der Faktoren.

Die faktorenanalytischen Ergebnisse werden daher vom Gesichtspunkt einer Theorie der Intelligenz erst dann befriedigen können, wenn sie auch mit

* Vortrag gehalten vor der Schweizerischen Gesellschaft für Psychologie am 29. Februar 1964 in Bern. Mit freundlicher Genehmigung des Autors und des Verlags H. Huber, Bern, entnommen aus: Schweizerische Zeitschrift für Psychologie 23, 1964, S. 135-155.

Einsichten, die mit anderen Forschungsmethoden gewonnen werden, in Einklang stehen. So sagt z. B. auch Elmgreen (S. 25):

»The only really fruitful approach in factor analysis is the comparative outlook. We must be able to identify factors directly as far as possible and to express them in concrete psychological, psychophysical, genetic and developmental terms. For that reason factor analysis must be combined with as many other methods as possible, introspection, psychopathological and even neurological findings, developmental surveys, child psychological and crossectional behavior studies, twin-studies and genetics in general.«

Die Vielzahl der Gruppenfaktoren

Wenn man die heutigen Ergebnisse der faktoriellen Forschung auf dem Gebiet der Intelligenz überblickt, dann sieht man sich vor einer fast verwirrenden Fülle von mehr oder weniger gut definierten Faktoren. In dem Werk von Oléron ›Les composantes de l'intelligence‹, das heute die umfassendste Darstellung der Methoden und Ergebnisse der Faktorenanalyse auf dem Gebiet der Intelligenz gibt, findet man im Register mehr als 100 Faktoren angeführt, und der Autor macht einmal die Bemerkung, ob in diesen Untersuchungen über die Intelligenz diese selbst nicht verlorengegangen sei (S. 267).

Dieses etwas undisziplinierte Wuchern der Faktoren hängt mit verschiedenen Aspekten der Methode zusammen, vor allem wohl mit den Interpretationsprinzipien. Wenn man die Faktoren einfach definiert nach einer mehr oder weniger oberflächlichen Ähnlichkeit der Gruppe von Tests, in denen sie Sättigungen aufweisen, dann kann man nicht allzu sehr verwundert sein, daß beim Wechsel der Tests von Untersuchung zu Untersuchung auch immer wieder etwas andere Faktoren definiert werden. Guilford, der nach Thurstone wohl am systematischsten vor allem höhere geistige Leistungen untersucht hat, weist denn auch immer wieder auf die Notwendigkeit einer wirklichen psychologischen Interpretation der Faktoren hin. Um von diesem Gesichtspunkt aus in die heutige Vielfalt der Faktoren eine gewisse Ordnung zu bringen und den weiteren Untersuchungen gewisse psychologische Richtlinien zu geben, hat er ein inhaltlich geordnetes System von Faktoren vorgeschlagen. Nach Guilford entspricht jedem Faktor eine intellektuelle Operation, und er glaubt, daß diese nach drei Gesichtspunkten geordnet werden können. So unterscheidet er vier Materialarten (figural, symbolisch – d. i. Buchstaben, Zahlen usw. –, semantisch und psychologisch), 5 Arten von zu vollziehenden Operationen (erkennen, behalten, divergente Produktion, konvergente Produktion und bewerten) und sechs Arten von Produkten der Operationen (Einheiten, Klassen, Relationen, Systeme, Transformationen und Implikationen). Danach müßte es also 120 mögliche unterscheidbare Arten von Intelligenzakten und ebenso viele Faktoren geben, von denen nach Guilford 55 bis heute gefunden worden sind. Er glaubt, daß sein System ähnlich wie das der chemischen Elemente nach Mendeljew zur Entdeckung der weiteren Faktoren anleiten könne.

Ob sich die Erwartungen, die Guilford in dieses Modell setzt, erfüllen werden, wird die Zukunft zeigen. Im besten Falle aber werden sich also 120 Faktoren

ergeben, die 120 Arten von Intelligenzakten bestimmen. Man sieht, daß Guilford in der Aufteilung weitergeht, als es bis heute üblich war; was z. B. bisher in der Regel durch zwei verbale Faktoren erfaßt wurde, teilt sich nun auf 30 Faktoren auf. Die Faktoren von Guilford müssen also Gruppenfaktoren schon recht spezieller Art sein, und es muß neben ihnen noch allgemeinere Faktoren geben, da ja zwischen vielen der im Guilfordschen Modell unterschiedenen Denkaufgaben, die je einem Faktor entsprechen, nachgewiesenermaßen noch recht erhebliche Korrelationen bestehen.
Wenn man also nach etwas sucht, das allen Intelligenzakten gemeinsam ist, nach etwas, das irgendwie einem Begriff der Intelligenz einen Inhalt geben kann, so findet man im Modell von Guilford keine Antwort, weil seine Faktoren unverbunden nebeneinanderstehen und gerade das Allgemeine und Gemeinsame fehlt.
In der entwicklungspsychologischen Forschung steht die Idee einer einheitlichen Intelligenz im Vordergrund, und Piaget hat in eindrücklicher Weise die Entwicklung der zentralen geistigen Operationen aus einem Prinzip heraus dargestellt. Auch in der denkpsychologischen Forschung, sei sie nun gestaltpsychologisch, behavioristisch oder informationstheoretisch orientiert, sucht man nach Gesetzmäßigkeiten, die allen Operationen gemeinsam sind. So scheint die Frage wohl berechtigt, ob das verlorene Paradies der Spearmanschen Theorie des allgemeinen Faktors, dem ich vor fünfunddreißig Jahren auch zu entrinnen versuchte, nicht doch in irgendeiner Form wiedergefunden werden kann.

Hierarchie der Faktoren

Wenn man nach einem faktorenanalytischen Modell sucht, das der von anderer Seite aus nahegelegten einheitlichen Natur der Intelligenz entspricht, so muß man natürlich in erster Linie an das hierarchische System der englischen Schule denken, das aus der Spearmanschen Zweifaktorentheorie hervorgegangen ist. An dieser Theorie sind zwei Seiten auseinanderzuhalten. Vom formalen Gesichtspunkt aus statuiert sie die Existenz von Faktoren aller Allgemeinheitsgrade, vom allgemeinen Faktor g von Spearman, der in allen Intelligenzleistungen eine Rolle spielt, über Gruppenfaktoren verschiedenster Breitenwirkung bis zum spezifischen Faktor, der für keinerlei Beziehungen zwischen Leistungen verantwortlich ist, weil er eben nur in einer einzigen wirkt. In den üblichen Darstellungen dieser Theorie, z. B. bei Vernon (1950), erscheinen nun überdies die Faktoren inhaltlich hierarchisch angeordnet, entsprechend einer hierarchischen Ordnung der Intelligenzaufgaben. Ihre Gesamtheit, die durch den Faktor g repräsentiert wird, teilt sich zunächst in zwei Hauptgruppen auf, einen verbal-schulischen und einen praktisch-räumlichen, denen je wieder ein Gruppenfaktor höchster Ordnung entspricht. Jede dieser beiden Gruppen teilt sich weiter auf, die eine in eine verbale und numerische, die zweite in mechanische Informationen, räumliche Aufgaben und manuelle, so daß sich auf dieser Ebene der Allgemeinheit fünf Gruppenfaktoren ergeben. Wie man weiß, sind in amerikanischen Untersuchungen der verbale und der

räumliche Faktor weiter unterteilt worden, und auch für die anderen erscheint dies durchaus möglich, so daß sich jeder Gruppenfaktor wieder in ein paar speziellere aufteilt. Diese hierarchische Ordnung wird für eine Gruppe von Tests mit der in der englischen Schule üblichen faktorenanalytischen Methode tatsächlich erreicht, und für die Beschreibung der Tests ist sie sehr nützlich. Aber diese Faktoren sind, wie Burt explicite sagt, nur als Klassifikationskriterien zu interpretieren.
Fragt man aber, durch welche Faktoren eine Aufgabe bestimmt wird, dann treten Schwierigkeiten auf. Aus diesem System ergibt sich nämlich die Konsequenz, daß strenggenommen kein Problem der verbal-schulischen Kategorie mit einem Problem der komplementären Gruppe Verwandtschaft zeigen kann, außer durch den allgemeinen Faktor, und diese Annahme scheint schon aus dem einfachen Grunde nicht sehr wahrscheinlich, da es ja doch z. B. Aufgaben räumlicher Art gibt, die verbal gestellt werden können und die rechnerische Operationen verlangen.
Man wird daher wohl diese strenge inhaltliche Hierarchie fallenlassen müssen, was nicht ausschließt, daß man in jedem Intelligenzakt Faktoren verschiedenen Allgemeinheitsgrades annimmt.

Allgemeine und spezielle Faktoren

Von den heutigen denk-, entwicklungspsychologischen und auch von faktorenanalytischen Befunden und Überlegungen aus ist es am naheliegendsten, mehrere allgemeine und eine größere Zahl von Gruppenfaktoren verschiedenster Wirkungsbreite anzunehmen. Diese Hypothese ist von faktorenanalytischer Seite kaum in Betracht gezogen worden.[1] Sie wird von Anbeginn an sowohl durch die in der englischen Schule verwendeten wie durch die amerikanischen multifaktoriellen Verfahren ausgeschlossen, und es ist daher nicht leicht, den Nachweis dafür zu liefern. Die endgültige Entscheidung zwischen verschiedenen möglichen Faktorenmodellen wird sehr langer empirischer Forschung bedürfen, aber sie kann sich nicht ergeben, wenn man weiterhin aus rein methodologischen Gründen die Möglichkeit mehrerer allgemeiner Faktoren ausschließt.
Als konkreten Ausgangspunkt der weiteren Darlegungen und als Illustration des anvisierten Faktorensystems gebe ich ein Schema der Faktoren, die mir am wichtigsten und empirisch am besten begründet erscheinen.

Allgemeine Faktoren	*Spezielle Faktoren*
Komplexität	Raumfaktor
Plastizität	Verbaler Faktor
Globalisation	Numerischer Faktor
Fluency?	

Der Faktor Fluency ist mit einem Fragezeichen versehen, weil dessen Allgemeinheitscharakter nicht eindeutig klar ist. Die Bezeichnung der Gruppenfaktoren als »spezielle« wird weiter unten ihre Begründungen erfahren.

Die Bedeutung der Begriffe »allgemein« und »speziell« bedarf einiger Erläuterungen, da verschiedene Kriterien dafür maßgeblich sein können. Die Faktorenmatrix spielt für die Entscheidung zwischen allgemein und speziell keine ausschlaggebende Rolle. Es ist schon früher im Zusammenhang mit dem Faktor g darauf hingewiesen worden, daß ein Faktor, der in einer Matrix als allgemein erscheint, in einer anderen nicht mehr als solcher auftritt. Auf der anderen Seite ist es wichtig zu sehen, daß ein Faktor in einer Leistung wirksam sein kann, ohne daß er sich durch eine deutliche Sättigung manifestiert, da dafür ja nicht maßgeblich ist, wie stark er im Mittel wirkt, sondern wie stark er die Varianz der Leistung bestimmt. Es läßt sich dies verständlich machen, wenn man an eine für die betreffende Gruppe von Personen sehr leichte Aufgabe denkt. Dann werden die Leistungen nur minimal variieren, vielleicht überhaupt nicht, und doch wird man nicht behaupten, daß sie ohne Zutun der Personen, also ohne die Wirksamkeit von Faktoren, zustande gekommen seien. Obwohl niemand bestreiten wird, daß in den meisten Intelligenztests z. B. die Sehfähigkeit eine Rolle spielt, ist noch nie ein solcher Faktor in Erscheinung getreten. Darum wird man aus der Tatsache, daß ein Faktor in einer Untersuchung nicht in allen Tests signifikante Sättigungen aufweist, nicht unbedingt schließen können, daß er nicht allgemeiner Natur sei. Das Kriterium für die Allgemeinheit kann also nicht allein faktorenanalytisch sein, sondern muß auch aus denkpsychologischen Befunden erschlossen werden. Allgemein ist ein Faktor nur, wenn er eine allgemeine notwendige Bedingung jedes Intelligenzaktes darstellt.

Es wird daraus ersichtlich, daß die Definition der Intelligenz oder allgemeiner die Theorie der Intelligenz letztlich bestimmt, ob ein Faktor als allgemein angesprochen werden kann. Die Faktorenanalyse kann nur verifizieren, ob ein von einer bestimmten Theorie aus geforderter Faktor wirklich als allgemein, also wesentlich zur Intelligenz gehörig angesehen werden kann. Für die beiden ersten genannten Faktoren scheint dies der Fall zu sein, für Globalisation verfügen wir noch nicht über genügende Beweise, für Fluency scheint es mir fraglich.

Von dieser Konzeption des allgemeinen Faktors folgt, daß er eine in allen Personen wirkende Bedingung sei. Damit ist aber auch gesagt, daß seine Existenz nicht von speziellen Entwicklungsbedingungen abhängig sein kann, daß er nicht das Produkt spezieller, nur unter bestimmten Umständen möglicher Lernvorgänge ist. In gewissem Sinne kann man diese allgemeinen Faktoren daher auch als primäre, angeborene betrachten. Das hindert aber nicht anzuerkennen, daß auch diese Faktoren nur unter gewissen, aber sehr allgemeinen Entwicklungsbedingungen Wirkfähigkeit gewinnen können. Die Entwicklungspsychologie zwingt ja zu dieser Annahme. Piaget hat die Entwicklung der logischen Operationen analysiert und klargemacht, daß sie nicht von speziellen Erfahrungen abhängt, aber auch nicht einfach durch Reifung bedingt ist.

Andererseits braucht aber ein in diesem Sinn primärer Faktor faktoriell nicht unbedingt allgemein zu sein. Es wird sicher niemand schwerwiegende Einwände gegen die Annahme machen, daß jeder Mensch – von der Störung durch periphere Defekte abgesehen – prinzipiell die Fähigkeit hat zur

Raumauffassung. Trotzdem ist der entsprechende Faktor nicht allgemein, weil es Aufgaben gibt, die nichts mit räumlichen Beziehungen zu tun haben.
Die Annahme mehrerer allgemeiner Faktoren neben spezielleren, die wenigstens teilweise ganz bestimmten Umwelteinflüssen zuzuschreiben sind, wird, wie schon angedeutet, durch allgemeine denk- und entwicklungspsychologische Argumente nahegelegt. Vor allem wird sie gefordert durch das jeder vorurteillosen Beobachtung sich aufdrängende Bestehen fundamentaler qualitativer Unterschiede des Denkens. Seit der Antike sind immer wieder verschiedene Formen der Intelligenz und des Denkens beschrieben worden, in besonders eindrücklicher Weise z. B. von Pascal; charakteristische Stile des Denkens, nicht nur der Schriftsteller und Philosophen, sondern ebenso der Vertreter der verschiedensten Wissenschaften sind unverkennbar. Zu deren Erklärung muß man bei Annahme eines einzigen allgemeinen Faktors allein auf Einflüsse, die außerhalb der Intelligenz liegen, Zuflucht nehmen. Andererseits können Gruppenfaktoren dazu nicht dienlich sein, da sie ja nicht erklären können, wieso eine Person in einem großen Bereich recht verschiedenartiger Denkakte dieselbe typische Eigenart zeigt. Eine charakteristische Gewichtigkeit mehrerer allgemeiner Faktoren bietet dagegen einen viel besseren Ansatzpunkt zur Erklärung dieser individuellen Unterschiede.[2]
Zur Begründung der Existenz mehrerer allgemeiner Faktoren genügen solch allgemeine Erwägungen natürlich keineswegs. Sie müssen von einer denkpsychologischen Theorie aus begründbar, faktorenanalytisch tatsächlich nachweisbar sein und sollten genau definiert werden können.

Die gestaltpsychologische Interpretation der Faktoren

Die gestaltpsychologische Auffassung vom Denken als Umzentrierung oder Umstrukturierung, wie sie von Wertheimer entwickelt worden ist (s. auch Duncker & Meili 1951), scheint eine aussichtsreiche Voraussetzung zu bieten, um Gründe für individuelle Variationen zu erfassen. Ich habe Anfang der dreißiger Jahre von dieser Auffassung aus verschiedene Arten von Problemen, die verschieden hohe Interkorrelationen aufweisen, theoretisch analysiert und die daraus sich ergebenden Faktoren zu bestimmen versucht (Meili 1937). Koffka (1935) ist z. T. ebenfalls in theoretischer Analyse zu ganz ähnlichen Ergebnissen bezüglich der individuellen Variationsmöglichkeiten gelangt. Geht man von der Feststellung aus, daß eine intellektuelle Gegebenheit – ein Problem theoretischer oder praktischer Art, ebenso aber auch eine Lösung – eine Gestalt ist, oder allgemeiner eine Ordnung mit spezifischer Struktur – und ich kenne keine Theorie des Denkens, die diese Tatsache nicht anerkennen muß –, dann werden sofort gewisse Differenzierungsmöglichkeiten der Denkakte sichtbar. Erstens unterscheiden sich diese Ordnungen nach dem Grad ihrer Komplexität. Zweitens kann man die Richtung der Umformung, die zur Lösungsfindung notwendig ist, in Betracht ziehen und unterscheiden, ob es sich wesentlich um eine Umzentrierung einer festen Ausgangsstruktur handelt, also Plastizität nötig ist, die schon Köhler, Koffka und Duncker erwähnen, oder ob drittens aus mehr disparaten Teilen, einem losen Ganzen,

eine geschlossene Struktur gebildet werden muß – das ist es, was wir wesentlich unter Globalisation verstehen müssen. Und schließlich kann man unterscheiden zwischen Denkprozessen, bei denen das »Material« praktisch vollständig mit der Aufgabe gegeben ist, und anderen, bei denen subjektiv viel aus dem Gedächtnisschatz beigetragen werden muß; das sind Probleme, in deren Zusammenhang Duncker und Claparède von Resonanz gesprochen haben und in denen der Faktor »Fluency« von Bedeutung ist. Man sieht, daß diese Unterschiede zwischen Problemen sich unschwer aus der gestaltpsychologischen Konzeption des Denkaktes ableiten lassen und daß sie mit den vier erwähnten Faktoren zusammenhängen.
Ich verzichte auf eine nähere Umschreibung dieser vier Faktoren, die an anderer Stelle nachgelesen werden kann (1961), und möchte auf deren faktorenanalytische und experimentelle Fundierung eingehen. Die Herleitung aus gestaltpsychologischen Prinzipien scheint sie eher verdächtig gemacht zu haben. So schreibt z. B. Oléron, der über diese Faktoren ausführlich berichtet: »Les théories des gestaltistes sont contestables; leur application à la méthode factorielle à la manière de Meili ne prouve rien«, und: »Il ne suffit pas d'avoir des idées, il faut encore qu'elles s'adaptent étroitement et d'une manière cohérente aux données expérimentales.« Daß dies für meine Faktoren weniger der Fall sein soll als für einen Großteil der sonst definierten, kann ich nicht anerkennen und möchte ferner meinen, daß die Verifikation von Hypothesen methodologisch immer das sauberere Vorgehen ist als nachträgliche Ad-hoc-Interpretationen, für deren Richtigkeit der Beweis fehlt.

Der Nachweis der allgemeinen Faktoren

Eine erste Beschreibung dieser Faktoren erfolgte in Experimenten, die den Mosaiktest von Kohs analysieren sollten. Es zeigte sich da, daß in dieser Aufgabe zwei verschiedene Arten von Schwierigkeiten auftreten. Die erste und dominierende besteht darin, die Vorlagefigur in Würfel aufzulösen, wenn erstere nicht schon deutlich die einzelnen Würfel erkennen läßt. Die andere Schwierigkeit tritt auf, wenn verschiedene Merkmale zur Festlegung der Position eines Würfels benützt werden müssen. Wir suchten dann verschiedene andere Aufgaben zu konstruieren, in denen nur die eine oder die andere dieser Schwierigkeiten vorkommen sollte, und kontrollierten die Hypothesen fortlaufend durch Berechnung der Korrelationen. So entstanden allmählich in Zusammenarbeit mit Frl. Schapira zwei Testbatterien, die eine mit Kindern, die andere mit Erwachsenen. Als mir dann die Methode von Thurstone bekannt wurde, stellte ich noch eine dritte Batterie mit z. T. denselben, z. T. anderen Tests zusammen und führte die drei Faktorenanalysen nebeneinander aus. Die Rotationen waren durch die vorher gemachten Beobachtungen und vom Bestreben geleitet, in den drei Gruppen möglichst gleichartige Faktoren zu erhalten.
Bei der Verschiedenheit der untersuchten Populationen und der verwendeten Tests kann es nicht verwundern, daß die Resultate nicht genau übereinstimmten; immerhin traten zwei Faktoren in allen drei Gruppen in übereinstimmen-

der Art in Erscheinung, die beiden anderen in je zwei. Dagegen sind andere der vorher theoretisch angenommenen Faktoren weder in diesen noch in späteren Untersuchungen aufgetreten, was die manchmal, so auch von Oléron geäußerte Ansicht widerlegt, daß man bei von Hypothesen geleiteten Rotationen alles Beliebige finden könne.
In drei größeren Untersuchungen (Schädeli und Weber) und mehreren kleineren, nicht veröffentlichten, sind diese Faktoren wieder in befriedigender Weise nachgewiesen worden. Es wurden dabei mehrmals auch Rotationen nach dem Minimal-Prinzip durchgeführt, die keine von der unseren wesentlich abweichende, aber immer weniger überzeugend zu interpretierende Resultate ergaben. Zwei dieser Rotationen, davon eine meiner ersten Untersuchung, sind dankenswerterweise von Bargmann, einem Mitarbeiter von Thurstone, durchgeführt worden, nach der von ihm entwickelten wohlbekannten Rotationsmethode (1953), womit volle Objektivität gewährleistet war.
Ich muß hier ein Wort der Begründung einfügen, warum ich es für falsch erachte, in Untersuchungen, die der Erforschung der Intelligenz dienen und nicht der möglichst einfachen Beschreibung von Tests, nach dem Minimal-Prinzip (simple-structure) zu rotieren. Solange nicht empirisch oder durch begründete theoretische Überlegungen bewiesen ist, daß ein Intelligenzakt nur durch ein Minimum von Faktoren bestimmt sein kann, darf ein solches Prinzip nicht als Richtlinie der Forschung gelten. Empirisch hat sich ja auch ergeben, daß dem Prinzip nur unter zwei Bedingungen im allgemeinen Genüge getan werden kann: wenn die Testbatterie ganz speziell darauf hin konstruiert wird und wenn man auf unabhängige (orthogonale) Faktoren verzichtet. Unter der letzten Bedingung werden die Faktoren wieder bloße Einteilungsprinzipien. Ein solcher Faktor muß ja alles, was möglichst vielen Tests gemeinsam ist, erfassen, und ist daher selbst wieder komplex. Es kann dann eine Analyse zweiter Ordnung der Korrelationen zwischen diesen Faktoren durchgeführt werden, und man erhält nun natürlich weniger Faktoren, in der Regel einen allgemeinen. Es scheint mir, daß man mit diesem Procedere zu Ergebnissen kommt, die weder psychologisch noch formal-begrifflich irgendwie sinnvoll gemacht werden können. Wenn man schon über die Bedeutung der primären Faktoren im unklaren ist, wie soll man dann aus ihnen durch ein kompliziertes und nicht voll durchsichtiges mathematisches Verfahren zu bedeutungsvollen Resultaten gelangen? Um solch gewagten Prozeduren entraten zu können, muß man auf schiefwinklige Koordinaten bei der Rotation der Faktoren verzichten, und daher auch auf die strikte Einhaltung des Minimalprinzips. Mit fortschreitender Forschung, wenn genügend sichere Kriterien für die Faktoren bestehen, wird man auch ohne Minimalprinzip zu objektiv einwandfreien Positionen der Achsen gelangen.
Unbeschadet dieser Divergenzen in bezug auf Richtlinien für die Rotation sind in amerikanischen Untersuchungen Faktoren definiert worden, die den unseren sehr ähnlich sind und mit ihnen z. T. auch identifiziert wurden. Dies trifft unzweifelhaft für den Fluency-Faktor zu, der von Cattell schon 1935 beschrieben worden ist, und dessen Tests wir auch in unseren Untersuchungen verwenden. Guilford hat allerdings mehrere Fluency-Faktoren definiert, und es ist unmöglich zu sagen, ob der unsere das diesen Faktoren Gemeinsame

darstellt oder mit einem einzigen derselben identifiziert werden kann. Die Komplexität der Probleme spielt nach Guilford (1956) in den sog. Reasoning-Faktoren die entscheidende Rolle, der Faktor Plastizität erscheint in ähnlicher Form, z. T. mit denselben typischen Tests unter den Bezeichnungen »flexibility of structure« oder »flexibility of closure« bei Adkins and Lyerly (1952), Botzum (1951), Pemberton (1952), Rimoldi (1948, 1951), Corter (1952), Thurstone (1944), und Globalisation kann identifiziert werden mit Speed of Closure (Thurstone, Rimoldi).

Der Nachweis dieser Faktoren ist daher ebenso gut geliefert wie der irgendwelcher anderer, ja es scheint sogar, daß gerade sie, neben dem verbalen und numerischen Faktor, am sichersten bestätigt worden sind. Allerdings werden sie in den amerikanischen Untersuchungen nur als Gruppenfaktoren nachgewiesen. Nach dem faktorenanalytischen Kriterium für die Allgemeinheit stimmt diese Bezeichnung, aber wir haben weiter oben gesehen, daß das letztliche Kriterium dafür nicht faktorenanalytisch sein kann. Das besonders häufige Auftreten von gewissen Faktoren ist schon ein Hinweis auf einen höheren Allgemeinheitsgrad, aber die entscheidende Begründung kann nur experimentell geliefert werden.

Die experimentelle Definition der Faktoren

Der schwache Punkt der faktorenanalytischen Methode liegt unzweifelhaft in der psychologischen Interpretation der Faktoren. Oft zieht man es daher vor, ihr auszuweichen, und bezeichnet die Faktoren z. B. schamhaft nur mit Buchstaben, um zu verhindern, daß ein Wort zu unerwünschter Verallgemeinerung verleitet. Aber die Interpretation ist unausweichlich, wenn man den Faktor einer Untersuchung mit dem einer anderen identifizieren will. Die sog. Referenztests können die Identifizierung wohl erleichtern, aber nicht absolut sichern. Der Faktor, in dem in einer neuen Untersuchung der Referenztest gesättigt ist, braucht nicht mit dem identisch zu sein, der diesen definierte. Es ist wohl möglich, daß die Gemeinsamkeit in den betreffenden Tests nicht ganz oder nicht allein auf dem Referenz-Faktor beruht. Darum kann Vernon (1964) sagen: ». . . factorial validation . . . reduce to much the same thing as content or face validation« (S. 215). Damit ist auch erklärt, warum es so schwierig ist, die Faktorenladungen in einem Test vorauszusagen. Das wird erst möglich sein, wenn mit den Faktoren sichere Kriterien in den Testaufgaben verbunden sind. Dies ist in recht befriedigender Weise der Fall für die speziellen Faktoren vor allem V und N, die von ganz bestimmtem Material der Aufgaben abhängen.

Es muß deshalb versucht werden, für alle Faktoren solche Außenkriterien zu finden. Es muß Variable der Aufgaben geben, die die intellektuellen Prozesse bestimmen und daher auch mit den Faktoren gekoppelt sind. Diese Annahme liegt ja auch dem Modell von Guilford zugrunde, aber er hat diese Variablen nicht experimentell verifiziert.

Wir haben unseren diesbezüglichen Untersuchungen, die vorerst die Faktoren der Komplexität und der Plastizität betreffen, folgende Annahmen zugrunde gelegt:

1. Wenn Aufgaben sich nur in bezug auf eine äußere Variable unterscheiden und in jeder anderen Hinsicht identisch sind, und wenn diese Aufgaben nicht gleich schwierig sind, dann müssen die Schwierigkeitsgrade mit dieser Variablen zusammenhängen und in Funktion zu deren Veränderung variieren.
2. Wenn die Schwierigkeit annähernd linear von der kontrollierten Variablen abhängt, dann müssen deren Veränderungen auf einen Faktor zurückgehen.
3. Werden mehrere verschiedenartige Tests, deren Aufgaben nur in bezug auf eine Variable variieren, aber zwischen denen auch andere Unterschiede bestehen können, miteinander korreliert, dann muß sich in diesen Tests ein starker gemeinsamer Faktor zeigen, der dann durch die kontrollierte Variable definiert werden kann.

Am leichtesten lassen sich solche Untersuchungen mit dem Faktor der Komplexität durchführen, der, wie die früheren Analysen zu zeigen schienen, mit der Kompliziertheit der Probleme zusammenhängt. Diese kann man quantitativ zu bestimmen versuchen. Bei gewissen Problemen wenigstens kann dies mit nicht zu großen Schwierigkeiten geschehen, indem man die Zahl der Dimensionen des Materials bestimmt, die für das Problem relevant sind, und die Zahl der Glieder, die in jeder Dimension vorkommen. Dann ergibt sich ein Ausdruck der Kompliziertheit durch die Formel $K = G_1 . G_2 . G_3 . \ldots$, d. h.: Der Kompliziertheitsgrad ist gleich dem Produkt der Zahl der Glieder in jeder Dimension.

Am einfachsten lassen sich auf diese Weise Probleme vom folgenden Typus behandeln: a ist größer b, b ist größer c, welches ist am größten? Wir haben hier nur eine Dimension, die Größe und drei Glieder, so daß die Kompliziertheit den Wert 3 hätte. Man kann längere Reihen dieser Art machen, also mehr Glieder einführen, oder man kann zusätzlich auch noch Angaben z. B. über das Gewicht der Elemente machen und die Frage nach dem Gewicht des größten Gliedes stellen. Bei zwei Dimensionen und je drei Gliedern ergäbe sich nach der Formel der Wert $3.3 = 9$.

Auf diese Weise wurde von Herrn Hedinger[3] die Kompliziertheit der Aufgaben in 7 verschiedenartigen Tests bestimmt, d. h., es wurden 7 Tests konstruiert, in denen jeweils die Aufgaben nur in bezug auf die eine Variable Kompliziertheitsgrad variierten. Es waren dies die Tests: logische Relationen, geometrische Analogien, Matrizen von Raven, Zahlenreihen, eingekleidete Rechenaufgaben mit minimalen Anforderungen in bezug auf die Rechenoperationen, Schiffsrouten von Guilford und ein von Hedinger besonders konstruierter Test, in dem das Gesetz der gegenseitigen Verschiebung zweier Punkte erkannt werden mußte.

Die Schwierigkeit aller dieser Aufgaben wurde nun einzeln bestimmt durch Messungen der Lösungszeit und Berechnung des Lösungsprozentes, und für 5 der 7 Tests erwies sich die Linearität der Abhängigkeit von Kompliziertheit und Schwierigkeitsgrad auf dem 5 %-Niveau gesichert. Durch eine etwas veränderte Berechnungsart, die in zwei der Tests verschiedenen Komponenten der Kompliziertheit verschiedenes Gewicht gibt, wird dieses Resultat noch verbessert. Wenn man bedenkt, daß die Bestimmung des Schwierigkeitsgrades ja selbst etwas problematisch ist, was sich in der Tatsache zeigt, daß die beiden Kriterien keine ganz übereinstimmenden Resultate ergeben und daß bei den

Versuchen überdies der Übungseinfluß nie ganz ausgeschaltet werden kann, dann darf das Resultat wohl als befriedigend angesehen werden.
Es bleibt nun noch zu beweisen, daß die berechnete Variable in allen sieben Tests die gleiche Bedeutung hat oder daß die damit verbundene Schwierigkeit auf denselben Faktor zurückgeht. Dies kann in einer Faktorenanalyse dieser Aufgaben gezeigt werden. Da damit zugleich auch kontrolliert werden sollte, ob der Kompliziertheitsgrad mit dem Faktor verbunden ist, den wir bisher als Komplexität bezeichneten, wurden aus früheren Untersuchungen noch drei Referenztests der Komplexität, je zwei für Plastizität und Globalisation eingeführt. Für Fluency begnügten wir uns mit einem Test, da dieser Faktor offensichtlich in den gewählten Tests kaum auftreten kann.
Das Resultat entsprach den Erwartungen sehr genau. Die 10 Tests sind in einem Faktor dominierend gesättigt (Koeffizienten zwischen 0,556 und 0,834). Im Mittel wird 74,8 % der gesamten durch die Korrelationen erfaßten Varianz der Komplexitätstests durch diesen Faktor erklärt. Da die drei Referenztests die Sättigungen 0,707, 0,714 und 0,821 aufweisen, scheint es richtig, den Faktor der Komplexität künftig durch das Kriterium des Kompliziertheitsgrades zu definieren. Damit wird es nun wohl auch möglich, die Übereinstimmung zwischen unserem Faktor und den verwandten wie Reasoning, Induktion und Deduktion zu bestimmen.
Von diesen Ergebnissen aus läßt sich nun auch etwas weiteres über diese Aufgabenart aussagen. Der Kompliziertheitsgrad kann relativ leicht bestimmt werden, weil die Zahl der verschiedenen Dimensionen und der Glieder klar sichtbar ist. Solche und nur solche Aufgaben lassen sich durch rein formale logische Operationen lösen, und es steht ihrem Vollzug nichts entgegen als eben die Kompliziertheit der Struktur. So erkennen wir aber durch die Vermittlung des Begriffs des Kompliziertheitsgrades, daß der Faktor der Komplexität mit dem Vollzug formal-logischer Operationen zusammenhängt. Wir können aber noch nicht mit Sicherheit sagen, daß die Umkehrung auch gilt, daß nur Probleme, in denen solche Operationen im Vordergrund stehen, mit Komplexität gesättigt sind. Das Kriterium des Kompliziertheitsgrades ist vielleicht allgemeiner.
Schließlich möchte ich nicht unterlassen zu erwähnen, daß noch weitere Untersuchungen nötig sind, um zu zeigen, daß alle Aufgaben, die mit dem so definierten Faktor der Komplexität gesättigt sind, in bezug auf den Kompliziertheitsgrad bestimmt werden können.
Die Bestimmung des Kriteriums für Plastizitätsaufgaben erweist sich als schwieriger und wird bis zur endgültigen Abklärung noch viele Untersuchungen erfordern.
Unsere Hypothese diesen Faktor betreffend besagte, daß er auftritt, wenn die erste Auffassung des Problems für die Lösung hinderlich, irreführend ist. Solche Probleme standen in den Überlegungen und Untersuchungen von Wertheimer und Duncker im Vordergrund, welche daher das Denken wesentlich als eine Umzentrierung auffaßten. Bei solchen Problemen ist die Bestimmung der Schwierigkeit problematischer, weil das Entscheidende nicht die objektiv sichtbare Form des Problems ist, sondern erst dessen subjektive Erfassung. Es ist aber schwierig, die Stärke oder Prägnanz dieser Vorbe-

stimmtheit zu messen oder zu berechnen. Man weiß z. B., daß ein klassischer Test für diesen Faktor von Gottschaldt stammt, der auch Schwierigkeitsbestimmungen an vielen Aufgabenfiguren vorgenommen hat, ohne daß es ihm gelang, eindeutige äußere Kriterien für den Schwierigkeitsgrad anzugeben.
Hunziker hat nun, von theoretischen, der Feldtheorie Lewins angelehnten Überlegungen ausgehend, einen anderen Weg zu gehen versucht. Er besteht, etwas abgekürzt formuliert, darin, daß man versucht, den Grad der Umformung, die zur Problemlösung notwendig ist, zu bestimmen. Diese Bestimmung kann sich nun wieder auf die objektiven Gegebenheiten stützen, da ja Ausgangspunkt und Endpunkt bekannt sind.
Am leichtesten ist diese Betrachtung durchzuführen bei räumlichen Umwegsproblemen. Es sind z. B. 4 Punkte als Ecken eines auf die Spitze gestellten Quadrates gegeben, numeriert mit 1 bis 4 so, daß 3 auf der Horizontalen gegenüber 4 steht. Die Vp. soll diese 4 Punkte ihrer Numerierung entsprechend verbinden, ohne daß die zu ziehenden Linien sich schneiden. Sie muß also um 3 herum zuerst 2 erreichen. Die Umformung ist um so bedeutsamer, je mehr dieser Weg von der direkten Verbindung 1—2 abweicht. Diese Abweichung kann hinsichtlich der einzuschlagenden Richtung und der Länge des Weges variieren, und die Untersuchung ergab, daß die Schwierigkeit der Probleme auf diese Weise vorausberechnet werden kann. In dieser und zwei weiteren Aufgaben konnte wieder die Abhängigkeit der Schwierigkeit von der hier variierten Variablen der Umformungsdistanz nachgewiesen werden.
Noch nicht befriedigend gelöst ist die Berechnung bei nichträumlichen Problemen, weil hier an Stelle der räumlichen Richtungen und Distanzen semantische Beziehungen treten. Weitere Untersuchungen sind nötig, um diese sicher nicht unlösbaren Schwierigkeiten zu überwinden. Vorläufig mußten wir uns bei solchen Problemen mit einer Schätzung des Unterschiedes zwischen Ausgangsstruktur und Lösungsstruktur begnügen.
Die drei Aufgaben mit berechneter Umformungsdistanz sowie zwei weitere mit offensichtlich beträchtlichem Ausmaß derselben wurden mit einigen Referenztests für den Faktor Plastizität einer Faktorenanalyse unterzogen. Diese ergab die Verifikation der Hypothese, daß die Aufgaben mit beträchtlicher Umformungsdistanz alle im gleichen Faktor gesättigt sind, der mit dem früher definierten Faktor der Plastizität identifiziert werden kann.
Die Variable »Umformungsdistanz« ist gestalttheoretischen Ursprungs. Wenn es sich als möglich erwiesen hat, Graduierungen dieser Variablen objektiv zu messen und damit die Schwierigkeit des Problems und seine Bestimmtheit im Plastizitätsfaktor vorauszusagen, so darf man dies wohl auch als eine Bestätigung der gestalttheoretischen Hypothese annehmen. Ich sehe keine andere heute bestehende Theorie, die z. B. vorauszusagen erlaubt, daß eine Verschiebung eines Punktes im oben angeführten Problem um ein paar cm eine Veränderung der Schwierigkeit bedingt.
Es erweist sich also, daß Faktoren objektiven Variablen der Probleme zugeordnet werden können, und man kann hoffen, daß, was für zwei Faktoren gelungen ist, sich auch für die anderen als möglich erweist. Damit wird es leichter werden, mit den Faktoren experimentell zu arbeiten und sie zu identifizieren, so daß die weiteren Faktorenanalysen auf immer sichererem

Grunde ausgeführt werden können. Vor allem wird es auch möglich, an der gleichen Problemart zwei Variablen zu variieren, womit experimentell die Annahme widerlegt wäre, daß eine Problemart nur durch einen Faktor bedingt ist. Es kann wohl kaum bezweifelt werden, daß die beiden bisher definierten Variablen prinzipiell an allen Denkaufgaben bestimmt werden können.

Abhängigkeit der faktoriellen Ergebnisse von der Population

Nachdem wir nun eine Reihe von Ergebnissen angeführt haben, die für die Richtigkeit unserer Annahmen betreffs allgemeiner Faktoren sprechen, können wir uns weiteren Tatsachen zuwenden, die vom vorgeschlagenen Faktorenmodell aus vielleicht besser verstanden werden können. Ich denke vor allem an die Beobachtung, daß die Ergebnisse der Faktorenanalysen in gewissem Grade von Untersuchungsgruppe zu Untersuchungsgruppe variieren. In letzter Zeit ist diese Tatsache wieder durch Arbeiten von Wewetzer (1958, 1959), Lienert (1960, 1961, 1963) und Müller (1961) deutlich gemacht worden; aber schon fast 30 Jahre früher hat eine Diskussion darüber zwischen Anastasi (1936) und Thurstone (1938) stattgefunden. Auch in meiner ersten Paralleluntersuchung mit drei Gruppen, wovon die eine aus Erwachsenen zusammengesetzt war (1946), und zwischen der Gruppe der Mädchen und der Knaben bei Weber fanden sich Unterschiede, die wir hypothetisch immer mit der speziellen Art der Vpn. in Beziehung brachten. Aber es ist nötig, sich mit diesen Verhältnissen genauer auseinanderzusetzen, da verschiedene Interpretationen möglich sind.
Die Unterschiede der faktoriellen Ergebnisse verschiedener Gruppen können verschiedener Art sein. Einesteils kann selbst bei gleicher Testbatterie die Zahl der Faktoren verschieden sein, wobei allerdings gesagt werden muß, daß das Kriterium für die Zahl der notwendigen Faktoren nicht ganz sicher ist. Anderseits kann bei gleicher Zahl der Faktoren die Rotation nach dem Minimal-Prinzip zu scheinbar verschiedenen Faktoren führen, und die genannten Autoren sprechen daher von der Veränderung der Faktorenstruktur.
Der Vergleich der faktoriellen Ergebnisse von verschiedenen Versuchsgruppen kann erleichtert werden durch die Unterscheidung von primären und speziellen Faktoren. Wenn versucht wird, zunächst die allgemeinen Faktoren herauszuziehen, verlieren die übrigbleibenden quantitativ an Gewicht, was sich bei dem Analyseverfahren der englischen Schule zeigt. Es wird sich dann zeigen, daß ein Teil der Unterschiede durch das Auftreten spezieller Faktoren bestimmt sind, die von bestimmten Umweltseinflüssen herrühren. Das Auftreten solcher Gruppenfaktoren wird in der Regel aber auch die Sättigung in anderen Faktoren herabsetzen, woraus aber nicht geschlossen werden darf, daß diese in der betreffenden Gruppe geringere Bedeutung haben. Nur ihr Anteil an der Gesamtvarianz des betreffenden Tests ist gesunken, weil noch ein anderer Faktor mitspielt.
Solche Verschiebungen kann man sich an folgendem Beispiel klarmachen: Wenn 100 Personen gewogen werden, dann hängt die Streuung der Gewichte

nicht nur vom Nettogewicht ab, sondern mehr oder weniger stark auch von Unterschieden der Kleidung und evtl. Bepackung, und der Anteil des eigentlichen Körpergewichtes kann recht verschieden groß sein, obwohl es konstant bleibt.[4] Aus Verschiebungen der Sättigungen durch Auftreten von speziellen Faktoren darf also nicht unbedingt auf eine grundlegende Veränderung der Faktorenstruktur innerhalb der Personen geschlossen werden.
Ich werde nächstens Ergebnisse aus meinen eigenen Untersuchungen mitteilen, die eine relativ sehr gute Konstanz der faktoriellen Definition verschiedener Tests ergaben. Es stehen mir Interkorrelationen zwischen den 6 Tests meines analytischen Intelligenztests von 15 Untersuchungen zur Verfügung, mit kleinen und großen Zahlen von Vpn., mit homogenen und heterogenen Gruppen, von verschiedenen Alters- und Bildungsstufen und verschiedenem Geschlecht. Diese verschiedenen Korrelationsmatrizen stimmen z. T. recht gut überein (wir haben die Korrelationen zwischen ihnen berechnet), z. T. aber auch gar nicht. Es ist uns nicht gelungen, bestimmte Gründe für die Nichtübereinstimmung zu finden, d. h., es sind nicht auffallende Charakteristika der Gruppen, die die Unterschiede bewirken.
In einem gewissen Kontrast zu dieser relativ geringen mittleren Übereinstimmung der Korrelationen steht nun der Befund hinsichtlich der Faktorenstruktur. Mit 5 Gruppen wurden Faktorenanalysen durchgeführt, in denen die 6 Tests enthalten sind, und mit 2 weiteren, in denen 5 davon vertreten sind.
In allen Gruppen wurden die 4 Grundfaktoren identifiziert, wobei aber die Gewichte eines Faktors im selben Test von Gruppe zu Gruppe beträchtlich schwanken können. Trotzdem zeigt jeder Test in allen Gruppen ein charakteristisches Faktorenprofil, d. h., daß die relative Höhe der Sättigungen der 4 Faktoren in jedem Test in allen Gruppen recht konstant bleibt. Diese relative Übereinstimmung der Faktorenmatrizen der verschiedenen Versuchsgruppen ist um so erstaunlicher, als die 6 Tests jeweils in recht verschiedenartigen Testbatterien eingebettet waren. In einem Extremfall bestand die Gesamtbatterie aus 2 Parallelformen derselben Tests, in einem andern waren alle übrigen Tests numerischer Natur.
Die dargestellten Tatsachen zeigen, daß man durch geeignete Rotationen zu Faktorenmatrizen gelangen kann, die dieselbe faktorielle Grundstruktur der geprüften Gruppen erscheinen läßt.
Diese Ergebnisse führen zur Vermutung, daß man überhaupt mit passenden Rotationsprinzipien zu übereinstimmenderen faktoriellen Resultaten gelangt und daß die verwirrende Vielzahl von Faktoren zum Teil wenigstens das Produkt des Analyseverfahrens ist. Natürlich kann nicht in Frage gestellt werden, daß man viel mehr Faktoren finden kann, als in meinem Schema aufgeführt sind, aber ein Großteil davon wird nun mit speziellen Umwelts- oder Versuchsumständen zusammenhängen und auch geringe Sättigungen aufweisen, wenn man den allgemeinen Faktoren die ihnen gebührende Bedeutung zuweist. Vernon vertritt entsprechende Ansichten, wenn er sagt: »Not only do such primary factors (gemeint sind die Gruppenfaktoren in den amerikanischen Untersuchungen) seem . . . to carry some of the variance that would be better attributed to g, but also one of them (usually the reasoning factor) may consist wholly of g« (1950, S. 131). Und er weist darauf hin, daß

aus leicht verständlichen Gründen, auf die schon Thurstone hingewiesen hat, Untersuchungen in stark selektionierten Gruppen (wie dies hauptsächlich bei Guilford der Fall war) zur Überbetonung von speziellen Faktoren führt.
Anders liegen aber die Dinge, wenn man an die Unterschiede denkt zwischen normalen und pathologischen Gruppen oder zwischen emotional Labilen und Stabilen, aber auch an Gruppen verschiedenen Alters. Hier wird man kaum mit dieser Interpretation durch spezielle Faktoren auskommen, obwohl diese auch mitspielen können. Hier wird man an wirkliche Änderungen auch in bezug auf die allgemeinen Faktoren denken, wobei aber verschiedene Möglichkeiten in Betracht gezogen werden können, die ich anführe, nicht um ein bestimmtes Resultat zu erklären, sondern nur um die faktorielle Auffassung der Intelligenz näher abklären zu helfen.
Man weiß, daß unter bestimmten Einflüssen – Müdigkeit, Alkoholgenuß, nach Erfolg oder Mißerfolg usw. – die Leistungen in bestimmten Arbeiten verschieden stark verändert werden können. Ebenso ist es möglich anzunehmen, daß durch konstante, dauernde Einflüsse, die außerhalb des Bereiches der Intelligenz im engeren Sinne liegen, die Art der Lösung von Problemen beeinflußt wird. Damit ist also die Möglichkeit angedeutet, daß in gewissen Fällen, z. B. bei den Unterschieden in bezug auf emotionale Stabilität, nicht die Intelligenzstruktur im eigentlichen Sinn im Spiele ist, sondern die Art der Beanspruchung der Intelligenz. Beim Vergleich von Resultaten verschiedener Schulklassen gleichen Alters und Schultypus bin ich manchmal auf den Gedanken geführt worden, daß die Art des Unterrichtes, die Art der Anforderungen des Lehrers die Leistungen in Tests verändert. Solcherweise bedingte Veränderungen der Denkprozesse und der sich daraus ergebenden Leistungen können auch veränderte faktorielle Ergebnisse zeitigen, ohne daß notwendigerweise neue Faktoren erscheinen. Hier können primär die relativen Gewichte der einzelnen Faktoren variieren. Die allgemeinen eventuell auch experimentell bedingten Umstände können die Wirksamkeit des einen oder andern Faktors beeinflussen. Hier kann man also von veränderter Faktorenstruktur im psychologischen Sinne sprechen, wobei man sich aber dessen bewußt sein muß, daß diese mehr oder weniger dauerhaft sein können.

Die faktorenanalytische Interpretation der altersbedingten Veränderungen

Bei Altersunterschieden der Gruppen wird man theoretisch am ehesten wirkliche Unterschiede der Faktorenstrukturen erwarten. Leider sind noch recht wenig Untersuchungen zu dieser Frage angestellt worden, z. T. wohl wegen einer besonderen Schwierigkeit, die darauf beruht, daß man auf den verschiedenen Altersstufen nicht dieselben Aufgaben verwenden kann, also nicht weiß, ob Variationen in der Faktorenmatrize auf Veränderungen der Aufgaben oder der Faktorenstruktur zurückgehen. Darum kann man solche Untersuchungen mit Hoffnung auf Erfolg erst durchführen, wenn die faktorielle Bedeutung der Tests unabhängig von der Faktorenanalyse festgestellt werden kann.

Reuchlin hat in dem bereits genannten Aufsatz schon Möglichkeiten angedeutet, die Entwicklung faktorenanalytisch zu deuten. Er hat an die Resultate zahlreicher englischer Untersuchungen erinnert, nach denen meistens – aber doch keineswegs immer – festgestellt wurde, daß der Faktor g in den früheren Altersstufen größeres Gewicht hat und daß Gruppenfaktoren sich erst allmählich stärker bemerkbar machen. Von hier aus würde die Entwicklung der Intelligenz gesehen als ein quantitatives »Wachsen« des Faktors g im potentiellen Sinne und ein zusätzliches Ausbilden von Gruppenfaktoren. Die von Piaget analysierte Entwicklung des operationellen Denkens bringt Reuchlin wohl mit Recht in Verbindung mit dem Faktor g, dem er denn auch eine Interpretation in den Begriffen von Piaget wünscht.
In gewissem Sinne könnte diese Forderung erfüllt werden, wenn man mehrere allgemeine Faktoren annimmt und sie mit verschiedenen im Laufe der Entwicklung sich verändernden Bedingungen in Beziehung bringt. Wir beginnen jetzt erst mit Untersuchungen zu diesem Problem, da es uns zunächst notwendig erschien, die Bedeutung der Faktoren genauer abzuklären. So kann ich leider keine Ergebnisse mitteilen, sondern nur die Hypothesen darstellen, die diesen Untersuchungen zugrunde liegen.
Zunächst formuliere ich zwei allgemeine Annahmen, ohne sie näher zu begründen, da sie aus den schon bisher gemachten hervorgehen und beinahe nur Selbstverständlichkeiten bedeuten:
1. Wenn eine Problemart einen gewissen Faktor verlangt und mit ansteigendem Alter schwierigere Probleme dieser Art gelöst werden, so folgern wir, daß der betreffende Faktor in seiner Wirkungsfähigkeit zugenommen hat. Über die Gründe dieser Zunahme brauchen wir keine Annahmen zu machen, wir setzen also z. B. nicht voraus, daß sie auf Wachstum beruhe.
2. Die Veränderungen der Wirkungsfähigkeiten der allgemeinen Faktoren verlaufen nicht gleichmäßig; daher kann in jedem Stadium das quantitative Verhältnis der Faktoren zueinander verschieden sein. Die bekannten qualitativen Eigenarten der Entwicklungsstadien und die unterschiedlich rasche Entwicklung der Leistungen auf verschiedenen Gebieten können damit in Verbindung gebracht werden.

Zusammenfassung

Es wird die Auffassung vertreten, daß die faktorenanalytische Intelligenzforschung zu theoretisch gültigen Resultaten nur gelangen kann, wenn sie auch denk- und entwicklungspsychologische Befunde mitberücksichtigt und die Faktoren aus einer allgemeinen Theorie der Intelligenz ableitet. Der Autor begründet, warum von diesem Gesichtspunkt aus mehrere allgemeine Faktoren angenommen werden müssen, und stützt diese Ansicht durch faktorenanalytische Ergebnisse.
Es wird eine Methode der experimentellen Verifikation von Faktoren dargestellt, in der die Abhängigkeit der Schwierigkeit von einer objektiv kontrollierbaren Variablen der Probleme verifiziert und die Bedingtheit dieser von einem Faktor nachgewiesen wird. Schließlich werden Veränderungen der faktoriellen Ergebnisse je nach der untersuchten Population, im besondern je nach dem Alter, vom Gesichtspunkt einer Mehrzahl von allgemeinen Faktoren aus betrachtet.

Anmerkungen

1 Siehe dazu: Reuchlin, M. (1964): *Méthodes d'analyse factorielle*. Paris: PUF.
2 Damit wird keineswegs ausgeschlossen, daß auch die Struktur der Persönlichkeit ihren Einfluß auf die Denkweise haben kann.
3 Doktordissertation, Bern 1964.
4 Diese Überlegungen setzen Gleichheit der Kommunalitäten voraus.

Literatur

ADKINS, D. C., & LYERLY, S. B. (1952): *Factor analysis of reasoning tests*. Chapel Hill: Univ. of North Carolina Press.

ANASTASI, A. (1936): The influence of specifique experience upon mental organization. *Genet. Psychol. Monogr.* 18, 245–356.

BARGMAN, R. (1953): *A comparison of new analytic methods for the determination of simple structure*. Hochschule f. Internat. pädag. Forschg. Frankfurt/M.

BOTZUM, W. A. (1951): A factorial study of the reasoning and closure factors. *Psychometrika* 16, 361–386.

CATTELL, R. B. (1936): *A guide to mental testing*. London: Univ. of London Press.

CORTER, H. M. (1952): Factor analysis of some reasoning tests. *Psychol. Monogr.* 66, 340.

DUNCKER, K. (1935): *Zur Psychologie des produktiven Denkens*. Berlin: Springer.

ELMGREEN, J. (1958): Some fundamental problems in psychological factor analysis. *Acta Universitatis Gothoburgensis*, Vol. LXIV, Nr. 3.

GUILFORD, J. P. (1961): Factorial angles to psychology. *Psychol. Rev.* 68, 1–20.

GUILFORD, J. P. (1959): *Personality*. London: McGraw-Hill.

GUILFORD, J. P., KETTNER, N. W., & CHRISTENSEN, P. R. (1956): The nature of the general reasoning factor. *Psychol. Rev.* 53, 169–172.

HUNZIKER, H. W. (1964): Plastizität als Faktor der Spannungsüberwindung in Denkaufgaben. *Z. exp. angew. Psychol.* 11, 185–237.

KOFFKA, K. (1935): *Principles of Gestaltspsychology*. London: Routledge & Kegan Paul.

LIENERT, G. A. (1960): Die Faktorenstruktur der Intelligenz als Funktion des Intelligenzniveaus. *Ber. 22. Kongr. DGfPs.* 1959, Göttingen: Hogrefe, 138–140.

LIENERT, G. A. (1961): Überprüfung und genetische Interpretation der Divergenzhypothese von Wewetzer. *Vita Humana* 4, 112–124.

LIENERT, G. A. (1963): Die Faktorenstruktur der Intelligenz als Funktion des Neurotizismus. *Z. exp. angew. Psychol.* 10, 140–159.

MEILI, R. (1949): Sur la nature des facteurs d'intelligence. *Acta Psychol.* VI, 40–58.

MEILI, R. (1937): *Einführung in die psychologische Diagnostik*, München. (1. Auflage von *Lehrbuch der psychologischen Diagnostik*. Bern: Huber, 1961).

MEILI, R. (1951): Denkpsychologie. In: KATZ, D. (1951): *Handbuch der Psychologie*. Basel: Benno Schwabe & Co., 154–175.

MEILI, R. (1963): Denkprozeß und Intelligenzstruktur. *Jahrbuch f. Psychologie und Psychotherapie*, Jg. 10, 186–196.

OLÉRON, P. (1957): *Les composantes de l'intelligence*. Paris: PUF.

PEMBERTON, C. (1952): The closure factors related to other cognitive processes. *Psychometrika* 17, 267–288.

Piaget, J., & Inheider, B. (1959): *La genèse des structures logiques élémentaires, classifications et sériations.* Neuchâtel: Delachaux & Niestlé

Reuchlin, M. (1964): *Méthodes d'analyse factorielle à l'usage des psychologues.* Paris: PUF.

Rimoldi, H. J. A. (1948): Study of some factors related to intelligence. *Psychometrika* 12, 27–46.

Rimoldi, H. J. A. (1951): The central intellective factor. *Psychometrika* 16, 75–93.

Schaedeli, R. (1961): Untersuchungen zur Verifikation von Meilis Intelligenzfaktoren. *Z. exp. angew. Psychol.* 8, 211–264.

Thurstone, L. L. (1938): Shifty and mathematical components. A critique of the Anastasi's monograph on the influence of specific experience upon mental organization. *Psychol. Bull.* 35, 223–236.

Thurstone, L. L. (1941): Factorial Studies of Intelligence. *Psychometric Monogr.* 2. Chicago.

Thurstone, L. L. (1944): A factorial study of perception. *Psychometric Monogr.* 4. Chicago.

Vernon, P. H. (1950): *The structure of human abilities.* London: Methuen.

Vernon, P. H. (1964): *Personality Assessment.* London: Methuen.

Weber, H. (1953): Untersuchungen über die Faktorenstruktur numerischer Aufgaben. *Z. exp. angew. Psychol.* 1, 336–390.

Wertheimer, M. (1957): *Produktives Denken.* Frankfurt/M.: Kramer.

Wewetzer, K. H. (1959): *Das hirngeschädigte Kind.* Stuttgart: Thieme.

Eine Entwicklungstheorie der Intelligenz *

von H. E. Garrett
(Columbia University, New York)

Es versteht sich wohl von selbst, daß einer, der sich des Wortes »Intelligenz« bedient, es seinen Zuhörern schuldig ist, genau zu erklären, was er darunter versteht. Das ist auch meine Absicht, aber ich will zunächst einen kleinen Umweg machen, bevor ich zu meiner Definition gelange, d. h., ich möchte zunächst erklären, was ich nicht unter »Intelligenz« verstanden wissen möchte. Dabei bin ich mir durchaus bewußt, daß diese indirekte Methode gewisse Gefahren in sich birgt. Die elementaren Leitfäden, die damit beginnen, daß sie dem Studierenden zunächst klarzumachen suchen, was Psychologie nicht ist, haben oft nur noch eine etwas magere und uninteressante Kost anzubieten, was Psychologie denn nun wirklich ist. Auch meine Definition könnte manchem erstaunlich banal und simpel vorkommen, nachdem ich meine negative Rechnung über einzelne Punkte präsentiert habe. Ungeachtet dieser Gefahr will ich jedoch den indirekten Weg einschlagen, weil ich glaube, daß sich dieses Risiko lohnt.

Vor allem sollten wir, glaube ich, allgemeingehaltene Definitionen vermeiden, die von allem etwas enthalten. Zum Beispiel hat noch 1943 ein bekannter Autor (Stoddard 1943) behauptet:

»Intelligenz ist die Fähigkeit, Aktivitäten auszuführen, die gekennzeichnet sind 1. durch Schwierigkeit, 2. durch Komplexität, 3. durch Abstraktheit, 4. durch Ökonomie, 5. durch Angepaßtheit, 6. durch sozialen Wert sowie 7. durch Originalität, und derartige Aktivitäten auch unter Bedingungen fortzuführen, die eine Konzentration von Energie und Widerstandsfähigkeit gegen emotionale Kräfte erfordern.«

Diese »Definition« kann – wie die alten Vorschriften zum Gebrauch von Schrotflinten – kaum umhin, irgendwie die Sache zu treffen, aber wo sie das tut, ist nicht ganz klar. Solche Sammeldefinitionen sind gewöhnlich zu allgemein gehalten, um falsch zu sein, aber zu vage, um brauchbar zu sein. Auch sollte man meiner Ansicht nach triviale und Zirkeldefinitionen vermeiden. Zweifellos ist es richtig, daß zur Intelligenz die Lernfähigkeit gehört, aber diese Erkenntnis hilft uns auch nicht weiter. Genausowenig nützt uns das oft zitierte Klischee, Intelligenz sei das, was mit dem Intelligenztest gemessen wird. Der Hauptwert und vielleicht der einzige Wert, den diese selbstgefällige – fast möchte ich sagen: einfältige – Definition besitzt, ist die

* Ansprache des scheidenden Präsidenten der American Psychological Association. Mit freundlicher Genehmigung der American Psychological Association, Washington, entnommen aus: *The American Psychologist* 1, 1946, S. 372–378.

Tatsache, daß sie in einem gewissen Grade »operational« ist. Ganz gewiß ist sie nicht informativ, was aber vermutlich auch gar nicht beabsichtigt ist.

Nach dieser langen Einleitung stehe ich vor der Aufgabe, mit der Formulierung einer positiven Definition der Intelligenz aufzuwarten. Wenn ich die Qualifikation der »allgemeinen Intelligenz« außer acht lasse, so gehören zum Begriff »Intelligenz«, wie ich ihn in diesem Vortrag benutze, zum mindesten die Fähigkeiten, die zur Lösung von Problemen benötigt werden und die auch das Verständnis für Symbole und die Fähigkeit, sich ihrer zu bedienen, einschließen. Unter Symbolen verstehe ich Wörter, Zahlen, Diagramme, Gleichungen und Formeln, welche Ideen und Beziehungen repräsentieren, die von recht einfachen bis zu sehr komplexen reichen. Einfachheitshalber können wir die Fähigkeit, mit solchen Stimuli umzugehen, als Symbolintelligenz oder als abstrakte Intelligenz bezeichnen. Spearman (1927) denkt im wesentlichen an diese Definition, wenn er von der Ableitung von Beziehungen und von der Ableitung von Korrelaten spricht.

Meine eigene Definition ist keineswegs originell oder besonders verblüffend. Schon vor vielen Jahren hat Terman (1921) die Intelligenz als die Fähigkeit »abstrakt zu denken« definiert. Bereits 1920 hat Thorndike (1920) vorgeschlagen, drei Intelligenzebenen anzunehmen – die abstrakte, die soziale und die mechanische oder motorische. Thorndikes abstrakte Ebene umfaßte im wesentlichen Aktivitäten, die ich oben als Symbolintelligenz beschrieben habe. Bemerkenswert ist, daß Thorndike für die Existenz der drei Intelligenzebenen keinen Beweis geliefert hat – ein adäquater Beweis wäre natürlich ein Homogenitätsnachweis bei Messungen auf einer bestimmten Ebene und der Nachweis der Unabhängigkeit der Ebenen. Wahrscheinlich hat Thorndike nichts weiter beabsichtigt als zu betonen, daß die biologische Auffassung der Intelligenz als der Anpassungsfähigkeit an die Umwelt zu weit gefaßt ist, um brauchbar zu sein, und daß es sich daher mehr empfiehlt, individuelle Unterschiede im Verhalten innerhalb eines relativ genau umgrenzten Bereichs zu untersuchen. Bücher, Menschen und Maschinen repräsentieren drei verschiedene Kategorien von Dingen, und es ist wichtig, daß man die Leistung einer bestimmten Person in bezug auf alle drei mißt. Natürlich schließen diese drei Kategorien einander nicht unbedingt aus, und sie umfassen auch nicht die gesamte Skala menschlichen Verhaltens. Aber sie sind wichtig und umfassen einen weiten Abschnitt des menschlichen Aktionsbereichs. Außerdem sind wir heute in der Lage, ein beträchtliches Beweismaterial wenigstens für die Existenz von zwei Ebenen (der abstrakten und der mechanischen) zu liefern, und auch für die soziale Ebene könnte eine Theorie aufgestellt werden, wenn man sich über ihre Bestandteile einig werden und sie auf adäquate Weise messen könnte.

Auch wenn es vielleicht nicht unmittelbar zum Thema gehört, möchte ich doch daran erinnern, daß Intelligenzmessungen zuerst zu praktischen Zwecken durchgeführt wurden und daß die Theorie im allgemeinen hinter der praktischen Anwendung herhinkte, anstatt ihr vorauszugehen. Hätten wir zuerst die Theorie zur Verfügung gehabt, so hätte uns das vielleicht viele Einwände und viele Intelligenztests erspart. Letzteres wäre ganz sicher von Vorteil gewesen, aber ich bin mir doch nicht ganz sicher, ob es gut gewesen wäre, wenn es überhaupt keine Kontroversen gegeben hätte. Durch ihre praktischen Intelligenzmessungen, wie grob sie auch immer gewesen sein mögen, sahen sich die Psychologen gezwungen, Theorien aufzustellen, um zu interpretieren, was sie da gefunden hatten. Und schließlich gelangte man durch die theoretische Diskussion zu einem besseren Verständnis dessen, was man zu messen versuchte. Ich möchte auch der Meinung (Chein 1945) zustimmen, daß Intelligenz in Wirklichkeit ein Adverb und kein Substantiv ist. Man hat uns versichert, daß wir nicht durch Tun lernen, sondern daß Lernen ein Tun ist. Und ebenso besitzt ein intelligenter Mensch nicht »Intelligenz«, sondern er zeigt vielmehr die Fähigkeit, intelligent zu handeln (d. h., hohe Testwerte zu erreichen), wenn er Aufgaben zu lösen hat, die zu ihrer Lösung die Benutzung von Symbolen (Worten, Diagrammen, Zahlen, Labyrinthen) verlangen.

Ich möchte hier die These aufstellen, daß Intelligenz, so wie ich sie verstehe, sich mit zunehmender Reife in ihrer Struktur ändert. Ich habe 1938 eine Differenzierungshypothese (differentiation hypothesis) bezüglich des Intelligenzwachstums vorgeschlagen, die ich hier etwas ausführlicher darstellen möchte. Meine Hypothese lautet folgendermaßen: Die abstrakte oder Symbolintelligenz wandelt sich in ihrer Organisation mit zunehmendem Alter von einer ziemlich einheitlichen und allgemeinen Fähigkeit zu einer lose organisierten Gruppe von Fähigkeiten oder Faktoren. Wenn diese Hypothese zutrifft, muß die Intelligenzuntersuchung mit zunehmendem Lebensalter zwangsläufig ihre Methode und Zielsetzung ändern.

An der Columbia University haben wir über einen Zeitraum von über zehn Jahren ein Langzeitprogramm zur Überprüfung der Differenzierungshypothese durchgeführt. Wir haben uns bei unserer Arbeit hauptsächlich mit Schulkindern befaßt, da die Symbolintelligenz offensichtlich kaum meßbar ist, bevor das Kind sich mit einiger Leichtigkeit der Sprache zu bedienen versteht. Ich möchte anschließend unsere eigenen und andere relevante Daten, die für die Differenzierungshypothese sprechen, anführen und dann versuchen, auf die sich aus diesen Feststellungen ergebenden Weiterungen für die Intelligenzuntersuchung im allgemeinen einzugehen.

Belege für die Differenzierungshypothese

Allgemein gesagt bestand unsere Methode darin, 1. Interkorrelationstabellen auf das Vorhandensein von Fähigkeits-Clustern oder Faktoren zu analysieren, und 2. die sich mit dem Lebensalter verändernden Beziehungen derartiger Faktoren, d. h. ihre Organisation, zu untersuchen. Zunächst möchte ich die Ergebnisse von vier Untersuchungsreihen betrachten, die wir mit altersmäßig ziemlich stark differierenden Versuchspersonen durchgeführt haben.

In einer Untersuchung der mentalen Organisation bei Schulkindern führte Schiller (1934) 12 Tests mit 189 Knaben der dritten und vierten Klasse durch, die im Durchschnitt neun Jahre alt waren. Vier dieser Tests waren als verbal, drei als numerisch und fünf als räumlich und sprachfrei klassifiziert. In den Korrelationstabellen waren Hinweise auf Fähigkeitscluster der erwähnten verbalen, numerischen beziehungsweise räumlichen Art deutlich zu erkennen.

Allerdings kamen zwischen den verschiedenen Kategorien beträchtliche Überschneidungen vor. Die durchschnittliche Korrelation zwischen den verbalen und den numerischen Tests betrug zum Beispiel 0,63, zwischen den verbalen und den räumlichen Tests 0,33 und zwischen den numerischen und den räumlichen Tests 0,41. Wurden die 12 Testvektoren nach der Zentroidmethode der Faktorenanalyse in einem dreidimensionalen Raum gedreht, so kam es zu einer deutlichen Trennung der verbalen, numerischen und räumlichen Testgruppierungen. Da die Bezugsachsen sich zueinander in obliquer Stellung befanden, korrelierten die drei Primärfaktoren notwendigerweise miteinander. Die Vektoren durch die verbalen und numerischen Testcluster lagen eng beieinander, so daß die Korrelation zwischen dem verbalen und dem numerischen Faktor recht hoch war (0,83). Die Korrelation zwischen dem verbalen und dem räumlichen Faktor war ebenso wie der zwischen dem numerischen und dem räumlichen Faktor viel niedriger (0,27 bzw. 0,30). Aus diesen Ergebnissen dürfte klar hervorgehen, daß auf dem Altersniveau von 9 Jahren die verbalen und numerischen Tests auf einen homogenen allgemeinen Faktor hinweisen, der von den bei den räumlichen Tests erforderlichen Fähigkeiten ziemlich unabhängig ist. Die hohe Korrelation zwischen den verbalen und numerischen Fähigkeiten bei den neunjährigen Knaben steht in einem interessanten Gegensatz zu dem von Schneck (1929) auf College-Niveau festgestellten Koeffizienten von $r = 0{,}26$ zwischen dem verbalen und dem numerischen Faktor. Schnecks neun Tests (fünf verbale und vier numerische) wurden mit 210 College-Studenten durchgeführt, die zwischen 18 und 21 Jahre alt waren.

Die gleiche Abnahme der Interkorrelationen innerhalb einer Testbatterie beim Übergang von Kindern zu Erwachsenen ist in den Arbeiten von Bryan (1934) und Anastasi (1932) zu finden. Bryan hat mit 100 fünfjährigen Knaben Tests für das unmittelbare Gedächtnis durchgeführt, bei denen Bilder, Gegenstände, Formen, Farben und Blocks benutzt wurden. Alle Tests wurden individuell angewendet. Das für unseren Zweck signifikanteste Ergebnis ist, daß diese Gedächtnistests mit den Wortschatztests (d. h. der verbalen Fähigkeit) in einer ebenso engen Relation standen wie untereinander – was auf einen beträchtlichen Grad von Homogenität bei den von diesen kleinen Kindern im Umgang mit Symbolen eingesetzten Fähigkeiten hinweist. Im Gegensatz dazu ist aus Anastasis Studie über die Gedächtnisleistungen erwachsener Versuchspersonen eine Korrelation des verbalen Faktors mit dem Gedächtnis von – 0,085 und des numerischen Faktors mit dem Gedächtnis von 0,00 zu ersehen. Anastasi hat vier Gedächtnistests sowie zwei verbale und zwei numerische Tests mit 140 College-Studentinnen zwischen 16 und 28 Jahren durchgeführt. Sie fand auch die von Schneck angegebene niedrige Korrelation zwischen der verbalen und der numerischen Fähigkeit bei Erwachsenen bestätigt. Die von ihr ermittelte Korrelation zwischen diesen Faktoren betrug 0,24.

Diese vier Untersuchungen zeigen übereinstimmend, daß wenigstens bei Kindern die Begabung für verbale und numerische Aufgaben eine größere Homogenität zeigt als bei Erwachsenen. Andere Untersuchungen haben im wesentlichen die gleichen Ergebnisse gezeitigt. In Thorndikes CAVD zum Beispiel (1926, S. 429) betrug die Korrelation von Ebene V (Wortschatz) und

Ebene A (Arithmetik) bei 126 Kindern der fünften Klasse 0,52, während die Korrelation zwischen Ebene V (Wortschatz) und Ebene A (Arithmetik) bei 100 College-Studenten nur 0,23 betrug. Bei den gleichen beiden Gruppen war die Korrelation zwischen der Ebene C (Ergänzung) und A (Arithmetik) 0,64 beziehungsweise 0,23. Ich selbst (1930) habe diese Korrelationen der einzelnen Teile der CAVD-Tests von Thorndike mit einer Gruppe von 313 College-Studentinnen im ersten Semester nachgeprüft. Die Korrelation der Ebenen A und V betrug bei dieser Erwachsenen-Gruppe 0,21 und die der Ebenen C und A ebenfalls 0,21. Die Thurstones haben zwei umfangreiche Untersuchungen über die Organisation der Fähigkeit auf verschiedenen Altersstufen durchgeführt. Bei einer Untersuchung (Thurstone & Thurstone 1941) wurden 60 Tests mit Wörtern, Zahlen, räumlichen Aufgaben, Diagrammen, Punktmustern, Bildern und Labyrinthen mit 1154 Kindern der achten Klasse durchgeführt. Mit Hilfe der Zentroidmethode der Faktorenanalyse wurden zehn Faktoren aus der Korrelationsmatrix extrahiert, die später auf sechs Primärfaktoren reduziert wurden. Diese Faktoren wurden folgendermaßen bezeichnet: N (numerisch), W (Wortflüssigkeit), V (verbal), S (räumlich), M (Gedächtnis) und I (Induktion oder logisches Denken). Wir interessieren uns hier besonders für die zwischen den sechs Primärfaktoren festgestellten Korrelationen. Eine gewisse Korrelation zwischen diesen Faktoren war zu erwarten, da oblique Transformationen bei der Rotation der Testvektoren durchgeführt wurden. Aus der Tabelle der Interkorrelationen der Faktoren ergab sich ein allgemeiner Faktor, den die Thurstones als »allgemeinen Faktor zweiter Ordnung« bezeichneten und den sie als vermutliches Äquivalent zu Spearmans »g« identifizierten. Dieser allgemeine Faktor war außerordentlich hoch korreliert mit dem verbalen Faktor und dem Faktor der Wortflüssigkeit (0,715 und 0,615), was den Gedanken nahelegt, daß er seinem Wesen nach »linguistisch« ist. In einer weiteren Untersuchung mit einer kleineren Stichprobe von 438 Kindern, bei der 21 Tests durchgeführt wurden, die aus den ursprünglichen 60 Tests ausgewählt worden waren, machte sich der gleiche allgemeine Faktor zweiter Ordnung wiederum stark geltend. Seine Korrelation mit dem verbalen Faktor und dem Faktor der Wortflüssigkeit von 0,676 beziehungsweise 0,686 spricht wiederum für seinen linguistischen und abstrakten Charakter und bestätigt das erste Ergebnis. Bei der zweiten Untersuchung lag der höchste Korrelationskoeffizient zwischen dem allgemeinen Faktor und der Fähigkeit zur Induktion beziehungsweise dem logischen Denken (nämlich 0,843). Die Tests dieser Kategorie verlangen die Fähigkeit, Symbole zu begreifen und mit verbalen Symbolen umzugehen. In einer früheren Untersuchungsreihe mit einer älteren Gruppe hat Thurstone (1938) 56 Tests mit 240 freiwilligen Studenten im Alter zwischen 16 und 25 Jahren durchgeführt. Bei dieser Untersuchung waren die Interkorrelationen zwischen den primären Faktoren unbedeutend. Der Durchschnitt von 72 Koeffizienten betrug 0,03, der höchste Koeffizient war $r = 0{,}24$. Zu beachten ist, daß die Interkorrelationen dieser 56 Tests fast die gleiche faktorielle Matrix ergaben, gleichgültig ob die Transformation oblique oder orthogonal durchgeführt wurde. Daraus scheint hervorzugehen, daß die extrahierten Primärfaktoren im wesentlichen voneinander unabhängig waren und daß kein allgemeiner Faktor zweiten Grades vorhanden war. Wie oben erwähnt, waren die Transformationen bei der Untersuchung der Kinder aus der achten Klasse eher oblique als orthogonal. Während die Benutzung von obliquen Bezugsachsen eine Korrelation zwischen den primären Fähigkeiten unvermeidlich macht, legt die Tatsache, daß oblique Transformationen die klarsten Resultate ergaben (die größte Annäherung an eine Einfachstruktur: simple structure), den Gedanken nahe, daß der allgemeine Faktor zweiter Ordnung kein durch diese Methode erzeugtes Artefakt ist.

Zusammenfassend ergibt sich bei einem Vergleich des Generalitätsgrades bei den von Probanden verschiedenen Alters erhaltenen Korrelationstabellen, daß die Korrelationstabellen höherer Altersgruppen differenzierter sind. Man kann gegen dieses Ergebnis einwenden, daß die bei den unterschiedlichen Altersstufen angewendeten Tests nicht identisch waren (wenn auch das gleiche Material dabei benutzt wurde) und daß einige Unterschiede vielleicht auf die unterschiedliche Zusammensetzung der Stichproben zurückzuführen sind. Außerdem könnte man geltend machen, daß bei der Verwendung von obliquen Transformationen anstelle von orthogonalen die Methode und nicht die Daten das Endresultat bestimmen können.

Um diesen Einwänden zu begegnen, kann man das Problem der Veränderung der mentalen Organisation mit dem Lebensalter auch auf eine andere Weise in Angriff nehmen, die die Schwierigkeiten wenigstens teilweise behebt. Diese Methode besteht darin, die Interkorrelationen der gleichen Tests bei aufeinanderfolgenden Altersgruppen zu ermitteln und die sich eventuell ergebenden Veränderungen in den Korrelationen festzustellen. Natürlich muß man dabei darauf achten, daß die Versuchspersonen der verschiedenen Altersgruppen vergleichbar sind und daß die Tests weit genug angelegt sind, so daß sich bei den jüngeren oder bei den älteren Probandengruppen keine schiefen Verteilungen ergeben.

Unser Programm umfaßte mehrere vergleichende Untersuchungen dieser Art. 1935 haben Garrett, Bryan und Perl zehn sorgfältig ausgewählte Tests benutzt, um Gedächtnisleistungen sowie verbale und numerische Fähigkeiten bei drei verschiedenen Altersgruppen von Jungen und Mädchen aus Public Schools zu messen. Im ganzen wurden 646 Kinder getestet, und zwar 225 neunjährige, 196 zwölfjährige und 225 fünfzehnjährige. Die Untersucher haben sich dabei besonders um vergleichbare Samples bemüht. Welche Vorkehrungen hierzu im einzelnen getroffen wurden, ist aus dem Originalbericht (S. 16 ff.) zu ersehen. Mit einer einzigen Ausnahme zeigten die Interkorrelationen bei den Gedächtnistests sowie bei den verbalen und numerischen Tests eine regelmäßige Tendenz, von 9 bis 12 sowie von 12 bis 15 Jahren abzunehmen. Die durchschnittliche Interkorrelation bei den Neun-, Zwölf- und Fünfzehnjährigen betrug für die Knaben 0,30, 0,21 und 0,18; für die Mädchen 0,27, 0,30 und 0,10. Eine multiple Faktorenanalyse auf jedem Altersniveau – wobei Knaben und Mädchen getrennt behandelt wurden – bestätigte – wie zu erwarten war – die aus den Korrelationen sich ergebende Schlußfolgerung. Der Varianzanteil des ersten unrotierten Faktors (ungefähr »g« äquivalent) betrug bei den neun-, zwölf- und fünfzehnjährigen Jungen 0,31, 0,32 und 0,12 und bei den Mädchen 0,31, 0,24 und 0,19. Diese regelmäßige Abnahme des korrelativen Zusammenhangs mit dem Alter wurde auch von Asch (1936) verifiziert, der drei Jahre später 161 der ursprünglich neunjährigen (jetzt zwölfjährigen) Versuchspersonen von Schiller erneut getestet hat. Von neun bis zu zwölf Jahren war die durchschnittliche Korrelation bei den Jungen von 0,56 auf 0,41, bei den Mädchen von 0,59 auf 0,51 abgesunken. Die Korrelation der verbalen mit den numerischen Tests war dabei von 0,57 auf 0,36 bei den Jungen und von 0,64 auf 0,49 bei den Mädchen abgesunken. Auch hier können wir also ein Absinken in der Generalität (generality) mit wachsender Reife beobachten.

Zwei neuere Untersuchungen, die mit unterschiedlichen Gruppen und anderen Tests vorgenommen wurden, bestätigen ebenfalls dieses allgemeine Ergebnis. 1944 hat Clark 320 Jungen – je etwa 100 elf-, dreizehn- und fünfzehnjährige – mit den ›Chicago Tests of Primary Mental Abilities‹ untersucht. Die Versuchspersonen besuchten Public Schools und stammten aus einem ähnlichen sozialen und ökonomischen Milieu. Die Korrelationen zwischen den Punktwerten bei jedem der sechs Primärfaktoren V, N, S, W, M und R zeigten eine regelmäßige Tendenz, mit zunehmendem Alter abzusinken. Dabei ergaben sich folgende durchschnittliche Faktorenkorrelationen (außer bei M, bei dem die Meßgenauigkeit sehr gering war) auf den Altersstufen 11, 13 und 15: für N und die Testbatterie 0,55, 0,44 und 0,43; für V und die Testbatterie 0,62, 0,55 und 0,49; für S und die Testbatterie 0,48, 0,47 und 0,35. Diese Resultate bestätigen das Vorhandensein des von den Thurstones gefundenen Generalfaktors zweiter Ordnung und zeigen darüber hinaus, daß er mit zunehmendem Alter allmählich schwächer wird. Reichard (1944) hat die Ergebnisse von Clark teilweise verifiziert, wenn auch die Ergebnisse aus ihrer Arbeit nicht ganz klar sind. Frau Reichard hat acht Tests durchgeführt, um die verbalen, numerischen und räumlichen Fähigkeiten von 542 Versuchspersonen, und zwar 280 Mädchen und 262 Jungen, aus Public Schools in New Yorker Vorstädten zu messen. Dabei waren die drei Altersstufen von 9, 12 und 15 Jahren vertreten. Die Interkorrelationen sanken zwischen 12 und 15 Jahren deutlich ab (von 0,43 auf 0,38 bei den Jungen und von 0,51 auf 0,37 bei den Mädchen) und stiegen von 9 bis 12 Jahre – sowohl bei den Knaben als auch bei den Mädchen – an. Eine einleuchtende Erklärung für diese Umkehrung dürfte im Inhalt der Tests zu suchen sein, die der Gruppe der Neunjährigen besser lagen. Vielleicht dürfte auch diese Gruppe in bezug auf ihr Leistungsniveau etwas besser gewesen sein als die Neunjährigen im Durchschnitt.

Aus diesen verschiedenen Untersuchungen dürfte sich eine stetige Abnahme in den Korrelationen zwischen verbalen, numerischen und räumlichen Tests im Alterszeitraum von 8 bis 18 Jahren voraussagen lassen. Es sieht so aus, als ob mit zunehmendem Alter die zunächst amorphe allgemeine Leistungsfähigkeit allmählich einer Gruppe von ziemlich deutlich voneinander verschiedenen Fähigkeiten Platz macht. Höchstwahrscheinlich dürfte die Reifung bei diesem Differenzierungsprozeß eine wichtige Rolle spielen, doch haben sicher auch zunehmende Erfahrung und auseinandergehende Interessen einen starken Anteil daran.

Schwieriger ist es, die Differenzierungshypothese bei Vorschulkindern und Kleinkindern zu überprüfen. In diesem frühen Alter hängen die Testergebnisse notwendigerweise mit dem physiologischen Zustand des Kleinkindes und mit der Entwicklung und Koordination seiner Muskeln zusammen. Bekanntlich zeigen Baby-Tests kaum eine Beziehung zu Sprachtests im Schulalter (Andersen 1940), weshalb sich auch keine Beziehung zur Symbolintelligenz feststellen läßt. Beim Neugeborenen hat das Verhalten zunächst sehr allgemeinen Charakter. Jensen (1932) schreibt: »Die Stimulation von fast jeder Gruppe von Rezeptoren durch fast jede Art von Reiz wird zu einer Reaktion in fast jedem Teil des Organismus führen, der zur Reaktion bereit ist.« Mit zunehmendem Alter kommt es dann beim Kleinkind nach und nach zur Spezialisierung und Lokalisierung der Bewegungen. Dieser Aussiebprozeß wiederholt sich dann offensichtlich bei der Differenzierung der intellektuellen Tätigkeiten später im Schulalter.

Folgerungen aus der Differenzierungshypothese für Theorie und Praxis

Konsequenzen für die Theorie: Die Differenzierungshypothese hat Konsequenzen sowohl theoretischer als auch praktischer Art. Im theoretischen Bereich dürfte sie eine Annäherung zwischen der Spearmanschen Theorie des Generalfaktors und der Theorie der Gruppenfaktoren bewirken. Während der gesamten Grundschuljahre finden wir eine funktionale Gemeinsamkeit bei Tests auf der Symbolebene. Später löst sich dieser allgemeine Faktor oder das »g« in die quasi-unabhängigen Faktoren auf, die von zahlreichen Forschern beobachtet wurden.

Wahrscheinlich ist der g-Faktor, der sich auf der Elementarschulstufe stark bemerkbar macht, großenteils verbaler oder linguistischer Natur. Wenn das Schulkind gut lesen kann, sind sehr wahrscheinlich auch seine übrigen Schulleistungen gut. Daß ein Kind Rechenaufgaben gut lösen kann, hängt von seiner Fähigkeit zu lesen und Erklärungen zu verstehen ab; deshalb kommt es vor, daß ein Kind aus der fünften Klasse, dessen verbale Leistungsfähigkeit groß ist, ebenso gut arithmetische Aufgaben lösen kann wie ein Kind, welches an sich eine viel größere angeborene Zahlenbegabung hat. Diese Ansicht ist keineswegs rein spekulativ. Thurstone hat gefunden, daß bei Kindern des siebten und achten Schuljahres sein allgemeiner Faktor zweiter Ordnung bei den Lese- und Aufsatztests mit den höchsten Ladungen vertreten war. Kelley (1928) berichtet, daß der allgemeine Faktor bei Niveautests (power tests) für Lesen und Rechnen bei Drittkläßlern eine größere Rolle spielt als bei Kindern des siebten Schuljahres. In der Gruppe von 126 Kindern aus der fünften Klasse, die wir oben erwähnten (Thorndike 1920), zeigte der allgemeine Faktor beim »CAVD« folgende Korrelationen mit den vier Teilen der Prüfung: mit »Ergänzung« (Completion) 0,90; mit »Arithmetik« 0,70; mit »Wortschatz« (Vocabulary) 0,86; und mit »Direktiven« (Directions) 0,88. Daraus geht deutlich hervor, daß der allgemeine Faktor auf dieser Altersstufe sehr bedeutend und im wesentlichen verbaler Natur ist. Der g-Faktor im »CAVD« wies bei 313 Collegestudentinnen im ersten Semester (Garrett 1930) Korrelationen von 0,70 mit »Ergänzung«, 0,45 mit »Arithmetik«, 0,74 mit »Wortschatz« und 0,76 mit »Direktiven« auf. Wenn der allgemeine Faktor auch auf dieser Altersstufe immer noch verbaler Natur ist, so ist er doch jetzt wesentlich schwächer und viel weniger stark mit arithmetischen Leistungen verbunden. Ich schließe aus diesen Daten, daß die allgemeine Fähigkeit (g), die in den Elementarschuljahren eine starke Rolle spielt, auf der Highschool- und der Collegestufe eine immer weniger wichtige Rolle spielt; faktorenanalytische Studien haben ergeben, daß »g« auf dieser Stufe unbedeutend oder von sehr geringem Einfluß ist.

Es ist an dieser Stelle darauf hinzuweisen, daß Thorndikes »Quantitätshypothese« nicht im Gegensatz zu der von mir vorgeschlagenen Differenzierungshypothese steht. Thorndike (1926) hat die Ansicht vertreten, daß der Unterschied in der intellektuellen Leistung zwischen sehr klugen und sehr dummen Personen nicht qualitativer Art sei (d. h., daß dabei keine andersartigen geistigen Prozesse beteiligt sind), sondern daß er quantitativer Natur sei (d. h., daß von Gleichartigem mehr verlangt wird). Nach dieser Auffassung hat ein sehr intelligenter Mensch Zugang zu zahlreicheren und nicht zu anders- bzw. neuartigen Zusammenhängen. Zum Beweis seiner Theorie wies Thorndike darauf hin, daß für Fünftkläßler und für Achtkläßler die Interkorrelationen 1. bei Tests, die nur Routine-Informationen verlangen, und 2. bei Tests, welche die Fähigkeit zur Generalisation und zur Relationserfassung erfordern, nicht höher sind als die Korrelationen zwischen den beiden Testbatterien. Dieses Ergebnis ist für ihn der Beweis einer grundsätzlichen funktionalen Kontinuität von den einfacheren zu komplexeren symbolischen Aktivitäten. Nach der Differenzierungshypothese ist diese Kontinuität auf die gemeinsame allgemeine Fähigkeit zurückzuführen, die bei allen intellektuellen Leistungen im Elementarschulalter zu beobachten ist. Mit zunehmender Reife und mit einer stärker nivellierten Sprachgewandtheit löst sich dann die allgemeine Fähigkeit in speziellere Begabungen oder Gruppenfaktoren auf.

Konsequenzen für die Praxis: Die Differenzierungshypothese hat bestimmte praktische Konsequenzen für die Interpretation von Intelligenztestwerten in einem ausgedehnten Altersbereich. Die besten individuellen Tests für die abstrakte Intelligenz (zum Beispiel der ›Stanford-Binet-Test‹) eignen sich am besten für den Altersbereich von 6 bis 15 Jahren. Wenn man weiß, daß ein zehnjähriger Junge ein Stanford-Binet-Intelligenzalter von 12 Jahren und einen IQ von 120 hat, so besitzt man eine valide und brauchbare Information über ihn. Aufgrund seines Intelligenzalters und seines Intelligenzquotienten kann man voraussagen, wie gut sich dieser Junge in der Schule bewähren wird und wie gut er dann in bestimmten Berufen vorankommen wird, die Verständnis und die Verwendung von Symbolen bei Problemlösungen erfordern (immer vorausgesetzt, daß er nicht auf andere Weise ernstlich behindert ist). Meiner Meinung nach sollte man auf der Elementarschule höchstens sehr vorsichtig den Versuch machen, den IQ in spezielle Indices, z. B. für die sprachliche Fähigkeit, die numerische Fähigkeit, logisches Denken und so weiter aufzuteilen. Es gibt zu wenig Testaufgaben, die man vernünftigerweise unter diesen Überschriften zusammenfassen könnte, um ein definitives Urteil über spezifische Fähigkeiten abgeben zu können. Das heißt natürlich nicht, daß man bei einem bestimmten Kind nicht nach starken

Abweichungen der Leistung bei bedeutsamen Testaufgaben Ausschau halten oder besondere Stärken oder Schwächen eines Kindes bei der Bewältigung von Testsituationen nicht mit in Rechnung stellen sollte. Doch sollten wir uns immer vor Augen halten, daß die Gesamtpunktzahl bei einem individuellen Intelligenztest besser geeignet ist, die allgemeine Begabung anzuzeigen, als Teilwerte bei dem gleichen Test geeignet sind, Maßzahlen für mehr spezifische Funktionen zu sein.

Der Gruppenintelligenztest stellt zweifellos ein brauchbares Mittel dar, Kinder nach dem Grad der abstrakten Intelligenz zu klassifizieren. Ich bin jedoch gegen die Anwendung des IQ anstelle der Punktzahlbewertung (point score), wenn es sich zum Beispiel um die Leistungsbewertung bei einem Gruppentest handelt – besonders dann, wenn die Probanden Erwachsene sind. Die Kriterien, denen ein Intelligenztest genügen muß, um einen numerisch konstanten IQ zu ergeben, sind schon oft aufgeführt worden (McNemar 1942, Kap. 9), doch dürfte es sich empfehlen, hier noch einmal darauf zurückzukommen. Es handelt sich dabei 1. um die regelmäßige und progressive Vergrößerung der Standardabweichungen der Verteilungen des Intelligenzalters mit zunehmendem Lebensalter; 2. um die funktionale Homogenität der gesamten Skala; 3. um das Fehlen einer Korrelation zwischen Lebensalter und IQ. Mit wenigen Ausnahmen dürften die Gruppenintelligenztests diesen Anforderungen nicht einmal annähernd gerecht werden. Der ›Stanford-Binet-Test‹ genügt ihnen; daher sollte man sich bei der Feststellung des IQ meiner Meinung nach auf diesen Test beschränken. Die Kontroverse über sich ändernde IQs, über ihre Unbeständigkeit und so weiter ist meiner Ansicht nach auf die Verwirrung darüber zurückzuführen, was tatsächlich darunter zu verstehen ist und wo es gerechtfertigt ist, sich seiner zu bedienen. Die Behauptung, die Schulbildung erhöhe den IQ (Lorge 1945), war völlig irreführend, da sie auf Veränderungen des IQ gründete, bei denen es sich tatsächlich nicht um Intelligenzquotienten, sondern um Testwerte handelte. Niemand wird im Ernst bestreiten, daß höhere Schulbildung im allgemeinen bei jedem beliebigen brauchbaren Gruppentest zu höheren Testwerten führt; aber daß solche höheren Testwerte auch tatsächlich ein »echter« Hinweis auf höhere »Intelligenz« sind, kann gewiß angezweifelt werden.

Auf der Stufe der Highschool und auf College-Ebene löst sich, wie wir gesehen haben, die abstrakte Intelligenz in eine Reihe von relativ unabhängigen Faktoren auf. Es wäre daher theoretisch vertretbarer und damit praktisch empfehlenswerter, auf dieser Altersstufe die verbale, numerische, perzeptorische und räumliche Begabung und vielleicht noch weitere Faktoren zu messen, als dem Probanden einen einzigen Gesamtwert zuzuordnen. Vielleicht wundert sich mancher – wenn dies zutreffen sollte –, weshalb dann beim ›Army General Classification Test‹ Gesamtpunktzahlen und nicht Teilpunktzahlen ermittelt wurden. Ich glaube, daß die Anwendung von Gesamtpunktzahlen beim »AGCT« wegen des weiten Bereichs der Schulbildung (und vermutlich auch der abstrakten Intelligenz) bei den etwa acht Millionen Männern, die sich diesem Test zu unterziehen hatten, gerechtfertigt war. Bei großen Stichproben waren die Korrelationen zwischen den drei Teilen des »AGCT« recht hoch, was auf eine beträchtliche Homogenität des Testinhalts hinweist. Dies ist vermutlich darauf zurückzuführen, daß viele Soldaten in bezug auf die Leichtigkeit, mit der sie mit dem abstrakten Testmaterial umzugehen wußten, dem Grundschulkind näherstanden als dem gebildeten Erwachsenen. Die Korrelationen zwischen den drei Teilen des »AGCT« wären vermutlich niedriger ausgefallen, wenn sie getrennt für Absolventen der Highschool und des College berechnet worden wären.

Faktoren-Punktwerte haben sich als brauchbar für die Voraussage von College-Leistungen auf dem Gebiet der Naturwissenschaften, der Literatur und in anderen Disziplinen erwiesen (Chein 1939). Für die Beratung stark ausgelesener Studenten sind die Teil-Punktzahlen eines Testprofils wie bei der ›Graduate Record Examination‹ brauchbarer als ein einziger Gesamtpunktwert. Bei Erwachsenen sind Tests zur Feststellung der Eignung für eine bestimmte Art von Tätigkeit den Blankomeßverfahren für die allgemeine geistige Leistungsfähigkeit vorzuziehen. Profile sind als ein Mittel unter anderen brauchbar, wenn es gilt, das Strukturmuster aufzuzeigen, welches die Teilpunktzahlen bilden. Eine solche Typologie ist zunächst in erster Linie von praktischem Nutzen als brauchbares Klassifizierungsschema, doch steht zu hoffen, daß sich mit der Zeit auch mehr fundamentale Beziehungen aufweisen lassen. Das Versuch-und-Irrtum-Stadium auf dem Gebiet der Intelligenzmessung scheint zu Ende zu gehen. Während des Krieges sind in der Konstruktion und Anwendung von Intelligenztests große Fortschritte zu verzeichnen gewesen. Ich glaube, daß wir der Psychometrie eine glänzende Zukunft voraussagen dürfen, und die Entwicklung weiterer valider Tests zur genauen Messung bestimmter Fähigkeiten und bestimmter Persönlichkeitsmerkmale wird keineswegs zu ihren geringsten Leistungen gehören.

Literatur

Anastasi, A. (1932): Further studies on the memory factor. *Arch. Psychol.* 142, 60.

Anderson, J. E. (1940): The prediction of terminal intelligence from infant and preschool tests. *39th Yearbook, NSSE,* Kap. XIII, 385–403.

Asch, S. (1936): A study of change in mental organization. *Arch. Psychol.* 195, 17–24.

Bryan, A. I. (1934): Organization of memory in young children. *Arch. Psychol.* 162, 56.

Chein, I. (1945): On the nature of intelligence. *J. Genet. Psychol.* 32, 111–126.

Chein, I. (1939): An empirical study of verbal, numerical and spatial factors in mental organization. *Psychol. Rec.* 3, 71–94.

Clark, M. P. (1944): Changes in primary mental abilities with age. *Arch. Psychol.* 291, 30.

Garrett, H. E. (1930): A study of the CAVD intelligence examination. *J. Educ. Res.* 21, 103–108.

Garrett, H. E., Bryan, A. I., & Perl, R. (1935): The age factor in mental organization. *Arch. Psychol.* 176, 31.

Garrett, H. E. (1938): Differentiable mental traits. *Psychol. Rec.* 2, 259–298.

Jensen, K. (1932): Differential reactions in new born infants. *Genet. Psychol. Monogr.* 12, 391–479.

KELLEY, T. L. (1928): *Crossroads in the mind of man.* Stanford: Stanford Univ. Press., Kap. 5 und 6.

LORGE, I. (1945): Schooling makes a difference. *Teachers College Rec.* 46, 483–492.

McNEMAR, Q. (1942): *The revision of the Stanford-Binet.* New York: Houghton-Mifflin, Kap. XI.

REICHARD, S. (1944): Mental organization and age level. *Arch. Psychol.* 295, 30.

SCHILLER, B. (1934): Verbal, numerical and spatial abilities of young children. *Arch. Psychol.* 161, 69.

SCHNECK, M. R. (1929): The measurement of verbal and numerical abilities. *Arch. Psychol.* 107, 49.

SPEARMAN, C. (1927): *The abilities of man.* New York: Macmillan.

STODDARD, G. D. (1943): *The meaning of intelligence.* New York: Macmillan.

TERMAN, L. M. (1921): In Symposium: Intelligence and its measurement. *J. Educ. Psychol.* 12, 123–147, 195–216.

THORNDIKE, E. L. (1920): Intelligence and its uses. *Harpers Magazine* 140, 227–235.

THORNDIKE, E. L. (1926): *The measurement of intelligence.* New York: Teachers College, Columbia Univ.

THURSTONE, L. L. (1938): Primary mental abilities. *Psychometric Monogr.* 1, 121.

THURSTONE, L. L., & THURSTONE, T. G. (1941): Factorial studies of intelligence. *Psychometric Monogr.* 2, 94.

Kritik der Differenzierungshypothese der Intelligenz *

von F. Merz und K. Th. Kalveram
(Universität Marburg)

Ziel der vorliegenden Arbeit

In der vorliegenden Arbeit soll gezeigt werden, daß allgemein bekannte und gut belegte Tatsachen hinreichen, um jene Befunde zu erklären, auf welche sich die Differenzierungshypothese der Intelligenz vorwiegend stützt. Sodann werden Beobachtungen an Menschen unter Pharmakawirkungen und an Menschen in höherem Lebensalter betrachtet, welche ebenfalls als Hinweise auf die Änderung der Faktorenstruktur aufgefaßt wurden. Es wird gezeigt werden, daß das hier vorgelegte Erklärungsprinzip auch auf diese Beobachtungen angewendet werden kann.
Wir beabsichtigen nicht, den Beweis zu führen, daß unter den genannten Bedingungen keine Änderungen der Faktorenstruktur auftreten. Wir werden lediglich zeigen, daß die wichtigsten Befunde, aus denen die Differenzierungshypothese der Intelligenz abgeleitet wurde, diese tatsächlich nicht stützen; andere, hier nicht besprochene Befunde mögen durchaus eine Differenzierungshypothese oder analoge Hypothesen nahelegen. Unsere Überlegungen müßten jedoch berücksichtigt werden, wenn gefundene Änderungen der formalen Faktorenstruktur sachlich interpretiert werden sollen.
Zunächst wird die Differenzierungshypothese der Intelligenz kurz erläutert, sodann folgen die eigenen Überlegungen. Anschließend werden die Folgerungen besprochen, die sich daraus ergeben.

Die Differenzierungshypothese der Intelligenz

Bekanntlich steigt die Intelligenzleistung (ausgedrückt in Rohwerten irgendwelcher Tests) zunächst mit dem Alter ziemlich rasch an, dann wird der Anstieg – schon im zweiten Lebensjahrzehnt – geringer, bis er schließlich im dritten Lebensjahrzehnt ganz aufhört (siehe z. B. Pressey & Kuhlen 1957, S. 73 u. 76). Schon Binet hatte deshalb bei der Konstruktion seines Testes Schwierigkeiten; er konnte nur bis zum Alter von 10 Jahren Aufgaben finden, welche jeweils für einen einzelnen Altersjahrgang spezifisch waren (Binet, S. 105), und mußte bei den höheren Entwicklungsstufen der Intelligenz Aufgaben für mehrere Altersjahrgänge zusammenfassen.

* Mit freundlicher Genehmigung der Autoren und der Akademischen Verlagsgesellschaft, Frankfurt/M., entnommen aus: *Archiv für die gesamte Psychologie* 117, 1965, S. 287–295.

Nach diesen oft bestätigten Ergebnissen der Intelligenzforschung würde sich die Intelligenz von einem bestimmten Alter an kaum noch weiterentwickeln. Schon aus vorwissenschaftlichen Gründen sträubt man sich aber gegen die Annahme, daß zwischen älteren Kindern und Erwachsenen kaum ein Unterschied hinsichtlich der Intelligenzleistung bestehe. Es liegt vielmehr nahe, das geläufige Konzept der Entwicklung als Differenzierung (siehe Duhm) auch auf die Intelligenz anzuwenden: Vom älteren Kind zum Erwachsenen ändert sich die Intelligenz nicht so sehr quantitativ durch Zunahme als vielmehr qualitativ durch Differenzierung.
Diese Aussage erhält einen präziseren Sinn, wenn man sie auf die Ergebnisse von Faktorenanalysen bezieht. Die mit dieser Methode dargestellten Dimensionen unabhängiger Variabilität werden in der Regel als unabhängige »Fähigkeiten« aufgefaßt. Nach der Differenzierungshypothese müßte im Lauf der Entwicklung die Zahl unabhängiger Fähigkeiten zunehmen und die Bedeutung des bei Kindern gefundenen Faktors g (allgemeine Intelligenz) abnehmen.
Tatsächlich liegen Ergebnisse vor, welche dieser Erwartung entsprechen. Hier verweist man meistens auf die Arbeit von Garrett u. a., in welcher über Untersuchungen an je etwa 250 Neun-, Zwölf- und Fünfzehnjährigen berichtet wird. Es zeigte sich hier, daß der erste Faktor mit dem Alter an Bedeutung abnahm und daß sich die Korrelationen zwischen den Tests verringerten. Diese Ergebnisse fassen die Autoren dahingehend zusammen, daß »with increases in age, the abilities measured by our tests tend to become more and more specific« (Garrett 1935, S. 28). An anderer Stelle sagen die Autoren zur Erklärung »it is suggested that in young children ability is amorphous to a greater degree than during later periods. The first factor, then, may be taken to represent an earlier achievement in the growth process« (Garrett u. a. 1935). Es liegen zwar auch Arbeiten vor, in welchen diese Ergebnisse nicht (z. B. Clark; v. Kerékjárto und Schmidt) oder nicht voll bestätigt (z. B. Mukherjee) wurden; jedoch blieb die Differenzierungshypothese im großen ganzen unwidersprochen.
Im weiteren Lebenslauf scheint sich die beschriebene Differenzierung nicht fortzusetzen. Lienert und Croft verglichen etwa die Faktorenstrukturen der Intelligenzleistungen 10- bis 12jähriger mit denen 18- bis 20- und 45- bis 60jähriger. Bei den Kindern konnten fünf, bei den Jugendlichen sechs, bei den älteren Erwachsenen jedoch nur vier bedeutsame Faktoren gefunden werden. Entsprechend fanden sich bei den Jugendlichen, also den 18- bis 20jährigen, die niedrigsten Interkorrelationen. Hinsichtlich der Intelligenzentwicklung über den gesamten Lebenslauf formulierten Lienert und Croft danach eine Differenzierungs-Integrationshypothese (1964, S. 159).

Die simultane Überlagerung

Die eben beschriebenen Befunde können nach unseren Überlegungen als Effekte simultaner Überlagerungen aufgefaßt werden. Was damit gemeint ist, soll zunächst am Beispiel erläutert werden.

In der Untersuchung von Garrett u. a. wurden in den einzelnen Altersgruppen Personen zusammengefaßt, welche nach ihrem Lebensalter bis zu 12 Monate auseinanderlagen. Nun steigt die Leistung in Intelligenztests in aller Regel mit dem Alter an, dieser Anstieg wird jedoch mit zunehmendem Alter immer geringer. Im besprochenen Fall liefern die von Garrett u. a. vorgelegten Kurven einen einigermaßen deutlichen Eindruck dieses Sachverhalts (1935, S. 15).

Das heißt also, daß in jeder Gruppe Personen zusammengefaßt wurden, welche sich nach ihrem Alter und infolgedessen auch nach ihrer Leistung unterscheiden. Die Jüngsten der Gruppe der 9jährigen sind im Mittel den Ältesten der gleichen Gruppe unterlegen, und zwar in allen geprüften Fähigkeiten bzw. Tests. Diese Altersunterschiede kommen zu den Unterschieden der Intelligenz-Struktur, die man eigentlich untersuchen will, hinzu. Wir sprechen daher von »Überlagerung«. Bei einem einzelnen Individuum hingegen sind alle Testleistungen, gemessen am Gruppendurchschnitt, in die gleiche Richtung verschoben, und zwar je nach Alter des Individuums generell nach oben oder generell nach unten. Das liegt einfach daran, daß alle Testleistungen altersabhängig sind, wenn auch nicht notwendig in gleichem Ausmaß. Bezogen auf die Individuen ist die Überlagerung also »simultan«.

Mit zunehmendem Alter werden die Testleistungskurven nun flacher. Die Folge ist, daß sich die Jüngsten und Ältesten in der Gruppe der 15jährigen im Mittel weniger unterscheiden als in der Gruppe der 9jährigen. Das Ausmaß der simultanen Überlagerung sinkt also mit zunehmendem Alter ab, wie aus der Abflachung der Leistungskurven zu entnehmen ist.

Es ist einsichtig, daß eine solche Überlagerung die Interkorrelationen zwischen den einzelnen Tests im allgemeinen erhöhen muß: Nach der üblichen Interpretation der Faktorenanalyse besteht eine Kovarianz zwischen den Testnoten, welche darauf zurückgeht, daß verschiedene Tests die gleichen »Fähigkeiten« in Anspruch nehmen. Dazu kommt nun eine weitere Kovarianz, welche auf das unterschiedliche Lebensalter der geprüften Personen zurückzuführen ist. Der Anteil dieser zweiten Kovarianz sinkt mit zunehmendem Alter ab. Daher ist auch ein Absinken der Korrelationskoeffizienten zu erwarten.

Unsere Überlegungen laufen nun darauf hinaus, daß man die Wirkung der zweiten Art von Kovarianz trennen sollte von jener der ersten. Wir vermuteten, daß die Ergebnisse, auf welche sich die Differenzierungshypothese der Intelligenz stützt, ganz oder teilweise auf die zweite Art der Kovarianz, also auf eine simultane Überlagerung der Testleistungen, zurückgehen.

Es sei lediglich angemerkt, daß mit simultaner Überlagerung auch dann zu rechnen ist, wenn man Altersgruppen untersucht, die hinsichtlich ihres Geburtsdatums sehr weitgehend oder völlig homogen sind. Es liegen bekanntlich Ergebnisse vor, welche darauf hindeuten, daß die Geschwindigkeit der Entwicklung individuell differiert. Dafür sprechen korrelative Zusammenhänge zwischen dem Stand der körperlichen Entwicklung und der Leistung bei Intelligenztests (siehe Undeutsch 1959). Wenn nun Kinder des gleichen Lebensalters hinsichtlich ihrer intellektuellen Entwicklung differieren, so folgt daraus wiederum eine simultane Überlagerung, falls verschiedene Fähigkeiten im gleichen Sinn betroffen sind. Das Ausmaß dieser Art von Überlagerung ist aus den Entwicklungskurven, die auf dem Durchschnitt der Leistungen vieler Personen beruhen, nicht abzulesen.

Die Wirkungen simultaner Überlagerung

Es ist schwierig, den Effekt einer simultanen Überlagerung ohne mathematische Darstellung einzusehen. Zwar ist es einleuchtend, daß die Interkorrelationen steigen dürften, es ist jedoch nicht recht klar, wie sich dies in den Ergebnissen einer Faktorenanalyse niederschlagen wird. Tritt ein neuer Faktor auf, verlieren die Faktoren, von denen man ausgegangen ist, ihre Unabhängigkeit, etc.? Daher hat einer von uns (Kalveram) unsere Überlegungen mathematisch formuliert. Das soll im folgenden Beitrag des vorliegenden Heftes dargestellt werden.
Wie dort gezeigt wird, hat eine simultane Überlagerung folgende Effekte:
a) Erhöhung der Interkorrelationen und Kommunalitäten der Tests.
b) Zunahme der Ladungen des zuerst extrahierten Faktors. Die Ladungen dieses Faktors setzen sich zusammen aus einem Anteil, der ausschließlich auf die simultane Überlagerung zurückgeht, und einem Anteil, der weitgehend den Ladungen des zuerst extrahierten Faktors bei fehlender Überlagerung entspricht.
c) Absinken der Ladungen der zuletzt extrahierten Faktoren.
Diese Ergebnisse gelten jedoch exakt nur im wahrscheinlichkeitstheoretischen Modell; bei der rechnerischen Aufarbeitung tatsächlicher Stichproben müssen sie nicht notwendig wiedergefunden werden.
So wirkt sich z. B. das Absinken der Ladungen auf den letzten Faktoren dahingehend aus, daß sie – je nach Abbruchkriterium – verlorengehen können. Das heißt also, daß die simultane Überlagerung auch dazu führen kann, daß sich
d) die Zahl der bedeutsamen Faktoren verringert.
Es zeigen sich also gerade jene Effekte, welche in empirischen Befunden die Differenzierungshypothese der Intelligenz stützen sollen. Es wäre deshalb richtiger, daß man zunächst an der – einfacheren – Hypothese festhält, daß die Intelligenzstruktur in der Jugend unverändert bleibt und daß die gefundenen Änderungen der formalen Faktorenstruktur lediglich den Effekt simultaner Überlagerungen widerspiegeln.

Weitere Fälle von simultaner Überlagerung

Es liegt nahe, die vorgelegten Überlegungen in Fällen anzuwenden, in denen ebenfalls von Veränderungen der Faktorenstruktur die Rede ist:
a) Veränderungen der Intelligenzstruktur in höherem Lebensalter:
Bekanntlich unterliegen manche Menschen sehr früh einem Altersabbau ihrer

Intelligenzleistungen, während bei anderen Menschen bis in ein relativ hohes Alter kaum Anzeichen dafür gefunden werden. Solche Unterschiede scheinen mit individuellen Unterschieden hinsichtlich körperlicher Veränderungen zusammenzuhängen. Untersucht man daher Menschen in höherem Lebensalter, so ist zu erwarten, daß auf Grund der individuellen Unterschiede im Altersabbau wiederum die Effekte der simultanen Überlagerung zu beobachten sind. Tatsächlich liegen auch solche Befunde vor; wie oben angeführt, formulieren Lienert und Croft danach ihre Differenzierungs-Integrationshypothese.

b) Veränderungen der Intelligenzstruktur unter der Wirkung von Pharmaka:
Schon Alltagserfahrungen zeigen, daß manche Menschen stärkere, andere schwächere Veränderungen nach Alkoholgenuß zeigen. Unterstellt man, daß die Alkoholwirkung alle »Fähigkeiten« einer Person in der gleichen Richtung beeinträchtigt, so liegt wiederum eine simultane Überlagerung vor. Die danach unter Pharmakawirkungen zu erwartenden Effekte konnte Lienert (1964) zwar nicht bei Alkohol, jedoch bei LSD auffinden; Lienert interpretiert die Ergebnisse allerdings im Sinne seiner Regressionshypothese.

c) Andere Änderungen der Faktorenstruktur:
Änderungen der Faktorenstruktur finden sich unter verschiedenen anderen Umständen, etwa bei ausgelesenen Gruppen, bei Hirnverletzten oder bei der Wiederholung von Faktorenanalysen auf verschiedenem Übungsniveau. In diesen und ähnlichen Fällen wird man immer berücksichtigen müssen, daß simultane Überlagerungen die Ergebnisse beeinflussen können: Die ausgelesene Gruppe Hochbegabter mag etwa nach dem Entwicklungsstand homogener und somit weniger überlagert sein, die Hirnverletzung könnte eine zusätzliche Überlagerung hervorrufen, die zunehmende experimentelle Übung dürfte die Überlagerung durch unterschiedliche vorexperimentelle Übung allmählich verringern. Bei der Interpretation gefundener Änderungen von Faktorenstrukturen sollte das berücksichtigt werden.

d) Mehrfache Überlagerung:
Wir können uns schließlich Untersuchungen denken, in denen sich mehrere simultane Überlagerungen gleichzeitig auswirken (betrunkene Kinder). Obwohl die Überlagerungen auf sachlich unabhängige Bedingungen zurückgehen, führen sie infolge ihrer Summation zu einer resultierenden Überlagerung, die sich allerdings stärker auswirkt als jede der Einzelüberlagerungen für sich genommen. Die sachlich unabhängigen Bedingungen schlagen sich daher einheitlich im ersten Faktor nieder. Auf diese Weise können uneinheitliche Versuchsbedingungen, etwa unterschiedliche Beleuchtung der Arbeitsplätze (Janke, mündliche Mitteilung), einen g-Faktor produzieren oder den bereits vorhandenen vergrößern.

Diskussion

Wir haben dargestellt, wie sich eine simultane Überlagerung einer gegebenen Faktorenstruktur auswirkt: Der zuerst extrahierte Faktor zeigt unter sonst gleichen Umständen erhöhte Ladungen, während die letzten Faktoren an

Bedeutung verlieren. Diese und ergänzende Befunde haben wir der Differenzierungshypothese der Intelligenz gegenübergestellt. Es soll kurz diskutiert werden, ob eine solche Gegenüberstellung berechtigt ist oder ob unsere Darlegungen lediglich auf eine andere verbale Darstellung des formal gleichen Sachverhaltes hinauslaufen.

a) Faktorenstrukturen als Merkmale von Gruppen:
Ergebnisse einer Faktorenanalyse der hier besprochenen Art (»R-Technik«) beziehen sich nicht auf Individuen, sondern auf Gruppen. Diese Tatsache wurde auch von den beispielshalber erwähnten Autoren nicht übersehen (z. B. Lienert 1964). Die gefundenen Faktoren bezeichnen Dimensionen, nach denen man die Individuen ordnen kann, wenn man sich auf die geprüften Merkmale (Testnoten) stützt.
Wenn man nun unter »Differenzierungshypothese« lediglich versteht, daß die formale Faktorenstruktur mit dem Alter »differenzierter« wird, so kann dagegen nicht argumentiert werden. Unser Modell zeigt jedoch eine mögliche Erklärung dieses Sachverhaltes auf. Die formale Differenzierung läßt sich damit schon aus dem Verlauf der Entwicklungskurven der Intelligenztestleistungen vorhersagen, ohne daß eine zusätzliche, sachliche Annahme nötig wäre.
Findet man jedoch trotz Abflachung der Entwicklungskurven und damit abnehmender Überlagerung keine Differenzierung, so ist nach unseren Darlegungen nach zusätzlichen Bedingungen zu suchen.

b) Faktorenstrukturen als Merkmale von Individuen:
Spricht man von einer Differenzierung »der Intelligenz«, so legt die Formulierung nahe, daß damit nicht nur eine Änderung der Gruppenzusammensetzung, sondern eine (strukturelle) Änderung innerhalb der Individuen gemeint ist, die allerdings nur durch Analyse der Ergebnisse von Gruppen aufgedeckt werden kann. Die älteren Jugendlichen unterscheiden sich danach von den jüngeren durch die Art und Weise, wie sie die vorgelegten Aufgaben lösen. Sie setzen andere – im Falle der Differenzierung mehr – Fähigkeiten ein. Diese Auffassung entspricht ganz der herkömmlichen Interpretation der Faktoren der Faktorenanalyse als Fähigkeiten.
Nach unseren Darlegungen darf jedoch die Änderung der Faktorenstruktur mit zunehmendem Alter nicht ohne weiteres als Änderung von Fähigkeiten aufgefaßt werden. Wenn diese Änderungen schon im herkömmlichen Modell von Fähigkeiten beschrieben werden sollen, so ist dabei zu beachten, daß sich im ersten Centroidfaktor sowohl Fähigkeiten, als auch zugleich deren gleichsinnige Beeinflussung durch die simultane Überlagerung niederschlägt. Obwohl auch Garrett den ersten Faktor mit Unterschieden der Altersentwicklung in Zusammenhang bringt, unterscheidet sich deshalb unsere Auffassung von seiner.
Entsprechendes gilt auch für Interpretation der Wirkung von Drogen. Nach Lienert (1964) ist die Faktorenstruktur unter LSD weniger differenziert als unter Normalbedingungen. Nach unseren Überlegungen genügt zur Erklärung der Ergebnisse die (einfachere) Annahme, daß die Struktur der Intelligenz

unbetroffen bleibt, die Droge aber das Niveau der Leistungen individuell unterschiedlich beeinflußt.

Zusammenfassung

1. Die Differenzierungshypothese der Intelligenz wurde dargestellt. Sie besagt, daß die Intelligenzstruktur bis etwa zum Alter von 20 Jahren »differenzierter« wird. Sie stützt sich im wesentlichen auf folgende Befunde: Die Interkorrelationen zwischen den Tests bzw. die Kommunalitäten nehmen ab, die Ladungen auf dem ersten, allgemeinen, Faktor nehmen ebenfalls ab, die Zahl der bedeutsamen Faktoren nimmt zu.
2. Es wurde ein Modell besprochen, welches die genannten Befunde vorhersagt, ohne daß eine Änderung der Intelligenzstruktur angenommen werden müßte. Dieses Modell stützt sich auf folgende Voraussetzungen:
   a) Zum Vergleich von Faktorenstrukturen wurden Gruppen von Individuen analysiert, welche hinsichtlich ihres Lebensalters und/oder Entwicklungsalters inhomogen waren.
   b) Diese Alters- bzw. Entwicklungsdifferenzen wirken sich auf alle Leistungen im gleichen Sinn, wenn auch nicht im gleichen Ausmaß, aus. Wir bezeichneten diese Wirkung als »simultane Überlagerung«.
   c) Die Zunahme von Leistungen mit dem Lebens- bzw. Entwicklungsalter wird im betrachteten Zeitabschnitt immer geringer. Deshalb sind unter sonst gleichen Umständen Gruppen älterer Individuen homogener als Gruppen jüngerer Individuen. Das heißt, daß der Effekt simultaner Überlagerung mit dem Lebensalter geringer werden muß.
3. Da die genannten Voraussetzungen empirisch belegt werden können, ist zur Erklärung der gefundenen Änderungen der Faktorenstruktur mit dem Lebensalter keine Hypothese nötig, welche eine Änderung der Intelligenzstruktur ansetzt.
4. Es wurde besprochen, daß auch in anderen Fällen vermuteter Änderungen der Intelligenzstruktur die Annahme einer simultanen Überlagerung die empirischen Ergebnisse erklärt. Dazu gehören die Änderungen in höherem Lebensalter, unter der Wirkung von Drogen, bei Hirnverletzungen und bei fortgesetzter Übung. Die Annahme simultaner Überlagerung der Ergebnisse liegt unserer Ansicht hier aus sachlichen Gründen nahe (z. B. individuell unterschiedlicher Altersabbau, unterschiedliche Empfindlichkeit gegen Drogenwirkung, unterschiedliches Ausmaß der Hirnverletzung, unterschiedliche vorexperimentelle Übung).
5. Es wurde erläutert, daß mehrere unabhängige Bedingungen, falls jede zu einer simultanen Überlagerung führt, in der Faktorenanalyse nicht unterschieden werden können. Sie verstärken gemeinsam den ersten Faktor, wiederum ohne daß zwischen den Effekten der Überlagerung und einem »Fähigkeitsfaktor« getrennt werden könnte.

Literatur

BINET, A. (1912): *Die neuen Gedanken über das Schulkind.* Deutsche Bearbeitung v. Anschütz, G., und Ruttmann, W. J., Leipzig: Wunderlich.

CLARK, W. W. (1949): The differentiation of mental abilities at various age levels. *Amer. Psychologist* 4, 291.

DUHM, E. (1959): Entwicklung und Differenzierung. In: THOMAE, H. (HRSG.): *Hdb. Psychol.,* Bd. 3, 220–239. Göttingen: Hogrefe.

GARRETT, H. E., BRYAN, A. I., & PERL, R. E. (1935): The age factor in mental organization. *Arch. Psychol.* 176.

KERÉKJÁRTO, M. v., & SCHMIDT, G. (1962): Faktorenanalysen des Hamburg-Wechsler-Intelligenz-Tests für Kinder (HAWIK). *Diagnostica* 8, 95–110.

LIENERT, G. A. (1960): Die Faktorenstruktur der Intelligenz als Funktion des Intelligenzniveaus. *Ber. 22. Kongr. DGfPs*, Göttingen: Hogrefe, 138–140.

LIENERT, G. A. (1964): *Belastung und Regression.* Psychologia Universalis, Bd. 7. Meisenheim am Glan: Hain.

LIENERT, G. A., & CROFT, H. W. (1964): Studies on the factor structure of intelligence in children, adolescents, and adults. *Vita humana* 7, 147–163.

MUKHERJEE, B. N. (1962): The factorial structure of aptitude tests at successive grade level. *Brit. J. Statist. Psychol.* 15, 59–65.

PRESSEY, S. L., & KUHLEN, R. G. (1957): *Psychological development through the life span.* New York: Harper & Row.

UNDEUTSCH, U. (1959): Das Verhältnis von körperlicher und seelischer Entwicklung. In: THOMAE, H. (HRSG.), *Hdb. Psychol.,* Bd. 3, 329–357. Göttingen: Hogrefe.

II. Das allgemeine Anlage-Umwelt-Problem in der Begabungsforschung

Einleitung des Herausgebers

Psychologen, die sich ernsthaft mit der Anlage-Umwelt-Problematik beschäftigt und die verfügbaren Tatsachen nicht ignoriert haben, sind in ihrer Forschungsarbeit wohl stets von der Annahme ausgegangen, daß der Mensch sowohl durch genetische Faktoren als auch durch Milieueinflüsse »begabt« wird. Eine solche allgemeine Annahme impliziert keine weiterführenden Hypothesen über das relative Gewicht von Erb- oder Umweltfaktoren. Dieses Gewicht dürfte ohnehin je nach Begabungsart recht verschieden ausfallen.

Die Frage nach der relativen Bedeutung genetischer Faktoren bei einer bestimmten Begabungsart beziehungsweise in einem bestimmten Leistungsbereich ist auch von großer praktischer Relevanz, zum Beispiel im Zusammenhang mit Bildungs- und Erziehungsproblemen. Sie ist dementsprechend oft Gegenstand empirischer Untersuchungen gewesen. Die bevorzugten Methoden solcher Untersuchungen waren korrelationsstatistische oder andersartige Vergleiche zwischen zusammen oder getrennt aufgewachsenen Zwillingen, gewöhnlichen Geschwistern, Eltern und leiblichen sowie adoptierten Kindern. Die auf diese Weise gewonnenen Ergebnisse gelten allerdings, da das Interaktionsproblem nicht in Rechnung gestellt wurde, nur unter einschränkenden Bedingungen.

Cyril Burt gehört zweifellos zu denjenigen, die sich mit vorbildlicher Umsicht und Exaktheit um die Datenerhebung zu dem genannten Problem bemüht haben und zudem bestrebt waren, die erhaltenen Befunde theoretisch zu durchdringen. Ein besonderes Interesse verdienen die in Tabelle 1 seines Beitrags zusammengestellten Korrelationskoeffizienten. Diese Tabelle zeigt nicht nur die Grade der Übereinstimmung zwischen getrennt oder gemeinsam aufgewachsenen Zwillingen, gewöhnlichen Geschwistern und nichtverwandten Kindern in der sogenannten allgemeinen Intelligenz, sondern auch die entsprechenden Korrelationen bezüglich verschiedener Schulleistungen. Dabei fällt unter anderem auf (was allerdings in dem zugehörigen Text der Abhandlung nicht bemerkt wird), daß die relative Übereinstimmung zwischen gemeinsam aufgezogenen Kindern – seien es Zwillinge, gewöhnliche Geschwister oder nichtverwandte Kinder – im Lesen und Rechtschreiben immer etwas höher ist als in den Rechenleistungen. Bei den getrennt aufgewachsenen verwandten Kindern (Zwillingen und gewöhnlichen Geschwistern) verhält es sich hingegen umgekehrt; diese ähneln einander etwas mehr in den Rechenleistungen als im Lesen und Rechtschreiben.

Erlenmeyer-Kimling und *Jarvik* haben sich um die Erforschung des Anlage-Umwelt-Problems dadurch sehr verdient gemacht, daß sie ein gewaltiges Datenmaterial über Zwillings-, Geschwister- und Eltern-Kind-Vergleiche aus

der ganzen Welt zusammengetragen und nach einheitlichen Gesichtspunkten interpretiert haben. Die Ergebnisse der zahlreichen Untersuchungen verschiedener Autoren weisen eine bemerkenswerte Konsistenz auf. Sie können mit aller Vorsicht dahingehend interpretiert werden, daß das Leistungsniveau – und mithin der interindividuelle Unterschied – bei traditionellen Intelligenztests auch von genetischen Faktoren abhängt und daß deren Einfluß erheblich ist. Bei Einwänden gegen eine derartige Schlußfolgerung ist unbedingt zu prüfen, ob sie von unbestreitbaren Tatsachen ausgehen oder nur auf Denkmöglichkeiten beruhen, die vorschnell als Beweise angesehen werden.
Während man die Frage nach dem relativen Gewicht von Anlage und Umwelt früh gestellt und oft in empirischen Untersuchungen zu lösen versucht hat, fand das Problem der Interaktion genetischer und peristatischer Faktoren erst verhältnismäßig spät die gebührende Beachtung. Zur erfolgreichen Bearbeitung dieses bedeutenden Problems reicht das für die erstgenannte Fragestellung faktisch eingesetzte methodische und begriffliche Instrumentarium nicht aus.
Raymond Cattell hat in seinem grundlegenden Aufsatz das Problem der Interaktion von Erb- und Umwelteinflüssen in seinen vielen Verzweigungen und seiner hochgradigen Kompliziertheit dargestellt und gleichzeitig Wege zu seiner Lösung aufgewiesen. Es sei vorsorglich bemerkt, daß der Beitrag von Cattell insofern eine Sonderstellung in dem vorliegenden Reader einnimmt, als er wohl nur für speziell vorgebildete Leser voll verständlich sein dürfte. Der mit den Begriffen der mathematischen Statistik weniger vertraute Leser wird wahrscheinlich manche Argumentationen nicht in allen Einzelheiten nachvollziehen können, jedoch in der Lage sein zu erkennen, wie Leistungsvarianzen oder Begabungsunterschiede grundsätzlich auch auf Interaktionen von Erb- und Umweltfaktoren zurückgeführt werden können.
Die Aussage, daß interindividuelle Begabungsunterschiede zum Teil mit Differenzen in der genetischen Ausstattung zu erklären seien, erscheint trotz ihres Allgemeinheitsgrades hinreichend umgrenzt und konkret, so daß gezielte Fragen und Stellungnahmen zu dieser Behauptung möglich sind. Hingegen kann die allgemeine Aussage, daß die Begabungsentwicklung auch von Milieubedingungen abhängig sei, sehr viel schwerer mit umgrenzten Vorstellungen verbunden werden, da der Begriff des Milieus oder der Umwelt überaus weit ist und sehr verschieden aufgefaßt werden kann. Prinzipiell liegt es allerdings nahe, für die Unterschiede zwischen den individuellen Ausprägungsgraden bei der einen oder der anderen Begabungsdimension neben Differenzen im Erbgut Abweichungen im Ausmaß bestimmter Lernprozesse verantwortlich zu machen, wobei aber auch bedacht werden muß, daß das Ergebnis jener Lernprozesse eventuell von der genetischen Ausstattung nicht unabhängig ist.
George Ferguson hat als einer der ersten einen systematisch angelegten Versuch unternommen, das individuelle Niveau bei einer Begabungsdimension und das Entstehen verschiedener Begabungsdimensionen mit Hilfe lernpsychologischer Prinzipien zu erklären. Es handelt sich hier gewissermaßen um den interessanten Versuch einer lernpsychologischen Interpretation von Ergebnissen der faktorenanalytischen Begabungsforschung, namentlich der Intelli-

genzforschung. Dabei geht Ferguson vornehmlich von den Prozessen des Überlernens und des Transfers aus. Hochgradiges Überlernen führt zum Erreichen einer Lerngrenze, die der langfristig stabilen Leistungsfähigkeit des Individuums in einem bestimmten Bereich zugrunde liegt. Transferprozesse bewirken Korrelationen zwischen Leistungen und Kombinationen von Fähigkeiten zu breiten Begabungsdimensionen. Die Effekte des Überlernens und mithin die Lerngrenze sind nicht unabhängig von der internen Ausstattung des Individuums. Als spezifische Milieudetermination ist selbstverständlich zu werten, daß die Gelegenheit zu bestimmten Arten von Lernprozessen, zur Erfahrung bestimmter Lerninhalte, interindividuell in sehr unterschiedlichem Maße gegeben ist.

Die Vererbung der Intelligenz*

von C. Burt
(Universität London)

[...] Bei allen unterschiedlichen Auffassungen über die verschiedenen biologischen und neurologischen Fragen im Zusammenhang mit der Intelligenz können wir meiner Ansicht nach mit Sicherheit sagen, daß für die Voraussage, wie sich dieses oder jenes Kind in der Schule oder im späteren Leben bewähren wird, der allgemeine Intelligenzfaktor der bei weitem wichtigste, wenn auch zugegebenermaßen nicht der einzige Prädiktor ist. Für alle praktischen Zwecke scheinen fast alle Psychologen – einschließlich früherer Gegner der Auffassung von der allgemeinen Intelligenz, wie Thorndike, Brown, Thomson und Thurstone – heute weitgehend zu diesem Schluß gekommen zu sein, wenn auch jeder aus theoretischen Gründen dazu neigt, die Tatsache auf seine eigene Weise neu zu formulieren. So kommt es, daß sich – von wenigen gelegentlichen Attacken abgesehen – die heutige psychologische Kritik nicht so sehr mit dem Problem der »allgemeinen Intelligenz« befaßt, als daß sie sich speziell gegen die Annahme wendet, die individuellen Unterschiede in der Intelligenz seien vererbt oder angeboren.

Die genetische Komponente

Hierbei scheinen drei voneinander unabhängige Fragen eine Rolle zu spielen: a) Welche Beweise haben wir dafür, daß die Vererbung tatsächlich mit im Spiel ist, b) auf welche Weise erfolgt die Vererbung der Intelligenz, und c) welche relative Bedeutung besitzt der genetische Faktor verglichen mit der Bedeutung der Umwelt?

Die Tatsache der Vererbung: In ihren Kontroversen über die Vererbung der Intelligenz neigen die meisten Kritiker zu der Annahme, daß die beiden am häufigsten diskutierten Kausalfaktoren – Anlage und Umwelt – nicht nur Antithesen darstellen, sondern daß sie sich gegenseitig ausschließen. Die Vertreter der Umwelttheorie nehmen offenbar an, wenn sie den Nachweis erbracht hätten, daß Intelligenztestleistungen von der Umwelt beeinflußt

* Die Abhandlung gründet sich auf die Gedächtnisrede für Walter Van Dyke Bingham, gehalten am University College, London, am 21. Mai 1957. Der deutsche Text ist gegenüber der Originalfassung stark gekürzt. Mit freundlicher Genehmigung der American Psychological Association, Washington, entnommen aus: *The American Psychologist* 13, 1958, S. 1–15.

werden, so folge daraus, daß Unterschiede in der Intelligenz ausschließlich auf Umwelteinflüsse zurückzuführen seien. Entsprechend klingt es bei den eingeschworenen Vererbungstheoretikern oft so, als glaubten sie, daß Intelligenzunterschiede auf nichts anderes als auf die genetische Konstitution zurückzuführen seien. Es handelt sich dabei um den altbekannten Irrweg, den ich als »Ausschließlichkeitsstandpunkt« bezeichnen möchte. Tatsächlich ist es aber so, daß mit wenigen Ausnahmen, wie der Augenfarbe oder serologischen Unterschieden im Blut, jedes zu beobachtende Merkmal, das die Genetiker untersucht haben, sich als Produkt des Zusammenwirkens von Vererbung und Umwelt erwiesen hat. Kurz gesagt gibt es so etwas wie einen ererbten Charakter nicht: Es gibt nur ererbte Tendenzen.

In einem Fall, bei dem anzunehmen ist, daß zwei Faktoren wie Anlage und Umwelt beteiligt sind, dürfte es sich empfehlen, zunächst den einen und dann den anderen so konstant wie möglich zu halten und in beiden Fällen die Ergebnisse festzustellen.

1. *Gleiche Umweltbedingungen:* Als psychologischer Berater des London County Council hatte ich freien Zugang zu Waisenhäusern und anderen Heimen sowie zu den Privatakten über die Vorgeschichte der verschiedenen Heiminsassen. Auf diese Weise waren meine Mitarbeiter und ich in der Lage, eine große Zahl von Kindern zu studieren, die in ihren ersten Lebensmonaten in das betreffende Heim gebracht worden waren, um in einer für alle ungefähr gleichen Umgebung aufgezogen zu werden. Zu unserem Erstaunen konnten wir feststellen, daß individuelle Unterschiede in der Intelligenz im Heim nicht nur nicht geringer waren, sondern in einem ungewöhnlich weiten Bereich variierten. In den meisten Fällen schienen sie mit Unterschieden in der Intelligenz eines Elternteils oder beider Eltern zu korrelieren. Einige der auffallendsten Fälle waren hochbegabte illegitime Kinder. Oft war der Vater, wie aus den uns zugänglich gemachten Akten hervorging, eine Zufallsbekanntschaft der Mutter und ihr in sozialer und intellektueller Beziehung weit überlegen und hatte sich hinterher nicht mehr für das Kind interessiert. In derartigen Fällen kann man natürlich den hohen Intelligenzgrad des Kindes nicht auf die besonderen kulturellen Möglichkeiten, die ihm die häusliche Umgebung bietet, zurückführen, da es ja im Heim aufgewachsen ist.[1]

2. *Gleiches Erbgut:* Wenn wir uns nach Fällen von gleichen Erbanlagen umsehen, stehen uns Daten über eineiige oder »identische« Zwillinge zur Verfügung. Nicht selten ist die Mutter nicht bereit oder in der Lage, zwei Kinder gleichzeitig aufzuziehen, und so wird der eine Zwilling zu Verwandten oder in ein Heim gegeben. Da in der Öffentlichkeit starke Vorurteile gegen eine Trennung von Zwillingen vorhanden sind, versucht eine solche Mutter verständlicherweise nicht selten, diese Trennung geheimzuhalten. Aber geduldiges und taktvolles Nachforschen ergibt, daß Fälle von Zwillingen, die fast von Geburt an in verschiedener Umgebung aufgezogen wurden, tatsächlich viel verbreiteter sind, als man gemeinhin annimmt. Wir haben bis jetzt über 30 derartige Fälle gesammelt (Burt 1943, 1955). In Tabelle 1 habe ich die wichtigsten Korrelationen, die bei Zwillingen gefunden wurden, zusammengestellt und zum Vergleich die entsprechenden Koeffizienten von anderen Paaren, verwandten und nichtverwandten Kindern, hinzugefügt. Bezüglich

der Intelligenz ist das auffallendste Ergebnis die hohe Korrelation zwischen den Gesamtbeurteilungen bei den eineiigen Zwillingen – selbst dann, wenn sie getrennt aufgezogen wurden. Die Korrelation ist fast ebenso hoch wie die Korrelation zwischen den Leistungen bei zwei aufeinanderfolgenden Tests bei ein und demselben Kind. Andererseits sind die Korrelationen zwischen den Schulleistungen getrennt aufgezogener Zwillinge viel niedriger als die Korrelationen bei Zwillingen, die zusammen in der gleichen Familie aufwuchsen.

Tabelle 1: Korrelationen zwischen Intelligenzbewertungen und zwischen Schulleistungen

	Eineiige Zwillinge gemeinsam aufgezogen	Eineiige Zwillinge getrennt aufgezogen	Zweieiige Zwillinge gemeinsam aufgezogen	Normale Geschwister gemeinsam aufgezogen	Normale Geschwister getrennt aufgezogen	Nichtverwandte Kinder gemeinsam aufgezogen
Intelligenz:						
Gruppentest	0,944	0,771	0,542	0,515	0,441	0,281
Individualtest	0,921	0,843	0,526	0,491	0,463	0,252
Endbewertung	0,925	0,876	0,551	0,538	0,517	0,269
Schulleistungen:						
Allgem. Leistg.	0,898	0,681	0,831	0,814	0,526	0,535
Lesen und Rechtschreibg.	0,944	0,647	0,915	0,853	0,490	0,548
Rechnen	0,862	0,723	0,748	0,769	0,563	0,476

Einige unserer Kritiker – Heim und Maddox zum Beispiel – haben Berichte über analoge Fälle (von Newman u. a.) als Beweis dafür angeführt, daß die Intelligenz von der Umwelt abhänge. Ein oft zitiertes Beispiel ist das Paar »Helen« und »Gladys«. Helen, die als Lehrerin ausgebildet war, erreichte beim Stanford-Binet-Test einen IQ von 116, während ihre Zwillingsschwester Gladys, die den größten Teil ihrer Kindheit in einer einsamen Gegend der Kanadischen Rockies verbracht hatte, nur einen Wert von 92 erreichte. Aber, sagt Newman (1942, S. 136–144), ihr Wert

».. . war höher, als bei ihrer geringen Schulbildung zu erwarten war; und . . . es scheint gewiß, daß ihre sehr mangelhafte Schulbildung die Entwicklung einer recht hohen intellektuellen Begabung, die sie geerbt hatte, behinderte.«

Manchmal wird behauptet (Maddox 1957), weil Zwillinge zum gleichen Zeitpunkt geboren würden, müsse die intrauterine Umgebung vor der Geburt für beide gleich gewesen sein, auch wenn sich dann später ihr jeweiliges Milieu stark voneinander unterscheide; es sei daher denkbar, daß das erstgenannte Milieu das entscheidende sei. Leider kehrt diese recht unbegründete Annahme die tatsächlichen Verhältnisse gerade um. Aus embryologischen Daten und aus Veröffentlichungen aus dem Bereich der Geburtshilfe geht hervor, daß besonders bei Zwillingen, die sich aus gespaltenen Eizellen entwickeln, die Lage im Uterus und daher auch die weitere Entwicklung meist sehr verschieden ist (Burt & Howard 1956, S. 123 ff. und Bibliogr.).

Es läßt sich wohl mit Sicherheit behaupten, daß, von einigen vorgefaßten theoretischen Ansichten abgesehen, heute nur noch wenige Psychologen die Tatsache bestreiten dürften, daß eine Vererbung geistiger Eigenschaften tatsächlich existiert. Plausiblerweise könnte man höchstens einwenden, daß ihr Einfluß verhältnismäßig gering und recht schwer faßbar sei.

Die Art der Vererbung: Die meisten Forscher, die noch immer die Bedeutung von Erbanlagen für die Intelligenz in Frage stellen, und auch viele von denen, die sie bejahen, haben offenbar oft völlig antiquierte Vorstellungen von der Art, wie Erbmerkmale übertragen werden. Wenn – wie ich behaupte – geistige Fähigkeiten von den physischen Merkmalen des Gehirns abhängen (oder, um mich präziser auszudrücken, von den strukturellen und biochemischen Eigenschaften des Nervensystems), so steht zu erwarten, daß diese Fähigkeiten sich grundsätzlich genauso wie körperliche Merkmale vererben. Bei den Grundprinzipien, nach denen die Vererbung erfolgt, handelt es sich aber (von undurchsichtigen und oft eine Ausnahme bildenden Fällen einer extranuklearen Vererbung abgesehen) im wesentlichen um die gemeinhin mit dem Namen Mendels in Zusammenhang gebrachten Gesetze. Viele britische Psychologen haben jedoch eine starke und nicht unverständliche Abneigung dagegen, »atomistische Theorien wie die von Mendel« dazu zu benutzen, die Tatsachen des geistigen Lebens zu erklären, und folglich halten sie noch immer am Darwinschen Prinzip der Erbmischung (blended inheritance) fest, soweit sie überhaupt die Möglichkeit einer Vererbung geistiger Eigenschaften einräumen. Dieser Auffassung nach bedeutet Vererbung »die Tendenz, daß Gleiches Gleiches hervorbringt« (nach dem Oxford English Dictionary zitierte Definition eines dieser britischen Psychologen). Die Folge ist, daß sie allgemein annehmen, daß die Argumente für eine Vererbung im Nachweis von Ähnlichkeiten zwischen Eltern und Kindern mittels Korrelationen bestehen müssen. Unterscheiden sich beide Elternteile, so nimmt man immer noch an, daß das Kind aus einer Mischung von beiden besteht.

Der moderne Genetiker ist genau umgekehrter Auffassung. Seiner Ansicht nach besteht das reale Problem darin, weshalb in so vielen Fällen »Gleiches Ungleiches erzeugt«. Sowohl für den Anhänger der Umwelttheorie wie auch für den Vertreter der Erbmischung ist es eines der erstaunlichsten Phänomene, daß in wohlhabenden Familien, die höheren Berufen angehören, extrem dumme Kinder vorkommen und daß andererseits in Familien, in denen sowohl die kulturellen als auch die wirtschaftlichen Bedingungen der Eltern aller Voraussicht nach ein jedes Kind von vornherein zum Scheitern verurteilen müßten, extrem intelligente Kinder anzutreffen sind. Nach der Mendelschen Hypothese sind jedoch eben diese Anomalien zu erwarten. Die wenigen Kritiker, die überhaupt mit der Mendelschen Erklärung vertraut sind, nehmen offenbar in der Regel an, daß sie nur auf diskontinuierliche Variationen anwendbar sei; und sie behaupten, die Intelligenz stelle – genau wie die Statur – keine diskontinuierliche, sondern eine kontinuierliche oder graduierte Variable dar. Daher vertreten sie die Auffassung, daß offensichtliche Unterschiede in der Intelligenz bei zwei Individuen fast ausschließlich auf Unterschiede in den Umweltbedingungen zurückzuführen seien (wobei sie gelegentlich die Experimente von De Vries über »reine Linien« zitieren).

Mendel selbst hat als erster darauf hingewiesen, auf welche Weise seine Theorie erweitert werden kann, um diese spezielle Schwierigkeit zu beheben. Als er zusätzlich zu seinen Experimenten mit der Hybridisierung von Erbsen auch Bohnen hybridisierte und wie zuvor bei den Erbsen auch hier weißblühende Pflanzen mit purpurrot blühenden kreuzte, fand er, daß bei den Erbsen die beiden Typen stets streng sortiert waren ohne auch nur einen Anflug einer Zwischenfarbe, während bei den Bohnen die Abkömmlinge »einen ganzen Farbbereich von weiß bis dunkelpurpurfarben« aufwiesen. Er meinte, die Erklärung dafür könne sein, daß bei den Bohnen die Farbe nicht durch ein einziges Paar von alternativen Faktoren bestimmt werde, sondern durch eine ganze Anzahl solcher Paare; jeder vorhandene positive Faktor trage zu einer kleinen zusätzlichen Farbnuance bei. Und wenn die Neukombinationen wie im ersten Fall auf zufällige Vereinigungen zurückzuführen seien, so dürfte auf der Hand liegen, daß die sich daraus ergebende Häufigkeit ihres Vorkommens derjenigen bei der normalen Wahrscheinlichkeitskurve nahekomme.

Dagegen haben wir bei unseren früheren Erhebungen an Londoner Schulkindern (Burt 1914–1931, 1917) gefunden, daß bei Testuntersuchungen vollständiger Altersgruppen die Verteilung der Intelligenz signifikant von einer vollkommenen Normalkurve abwich: Am unteren Ende war eine starke Anschwellung festzustellen, die auf ein Übermaß an geistigen Defekten zurückzuführen war, und am oberen Ende fanden wir eine schwächer ausgeprägte Verbreiterung. Diese und andere Erwägungen haben mich versuchsweise zu der Hypothese veranlaßt, daß angeborene Variationen in der Intelligenz teilweise auf eine unifaktorielle und teilweise auf eine multifaktorielle Vererbung zurückzuführen sind: d. h., daß sie auf zwei Hauptarten Mendelscher Faktoren zurückgehen (welche sich zweifellos überschneiden), nämlich a) auf Hauptgene, auf die die verhältnismäßig großen Abweichungen – meist anomaler Art – zurückzuführen sind, und b) auf multiple Gene, deren Auswirkungen gering, ähnlich und kumulativ sind.

Karl Pearson (1904) hat es unternommen, die Mendelsche Theorie in ihrer multifaktoriellen Form dadurch zu testen, daß er die sich daraus ergebenden Implikationen anhand der Zahlenwerte überprüfte, die er bei Messungen von Größe, Armlänge und ähnlichen körperlichen Merkmalen festgestellt hatte, als er zusammen mit Alice Lee 2000 Schüler und deren Familienangehörige untersuchte. Die erwarteten Korrelationen, die er für verschiedene Verwandtschaftsgrade abgeleitet hatte, waren in allen Fällen weit kleiner als die beobachteten Koeffizienten. Er lehnte die Hypothese von der Mendelschen Vererbung daher nachdrücklich ab und kehrte zu der älteren Theorie von der Erbmischung zurück. Pearson hat sich jedoch bei der Ableitung seiner Formel und bei seinen erwarteten Werten auf ein zu vereinfachtes Modell gestützt. Im Gegensatz zu unseren Erfahrungen hat er angenommen, daß die Wirkung der Gattenwahl – die Tendenz, daß ähnliche Menschen einander heiraten – wegen Geringfügigkeit unberücksichtigt bleiben könnte und daß in jedem Fall vollkommene Dominanz gegeben wäre. Seitdem hat Ronald Fisher (1918) die Riesenaufgabe in Angriff genommen, zweckmäßigere Formeln abzuleiten, die diese und andere Faktoren, welche die Sache komplizieren, mit berücksichtigen. Bei Anwendung dieser verfeinerten Methode ergeben sich Korrelationen, die mit Pearsons Zahlenwerten so gut übereinstimmen, wie man es sich nur wünschen kann.

Meine Mitarbeiter und ich haben Fishers Methode (in einer entsprechend modifizierten Form) bei Intelligenzuntersuchungen benutzt (Burt & Howard 1956). Wir gewannen die Daten dadurch, daß wir die gesamte Schulpopulation in einem repräsentativen Londoner Vorort testeten, wobei wir fast 1000 Geschwisterpaare zusammen mit deren Eltern und – soweit sie uns erreichbar waren – auch mit ihren Großeltern, Onkeln und Tanten und ihren Vettern und Basen ersten Grades untersuchten. Die endgültige Beurteilung dieser Kinder erhielten wir, indem wir die Testwerte, die sich aus den Gruppentests ergaben, den Lehrern zur Beurteilung unterbreiteten, welche die Kinder am besten kannten. Dort, wo die Lehrer nicht mit der sich aus den Testwerten ergebenden Beurteilung übereinstimmten, haben wir das betreffende Kind persönlich interviewt und weiteren Tests unterzogen, oft mehrmals hintereinander. Die Bewertungen der erwachsenen Familienmitglieder waren natürlich weit weniger genau. Trotzdem stimmten die aus den tatsächlichen Daten errechneten Korrelationen mit den aus der multifaktoriellen Hypothese abgeleiteten theoretischen Werten fast in jedem einzelnen Fall weit besser überein als mit den Werten, die von irgendeiner anderen bisher vorgebrachten Hypothese abgeleitet waren. Die einzige nennenswerte Diskrepanz war bei Vettern ersten Grades festzustellen. Hier war die beobachtete Korrelation bezüglich der Intelligenz – genauso wie bezüglich der Statur – größer als die theoretische; doch ist der Unterschied statistisch nicht signifikant und leicht zu erklären, wenn man – wie oben angeregt – die Variationen in der Intelligenz darauf zurückführt, daß sie sowohl von einigen Hauptgenen als auch von zahlreichen weniger bedeutenden Genen beeinflußt sind. Hinzuzufügen wäre noch, daß beim Aussortieren der Zahlen für Vettern und Basen der mütterlichen, väterlichen oder gemischt-verwandtschaftlichen Linie geringfügige Hinweise auf eine Abhängigkeit vom Geschlecht vorhanden waren.

Der relative Einfluß von Anlage und Umwelt: Die bei der praktischen Arbeit sich am häufigsten erhebende Frage lautet jedoch nicht, ob Unterschiede in der Intelligenz vererbt sind, noch, auf welche Weise sie vererbt werden, sondern wie groß der relative Einfluß der Anlage im Vergleich zur Umwelt ist. Auf eine so umfassende Frage kann es keine Einzelantwort geben. Wir können höchstens für die eine oder andere Art von Umwelt, für die eine oder andere Population und für die eine oder andere Art der Intelligenzbeurteilung festzustellen versuchen, wieweit die beobachteten Resultate von jeder der beiden Hauptgruppen von Faktoren beeinflußt sein könnten.

Wie Fishers Analyse gezeigt hat, kann man analoge Formeln zu denen, die man zur Ableitung der erwarteten Korrelationen aus den theoretischen Varianzen benutzt, auch für die Ableitung der konstituierenden Varianzen aus den beobachteten Korrelationen entwickeln. Ich habe es unternommen, Fishers Methode zu erweitern (hauptsächlich im Sinne der späteren Arbeiten von Mather und Sewall Wright), um die Meßungenauigkeit und die systematischen Einwirkungen der Umwelt, d. h. die Umwelteinflüsse, die mit Effekten der Anlage korrelieren, sowie Zufallswirkungen in Rechnung zu stellen. Der genetische Beitrag enthält zwei unterscheidbare Teile: den Teil, der auf die

»fixierbare« Komponente (oder wie Fisher sich ausdrückt, auf die »wesentlichen Genotypen«) zurückzuführen ist, und den Teil, der auf die »nicht fixierbaren« zurückgeht (d. h. Abweichungen, die durch Dominanz und ähnliche Einflüsse verursacht werden). Die analysierten Daten bestehen a) aus den Ergebnissen von Intelligenztests des üblichen Typs, die unverändert übernommen wurden, und b) aus adjustierten Bewertungen, die durch die schon beschriebenen, ergänzenden Methoden (Burt 1956) gewonnen wurden. Aus Tabelle 2 ist ersichtlich, daß offenbar fast 23 % der Gesamtvarianz der unadjustierten Intelligenzwerte auf nichtgenetische Einflüsse, d. h. auf die Umwelt oder auf Meßfehler zurückzuführen sind und daß etwa 77 % auf genetische Faktoren zurückgehen; bei den adjustierten Werten sind anscheinend nur 12 % (oder wenig mehr) auf nichtgenetische Einflüsse und 88 % auf genetische Faktoren zurückzuführen. Das bedeutet natürlich, daß die übliche Praxis, sich allein auf Testresultate zu verlassen – gewöhnlich handelt es sich um die einmalige Anwendung eines Gruppentests –, keinesfalls eine befriedigende Methode darstellt, wenn es gilt, die angeborene Begabung eines Kindes zu bestimmen. Bessere Schätzwerte erhält man, wenn man die Testwerte den Lehrern zur Kritik und Korrektur vorlegt und wenn man sie nach der oben beschriebenen Methode adjustiert. Aber derartig intensive Erkundungen wären für die Routineanwendung außer in Grenzfällen wohl zu kostspielig.

Tabelle 2: Varianzanalyse von Intelligenzwerten

Varianzquelle	Nichtadjustierte Testwerte	Adjustierte Werte
Genetische Komponente:		
fixierbar	40,51	47,92
nichtfixierbar	16,65	21,73
Gattenwahl	19,90	17,91
Umwelt:		
systematische Einflüsse	10,60	1,43
Zufall	5,91	5,77
Meßungenauigkeit	6,43	5,24
Summe	100,00	100,00

Die Umwelt scheint die Testergebnisse hauptsächlich in dreierlei Weise zu beeinflussen: a) Kulturelle Vorteile im Elternhaus und Bildungsmöglichkeiten in der Schule können zweifellos die Leistungen eines Kindes bei einem Intelligenztest herkömmlicher Art beeinflussen, da diese Tests oft erfordern, daß der Proband eine gewisse Gewandtheit im Umgang mit abstrakten und verbalen Ausdrucksformen besitzt; b) ganz abgesehen davon, was ein Kind lernen kann, kann ein ständig vorhandener intellektueller Hintergrund seine latenten Fähigkeiten stimulieren (oder zu stimulieren scheinen), da er eine stärkere Motivation bewirkt, ein intensiveres Interesse an intellektuellen

Dingen weckt und dem Kind die Gewohnheit einimpft, genau, schnell und fleißig zu arbeiten; c) in seltenen Fällen kann auch Krankheit oder Unterernährung im pränatalen oder frühen postnatalen Stadium fast von Anfang an die Entwicklung des Zentralnervensystems des Kindes permanent schädigen. Die adjustierten Werte können weitgehend dazu beitragen, die irrelevanten Auswirkungen der beiden erstgenannten Bedingungen auszuschalten. Zweifelhaft bleibt jedoch, ob sie das auch im letztgenannten Fall adäquat vermögen.

Einschränkungen bei diesen Schlußfolgerungen

Wie bei fast allen wissenschaftlichen Untersuchungen waren auch bei dem hypothetischen Modell, das die Grundlage unserer Forschung bildete, unvermeidlich gewisse geringfügige Vereinfachungen vorzunehmen. Insbesondere haben wir zum Zweck der Berechnung einen scharfen Unterschied zwischen den »Hauptgenen« der unifaktoralen Vererbung und den »Polygenen« der multifaktoralen Vererbung angenommen und haben letztere so behandelt, als ob sie der Gesamtsumme der angeborenen Intelligenz eines Kindes in additiver Weise gleiche Dosen hinzufügten. Weiter nahmen wir an, daß die Wirkungen ersterer im großen und ganzen ausgeschaltet wäre, wenn wir die wenigen offensichtlich pathologischen Fälle (wie man sie hauptsächlich in Sonderschulen und Heimen findet) aus unserer abschließenden Berechnung wegließen. Diese Annahmen haben jedoch dazu geführt, daß mehrere Kritiker den Vorwurf erhoben, wir hätten

»... die individuelle Persönlichkeit in atomare, voneinander getrennte Teilchen zersplittert, die dann wie ein Mosaik wieder zusammengesetzt werden müssen ... Die Persönlichkeit (so argumentiert man) ist aber kein Mosaik, sondern ein nahtloses Ganzes, daher ist die Mendelsche Hypothese mit ihren korpuskularen Genen, von denen jedes einen einheitlichen Charakter erzeugt oder zum gleichen Charakter eine neue Einheit hinzufügt, auf die Tatsachen bewußten Verhaltens und daher auch auf die Untersuchung der geistigen Kapazität völlig unanwendbar.«

Einwände dieser Art könnte man natürlich ebensogut zum Nachweis benutzen, daß eine Neuronentheorie des Zentralnervensystems mit den Tatsachen bewußten Verhaltens oder individueller Fähigkeitsvariationen unvereinbar sei, da Zellen oder »neurale Verbindungen« ebenfalls »korpuskular« sind. Trotzdem verwerfen selbst Neurologen, die es vorziehen, von einer »Feldtheorie« auszugehen, die Neuronenhypothese nicht völlig (vgl. Sholl 1956). In beiden Fällen sind die Schwierigkeiten hauptsächlich darauf zurückzuführen, daß eine Anzahl schwer faßbarer Prozesse sich zwischen die Theorie und die beobachtbaren Ergebnisse einschaltet, welche der Kritiker nur allzu leicht außer acht läßt. Außerdem gründet sich eine Kritik wie die oben erwähnte offenbar auf eine veraltete Version der Mendelschen Doktrin. Ich glaube nicht, daß heute noch ein Genetiker die Hypothese von dem autonomen korpuskularen Gen akzeptiert; und die individuelle genotypische Begabung kann nur über unzählige unklare biochemische Schritte die phänotypische Resultante beeinflussen.

In unserer ursprünglichen Veröffentlichung haben Howard und ich versucht,

uns gegen immer wieder laut werdende Einwände dieser Art zu verwahren. Wie bereits dargelegt, kann man die Bezeichnung »multiple Faktoren« entweder a) zur Bezeichnung relativ zahlreicher Genorte verwenden, von denen jeder nur zwei Allele besitzt, oder b) zur Bezeichnung eines einzigen Genortes (oder relativ weniger Genorte) mit jeweils zahlreichen Allelen oder schließlich c) zur Bezeichnung von einer Kombination beider. Die Hypothese b) allein dürfte kaum den Tatsachen entsprechen. Wir neigen zur Ansicht, daß Faktoren sämtlicher Typen in unterschiedlichem Grad wirksam sein könnten und daß der Versuch, Faktoren oder Gene zu klassifizieren, nicht zu weit getrieben werden sollte.
Weiter nahmen wir an, daß aller Wahrscheinlichkeit nach der Einfluß derartiger Faktoren auf die meßbare Intelligenz eines Individuums in der Hauptsache das indirekte Resultat ihres Einflusses auf die Entwicklung des Zentralnervensystems des Betreffenden ist und vermutlich von sich ändernden Wachstumsraten beeinflußt wird. Und wir haben ausdrücklich festgestellt, daß der Einfluß eines jeden einzelnen »Gens« auf die Intelligenz letzten Endes nur eine seiner mannigfaltigen Auswirkungen und möglicherweise sogar noch eine verhältnismäßig weit abliegende sein könnte. Gewisse Gene können einen größeren Anteil am Endresultat haben, andere einen kleineren; und die grobe Klassifikation von Genen in »Hauptgene« und weniger wichtige Gene haben wir in erster Linie zur Vereinfachung der allgemeinen Diskussion übernommen.[2] Uns persönlich erscheint die »Theorie von der Chromosomen-Hierarchie« von Goldschmidt (1955) als Basis für die letzten Endes hierarchische Differenzierung der geistigen Begabung besonders einleuchtend.
Es ist hier jedoch nicht der Ort, sich noch weiter über diese spekulativen Interpretationen zu verbreiten. Wir geben durchaus zu, die in unserem hypothetischen Modell enthaltenen Vereinfachungen bedeuten, daß die daraus abgeleiteten Zahlenwerte nur Näherungswerte sein können. Aber wir bleiben dabei, daß der dabei entstehende Näherungsfehler, wie groß er auch sein mag, nichtsdestoweniger kleiner ist als der Betrag der Meßungenauigkeit, die sich unvermeidlich bei allen derartigen Messungen ergibt.
Jedenfalls möchten wir nochmals darauf hinweisen, daß die sich ergebenden Schlußfolgerungen bestenfalls nur in bezug auf die speziellen Bedingungen, unter denen sie erhalten wurden, valid sind. Sie müssen nicht unbedingt a) für andere mentale Merkmale, b) für andere Bewertungsmethoden, c) für eine Population von unterschiedlicher genetischer Zusammensetzung oder d) für eine Population von einem anderen kulturellen Niveau zutreffen. Noch viel weniger würden sie bei einer nachträglichen Veränderung e) der jetzigen Verteilung der Umweltmerkmale und der genetischen Merkmale oder f) bei einer Änderung der Einflüsse, die auf ihre gegenseitige Interaktion einwirken, auch weiterhin gelten.[3]

Die Vererbung anderer mentaler Eigenschaften

Die mentale Eigenschaft, für die wir uns hier speziell interessiert haben, war der allgemeine Faktor der »Intelligenz«. Sie ist zugegebenermaßen nur eine der psychologischen Komponenten unseres alltäglichen Verhaltens. Unsere Kritiker pflegen uns vorzuwerfen, daß wir die übrigen übersehen. Es gibt jedoch mehrere offensichtliche Gründe dafür, weshalb wir uns mit den anderen Determinanten weniger ausführlich befaßt haben. Der erste und stichhaltigste ist, daß uns bis jetzt nur wenig Beobachtungsmaterial über die Art der genetischen Zusammensetzung anderer mentaler Faktoren zur Verfügung steht. Bei unseren statistischen Erhebungen sind wir jedoch auf eine beträchtliche Anzahl von Fällen gestoßen, die stark für die Vererbbarkeit bestimmter spezifischer Begabungen und Mängel oder – besser gesagt – gewisser schwer definierbarer Tendenzen sprechen, die derartigen Mängeln zugrunde liegen dürften, und zwar insbesondere bei unseren Untersuchungen des Gedächtnisses, der visuellen, auditiven und kinästhetischen Vorstellungen sowie der verbalen, numerischen, künstlerischen und musikalischen Begabung (Burt 1914–1931). Uns sind auch andere Fälle begegnet, welche den Gedanken an die Vererbbarkeit einer allgemeinen emotionalen Instabilität und von Temperamentseigenschaften wie Introversion und Extraversion und von gewissen quasi-instinktiven Tendenzen wie Sexualität und Angriffslust nahelegen (der »Streitsucht«, wie McDougall es nennen würde). Aber emotionale Tendenzen werden immer viel leichter durch postnatale Erlebnisse beeinflußt und verändert, und sie machen jedenfalls auf den verschiedenen Entwicklungsstufen beträchtliche Veränderungen durch, so daß bei allen Bewertungsversuchen Vorsicht geboten ist. Der überzeugendste Beweis sind die Familiengeschichten von Kindern, die in Waisenhäusern oder Heimen aufgezogen wurden (Burt 1941, besonders S. 14 und Bibl.). Alle diese Beispiele scheinen darauf hinzuweisen, daß jedes der erwähnten Merkmale kognitiver oder temperamentsmäßiger Art sowohl von der unifaktoriellen als auch von der multifaktoriellen Art der Vererbung beeinflußt wird – wobei letztere generell, wenn auch in unterschiedlichem Maß, dazu tendiert zu überwiegen. Das sind die Ergebnisse, die bei der Untersuchung von körperlichen Merkmalen im allgemeinen herauskommen. Merkmale, die hauptsächlich, wenn auch nicht ausschließlich, von der Entwicklung der langen Knochen abhängen (wie zum Beispiel die Länge der Arme, der Beine, der Gestalt und vielleicht auch die Längendimensionen von Gesicht und Kopf), ergeben Korrelationen ähnlicher Größe wie diejenigen, die wir für die allgemeine Intelligenz erhalten haben. Andere – wie der Schädelindex, die Breite der Hüften und besonders die Gesichtszüge – scheinen mehr dem Einfluß einzelner (oder relativ weniger) Gene zu unterliegen, die oft eine fast totale Dominanz aufweisen. Variationen in den Gesichtsknorpeln und besonders in den Gesichtszügen, die durch Muskeln und Fett bedingt sind, werden weit stärker durch Umwelteinflüsse beeinflußt (Daten hierzu finden sich in Tanner 1953 und der Bibl.).

Es gibt aber zweitens auch noch einen praktischen Grund dafür, daß wir unsere Aufmerksamkeit in erster Linie und hauptsächlich auf die Vererbbarkeit der allgemeinen Intelligenz konzentriert haben. Wie wir sahen, ist die Varianz viermal so stark durch die allgemeine Intelligenz bedingt als durch irgendeinen anderen nachweisbaren Faktor. Galtons Behauptung wird daher voll und ganz durch unsere eigenen Ergebnisse bestätigt:

»... die allgemeine Begabung scheint weit wichtiger zu sein als irgendwelche Spezialbegabungen; und wo die Natur diese Begabung nicht in genügendem Maß geschenkt hat, kämpft der leidenschaftlichste Wille und der ausdauerndste Fleiß vergeblich.«

Überdies setzt die ererbte Mitgift an Intelligenz dem, was ein Kind auch bei bestem Willen erreichen kann, eine obere Grenze. Niemand wird von einem mongoliden Schwachsinnigen erwarten, daß er, selbst bei geschicktester Anleitung, das Schulwissen eines Durchschnittskindes erreicht. Genauso kann man von einem aufgrund seiner Anlagen geistig schwachen Kind nicht erwarten, daß es ein Stipendium für ein Gymnasium erringt; und man kann von jemandem, der in seiner angeborenen Leistungsfähigkeit nur durchschnittlich ist, nicht erwarten, daß er in Oxford oder Cambridge ein erstklassiges Examen macht. Zweifellos kann man nie unbedingt sicher sein, wo die obere Grenze der Leistungsfähigkeit liegt, und ein aus Tests allein ermittelter IQ ist keineswegs zuverlässig. Daher sollten Schulbehörden sich genau wie die Lebensversicherungsgesellschaften nach der Maxime von Butler richten und sich an der Wahrscheinlichkeit orientieren. Freilich können sie es sich nicht leisten, große Ausgaben für Fälle zu riskieren, bei denen schwerwiegende Tatsachen gegen einen möglichen Erfolg sprechen.

[...]

Anmerkungen

1 Einzelheiten findet man in den verschiedenen Annual Reports of the Psychologist to the London County Council (1914–1931). Eine Zusammenfassung bringt Burt 1943. In einem Symposion über ›Quantitative Vererbung‹ (Reeve & Waddington 1952) bedauerte Woolf unter Bezugnahme auf eine frühere Veröffentlichung von mir, daß ich »so weitreichende Schlußfolgerungen aus der Studie von Barbara Burks [1928] gezogen habe ... die sich nur mit 214 Adoptivkindern befaßte«. Ich habe mich bei meinen Schlußfolgerungen jedoch hauptsächlich auf eine Reihe von Untersuchungen gestützt, bei denen im Verlauf von Jahren in Internaten, die dem LCC unterstehen, über 600 Fälle getestet wurden. Burks Untersuchung habe ich nur erwähnt, um zu zeigen, daß ein anderer Wissenschaftler unabhängig von mir in einem anderen Land zu ganz ähnlichen Zahlenwerten gekommen ist.

2 Wenn sich Mathers Ansicht, daß »Hauptgene nur im Euchromatin vorkommen, während Heterochromatin nur Polygene enthält« (Darlington & Mather 1949, S. 151, und Bibl.), bestätigen sollte, hätte man adäquatere Gründe dafür, einen scharfen Unterschied zwischen beiden Arten von Vererbung zu machen. Diese Auffassung ist jedoch nicht allgemein anerkannt. Eine alternative Interpretation der Versuchsergebnisse, auf die sich Mather in der Hauptsache beruft, findet sich in den Arbeiten von Reeve und Robertson, die wir in unserer Arbeit zitierten (Burt & Howard 1956, S. 116). Diese Autoren neigen mehr der Auffassung zu, die ich als Hypothese b bezeichnet habe. Aber – wie von Howard und mir dargelegt – würde ihre unterschiedliche Interpretation lediglich die Methode und nicht die Resultate unserer statistischen Deduktionen berühren.

3 Eine mehr ins einzelne gehende Antwort auf die von Woolf, Heim und Maddox geäußerte Kritik findet sich in: *Brit. J. Statist. Psychol.*, Nr. 10, Teil 1.

BAGLEY, W. C. (1912): *The educational process.* New York: Macmillan.

BURKS, B. (1928): *27th Yearbook National Society for the Study of Education* 1, 219.

BURT, C. (1909): Experimental tests of general intelligence. *Brit. J. Psychol.* 3, 94–177.

BURT, C. (1912): The inheritance of mental characteristics. *Eug. Rev.* 4, 168–200.

BURT, C. (1914–1931): *Annual reports of the psychologist to the London County Council.* London: London County Council.

BURT, C. (1917): *The distribution and relations of educational abilities.* London: P. S. King & Son.

BURT, C. (1941, 1943): Is the doctrine of instincts dead? *Brit. J. Educ. Psychol.* 11, 155–172; 13, 1–16.

BURT, C. (1943): The education of the adolescent: The psychological implications of the Norwood Report. *Brit. J. Educ. Psychol.* 13, 126–140.

BURT, C. (1943): Ability and income. *Brit. J. Educ. Psychol.* 13, 83–98.

BURT, C. (1954): The differentiation of intellectual ability. *Brit. J. Educ. Psychol.* 24, 76–90.

BURT, C. (1955): The evidence for the concept of intelligence. *Brit. J. Educ. Psychol.* 25, 158–177.

BURT, C., & HOWARD, M. (1956): The multifactorial theory of inheritance and its application to intelligence. *Brit. J. Statist. Psychol.* 9, 95–131.

CAMPBELL, F. (1956): *Eleven plus and all that.* London: Watts.

CARMICHAEL, L. (Ed.) (1946): *Manual of child psychology.* New York: Wiley.

DARLINGTON, C. D., & MATHER, K. (1949): *The elements of genetics.* London: Allen & Unwin.

DARLINGTON, C. D., & MATHER, K. (1950): *Genes, plants, and people.* London: Allen & Unwin.

DUNN, L. C. (Ed.) (1921): *Eugenics in the twentieth century.* New York: Macmillan.

FISHER, R. A. (1918): Correlation between relatives on the supposition of Mendelian inheritance. *Trans. Roy. Soc., Edin.* 52, 399–433.

FISHER, R. A. (1919): The causes of human variability. *Eug. Rev.* 11, 213–220.

FISHER, R. A. (1950): *The genetical theory of natural selection.* Oxford: Clarendon Press.

FLOUD, J. E., HALSEY, A. H., & MARTIN, F. M., (1956): *Social class and educational opportunity.* London: Heinemann.

FREEMAN, F. N. (1926): *Mental tests.* New York: Houghton-Mifflin.

GALTON, F. (1869): *Hereditary genius.* London: Macmillan.

GARNETT, M. (1921): *Education and world citizenship.* Cambridge: Cambridge Univ. Press.

GOLDSCHMIDT, R. B. (1955): *Theoretical genetics.* Univ. of California Press.

LASHLEY, K. S., & CLARK, G. (1946): The cytoarchitecture of the cerebral cortex of Ateles: A critical examination of architectonic studies. *J. Comp. Neurol.* 85, 223–305.

MADDOX, H. (1957): Nature-nuture balance sheets. *Brit. J. Educ. Psychol.* 27, 166–175.

NEWMAN, H.H. (1942): *Twins and super-twins.* London: Hutchinson.

PEARSON, K. (1904): On a generalized theory of alternative inheritance with special reference to Mendel's laws. *Phil. Trans.* 203, 53–87.

PIAGET, J. (1950): *The psychology of intelligence.* London: Kegan Paul.

REEVE, F. C. R., & WADDINGTON, C. H. (Ed.) (1952): *Quantitative inheritance.* London: H. M. Stationery Office.

RENSHAW, T. (1957): Burt's concept of intelligence. *Brit. Psychol. Soc. Bull.*

ROBERTS, J. A. F. (1940): *An introduction to medical genetics.* Oxford: Oxford Univ. Press.

SHOLL, D. A. (1956): *The organization of the cerebral cortex.* London: Methuen.

SPEARMAN, C. (1927): *Abilities of man.* London: Macmillan.

SPENCER, H. (1870): *Principles of psychology.* London: Williams & Norgate.

STONE, C. P. (1947): Methodological resources for the experimental study of innate behaviour as related to environmental factors. *Psychol. Rev.* 54, 342–347.

TANNER, J. M. (1953): The inheritance of morphological and physiological traits. Ap. Sorsby, A.: *Clinical genetics.* London: Butterworth.

TERMAN, L. M. (Ed.) (1925, 1947): *Genetic studies of genius.* Stanford: Stanford Univ. Press.

TERMAN, L. M. (1954): The discovery and encouragement of exceptional talent. *Amer. Psychologist* 9, 221–230.

THORNDIKE, E. L. (1914): *Educational psychology.* New York: Teachers College, Columbia Univ.

THURSTONE, L. L. (1935): *The vectors of mind.* Chicago: Univ. of Chicago Press.

WATSON, J. B. (1931): *Behaviourism.* London: Paul, Trench & Trubner.

Genetik und Intelligenz: Ein kritischer Überblick*

von L. Erlenmeyer-Kimling und L. F. Jarvik
(Columbia University, New York)

Die nomothetischen psychologischen Theorien pflegen sich durch die Tendenz auszuzeichnen, daß sie die individuelle Variabilität außer acht lassen, die für jegliches Verhalten kennzeichnend ist. Eine Parallele zwischen der genetischen Individualität und der psychologischen Individualität ist nur selten gezogen worden, weil man gewöhnlich – wie soeben in dieser Zeitschrift bemerkt wurde[1] – angenommen hat, daß die zwischen Stimulus und Reaktion eingeschalteten Organismen gleichsam »schwarze Kästen« (»black boxes«) seien, welche auf gegebene Reize gleichförmig reagieren. Während die Verhaltenstheorie mit ihren analytischen Methoden bisher die modernen genetischen Konzepte nur wenig berücksichtigt, enthält die Literatur mehr Informationen über die Beziehung zwischen genotypischer Ähnlichkeit und der Ähnlichkeit der Leistungen bei mentalen Tests, als gewöhnlich angenommen wird. Um in die über die intellektuelle Fähigkeit veröffentlichten Daten etwas Ordnung zu bringen, haben wir kürzlich einen Überblick über die Arbeiten der letzten fünfzig Jahre veröffentlicht.[2] Durch Benutzung der am häufigsten herangezogenen statistischen Maßzahl, nämlich des Korrelationskoeffizienten, war es uns möglich, Vergleichszahlen aus den meisten Forschungsarbeiten zusammenzustellen.

Aus dieser Zusammenstellung mußten wir einige korrelationsstatistische Untersuchungen ausschließen aufgrund der: a) Art des benutzten Tests (z. B. Schulleistungstests, Schulerfolg oder subjektive Intelligenzbewertung); b) Art der untersuchten Personen (zum Beispiel Lernbehinderte); c) unzureichenden Informationen über die Eiigkeitsdiagnose bei Zwillingsuntersuchungen;[3] d) zu wenigen speziellen Zwillingspaare.

Die 52 Untersuchungen,[4] die nach dem Ausschluß dieser Arbeiten noch übrigblieben, liefern über 30 000 Korrelationspaarungen[5] der in der nachstehenden Abbildung dargestellten genetischen Beziehungskategorien. In der Zusammenstellung liefern diese Daten eine breite Basis für den Vergleich genotypischer und phänotypischer Korrelationen. Wenn man ausschließlich die Bereiche der festgestellten Meßwerte betrachtet, zeigt sich ein deutlicher Trend auf eine zunehmende intellektuelle Ähnlichkeit hin, der ohne Rücksicht auf die Gemeinsamkeit der Umwelt in einem direkten Verhältnis zum zunehmenden genetischen Verwandtschaftsgrad steht.

*Genetics and intelligence: A review. Mit freundlicher Genehmigung der American Association for the Advancement of Science, Washington, entnommen aus: *Science* 142, 1963, S. 1477–1479.

Außerdem nähert sich bei den meisten Verwandtschaftskategorien der Median der empirischen Korrelationen stark dem allein aufgrund der genetischen Verwandtschaft vorausgesagten theoretischen Wert. Die durchschnittliche genetische Korrelation zwischen Elternteil und Kind sowie die zwischen Geschwistern (einschließlich zweieiigen Zwillingen) ist 0,50. Die mittleren bei Intelligenzmessungen tatsächlich festgestellten Korrelationen sind: 0,50 für Elternteil/Kind, 0,49 für gemeinsam aufgezogene Geschwister und 0,53 für zweieiige Zwillinge, und zwar sowohl für solche verschiedenen als auch für solche gleichen Geschlechts. Wenn auch Zwillinge öfter ähnlichen Umweltbedingungen ausgesetzt sein dürften als nicht gleichaltrige Geschwister, weisen doch die Korrelationen für geistige Fähigkeiten keinen greifbaren Unterschied zwischen diesen beiden Gruppen auf. Da sich nur zwei der Untersuchungen mit getrennt aufgezogenen (»gewöhnlichen«) Geschwistern befassen, läßt sich lediglich feststellen, daß die angegebenen Korrelationen für diese Gruppe innerhalb des Bereichs der für gemeinsam aufgezogene Geschwister ermittelten Werte liegen und höher sind als die für nichtverwandte zusammenlebende Kinder.

Für nichtverwandte Personen wird bei einer großen zufallsbedingten Paareinteilung die theoretische genetische Korrelation im allgemeinen als Null angenommen; dagegen kann bei kleineren Populationen, die beträchtlich von einer Zufallsmischung abweichen, die genetische Korrelation bei vermutlich nicht verwandten Individuen erheblich höher sein. Der beobachtete Median für nichtverwandte Personen, die getrennt aufgezogen wurden, ist –0,01. Die Mediane für nichtverwandte Personen, die zusammen aufgezogen wurden (z. B. im gleichen Waisenhaus oder Pflegeheim von frühester Kindheit an), oder für die Gruppe (korrelative Beziehung) Pflegeeltern/Kind sind 0,23 beziehungsweise 0,20. Inwieweit eine ähnliche Umwelt und die Auswahl der Stichprobe diese Abweichungen von Null hervorrufen, ist noch zu analysieren.

Am anderen Ende der Beziehungsskala, wo eineiige Zwillinge theoretisch eine genetische Korrelation von 100 % aufweisen sollten, sind die Mediane der beobachteten Korrelationen in bezug auf die Intelligenzleistungen 0,87 für gemeinsam aufgezogene und 0,75 für getrennt aufgezogene Paare.[6] Bei gemeinsam aufgezogenen eineiigen Zwillingen stimmen die beobachteten Korrelationen im allgemeinen mit der intra-individuellen Verläßlichkeit (Reliabilität) der Tests überein. Der Median der getrennt aufgezogenen Zwillinge ist etwas niedriger, jedoch ist er deutlich höher als bei allen anderen Verwandtschaftsgruppen.

Im Zusammenhang mit Zwillingsuntersuchungen zeigt unser Überblick[7] außerdem, daß die mittleren Intrapaar-Unterschiede der Ergebnisse von Intelligenztests bei zweieiigen Zwillingen im allgemeinen 1½- bis 2mal so groß sind wie bei gemeinsam aufgezogenen eineiigen Zwillingen. Diese Beziehung scheint auch für die höheren Altersgruppen zu gelten, wie aus einer Längsschnittstudie über alternde Zwillinge hervorgeht (Jarvik & Falek 1963).

Im einzelnen sind viele der hier zitierten 52 Untersuchungen in verschiedener Weise kritisiert worden (z. B. methodologisch). Trotzdem ist die durchgehende Übereinstimmung der Ergebnisse besonders deshalb eindrucksvoll, weil die einzelnen Forscher aus verschiedenen Lagern kommen und über die Bedeutung der Vererbung unterschiedlicher Auffassung sind. Nicht alle unter ihnen haben sich der gleichen Intelligenz-Meßverfahren bedient (vgl. die Unterschrift zu der Abbildung S. 76); sie erhielten ihre Daten aus Stichproben, die in bezug auf Größe, Altersstruktur, ethnische Zusammensetzung und sozioökonomische Schichtung sehr verschieden waren. Die Daten wurden in acht Ländern aus vier Erdteilen in einer Zeitspanne von mehr als zwei Generationen gesammelt. Trotz dieser ausgesprochenen Heterogenität, von der man annehmen sollte, daß sie das Bild verwischt hätte, und die in der Breite der Korrelationsbereiche zum Ausdruck kommt, zeigt sich eine entschiedene Konsistenz der Daten.

Die zusammengesetzten Daten sind mit der polygenetischen Hypothese vereinbar, der man allgemein zur Erklärung der ererbten Unterschiede in der mentalen Fähigkeit den Vorzug gibt. Die Daten sprechen nicht dafür, daß das Geschlecht eine Rolle spielt, denn bei einer solchen Hypothese müßten die Korrelationen für zweieiige Zwillinge verschiedenen Geschlechts niedriger sein als für Zwillinge gleichen Geschlechts. Allerdings ist nicht ausgeschlossen, daß gewisse mit dem Geschlecht zusammenhängende Gene doch bei einigen spezifischen Fähigkeitsfaktoren von Einfluß sind.

Wir behaupten nicht, daß die Umwelt ohne Einfluß auf die Intelligenz sei; das intellektuelle Niveau ist durch die genetische Konstitution nicht unabänderlich festgelegt. Eher könnte man sagen, daß die Art, wie es im Phänotyp zum Ausdruck kommt, von den unter bestimmten Umweltbedingungen vom Genotyp ausgebildeten Strukturen abhängt. Zwei Beispiele für die Auffassung von der »Reaktionsnorm« bezüglich der intellektuellen Variabilität sieht man in der früh in Erscheinung tretenden völligen Taubheit und in der Phenylketonurie. Die frühkindliche Taubheit wirkt sich auf die intellektuelle Entwicklung in der Form aus, daß sie den IQ etwa um 20 Punkte herabsetzt (Salzberger & Jarvik in: Rainer 1963). Die Phenylketonurie geht im allgemeinen mit einer noch größeren intellektuellen Beeinträchtigung einher. Allerdings ändert sich dieser in der Phenylketonurie zum Ausdruck kommende genetische Defekt, wenn man rechtzeitig die Ernährung des betroffenen Kindes darauf einstellt (Horner, Streamer et al. 1962). Genotypische Unterschiede spiegeln sich in den Unterschieden im verhaltensmäßigen Potential; individuelle Unterschiede im Leistungsverhalten sind darauf zurückzuführen, daß wesensmäßig unterschiedliche Organismen auf Umweltreize unterschiedlich ansprechen.

Zusammenfassung

Ein Überblick über das Schrifttum der letzten fünfzig Jahre enthüllt eine auffällige Übereinstimmung der gesammelten Daten, welche mentale Funktionen mit genetischen Potentialen in Verbindung bringen. Die Intragruppen-Ähnlichkeit bei den intellektuellen Fähigkeiten nimmt im gleichen Verhältnis zu wie der Grad der genetischen Verwandtschaft.

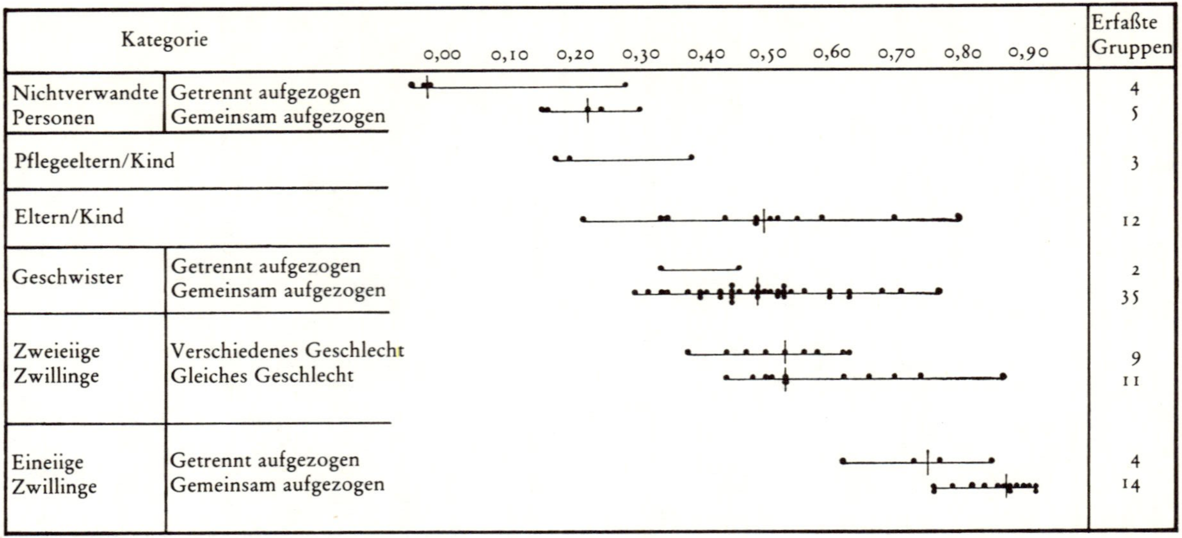

Abbildung 1

Korrelationskoeffizienten für Intelligenztestwerte aus 52 Untersuchungen. In einigen Untersuchungen sind Daten für mehr als eine Beziehungskategorie angegeben; einige enthielten mehr als eine Stichprobe je Kategorie bei insgesamt 99 Gruppen. Über zwei Drittel der Korrelationskoeffizienten wurden von IQs abgeleitet, die übrigen stammten aus Spezialtests (z. B. dem Test ›Primary Mental Abilities‹). Die Elterndurchschnitt/Kind-Korrelation wurde, soweit verfügbar, benutzt, andernfalls die Mutter/Kind-Korrelation. Die in den jeweiligen Untersuchungen ermittelten Korrelationskoeffizienten sind durch dunkle Kreise wiedergegeben, die Mediane sind durch vertikale Linien dargestellt, welche die horizontalen Linien schneiden, die die einzelnen Bereiche wiedergeben.

Anmerkungen

1 J. Hirsch, Science 142 (1963).

2 Über dieses Material wurde in einem Bericht vor dem XVII. International Congress of Psychology in Washington (D. C.) 1963 von L. Erlenmeyer-Kimling, L. F. Jarvik und F. J. Kallmann berichtet. Genauere Informationen über die hier veröffentlichten Daten sind auf Anfrage erhältlich.

3 Die Übersicht enthält Berichte über verschiedengeschlechtige (also zweieiige) Zwillingspaare aus diesen Untersuchungen.

4 Vgl. Anm. 2

5 Die Korrelationspaarungen beziehen sich auf die Zahl der Einzelpaare, die zur Ermittlung der Korrelationskoeffizienten herangezogen wurden. Einige Forscher haben eine große Zahl von Paarungen mit relativ wenigen Individuen vorgenommen. Alles in allem konnten wir folgende Minimalzahlen identifizieren: Zwillinge: 3134 Paare (1082 eineiige und 2052 zweieiige); getrennt aufgezogene Geschwisterpaare: 125 Paare plus 131 Einzelpersonen; gemeinsam aufgezogene Geschwister: 8288 Paare plus 7225 Einzelpersonen; Eltern/Kind: 371 Paare plus 6812 Einzelpersonen; Pflegeeltern/Pflegekind: 537 Einzelpersonen; Nichtverwandte, getrennt aufgezogen: 15 086 Paarungen; Nichtverwandte, gemeinsam aufgezogen: 195 Paarungen plus 287 Einzelpersonen.

6 Korrelationsdaten stehen jetzt für 107 getrennt aufgezogene Paare von eineiigen Zwillingen aus vier Serien zur Verfügung: Newman, Freeman & Holzinger (1937); ferner: Conway (1958); N. Juel-Nielsen und A. Mogensen zitiert bei E. Strömgren in: Kallmann (Ed.) (1962), S. 231.

7 Vgl. Anm. 2.

Literatur

CONWAY, J. (1958): The inheritance of intelligence and its social implications. *Brit. J. Statist. Psychol.* 11, 171–190.

HORNER, F. A., STREAMER, C. W., ALEJANDRINO, L. L., REED, L. H., IBBOTT, F. (1962): Termination of dietary treatment of phenylketonuria. *New Engl. J. Med.* 266, 79.

JARVIK, L. F., & FALEK, A. (1963): Intellectual stability and survival in the aged. *J. Geront.* 18, 173–176.

KALLMAN, F. J. (Ed.) (1962): *Expanding Goals of Genetics in Psychiatry.* New York: Grune & Stratton.

NEWMAN, H. H., FREEMAN, F. N., & HOLZINGER, K. J. (1937): *Twins: A study of heredity and environment.* Chicago: Univ. of Chicago Press.

RAINER, J. D., et al. (Eds.) (1963): *Family and mental health problems in a deaf population.* New York: State Psychiatric Institute.

SHIELDS, J. (1962): *Monozygotic twins brought up apart and brought up together.* London: O.U.P.

Die Interaktion von Erb- und Umwelteinflüssen*

von R. B. Cattell
(University of Illinois)

Einleitung

Aus neueren Veröffentlichungen von Burt (1952), Burt und Howard (1956, 1957), Anastasi (1959), Fuller und Thompson (1960), Vandenberg (1961), Isaacs (1962) und anderen geht hervor, daß das Problem der relativen Bedeutung von Umwelt- und Erbeinflüssen in der Psychologie wieder einmal zu einer Streitfrage geworden ist – jedoch in einem neuen Sinn: Während die tendenziösen Kontroversen von vor dreißig Jahren mehr hitzig als geistvoll geführt wurden, hat die technische Einstellung von heute zu methodologischen und begrifflichen Verbesserungen geführt, und man beginnt einzusehen, daß man auf so verschiedenen Gebieten wie der Lerntheorie und der Persönlichkeitstheorie deshalb nicht weitergekommen ist, weil man die psychologische Genetik ein halbes Jahrhundert lang vernachlässigt hat.

Das zentrale Problem bei der Bestimmung der Erbabhängigkeit mentaler Persönlichkeitsmerkmale war stets, daß bei psychologischen Messungen Erb- und Umwelteinflüsse unentwirrbar miteinander verquickt erscheinen. Bei vielen physischen Merkmalen, wie z. B. bei denen von Mendels Erbsen, kann man die Merkmale des Genotyps im Phänotyp erkennen. Aber die direkte Analyse der Vererbung von Verhaltensmerkmalen anhand von Mendels unifaktoriellen Prinzipien ist bis jetzt nur selten vorgenommen worden, z. B. bei der Huntingtonschen Chorea (Spillane & Phillips 1937), bei der Farbenblindheit (Burt 1912, 1946) und vielleicht noch bei einigen geistigen Störungen wie der Schizophrenie (Kallman 1946). Im übrigen sahen sich die Psychologen auf die Alternative angewiesen, zu schätzen, wie groß der genetische und wie groß der milieubestimmte Anteil an einer beobachteten Populationsvarianz ist (Burt & Howard 1956, S. 126, nehmen eine rein multifaktorielle Vererbung an). Es soll hier ein weiterer Versuch gemacht werden, von solchen Anlage-Umwelt-Verhältnissen aus auf den Charakter der polygenetischen Mechanismen zu schließen.

Vor zehn Jahren habe ich zwei radikale Verbesserungen bei der Bestimmung dieses Verhältnisses vorgeschlagen (Cattell 1953). Der erste Verbesserungsvorschlag bestand darin, anstelle von einzelnen willkürlich gewählten Variablen einheitliche Faktoren heranzuziehen. Der zweite war, sich von der Zwillingsforschung unabhängig zu machen und als neue Methode die Multiple Abstrakte Varianz-Analyse anzuwenden (1953, 1955, 1960). Diese MAVA-

* The interaction of hereditary and environmental influences. Mit freundlicher Genehmigung des Verlags J. Wright & Sons, Ltd., Clifton/Bristol, entnommen aus: *The British Journal of Statistical Psychology* 16, 1963, S. 191–210.

Methode hat eine gewisse Ähnlichkeit mit einer von den Genetikern bei Haustieren angewandten Methode. Es wäre jedoch falsch, sie für ein und dasselbe zu halten, denn diese Entwicklung war in der Psychologie nicht nur historisch davon unabhängig, sondern sie unterscheidet sich auch der Konzeption nach von ihr. Und zwar unterscheiden sich beide schon deshalb, weil es unmöglich ist, bei menschlichen Wesen Erb- und Umwelteinflüsse unabhängig voneinander zu kontrollieren, und weil Menschen soziale und biologische Familien bilden, was ja bei den Kühen nicht der Fall ist.

Ich setze einige Grundkenntnisse über die MAVA voraus und will sie hier nur noch einmal kurz skizzieren. Im wesentlichen läuft sie darauf hinaus, daß gewisse abstrakte oder hypothetische Varianzen, wie die Anteile der hereditären Varianz zwischen den Familien und der Milieuvarianz innerhalb der Familien, von einer Reihe simultaner Gleichungen abgeleitet werden. Bei jeder von ihnen wird eine tatsächlich beobachtete Varianz, wie die zwischen (paarweise betrachteten) Geschwistern, die getrennt aufgezogen wurden, zwischen nichtverwandten, aber gemeinsam aufgezogenen Kindern usw., mit den entsprechenden abstrakten, hypothetischen Varianzquellen und ihrer Kovarianz gleichgesetzt.

Zum Beispiel wird die beobachtbare Varianz für den Normalfall gemeinsam aufgezogener Geschwister so dargestellt:

$$\sigma^2_{ST} = \sigma^2_{wh} + \sigma^2_{we} + 2r_{wh.we}\sigma_{wh}\sigma_{we} \qquad (1)$$

wobei σ^2_{ST} die beobachtbare Varianz bei Geschwisterpaaren ist, die gemeinsam (ST: Sibs Together) aufgezogen wurden (vgl. Burt & Howard 1956, Gl. 34); das heißt, der Mittelwert zweier Geschwister bei dem betreffenden Persönlichkeitsfaktor wird von dem Wert (Score) jedes Geschwisters subtrahiert. Sodann werden die Quadrate der beiden gleichen Abweichungswerte über viele Familien summiert und durch die entsprechende Zahl der Freiheitsgrade dividiert; das ergibt den Wert auf der linken Seite der Gleichung (1). Die abstrahierten oder abgeleiteten Varianzen sind σ^2_{wh} (w:within, h:hereditary), das ist die hereditäre Varianz innerhalb der Familie, und σ^2_{we}, das ist die »innerfamiliäre Umweltvarianz« (w:within, e:environmental). Der Ausdruck $r_{we.wh}$ entspricht der Korrelation dieser Varianzquellen. Es lassen sich mehrere Gleichungen analog (1) aufstellen für Geschwisterpaare, die in unterschiedlicher Umgebung aufgewachsen sind, für gemeinsam aufgewachsene, aber miteinander nicht verwandte Pflegegeschwister sowie für andere unterschiedliche Kombinationen von Erb- und Umweltbedingungen (Cattell 1955, 1960). Aus diesen simultanen Gleichungen, deren jede auf der linken Seite einen empirisch aus der jeweiligen Familienkonstellation zu ermittelnden Wert aufweist, kann man die Lösung in bezug auf die gesuchten, zunächst unbekannten »abstrakten« Teilvarianzen ermitteln. Im Vergleich zur MAVA-Methode ist die einzige andere bei den Psychologen gebräuchliche Methode – die Zwillingsmethode (z. B. Burt 1961, S. 6, Gl. 2) – relativ unergiebig. Denn sie liefert keine Auskunft über die Korrelation zwischen Erb- und Umwelteinflüssen und ergibt einen Verhältniswert lediglich für den speziellen Umweltunterschied zwischen Zwillingen (von dem zahlreiche Psychologen und Psychoanalytiker nachgewiesen haben, daß er sich von dem in typischen

Familien mit normalen Geschwistern unterscheidet).
Unter den kritischen Einwänden, denen sich die MAVA-Methode wie jede neue Methode mit Recht zu stellen hat, verdienen drei ernsthafte Beachtung. Einmal wird ihr entgegengehalten, daß in ihren Formeln manchmal gewisse Werte als identisch angenommen werden, die es in Wirklichkeit nicht sein könnten und die daher durch zwei Unbekannte anstelle von einer repräsentiert sein sollten. Die MAVA ist von Cattell (1960) in einem kompletten System mit elf Unbekannten und außerdem in einem System für Untersuchungen im beschränkten Rahmen mit nur zehn Gleichungen ausgearbeitet worden, wobei im letzteren Fall angenommen wird, daß die Korrelation zwischen den Erb- und Umwelteinflüssen bei männlichen Zwillingen und bei gewöhnlichen Brüdern die gleiche ist. Diese anfängliche Ökonomie der Voraussetzungen ist notwendig, da die Zahl der Unbekannten, für die wir eine Lösung suchen – im wesentlichen vier unbekannte Varianzen und sechs unbekannte Korrelationen –, der Anzahl von unabhängigen Gleichungen sehr nahe kommt, die wir für empirische Beobachtungen aufstellen zu können hoffen.
Hier wie bei jeder theoretischen Formulierung eines möglichen wissenschaftlichen Konzepts braucht man kein großes kasuistisches Geschick, um immer feinere Unterschiedsmöglichkeiten in den Bedeutungsschattierungen bei dieser oder jener Art von Umwelt festzustellen. Worauf es ankommt ist, daß diese Definitionen irgendwelchen realen Klassen auch tatsächlich entsprechen und daß eine übertriebene Haarspalterei nicht schließlich das wissenschaftliche Ziel einer empfehlenswerten Ökonomie in bezug auf die Erklärungskonzepte zunichte macht. Natürlich wäre das ideale Verfahren, mit so vielen Bedingungen anzufangen, wie man dies für nötig erachtet, selbst auf die Gefahr hin, daß man einige überflüssige Annahmen macht, um dann der empirischen Überprüfung zu überlassen, ob das, was man als Variable behandelt hat, richtigerweise als (überflüssige) Konstante anzusehen ist. Tatsächlich ist für das MAVA-Modell eine ganze Reihe von Ökonomiegraden im Bereich zwischen acht und zwölf Unbekannten in Betracht gezogen worden (Cattell 1960). Hierzu gehören Gleichungen und Daten, die von Halbgeschwistern und getrennt aufgewachsenen eineiigen Zwillingen gewonnen werden müssen, an die nur schwer in genügender Zahl heranzukommen ist. Aber selbst wenn man sich beim MAVA-Verfahren auf die Berechnung von acht Unbekannten beschränkt, kommt man zu verfeinerteren Vorstellungen und umfassenderen Lösungen als mit der klassischen Zwillingsmethode.
Ein zweiter Einwand gegen die Methode ist der, daß Kinder aus Pflegefamilien für die Gesamtgruppe der Kinder einer Nation biologisch nicht typisch seien. Freilich sollte der Kritiker für eine solche Behauptung erst einmal den Beweis erbringen. Aber selbst wenn wir annehmen, er hätte recht, gäbe es noch die Möglichkeit, daß wir unsere »normalen« Kontrollfamilien in bezug auf soziologische Parameter betreffend Herkunft, Status und so weiter mit Familien mit getrennt aufgezogenen Geschwistern und nichtverwandten gemeinsam aufgezogenen Kindern vergleichen, um gewisse Übereinstimmungen im biologischen Bereich herauszufinden. Am Rande sei vermerkt, daß die Vermutung über einen Selektionseffekt bei der Varianz der adoptierten Kinder nicht der Behauptung gleichzusetzen ist, Adoptionsbehörden würden Kinder

so unterbringen, daß Anlage-Umwelt-Korrelationen entstehen. Letzteres dürfte höchstens für die Intelligenz zutreffen, denn gewisse Adoptionsbehörden wählen die Adoptiveltern tatsächlich so aus, daß deren Bildungsniveau zu dem Intelligenzniveau paßt, welches für das Kind seiner biologischen Herkunft nach erwartet wird. Wenn auch eine nichtzufällige Unterbringung – außer bezüglich der Intelligenz – unwahrscheinlich ist, so führt die MAVA-Methode doch eine Unterbringungs-Korrelation ungleich Null ein und berücksichtigt sie in ihrem Gleichungssystem. Eine andere Möglichkeit, dem Einwand zu begegnen, daß Adoptivkinder ein abnormales Sample bildeten, wäre, daß man Gleichungen und Beobachtungen nicht mitberücksichtigt, welche sich auf Kinder beziehen, die außerhalb ihrer eigenen biologischen Familie aufwachsen. Das wäre möglich, allerdings auf Kosten des Gesamtplans, der dadurch auf eine relativ undifferenzierte Gruppe von Gleichungen und Unbekannten beschnitten würde.
Die dritte Schwierigkeit besteht darin, daß bei MAVA-Schätzungen für die Erb- und Umweltvarianzen innerhalb und zwischen den Familien erschreckend viele Standardfehler auftreten. Darauf werden wir im fünften Abschnitt noch ausführlicher zurückkommen.

Die Beziehung zwischen Umwelt und Anlage als Kovarianz und Interaktion

Man könnte die Ansicht vertreten, daß wir jetzt, wie bei einer normalen Exposition üblich, zunächst die Bedeutung der Varianzquellen untersuchen müßten, bevor wir ihre Interaktion diskutieren. Aber erstere besitzen hier die übliche Bedeutung, werden auf die übliche Art berechnet und dürften daher dem Durchschnittsleser keine Geheimnisse bieten, so daß wir die Diskussion darüber auf später verschieben können. Die Korrelationen und Interaktionen von Anlage und Umwelt weisen hingegen unerwartete und verwirrende Züge auf, deren Klarstellung gleich zu Anfang, beim ersten Überblick über unser Modell, unumgänglich ist.
Das einfachste MAVA-Modell geht von der Annahme aus, daß Erb- und Umweltfaktoren additiv sind und zu ihren Auswirkungen in einer linearen Beziehung stehen. Im Gegensatz zur Zwillingsmethode wird nicht angenommen, daß sie nicht korrelieren. Sowohl die Linearität als auch die Korrelation sind aus obiger Gleichung (1) für gemeinsam aufgezogene Geschwister zu ersehen. Diverse scharfsinnige Diskussionen des Problems, besonders die Erwägungen in den Beiträgen von Wright (1960), Fisher (1930), Burt und Howard (1956, 1957), Penrose (1959) sowie die Resultate neuerer Veröffentlichungen zur Genetik lassen es äußerst wahrscheinlich erscheinen, daß signifikante Korrelationen von Erb- und Umwelteinflüssen sowohl innerhalb als auch zwischen Familien bestehen.[1] Inzwischen hat sich jedoch die *a priori*-Analyse experimentell bestätigt. Die ersten Anwendungen der MAVA (Cattell, Blewett & Beloff 1955; Cattell, Kristy & Stice 1957) haben eine ganze Menge signifikanter Korrelationen erbracht, sowohl in Situationen innerhalb der Familie als auch in solchen zwischen verschiedenen Familien. Zu

letzteren gehörte ein r von +0,25 zwischen Erb- und Umweltwirkungen auf die Intelligenz (was dem unabhängigen Wert, den man gewöhnlich für die Intelligenz der Familie und ihren sozialen Status erhält, bemerkenswert nahekommt), und ein r von −0,56 (ebenfalls zwischen Familien) zwischen den Erb- und Umweltbeiträgen zum Persönlichkeitsfaktor UI 23 (Cattell 1957) – einem Faktor, den Eysenck (1953) als Neurotizismus bezeichnet und den wir ergische Regression genannt haben (Hundleby, Pawlik & Cattell). Diese neuentdeckten Korrelationen sind nicht nur von soziologischem Interesse, sondern sie bilden auch ein solides Fundament für die Persönlichkeitstheorie. Die negative Korrelation mit der ergischen Regression weist auf eine sich selbst korrigierende Tendenz hin, die besagt, daß Familien von besonderer Impulsivität oft die Tradition entwickeln, sich in ihren Gefühlen besonders zurückzuhalten. Das interessante und unerwartete Ergebnis, daß die meisten dieser Korrelationen negativ sind, bildet tatsächlich eine der beiden Hauptstützen für das Gesetz des Zwanges zum biosozialen Mittelwert (Cattell 1957).
Wenn unser Modell demnach auch die Realität von Korrelation oder Kovarianz respektiert, hat es bisher doch noch nicht das berücksichtigt, was die Statistik als »Interaktion« bezeichnet. Hierunter versteht man, daß zwei oder mehr unabhängige Variable mit einer abhängigen Variablen mehr als nur durch additive und lineare Beziehungen in Zusammenhang stehen; »unabhängig« bedeutet hier unabhängig dem Begriff und der Aktion nach, nicht aber statistisch unabhängig oder orthogonal; wir sind ja bereits übereingekommen, daß Erb- und Umweltfaktoren korrelieren. Die Formel für die Testwerte bei den Variablen, die den nicht-interaktiven Relationen der Varianzen entsprechen, wie sie in der obenstehenden Gleichung (1) ausgedrückt sind, wäre demnach

$$d_{ST} = k_{wh} h_w + k_{we} e_w \qquad (2)$$

wobei d_{ST} die festgestellte Abweichung vom Mittelwert zwischen gemeinsam aufgezogenen Geschwistern (d:deviation, S:Sibs, T:Together) und e_w und h_w die Standard-(Abweichungs)-Werte der Umwelt- bzw. Erbeinflüsse innerhalb der Familie sind (e:environmental, h:hereditary, w:within). (Dabei wurde das Subskriptum für die Individuen, i, weggelassen; und anstatt die k-Größen einzubeziehen, die in der Werte-Skalierung, wie in Gleichung (1), verborgen sind, haben wir sowohl die mit Standardwerten zu messende Umwelt als auch die Anlage berücksichtigt und die Größe ihres relativen Einflusses durch k_{we} und k_{wh} ausgedrückt.)
Nehmen wir nun an, daß sowohl Interaktion als auch Kovarianz vorhanden sind, so kann jedes Produkt aus e_w und h_w, zu jeder beliebigen Potenz erhoben, zur Gleichung (2) addiert werden. Bei diesem »embarras de richesse«, wobei jeweils nur eine einzige spezifische Formulierung getestet werden kann, empfiehlt es sich, die einfachste zu nehmen und nur ein durch einen Koeffizienten k_{hew} gewichtetes Produkt $e_w h_w$ hinzuzuaddieren, das von k_{we} und k_{wh} unabhängig ist. Das könnte beispielsweise in bezug auf die Intelligenz so interpretiert werden, daß eine günstige Umgebung sich hinsichtlich der Verbesserung der Intelligenz stärker auswirkt, wenn die angeborene Intelligenz bereits hoch ist. Die daraus resultierende Analyse in abstrakte Varianzen

wäre (für jede Relation innerhalb der Familie, wobei wir hier von dem Fall der gemeinsam aufgezogenen Geschwister, *ST*, absehen):

$$\sigma^2_{ow} = k^2_{wh} + k^2_{we} + 2r_{wh.we}k_{wh}k_{we} + k^2_{hew}\sigma^2_{hew} + 2r_{we.hew}k_{we}k_{hew}\sigma_{hew} + 2r_{wh.hew}k_{wh}k_{hew}\sigma_{hew} \quad (3)$$

wobei *ow* soviel wie »innerhalb der Familie beobachtet« bedeutet (o:observed, w:within); die σ_{ew} und die σ_{hw} verschwinden, weil sie in Standardwerten ausgedrückt sind.

Es könnte zunächst den Anschein haben, als hätten wir unsere Lösungen dadurch kompliziert, daß wir vier neue Unbekannte eingeführt haben; aber σ^2_{hew}, $r_{wh.hew}$ und $r_{we.hew}$ können wir von σ_{hw}, σ_{ew} und $r_{wh.we}$ ableiten, so daß nur ein Zeichen neu ist, nämlich k_{hew}, das der Interaktion verliehene Gewicht (e:environmental, h:hereditary, w:within). Folglich sind bei allen Gleichungen für Familienkonstellationen nur zwei Unbekannte hinzuzufügen, nämlich k_{hew} für die Interaktion innerhalb der Familie und k_{heb} für die Effekte der Interaktion zwischen den Familien (b:between). Die Aussichten dafür, daß man eine MAVA-Lösung für eine Interaktion wie auch als Kovarianzmodell verwenden kann, sind daher recht gut. Es würde bedeuten, daß man entweder zwei neue unabhängige simultane Gleichungen aus neuen Familienkonstellationen ableiten muß, z. B. für getrennt aufgezogene Halbgeschwister, oder daß man zwei der im nächsten Abschnitt diskutierten Korrelationen außer acht läßt, falls sie sehr klein sind, oder daß man die Näherungslösung annimmt, die Interaktion innerhalb einer Familie und zwischen Familien sei in etwa gleich, wodurch k_{hew} und k_{heb} auf k_{he} reduziert würde. Wie wir an anderer Stelle diskutiert haben, ist die Aussicht, daß neue Familienkonstellationen gefunden werden, die die Lösung von Gleichungen für mehr als die gegenwärtigen zwölf Unbekannten erlauben, recht groß. So könnte man z. B. a) adoptierte und nichtadoptierte Geschwisterpaare in der gleichen Familie und b) adoptierte Paare von nahen Verwandten (Neffen, Vettern zweiten Grades usw.) hinzufügen. Außerdem sollte man sich vor Augen halten, daß man die MAVA außer auf Familien auch auf andersartige Gruppen anwenden kann, bei denen Vererbung und soziale Unterschiede verschieden kombiniert sind. Eine unabhängige Auswertung des MAVA-Systems im Hinblick auf die dazu notwendigen Gruppen usw. ist von Loehlin vorgenommen worden.

Mögliche Spielarten von Anlage-Umwelt-Korrelationen

Nachdem wir unser Modell auf die Anlage-Umwelt-Korrelation angewandt haben, sollten wir uns fragen, worauf diese Korrelationen in soziologischer, biologischer und psychologischer Hinsicht zurückzuführen sein könnten. Eine derartige Untersuchung wird zeigen, daß bei bestimmten Familienkonstellationen ein Glied der Korrelation fehlen kann, während in anderen vielleicht eine Korrelation in Erscheinung tritt, die man nach den traditionellen Regeln der Varianzanalyse nicht erwarten würde. Auch erleichtert es uns eine solche Diskussion, signifikante experimentell gefundene Werte richtig zu interpretieren.

In einer früheren Diskussion dieser Korrelationen (Cattell 1955; Cattell, Blewett & Beloff 1959) haben wir die übliche Erwartung diskutiert, daß zwischen vier Varianzen sechs Korrelationen bestehen können. Diese würden aus vier Beziehungen von Abweichungen innerhalb und zwischen Familien bestehen, und zwei – $r_{bh.be}$ und $r_{wh.we}$ – würden sich auf Sachverhalte beziehen, die beide entweder zwischen Familien oder innerhalb einer Familie gelten. Wie bereits erwähnt, ist die übliche, aus der Praxis der Varianzanalyse abgeleitete Erwartung nicht mehr gerechtfertigt, daß nämlich die ersten vier Varianten aufgrund der Annahme, die Varianz eines Individuums korreliere innerhalb der Gruppe mit der Zwischengruppenvarianz seiner Familie nicht, verschwinden würden. Dieser erste Grund dafür, daß man Lösungen für Extrakorrelationen über $r_{wh.we}$ und $r_{bh.be}$ hinaus sucht, beruht darauf, daß wir es mit abstrakten und nicht mit konkreten Varianzen zu tun haben. Es ist mathematisch nicht möglich, bei Gruppen, die aus Zufallssamples bestehen, Varianzen innerhalb und zwischen den Gruppen zu erhalten, die signifikant korreliert sind. Aber während dies für die gesamte konkrete Varianz zutrifft, ist es immerhin möglich, daß die Innergruppen-Vererbungsvarianz mit der Zwischengruppen-Umweltvarianz korreliert ist oder auch der Umweltfaktor in ersterer mit dem Vererbungsfaktor in letzterer, denn bei beiden handelt es sich um spezielle Abstraktionen vom konkreten Ganzen.

Die Frage lautet daher nicht mehr, ob eine Innergruppen-Zwischengruppen-Korrelation möglich ist, sondern ob es hinreichend gerechtfertigt erscheint, einen von Null verschiedenen Wert einzuführen, um eine numerische Lösung zu erhalten. Jeder Psychologe hat mehrere Theorien zur Verfügung, die eine Korrelation innerhalb der Familie erfordern, wie z. B., wenn Eltern ihr begabteres Kind mit intellektuell anspruchsvolleren Problemen konfrontieren. Ein Beispiel hierfür ist die Korrelation $r_{wh.we}$ von $-0{,}50$, die wir (1959) für den »Dominanz«-Faktor E innerhalb der 16 PF gefunden haben. Dies ist ein Hinweis darauf, daß Geschwister weniger Dominierende ermutigen, während sie gegenüber Dominanteren die Haltung des »trash for overtopping« – um mit Hamlet zu reden – einnehmen. Ebenso kann jeder Soziologe Hypothesen aufstellen, die es erfordern, daß Familienunterschiede im Erbgut systematisch mit Milieuunterschieden verknüpft werden, um einen signifikanten Wert von $r_{bh.be}$ zu erhalten. Wenn auch im allgemeinen die intelligenteren Kinder in der Atmosphäre intelligenterer Eltern aufzuwachsen pflegen, so sollte doch auch der Richtungseffekt nicht verkannt werden, der auf die Regression zum Mittelwert zurückzuführen ist und der sich dahingehend äußert, daß intelligentere Kinder bei weniger intelligenten Eltern und dumme Kinder bei – im Vergleich zu ihnen – weniger dummen Eltern aufwachsen.

Man muß jedoch genauer hinsehen, wenn man Beispiele von »Innen«- und »Zwischen«-Korrelationen erkennen will. Ein Beispiel für $r_{wh.be}$ – die Wahrscheinlichkeit, daß eine Beziehung besteht zwischen einer größeren genetischen Abweichung eines Menschen von den übrigen Familienmitgliedern (w:within, h:hereditary) und der größeren (oder geringeren) Abweichung der Umwelt seiner Familie vom allgemeinen Familienmittelwert (b:between, e:environmental) – liefert die Tatsache, daß sich bei Kindern aus Ehen, in denen die Partner genetisch weniger gut zueinander passen, eine größere genetische innerfamiliäre Varianz zu zeigen pflegt. Da die elterlichen Unterschiede einen Teil der gemeinsamen familiären Umwelt der Kinder darstellen, ist es wahrscheinlicher, daß ein Kind, welches vom Vererbungsmittelwert seiner Familie stärker abweicht, in einer Familie aufwächst, in der die sich aus der stärkeren »Diskordanz« der Eltern ergebenden Umwelteffekte größer sind. Eine systematische Beziehung in umgekehrter Richtung, die zu einem signifikanten $r_{bh.we}$ führen würde, entspräche der Theorie, daß Familien mit einer starken manisch-depressiven Erbanlage die Tendenz zeigen, eine Umwelt zu erzeugen, die für die verschiedenen Kinder (entsprechend dem

Bei Umwelteinflüssen:

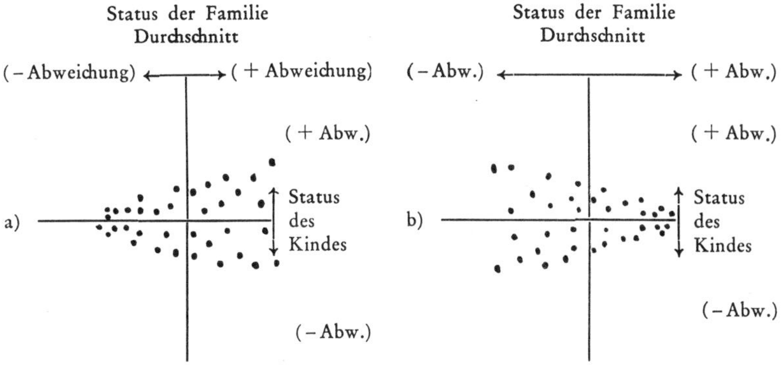

Bei hereditären Einflüssen:

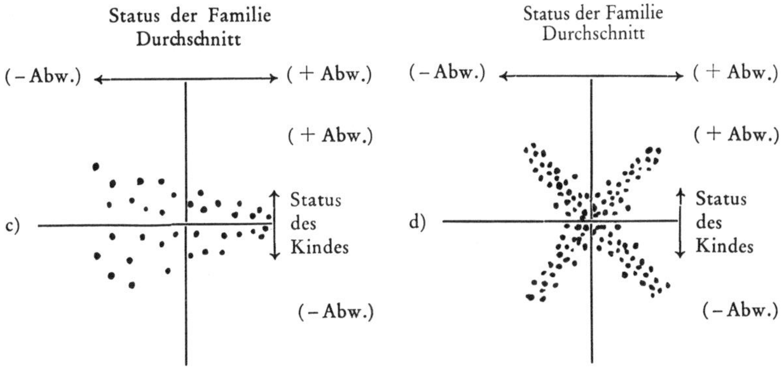

Einige typische Beispiele für Assoziationsformen von Abweichungen innerhalb von Familien und zwischen Familien (und dementsprechend Varianzen), die keine Korrelationen bewirken. Streuungsdiagramme zur Veranschaulichung der bei den Varianzen zu beobachtenden hypothetischen Beziehungen. Einschlägige Beispiele sind im Text diskutiert.

Alter, in dem sie die mangelnde Stabilität der Eltern wahrnehmen) besonders unterschiedlich ist.

Die »homogenen« Beziehungen der Umweltvarianz innerhalb der Familie zu der Umweltvarianz zwischen den Familien, $r_{we.be}$, und der hereditären Varianz innerhalb der Familie und zwischen den Familien, $r_{wh.bh}$, dürften aus dem üblichen Grund keine lineare Korrelation ergeben. Sie könnten jedoch Beziehungen ergeben, wie sie in der Abbildung, S. 85, dargestellt sind. So könnten beispielsweise a) Familien, die in bezug auf die Umwelt positive Abweichungen zeigen, systematisch Familienmitglieder enthalten, die in der einen oder anderen Richtung stärker abweichen, als es unternormale Familien tun. Es könnte z. B. eine Familie mit starken Interessen und Fähigkeiten in bezug auf die erzieherische Unterstützung der Kinder diese je nach ihren Fähigkeiten unterschiedlich behandeln, während in einer Familie mit weniger ausgeprägten erzieherischen Interessen vielleicht eine allgemeine Mittelmäßigkeit in der Erziehungsleistung herrscht. In umgekehrter Richtung wirkt sich die Haltung der Eltern gemäß 1 b) aus, wenn sie aus einer größeren und einsichtsvolleren Zuneigung zu ihren Kindern heraus ihnen diese Liebe gleichmäßiger verteilt zukommen lassen, während vielleicht andere Eltern, die sich weniger gewissenhaft um ihre Kinder kümmern, eines dem anderen bedenkenlos vorziehen. Ein Beispiel für eine andere Art der Beziehung zwischen einer innerfamiliären genetischen Abweichung und einer solchen zwischen Familien veranschaulicht Figur 1 c). Sie könnte zustande kommen, wenn Ehepartner von niedrigem Niveau weniger zueinander passen als solche von höherem Niveau. (Die in Tabelle 2 der Arbeit von Higgins, Reed & Reed (1962) wiedergegebenen Daten lassen vermuten, daß dies für die Intelligenz zutrifft.) Demnach dürfte eine größere hereditäre Varianz innerhalb einer Familie vor allem bei Familien mit niedrigerem hereditärem Niveau anzutreffen sein.

Wirkungen nach Art von a), b) und c) könnten signifikante kurvilineare Korrelationen der absoluten Testwerte von Eltern und Kindern ergeben, und zwar in Eta-Koeffizienten; und sie könnten bei d) einen Korrelationskoeffizienten ergeben, der noch nie zuvor beschrieben worden ist und den man als »Doppel-Eta-Koeffizienten« bezeichnen könnte. In keinem Falle jedoch würde sich ein Kovarianzausdruck ergeben, und es bleibt uns daher nichts anderes übrig, als es mit einer MAVA-Lösung mit nur vier Korrelationen $r_{wh.we}$, $r_{bh.be} r_{bh.we}$ und $r_{wh.be}$ zu versuchen.

An dieser Stelle sollte man zwei oder möglicherweise auch drei speziellen psychologischen Korrelationen Beachtung schenken. Erstens kann – wie bereits erwähnt – bei der Adoption von Kindern bei den Adoptionsämtern die Tendenz bestehen, Kinder, bei denen man gewisse vielversprechende Reifungsmöglichkeiten erwartet, in Familien mit einer Atmosphäre unterzubringen, die diesen Erwartungen entspricht, so daß man z. B. das Kind eines verstorbenen Genies einer hochgebildeten Adoptivfamilie anvertraut. Wir besitzen nur spärliche Unterlagen darüber, wie weit das (bewußt oder unbewußt) so gehandhabt wird, doch nimmt man allgemein an, daß die Wahrscheinlichkeit hierfür groß ist. Dieser Tatsache Rechnung tragend, haben wir in das MAVA-Modell das Prinzip der Unterbringungskorrelationen

(Plazierungskorrelationen) eingeführt, was durch einen zweigestrichenen Wert dargestellt wird, so daß $r''_{wh.be}$ die Korrelation *innerhalb von Familien* und $r''_{bh.be}$ die Korrelation zwischen Familien wiedergibt, wie sie durch obigen Mechanismus hervorgerufen werden. Man kann bezweifeln, ob die genannte Annahme (welche impliziert, daß ein Adoptivamt in der Lage ist, in den ersten Lebensjahren bei Geschwistern zu unterscheiden, wer in einem besseren Zuhause und wer in einem anspruchsloseren untergebracht wird) ernsthaft vertreten werden kann, doch wollten wir sichergehen.
Eine andere Klasse von Korrelationen entsteht durch das Bedürfnis, eine Korrelation aufgrund eines Wechsels der Streuweite der Daten zu ändern. So haben wir uns beispielsweise bei den Standard-MAVA-Formeln auf ein $\sigma^2_{we}{}'$ geeinigt, was der Annahme entspricht, daß Unterschiede in der Umwelt bei Zwillingen sich anders auswirken als bei gewöhnlichen Geschwistern – σ^2_{we} (wodurch sich die Zahl der unbekannten Varianzen auf fünf erhöht). Es erhebt sich nun die Frage, ob es wahrscheinlich ist, daß der Wert $r_{wh.we}{}'$ sich von $r_{wh.we}$ unterscheidet. Man könnte dagegen einwenden, daß $\sigma^2_{we}{}'$ zwar vermutlich kleiner ist als σ^2_{we}, daß aber die Veränderungsrate der Umweltbehandlung bei erbbedingten Unterschieden vermutlich die gleiche ist. Ein ähnliches Problem taucht bei Adoptivfamilien auf, wo der Bereich der Vererbungsvarianz größer ist, weil er sowohl die normale innerfamiliäre Varianz als auch diejenige umfaßt, die auf Kinder aus unterschiedlichen biologischen Familien zurückgeht, so daß $\sigma^2_{UT_h} = \sigma^2_{wh} + \sigma^2_{bh}$ (wobei *UT* – Unrelated Together – soviel wie nicht miteinander verwandt und zusammen aufwachsend bedeutet). Sollten wir hier neue Werte $r'_{wh.we}$ vermuten, die sich von $r_{wh.we}$ aufgrund des weiteren Bereiches unterscheiden?[2]

Überlegungen zu den Ursprüngen und möglichen Signifikanzen von Korrelationen

Wenn wir auch die Varianzbeziehungen systematisch für alle Möglichkeiten des Modells durchdiskutiert haben, so haben wir sie doch im Hinblick auf ihre psychologischen, soziologischen und biologischen Ursachen nur sporadisch und nur zum Zwecke der Veranschaulichung behandelt. Um uns jedoch auf die Interpretation aller möglichen Korrelationen vorzubereiten, die sich als signifikant erweisen, und um Experimente mit der richtigen Priorität in bezug auf aufzugebende Annahmen planen zu können, dürfte es nunmehr angebracht sein, die realen Korrelationsquellen systematisch zu untersuchen.
Allgemein gesehen hat man drei Möglichkeiten in Betracht zu ziehen:
1. daß ein genetischer Unterschied auch einen Unterschied in den Umweltbedingungen hervorruft,
2. daß ein Umweltdifferential auch eine genetische Assoziation erzeugt, und
3. daß irgendein dritter Einfluß sich auf beide auswirkt.
Da Vererbung und Umwelt supplementär und exklusiv sind, erscheint die dritte Möglichkeit zunächst unlogisch; man sollte sich jedoch darüber klar sein, daß die Umwelt, die auf das Kind einwirkt, nicht gleichbedeutend mit dem Universum ist.

Nebenbei bemerkt sollte man sich davor hüten, irgendwelche echten genetischen Wirkungen auf die Umwelt mit irrigen Vorstellungen zu verwechseln, wie sie gelegentlich in Behauptungen auftauchen von der Art wie: »Die gleiche Umgebung stimuliert die Intelligenz beim intelligenten Kind stärker, weil es mehr darin wahrnimmt.« Das ist völlig abwegig. Man versteht die Wahrnehmung nur richtig, wenn man jede Wahrnehmung einesteils mit der Bedeutung der jeweiligen Situation, die durch ihre physikalische Definition und die Natur der Spezies gegeben ist (Cattell 1962), und anderenteils mit dem Individuum erklärt. Unter ersterem ist das zu verstehen, was wir hier als unabhängige Umwelt definieren, und alles andere ist Interaktion.

a) *Innerfamiliär:*
I. *Abwanderung:* Die genetische Anlage veranlaßt das Individuum, sich in eine bestimmte Art von Umwelt zu begeben, so daß beispielsweise ein schizothymes Temperament den Betreffenden veranlaßt, einen bestimmten Beruf zu wählen, etwa den eines Försters oder Physikers in der Forschung, wo er sozialen Situationen weniger ausgesetzt ist.
II. *Gestaltung der Umwelt:* Die genetische Anlage hat Umweltkorrelationen zur Folge, insofern sie die Umwelt verändert (so wie etwa die Vögel zur Erfahrung einer Nest-Umwelt gelangen, was den Säugetieren versagt ist). Hier könnte man zahllose Beispiele anführen. Kennzeichnend ist die Entdeckung von Cattell, Blewett & Beloff (1955), daß bei besonders empfindsamen Menschen mit einem hohen I-Faktor offensichtlich die Tendenz besteht, sich eine Umgebung zu schaffen, die ihre ästhetische Entwicklung begünstigt ($r_{we.wh} = +0{,}10$ bis $+0{,}50$).
III. *Erzeugung von Umweltreaktionen:* Eine genetische Anlage kann in bezug auf die soziale und physische Umgebung charakteristische Verhaltensweisen gegenüber der Umwelt hervorrufen. Die von Blewett, Cattell & Beloff (1955) gefundenen Beispiele einer negativen Korrelation $r_{we.wh}$ für Dominanz lassen auf einen derartigen Prozeß schließen. Es ist hinzuzufügen, daß andere Leute sich ihre Gefährten nach Merkmalen auszusuchen pflegen, für die sie eine besondere Vorliebe haben.

b) *Zwischenfamiliär:*
Alle drei oben erwähnten Faktoren sind auch hier wirksam, und ein Beispiel, bei dem alle drei kombiniert im Spiel sind, ist der gesellschaftliche Aufstieg von Familien, die mit besonderer Intelligenz begabt sind. Man sollte annehmen, daß die Korrelationen von III hier kleiner wären als innerhalb von Familien, weil die Gesellschaft nicht jede Familie so gut kennt, wie die einzelnen Mitglieder einer Familie einander kennen. Umgekehrt sollten sie bezüglich I und II größer sein, denn im durchschnittlichen Verhalten einer Gruppe dürften Irrtümer eine geringere Rolle spielen als im Schicksal eines einzelnen Individuums.
IV. *Unterschiedliche Überlebenschancen:* Wenn eine bestimmte genetische Anlage durch Unterschiede in der Geburts- oder Todesrate die Überlebens-

chancen in einer bestimmten Umwelt vergrößert, so folgen daraus $r_{bh.be}$-Korrelationen.

2. Umweltursachen für Vererbungsassoziationen

a) *Innerfamiliär:*
Im allgemeinen wäre die innerfamiliäre Korrelation aufgrund dieses Kausalkomplexes gleich Null, da das Kind gemäß der gemachten Voraussetzung bereits geboren ist. Allerdings könnten sich unterschiedliche Todesraten auswirken; so könnte beispielsweise eine überdurchschnittlich fürsorgliche Haltung dem Kinde gegenüber dessen Lebenschancen vergrößern, sofern dieses von schwächlicher Konstitution ist; auf diese Weise würde die Verbindung von überdurchschnittlicher Fürsorglichkeit (overprotection) und defekter Konstitution verstärkt.

b) *Zwischenfamiliär:*
Alle vier Mechanismen, die wir im vorigen Abschnitt erwähnt haben, können hier in Aktion treten und in umgekehrter Richtung auch die Umwelt als Ursache haben. Durch natürliche Selektion könnte die Umwelt dadurch, daß sie eine Abwanderung stimuliert, Korrelationen erzeugen, beispielsweise geringe Intelligenz bei Zuwanderern in die Städte in Zeiten landwirtschaftlicher Not. Die Umwelt kann die Erbanlage z. B. insofern formen, als Menschen in einer Umwelt, die in stärkerem Maße Neurosen verursacht, einen zur Neurose neigenden Ehepartner vermeiden. Sie kann auch durch Selektion wirken, z. B. wenn gebildete Familien weniger Kinder haben. Und sie kann unterschiedliche Überlebenschancen hervorrufen, wie in IV angedeutet wurde. Man sollte erwarten, daß die Korrelationen aus 2 im Vergleich zu denen in 1 oder 3 nur unbedeutend sind.

3. Gemeinsame Ursachen, die sich sowohl auf die Erbanlagen als auch auf die Umwelt auswirken

a) *Innerfamiliär:*
Hier kann es zu etwas anderem als zu einer Null-Korrelation nur in dem Ausnahmefall kommen, daß eine Mutation durch irgend etwas (z. B. Strahlung) verursacht wird, wodurch gleichzeitig die Erbanlage und die Umwelt beeinflußt wird.

b) *Zwischenfamiliär:*
Viele Einflüsse können zwischen Familien gleichzeitig die Umwelt verändern und eine Erbauswahl hervorrufen. In einer noch sorgfältigeren Analyse könnte man die Wirksamkeit sämtlicher in 1a) erwähnter vier Mechanismen postulieren. Es kann eine bewußte Selektion durch die Gesellschaft vorgenommen werden, wenn z. B. intelligente Kinder aufs College oder wenn Rechtsbrecher ins Gefängnis geschickt werden. Krankheiten können eine Selektion sowohl in

bezug auf die Umwelt als auch auf die Vererbung verursachen. So bewirken z. B. die Malaria eine Selektion in Richtung von Debilität, Sichelzellen-Anämie und Tuberkulose in Richtung auf einen niedrigeren sozialen Status und eine leptosomatisch-schizothyme Konstitution (Cattell 1950). So verschiedenartige Einflüsse wie soziale Vermittlungsstellen und eugenische Ideale können ähnliche Korrelationen hervorrufen; und wie Fisher (1928) gezeigt hat, kann eine dysgenische kompetitiv-restriktive Einstellung einer Familie mit höherer Intelligenz und anderen genetischen Qualitäten korrelieren.
Beinahe jede beobachtete Korrelation wird natürlich auf mehrere Einflüsse zurückgehen. Leider besteht kaum die Möglichkeit, mit nur vier bis sechs Variablen eine Faktorenanalyse zur Bestimmung von Zahl und Art der Einflüsse, die am Werke sind, durchzuführen. Man muß die beteiligten Faktoren aus diesem Grunde mit weniger systematischen Mitteln nachzuweisen versuchen. So geht die Hypothese vom Gesetz des Zwangs zum bio-sozialen Mittelwert z. B. sowohl von den MAVA-Resultaten als auch von den Beobachtungen auf dem Gebiet der Fehlwahrnehmungen (Projektionen) aus (Cattell 1957).
Zu der Forderung, die Zahl der unbekannten *r*-Werte aus ökonomischen Gründen zu reduzieren, ist zu sagen, daß man bei dieser Elimination die unbekannten Varianzen, die man zur Lösung braucht, sowie die Kombinationen von Gleichungen, die eine algebraische Unabhängigkeit gewährleisten, zu berücksichtigen hat. Das sogenannte »Limited Resources Design« nimmt σ^2_{we}, $\sigma^2_{we}{}^{//}$ (eineiige Zwillinge), σ^2_{wh}, σ^2_{bh} und σ^2_{be} als Varianzen sowie $r_{wh.we}$, $r_{we.bh}$, $r_{bh.be}$ und $r^{//}_{bh.be}$ als Korrelationen. Das »Complete Design« fügt noch eine weitere Varianz hinzu, da es $\sigma_{we}{}^{/}$ (zweieiige Zwillinge) als möglicherweise verschieden von der Umweltvarianz von Brüdern (korrigiert auf gleiches Alter) annimmt, und es kommt auch noch eine weitere Korrelation $r^{/}_{we.bh}$ hinzu. Diese Kombination wäre möglicherweise noch zu verbessern, denn wie wir sahen, kann man $r^{/}_{we.bh}$ gut als $r^{/}_{we.wh}$ ansehen. Es scheint in der Tat empfehlenswert, eine Korrelation mehr entfallen zu lassen und lieber eine Varianz mehr hinzuzufügen, nämlich σ^2_{bh}, um der Möglichkeit Rechnung zu tragen, daß adoptierte Kinder biologisch ausgewählt sind, wie es bereits oben angedeutet wurde. Mit sieben unbekannten Varianzen und elf möglichen Gleichungen könnte man dann folgenden vier Korrelationen Priorität geben: $r_{wh.we}$, $r_{bh.be}$, $r^{//}_{bh.be}$ und $r_{bh.we}$. Dabei wird angenommen, daß sich $r^{/}_{bh.we}$ nicht von $r_{wh.we}$ und auch $r_{wh.we}{}^{/}$ nicht von $r_{wh.we}$ unterscheidet und daß sie sich nur in verschiedenen Erb- und Umweltbereichen auswirken. $r^{//}_{wh.be}$, eine nur äußerst schwer zu rechtfertigende Plazierungskorrelation, entfällt dabei; zu bedauern ist nur der Verlust von $r_{wh.be}$. Was letzteres angeht, ist es jedoch schwer, sich eine andere mögliche Ursache für eine Korrelation vorzustellen, als daß die oben erwähnte Verschiedenheit der Eltern oder etwas völlig Ausgefallenes, wie extreme Abweichungen in der Familie – etwa Siamesische Zwillinge, die das Familienschicksal beeinflussen, während die Kinder noch klein sind. Trotzdem könnte es wünschenswert sein, nach einer zwölften unabhängigen Gleichung zu suchen, die eine Lösung für einen möglicherweise signifikanten Wert von $r_{wh.be}$ ermöglicht.

Die unabhängigen Variablen

Der Nachweis von Anlage-Umwelt-Verhältnissen für bedeutende Persönlichkeitseigenschaften und Grundfähigkeiten ist an sich wertvoll und aufschlußreich für Theorie und Praxis. Aber im Kontext der Grundlagenforschung ist er nur Mittel zum Zweck – genauer gesagt zu zwei Zwecken: einerseits zum Verständnis der Mendelschen genetischen Mechanismen und andererseits zur Lokalisierung der Hauptquellen für Verhaltensmodifikationen, die in der Umwelt zu suchen sind.

Was ersteres angeht, so befinden wir uns auf einem Gebiet, wo die Genetiker im allgemeinen eine polygenetische Determination erwarten. Autoren wie Wright (1960), Haldane (1924–32), Fisher (1930), Darlington (1939), Malecot (1948), Mather (1949) und Crow (1958) haben einen zwar bewundernswerten, aber nichtsdestoweniger etwas hilflosen mathematischen Angriff auf das Problem unternommen, aus der Verteilung der Persönlichkeitszüge in der Generation der Eltern und der der Nachkommenschaft auf die Zahl und Art der Gene zu schließen. Sie haben diese biometrische Genetik entwickelt, um phänotypische Charaktere zu erforschen, die durch die Umwelt nur geringfügig beeinflußt werden. Im psychologischen Bereich kann man diese Methoden daher nur nach Anwendung der MAVA benutzen, und sie lassen sich nur auf die σ^2_{wh}- und σ^2_{bh}-Ausdrücke anwenden, während die übrigen irrelevant sind. Die Verschmelzung dieser beiden Methodologien zu einem einzigen Instrument, um auf diese Weise von psychologischen Messungen zu Schlußfolgerungen über Gene und Chromosomenstrukturen fortzuschreiten, muß erst noch vollzogen werden. Die übliche biometrische Analyse, die mit direkt beobachteten hereditären Varianzen operiert, kann – wie oben angedeutet – die Varianz bei Nachkommen von Blutsverwandten verschiedenen Grades vergleichen und in der Tierwelt, wo solche Manipulationen möglich sind, Rückkreuzungen, intensive Inzucht und so weiter vornehmen, wozu bei menschlichen Versuchspersonen keine Möglichkeit besteht. Als äußerste Möglichkeit für die Anwendung der MAVA-Methode erscheint gegenwärtig die Bestimmung von σ^2_{wh} und von σ^2_{bh}, und zwar 1. für Zufallsehen und für Ehen zwischen Vetter und Kusine ersten Grades, 2. für Eltern, die einen ganz bestimmten Persönlichkeitszug in besonders hohem oder geringem Maße besitzen, und 3. für Populationen, deren soziale Situation eine bestimmte Gattenwahl mehr oder weniger wahrscheinlich macht.

Man kann sich jedoch in der Verhaltensgenetik nur schwer eine andere Möglichkeit zur Bestimmung der Zahl der Gene, ihrer Dominanz, ihrer Epistasie und so weiter vorstellen als die Anwendung der biometrischen Genetik auf die MAVA-Resultate. Die soziale Arbeit, die notwendig ist, um solche Fälle zu erhalten, sowie die große Zahl der Fälle, die man braucht, um die feinen Unterschiede verläßlich beurteilen zu können, die man bei seinen Schlußfolgerungen berücksichtigen muß, machen dies zu einer mühsamen Aufgabe. Da außerdem noch weitere mathematische und statistische Entwicklungen auf diesem Teilgebiet der allgemeinen Methodologie notwendig sind, gehört es zu den schwierigsten in der gesamten Psychologie.

Wenn es darum geht, die Umweltursachen für die Umweltvarianzkomponenten zu lokalisieren, befindet sich der Psychologe auf vertrauterem und vielversprechenderem Boden. Man sollte jedoch nicht vergessen, daß die MAVA-Methode sowohl für die genetischen als auch für die Umweltkomponenten im Kontext allgemeiner Versuchspläne nur Auskunft über abhängige Variablen gibt. Die unabhängigen Variablen von Vererbung, Genen und Chromosomen können nicht direkt manipuliert werden, wenigstens nicht beim Menschen, und die Umweltvariablen sind nicht alle zu lokalisieren.

Gerade dieser letzte Punkt macht die von Lernpsychologen entwickelten Persönlichkeitstheorien einer bestimmten Art so sinnlos. Sie vergessen, daß ihre Unfähigkeit, das »Humanexperiment« so zu kontrollieren, daß Reifungserscheinungen verläßlich von Lerneffekten getrennt werden können, es unmöglich macht, die so leichter Hand aufgestellte Hypothese verläßlich zu testen. Das Überprüfen einer Lerntheorie müßte zwei experimentelle Stadien durchlaufen. Zuerst müßte man mit Hilfe des MAVA-Verfahrens den auf das Lernen zurückzuführenden Varianzanteil von dem auf Reifung beruhenden trennen, um dann ersteren mit Lernerfahrungen in Beziehung zu setzen.

Aber welches sind die unabhängigen Umweltvariablen, die die beobachteten abhängigen Umweltvarianzen hervorrufen? Der Wert von σ^2_{be} ist offensichtlich auf Unterschiede zwischen Familien in bezug auf sozialen Status, Wohnort, Umgang, Einkommen, Subkultur, Religion, Schulbildung und so weiter, kurz auf all das zurückzuführen, was die Kinder einer Familie gemeinsam haben und was sie von den Kindern anderer Familien unterscheidet. Diese Dinge sind nicht allein durch den soziologischen Hintergrund der Familie oder durch andere handgreifliche soziologische Faktoren bestimmt, sondern es kann sich um subtile Auswirkungen wie etwa die »Familienatmosphäre« handeln, die durch die Interaktion von Persönlichkeiten, teilweise aber auch von der Tradition bestimmt wird. Diese Dinge sind von Symonds (1931), Baldwin (1946) und Cattell (1950) untersucht worden, und man kann sie mit neuen objektiven intrafamiliären Einstellungsmessungen angehen (Sealy, Sweney & Cattell). Hinzu kommen noch so verschiedenartige Beiträge wie die Geschwistern gemeinsame Schwangerschafts-Umwelt, das gemeinsame Erlebnis bestimmter Familientraumen und -schicksale und so weiter.

In σ^2_{we} ist gemeinhin alles enthalten, was die Erfahrungen eines Kindes in einer bestimmten Familie von denen anderer Kinder in dieser Familie unterscheidet, wie die Geschwisterposition, Geburtstraumen und Krankheiten, unterschiedliches Alter und unterschiedliche Erfahrungen mit den Eltern in schwierigen Entwicklungsperioden sowie die unterschiedliche Behandlung seitens der Eltern. Nicht die gesamte innerfamiliäre Varianz wird auf die Umwelt innerhalb der Familie zurückzuführen sein. Die Kinder aus der gleichen Familie können verschiedene Schulen besuchen, sich unterschiedlichen Gruppen anschließen und so weiter.

Wenn jede unabhängige Umweltvariable gemessen werden könnte, würde die multiple Korrelation dieser Variablen mit dem nach der MAVA-Methode gemessenen Varianzbeitrag der Umwelt den Wert Eins erreichen. Für den beobachteten Persönlichkeitszug selbst würde die Korrelation in Standardwerten lauten:

$$R^2 = (\sigma^2_{we} + \sigma^2_{be}) / (\sigma^2_{bh} + \sigma^2_{wh} + \sigma^2_{we} + \sigma^2_{be}) \qquad (4)$$

Dies ist gleich $\sigma^2_{we} + \sigma^2_{be}$, wenn die Testmetrik zunächst auf Standardwerte für die allgemeine Population abgestellt wird. Man könnte daher den Wert für $\sigma^2_{we} + \sigma^2_{be}$, den man mit der MAVA-Methode erhält, beispielsweise so überprüfen, daß man die multiple Korrelation *R* zwischen allen Umwelteinflüssen und dem Testwert für den beobachteten Persönlichkeitszug berechnet, wobei das Ergebnis dem Wert $\sqrt{(\sigma^2_{we} + \sigma^2_{be})}$ als Grenzwert nahekommen sollte. In der Praxis ist es fraglich, ob man in der Lage ist, einen größeren Teil der relevanten Umwelteinflüsse zu entdecken, und der erhaltene *R*-Wert dürfte nur als unterer Grenzwert für den Beitrag einer Umweltvarianz brauchbar sein.

Für die Population als Ganze kann eine brauchbare Schätzung der Korrelation zwischen einer spezifischen unabhängigen Variablen in der Umwelt und jenem Teil des Persönlichkeitszuges, der die rein umweltmäßige Modifikation darstellt, dadurch vorgenommen werden, daß man die hereditäre Varianz bei dem beobachteten Korrelations-Varianzverhältnis konstant hält. Dabei wird keine Korrelation zwischen den hereditären und Umwelteinflüssen angenommen, oder sie wird als die Korrelation behandelt, die für diesen Persönlichkeitszug als Korrelation zwischen Anlage und Gesamtumwelt gefunden wurde.

Während in bezug auf Individuen weitere Berechnungen nach der MAVA-Methode sich gelegentlich auf grobe Schätzungen beschränken, bleibt noch viel präzise Forschungsarbeit beim Vergleich verschiedener Gruppen zu tun. Man hört gelegentlich den Einwand, beim Anlage-Umwelt-Verhältnis komme nichts weiter heraus als eine quantitative Feststellung, die nur für eine bestimmte Kultur und eine bestimmte Rassenmischung einer Population zu einem bestimmten geschichtlichen Zeitpunkt zutreffe. Aber gerade diese Spezifität gibt uns eine Möglichkeit an die Hand, wertvolle Schlüsse beim Vergleich von Kulturen und bei genetischen Forschungen zu ziehen. So kann man beispielsweise die Größe des Umweltbeitrages bei einem Persönlichkeitszug zu bestimmten sozialen und politischen Organisationsformen in Beziehung setzen, und die genetische Varianz kann zur Größe der physikalisch meßbaren rassischen und genotypischen Varianz in den Gruppen in Beziehung gesetzt werden. Es zeichnet sich hier die Möglichkeit zu einer vergleichenden Wissenschaft der Wechselbeziehungen von Persönlichkeit und Kultur ab. Von unmittelbarstem Interesse für den Psychologen ist jedoch der Vergleich der Varianzen und Korrelationen für verschiedene Altersgruppen in der gleichen Kultur oder von Kindern in verschiedener Geschwisterposition und so weiter. Wir kommen hierauf später noch im einzelnen zurück. Aber selbst die durch die MAVA-Methode ermittelten Variationen im Verhältnis $\sigma^2_{we}/\sigma^2_{be}$ für faktorenanalytisch definierte Persönlichkeitszüge könnten den ewigen Streit zwischen Klinikern und Soziologen darüber schlichten helfen, welche relative Bedeutung frühe Ereignisse innerhalb der Familie für den einzelnen (in bezug auf einen bestimmten Persönlichkeitszug und in einer bestimmten Kultur) haben und welches die relative Bedeutung des sozialen Status und anderer soziologischer Parameter ist, durch die sich die einzelnen Familien weitgehend voneinander unterscheiden.

Zusätzliche Kontrollen für die MAVA-Resultate

Unsere bisherige Diskussion dürfte ergeben haben, daß die MAVA – zusammen mit anderen Methoden – eine gewisse Familienähnlichkeit mit der Faktorenanalyse insofern aufweist, als sie beobachtete Varianzen auf bestimmte abstrakte, aber theoretisch wichtige Quellen hin analysiert, welche nicht direkt gemessen werden können. Es ist daher naheliegend, daß man sich Gedanken darüber macht, ob nicht die Faktorenanalyse selber dabei behilflich sein könnte, den jeweiligen Beitrag der genetischen und der Umweltfaktoren voneinander zu trennen. Der Autor (1946) hat die Hypothese aufgestellt, daß primäre Persönlichkeitsfaktoren ihren Ursprung entweder in der Konstitution oder in der Umweltformung haben können, und er wartete auf Beweismaterial für diese Hypothese. Im dynamischen Bereich dürfte dieses eindeutig von Faktoren geliefert worden sein, die durch ihren psychologischen Charakter entweder als Triebe (ergs) oder als Einstellungen (entsprechend den Strukturen sozialer Institutionen) klassifiziert werden können. Für allgemeine Persönlichkeitsfaktoren scheint es dagegen kein entsprechendes Beweismaterial zu geben (Cattell 1957). Es wird vermutet, daß bei Reduzierung gewisser Meßfehler eine U-Verteilung der Anlage-Umwelt-Verhältnisse gefunden werden könnte (Cattell, Kristy & Stice 1959).

W. R. Thompson (1957) und der Verfasser (1946) haben die Spekulation geäußert, daß ein Gen, da es eine kausale Größe ist und bei Pleiotropie gewöhnlich auf mehrere Charaktere gleichzeitig seine Wirkung ausübt, die notwendigen Eigenschaften besitzt, um als Faktor in Erscheinung zu treten. Eine befriedigende Diskussion dieses Themas würde jedoch hier zuviel Raum in Anspruch nehmen, da dazu die Definition von faktorenanalytischen Begriffen wie Variablendichte, Faktorenordnung und Rotation nach dem Prinzip der Einfachstruktur gehören würde. Hier sei nur bemerkt, daß es in gewöhnlichen Verfahren unwahrscheinlich ist, daß ein Gen als Faktor lokalisiert werden kann. Bei der normalerweise vorhandenen Variablendichte bei psychologischen Untersuchungen würden die Faktoren den von vielen Genen und vielen Umwelteinflüssen gebildeten Strukturen entsprechen, wenn sie auch in Ausnahmefällen, wie z. B. in Gefühlsstrukturen, ein einziges organisiertes Set von Einflüssen darstellen könnten.

Der Denkfehler bei der These, daß Umwelt und Anlage – selbst in irgendeiner höheren Ordnung – als zwei isolierte Faktoren in Erscheinung treten, liegt in der Annahme, daß manche Leute mehr umweltgeprägt und andere mehr erbgeprägt seien; denn diese Faktoren müßten ihrer Definition nach ja sämtliche Variablen beeinflussen. Jemand kann von einem bestimmten Faktor oder von einer Faktorengruppe stärker beeinflußt sein, die sich zufällig auf die betreffende psychologische Eigenschaft auswirkt. Der Varianzbeitrag der Umwelt zu einem bestimmten Persönlichkeitszug steht nicht in Beziehung zu ihrem durchschnittlichen Einfluß auf sämtliche Merkmale, sondern (wie bei einem multiplen R) zu dem gewogenen Beitrag, der vermutlich von einer recht kleinen Teilmenge von Faktoren stark beeinflußt wird, die nicht mit denen in σ^2_{we} für irgendeinen anderen Persönlichkeitszug oder denen in σ^2_{be} für denselben Persönlichkeitszug identisch sind.

Das übliche faktorenanalytische Modell

$$P_{ji} = s_{j1}F1_i + \ldots + s_{jk}F_{ki} + s_jF_{ji} \qquad (5)$$

wird daher nach allen irgendwie wahrscheinlichen Hypothesen über die Anteile von Erb- und Umwelteinflüssen zu einer Gleichung, bei der jedes F in die Wirkung von n verschiedenen e-Werten oder Umwelteinflüssen und m verschiedenen k-Werten oder Genen unterteilt werden kann, die mit unterschiedlichem Gewicht im gesamten Bereich der Persönlichkeitsfaktoren auftauchen, so daß

$$F_{ki} = k_{e1}e_{1i} \ldots + k_{en}e_{ni} + k_{h1}k_{1i} \ldots + k_{hm}h_{mi} \qquad (6)$$

wobei die k-Werte Korrelationen (Faktorengewichte) der jeweiligen Umwelt- beziehungsweise Erbeinflüsse mit dem Persönlichkeitsfaktor bedeuten und wobei die e-Werte den Grad des Kontakts des Betreffenden mit jenem Umwelteinfluß ausdrücken, während die h-Werte seine Gen-Ausstattungen darstellen (die sich pleiotropisch bei mehreren Persönlichkeitsfaktoren auswirken).

Man erkennt, daß dies die e-Werte und h-Werte formal zu Faktoren zweiter Ordnung im Verhältnis zur ursprünglich gemessenen Verhaltensleistung (P_j) macht. Weitere Forschungen in dieser Richtung könnten sich trotzdem als undurchführbar erweisen, und zwar a) weil die Voraussetzung für eine Faktorenanalyse $k > (m + 1)$ nicht gegeben sein könnte, da die Zahl der Gene wahrscheinlich die Zahl der primären Persönlichkeitsfaktoren weit übertrifft. Andererseits besteht die Möglichkeit, daß Blocks von e-Werten und h-Werten sich als Einheiten auswirken. Dieser Fall ist in extremer Form in der »nation of an environmental mould primary« (Cattell 1946) eingetreten, wo angenommen wird, daß ein Set von e-Werten ein Gewicht ungleich Null bei nur einem Faktor hat und daß bei diesem Faktor kein h ein Gewicht ungleich Null hat. Das hat sich deutlich bei den Einstellungsfaktoren als Primärfaktoren erwiesen (Cattell 1950; Sweney & Cattell 1962); b) es könnte eine psychologische Struktur zweiter Ordnung existieren, die stärker ist als die Alternativlösung der Aufteilung in e-Werte und h-Werte, die die e- und h-Lösung in eine höhere Ordnung verweist; und c) könnten sich unüberwindliche Schwierigkeiten bei einer Rotationslösung ergeben, wenn ein e oder h die Tendenz zeigt, sämtliche Faktoren zu beeinflussen.

Trotzdem ist es durchaus der Mühe wert, nach Faktoren zweiter Ordnung im Persönlichkeitsbereich Ausschau zu halten, um zu sehen, ob diese Interpretation zutreffend sein könnte, und tatsächlich ist es gelungen, in objektiven Tests einen solchen Faktor zu lokalisieren (TIV bei Knapp, Cattell & Scheier 1961), während der in Fragebogen erscheinende Intraversions-Extraversions-Faktor zweiter Ordnung (Cattell & Scheier 1962) als konstitutioneller Beitrag zu den Primärfaktoren interpretiert werden konnte. Die Tatsache jedoch, daß nicht mehr derartige Faktoren auftauchten, legt den Gedanken nahe, daß die obigen Argumente a) und b) zutreffen und c) vermutlich unwesentlich ist. Soweit jedoch Blocks von e-Werten (z. B. Elternhaus, Schule, Religion) sich als Faktoreneinheiten auf der zweiten Ebene oder selbst auf der Ebene erster Ordnung auswirken, könnte man die Art ihres Einflusses auch noch auf andere Weise überprüfen. Diese Methode besteht darin, daß man aus den MAVA-

Gleichungen Beispiele heraussucht, bei denen die Umweltvarianz im Vergleich zur Erbvarianz I groß ist (eineiige Zwillinge, die getrennt aufgezogen oder auch gemeinsam aufgezogen wurden), II mäßig groß ist (getrennt aufgezogene Geschwister) und III klein ist (Zwischenfamilien-Mittelwerte von eineiigen, gemeinsam aufgezogenen Zwillingen). Eine Faktorenanalyse der gleichen Variablen (gemessen nach dem Mittelwert der Paare oder in III nach dem der Familien), auf die gleiche Einfachstruktur der Konfaktorenlösung gebracht, sollte die Faktoren der hereditären Komponente in eine I-II-III-Reihenfolge einer abnehmenden Varianz und die Faktoren der Umweltkomponente in die umgekehrte Reihenfolge bringen. Die technische Präzision, die erforderlich ist zu unterscheiden, ob man es mit reinen *e*- und reinen *h*-Faktoren oder mit gewöhnlichen Faktoren zu tun hat, die einfach in eine Reihenfolge nach den Anlage-Umwelt-Verhältnissen fallen, kann hier nicht weiter erörtert werden. Selbst wenn nur eine Rangreihenfolge möglich wäre, wäre damit eine unabhängige Überprüfung der Rangordnung nach dem Anlage-Umwelt-Varianzverhältnis möglich, welches mit Hilfe der MAVA-Methode für verschiedene Persönlichkeitsfaktoren gefunden wurde.

Beiträge zur Lern- und Reifungstheorie durch vergleichende Anwendung der MAVA-Methode

Wir haben uns bereits über die mangelnde Eignung vieler Methoden geäußert, bei denen das Wesen der separaten Lern- und Reifungsprozesse das Forschungsobjekt darstellt. Auch bezüglich der Bewertung ihrer Interaktion beim Phänomen der Prägung oder bei den Entwicklungserscheinungen, wie sie von Piaget (1956) und Hunt (1961) diskutiert wurden und die Cattell als »Hilfen« bezeichnet hat (1963), tauchen Zweifel auf. Bei Tierexperimenten ist es immer möglich, eine Lernerfahrung zurückzuhalten und sie in verschiedenen und »unnatürlichen« Perioden einzusetzen und dabei den gemachten Fortschritt zu vergleichen (Hess 1951). Beim Menschen dagegen scheint die MAVA-Methode, die den relativen Beitrag der Anlage bei gewissen wichtigen Fertigkeiten auf den verschiedenen Altersstufen nachweist, gegenwärtig die einzige Möglichkeit zu sein, derartige Theorien mit experimentellen Daten in Zusammenhang zu bringen.

Zu den wichtigsten vergleichenden Methoden gehören:

1. Der Vergleich abstrakter Varianzen und Korrelationen durch MAVA-Experimente, die bewußt darauf abzielen, Kinder mit einer speziellen Erfahrung auszuwählen, z. B. solche mit einer strengeren Erziehung gegenüber einer »progressiven«, solche unter einem starken Vater-Einfluß gegenüber solchen mit einem schwachen Einfluß des Vaters (oder in einer von einer Witwe unterhaltenen Familie), solche aus gehobenen sozialen Verhältnissen gegenüber Kindern von niedrigerem sozialem Status, religiöse Subkultur A gegenüber B, und so weiter. Der Vergleich erstreckt sich über all die zahlreichen Parameter, welche Psychologen und Soziologen als Erklärung für innerfamiliäre und zwischenfamiliäre Varianzen ins Treffen führen.
2. Der Vergleich von Paaren aus Stichproben unterschiedlicher Familienkon-

stellationen, z. B. große Familien gegenüber kleinen, Familien aus frühen und späten Eheschließungen, Geschwisterpaare mit großem Altersunterschied gegenüber solchen, die nur ein Jahr auseinander sind, große Ähnlichkeit der Eltern gegenüber geringer Ähnlichkeit, die beiden jüngsten Geschwister gegenüber den beiden ältesten. Auch Geschlechtsunterschiede können hier einbezogen werden. Natürlich werden bei sämtlichen MAVA-Plänen mit eineiigen Zwillingen gleichgeschlechtige Paare verwendet. Wenn man Gleichungen benutzt, in denen eineiige Zwillinge nicht berücksichtigt werden, könnte man Vergleiche von Varianzverhältnissen mit und ohne Gleichheit des Geschlechtes durchführen. (Selbst bei gleichgeschlechtigen Paaren könnte man die Wirkung der Verteilung der Geschlechter in der Gesamtfamilie untersuchen.)

3. Von besonderer Bedeutung für Entwicklungsstudien sind Vergleiche aus MAVA-Parallelexperimenten, bei denen nur das Alter der Paare systematisch differiert. Systematische Versuchspläne mit den vier Varianzen und den Interkorrelationen über den ganzen menschlichen Altersbereich sind denkbar. Vermutlich dürfte die zwischenfamiliäre Umweltvarianz in einem Alter, in dem sich die Familienbindungen auflösen, zu einem Maximum ansteigen, trotzdem aber während des ganzen Erwachsenenalters eine gewisse Wirkung weiter ausüben.

4. Die beobachteten Unterschiede in den Varianzbeiträgen und den Korrelationen kann man benutzen, um unabhängige Variablen für die Vergleichsgruppen, wie in einem früheren Abschnitt beschrieben, zu schätzen. Hierzu als Beispiel den letzten Plan, den wir noch beschreiben wollen – den Vergleich der MAVA-Werte für Personen gleichen Alters usw. in verschiedenen Kulturen. (Eine Untersuchung dieser Art haben Pawlik in Österreich, Cattell in USA und Tsujioka in Japan soeben begonnen, wobei sie objektive Testbatterien für die gleichen zehn Persönlichkeitsfaktoren in den drei Ländern verwenden.) Da inzwischen meßbare Dimensionen von Kulturen entdeckt und bestätigt wurden (Cattell, Breul & Hartman), wäre es möglich, die beobachtete Varianz zu Kulturformen in quantitative Beziehung zu bringen und auf ähnliche Weise auch für genetische Variationen vorzugehen, auf die beispielsweise die verschiedenen Blutgruppen hinweisen. Natürlich wäre für zuverlässige Korrelationen eine Koordination der Forschung in vielen Ländern erforderlich, aber die Beziehungen über die Grenzen von drei oder vier Kulturen hinweg würden genügen, um Hypothesen aufstellen zu können, welche als Richtlinien für eine Konzentration der Messungen dienen könnten, wie das bereits in der Theorie der Kulturanthropologie die Regel ist.

Umfang der Stichprobe

In einer früheren Darlegung der MAVA-Methode (1960) wurde der Standardfehler einer abstrakten Varianz, die von beobachteten konkreten Varianzen $\sigma^2_1, \sigma^2_2, \ldots \sigma^2_n$ abgeleitet ist, durch die Formel ausgedrückt

$$\hat{\sigma}^2_{\sigma^2} = 2k^2_1\sigma^4_1/(n_1-1) \ldots + 2k^2_n\sigma^4_n/(n_n-1) \qquad (7)$$

wobei die k-Werte die numerischen Koeffizienten sind (vgl. Cattell 1960, S. 366) und die n-Werte die Größen der verschiedenen Subsamples (Zwillinge, Geschwister usw.) angeben. Wenn jedoch, wie unten vorgeschlagen, die gemessene Varianz bei jedem Faktor dadurch korrigiert wird, daß man davon den aus dem Reliabilitätskoeffizienten der betreffenden Batterie geschätzten Fehlerbetrag subtrahiert, nämlich $\sigma^2(1-r)$ (wobei σ^2 die beobachtete Testvarianz ist), so muß die Fehlervarianz von letzterem Ausdruck ebenfalls darin enthalten sein, d. h. die Ausdrücke in 7 werden $2k^2{}_1\sigma^4{}_1(1-r)^2/(n-1)$ usw. Zweitens, wenn der Standardfehler (oder wenigstens die Konfidenzgrenzen) des Verhältnisses der Varianzen bestimmt werden soll, um die Resultate als Anlage-Umwelt-Verhältnis zusammenfassen zu können, so muß man das Vorhandensein von gemeinsamen Ausdrücken in Zähler und Nenner, wie folgt, berücksichtigen:

$$\hat{\sigma}^2{}_R = [\hat{\sigma}^2{}_h/\hat{\sigma}^2{}_e]^2[\hat{\sigma}^2{}_{\sigma^2_h}/(\hat{\sigma}^2{}_h)^2 - 2\,Cov\ \hat{\sigma}^2{}_h.\hat{\sigma}^2{}_e/\hat{\sigma}^2{}_h\hat{\sigma}^2{}_e + \hat{\sigma}^2{}_{\sigma^2_e}/(\hat{\sigma}^2{}_e)^2]$$

wobei R das Verhältnis ist und $\sigma^2{}_e$ und $\sigma^2{}_h$ den Gliedern $\sigma^2{}_{we}$ oder $\sigma^2{}_{be}$ bzw. $\sigma^2{}_{wh}$ oder $\sigma^2{}_{bh}$ bzw. ihren Summen entsprechen, wie sie in üblicher Weise von den konkreten Varianzen abgeleitet werden.[3] Diese Näherung vernachlässigt höhere Potenzen des Verhältnisses und nimmt das Erhaltene $(\sigma^2{}_{\sigma^2 e}/\sigma^2{}_{\sigma^2 h})^2$ als Ersatz für den an sich zu benutzenden bestmöglichen (unbiased) Schätzwert. Der damit wahrscheinlich eingeführte Fehler ist jedoch klein im Vergleich zu dem in der alten Formel enthaltenen, welche die Existenz gemeinsamer Varianz in Zähler und Nenner vernachlässigt. Die Veränderung läuft praktisch darauf hinaus, daß die Konfidenzgrenzen auf den annehmbaren Bereich eines Stichprobenumfangs von 250 Fällen anstelle der zuvor geforderten 1000 eingeschränkt werden. Da aber die empirischen Schätzungen in der Lösung mit zehn Gleichungen der Geschwistervarianz innerhalb einer Familie und der zwischenfamiliären Varianz experimentell unabhängig sein müssen, wenn man obige Formel benutzen will (Cattell 1960), ist es weiterhin notwendig, ungefähr 2500 Kinder-Paare zu untersuchen. Glücklicherweise kann – wie aus Gleichung (7) hervorgeht – eine Knappheit in einer Kategorie bis zu einem gewissen Grad durch eine größere Anzahl in einer anderen wettgemacht werden. Das hat die wichtige praktische Konsequenz, daß man eine Untersuchung auf – sagen wir – 100 Paare in selteneren Gruppen (wie Zwillingen oder getrennt aufgezogenen Geschwistern) beschränken und gleichzeitig mehrere hundert gemeinsam aufgewachsene normale Geschwister heranziehen kann. Obwohl die MAVA-Methode so technisch die Aussicht auf eine Lösungsmöglichkeit für bisher unlösbare Probleme bietet, wird ihre Anwendung doch Geldmittel und Ausdauer erfordern. Wenn jedoch – wie behauptet wird – die Verhaltensforschung durch eine Blockierung in der Verhaltensgenetik aufgehalten wird und eine Organisation der Forschung in einem größeren Maßstab die einzige Möglichkeit zu einem Durchbruch darstellt, so muß eine solche gemeinschaftliche Organisation der Forschung unbedingt durchgeführt werden.

Zusammenfassung:

Dieser Bericht behandelt Verbesserungen der multiplen abstrakten Varianzanalysenmethode (MAVA). Die Voraussetzungen für diese Methode werden herausgestellt und die Folgerungen für die genetischen, psychologischen und soziologischen Forschungsprobleme diskutiert. Das wichtigste Ergebnis ist, daß die MAVA zwar Lösungen für Probleme anbietet, die durch die Methoden der Zwillingsforschung oder durch die herkömmlichen experimentellen Forschungspläne, die sich mit der Lerntheorie, der Persönlichkeitstheorie und wichtigen soziologischen Problemen befassen, nicht zu lösen sind, daß sie aber wesentlich umfassendere und sorgfältiger geplante und durchorganisierte Forschungsprogramme erfordert, als bisher in der Psychologie in Angriff genommen worden sind.

Anmerkungen

1 Es gibt eine Unmasse von Einwänden, die jedoch meistens von Autoren kommen, welche fachlich weniger mit dem Problem vertraut sind. So behaupten z. B. Davis, Eells & Tyler (1951) in Amerika und Isaacs (1962) in Großbritannien, es bestehe kein Grund zu der Annahme, daß die angeborene Intelligenz in irgendeiner Weise mit dem sozialen Status korreliere.

2 In einer früheren Veröffentlichung (1960) haben wir von $r'_{wh.we}$ auch noch den Ausdruck $r'_{bh.we}$ abgespalten. Das ist jedoch unnötig, wenn wir annehmen, daß $r'_{wh.we}$ im gesamten jeweiligen innerfamiliären Bereich sowohl aufgrund der normalen innerfamiliären Erbvarianz als auch aufgrund jener aus zwischenfamiliären Erbunterschieden stammenden Komponente konstant bleibt. Das ist weniger verwirrend, denn wenn $r_{bh.we}$ in irgendwelchen anderen Gleichungen auftaucht, so tut es das in einem völlig anderen Sinne als dieses $r'_{bh.we}$ aufgrund von Auswirkungen derart, wie wir sie oben diskutiert und mit Beispielen belegt haben. Zu diesen gehört z. B., daß intelligente Familien die Tendenz zeigen, eine variationsreichere Umwelt zu bieten.

3 Der Verfasser möchte sich bei seinen Kollegen, besonders bei H. W. Norton, für wertvolle Unterstützung und Diskussionsbeiträge zu diesem Problem bedanken.

Literatur

ANASTASI, A. (1959): Differentiating effect of intelligence and social status. *Eug. Quart.* 6, 84–91.

BALDWIN, A. H. (1946): Differences in parental behaviour toward three and nine year old children. *J. Person. Res.* 15, 143–165.

BURT, C. (1912): The inheritance of mental characteristics. *Eug. Rev.* 4, 1–33.

BURT, C. (1946): Eye-colour and defective colour vision. *Eug. Rev.* 37, 149–156.

BURT, C. (1952): *Intelligence and fertility.* London: Cassell.

BURT, C., & HOWARD, M. (1956): The multifactorial theory of inheritance. *Brit. J. Statist. Psychol.* 9, 115–125.

BURT, C., & HOWARD, M. (1957): The relative influence of heredity and environment on assessments of intelligence. *Brit. J. Statist. Psychol.* 10, 99–104.

BURT, C. (1961): Intelligence and social mobility. *Brit. J. Statist. Psychol.* 14, 3–25.

CATTELL, R. B. (1946): *The description and measurement of personality.* New York: World Book Co.

CATTELL, R. B. (1950): *Personality: a systematic, theoretical and factorial study.* New York: McGraw-Hill.

CATTELL, R. B. (1953): Research designs in psychological genetics with special reference to the multiple variance analysis method. *Amer. J. Human Genet.* 5, 76–93.

CATTELL, R. B. (1957): *Personality and motivation structure and measurement.* New York: Harcourt, Brace & World.

CATTELL, R. B. (1960): The multiple abstract variance analysis equations and solutions: for nature-nurture research on continuous variables. *Psychol. Rev.* 67, 353–372.

CATTELL, R. B. (1961): Group theory, personality and role. In: GELDARD, T. A. (Ed.): *Defence Psychology.* Oxford: Pergamon Press.

CATTELL, R. B. (1963): The theory of fluid and crystallized general intelligence: a crucial experiment. *J. Educ. Psychol.* 54, 1–22.

CATTELL, R. B., BLEWETT, D. B., & BELOFF, J. R. (1955): The inheritance of personality: a multiple variance analysis of approximate nature-nurture ratios for primary personality factors in Q-data. *Amer. J. Human Genet.* 7, 122–146.

CATTELL, R. B., BREUL, H., & HARTMAN, H. P. (1952): An attempt to more refined definition of the cultural dimensions of syntality in modern nations. *Amer. Soc. Rev.* 17, 408–421.

CATTELL, R. B., KRISTY, N., & STICE, G. F. (1957): A first approximation to nature-nurture ratios for eleven primary personality factors in objective tests. *J. Abnorm. Soc. Psychol.* 54, 143–159.

CATTELL, R. B., & SCHEIER, I. H. (1961): *The meaning and measurement of neuroticism and anxiety.* New York: Ronald Press.

CROW, J. T. (1958): Some possibilities for measuring selection intensity in man. *Hum. Biol.* 30, 1–13.

DARLINGTON, C. D. (1939): *The evolution of genetic systems.* Cambridge: Cambridge Univ. Press.

EELLS, K., DAVIS, A., et al. (1951): *Intelligence and cultural differences.* Chicago: Univ. of Chicago Press.

EYSENCK, H. J. (1953): *The structure of human personality.* London: Methuen.

FULLER, J. T., & THOMPSON, W. R. (1930): *Behaviour genetics.* New York: Wiley.

FISHER, R. A. (1930): *The genetical theory of natural selection.* London: Oxford Univ. Press.

GORSUCH, R. L., & CATTELL, R. B.: The second order structure of personality on the questionnaire medium.

HALDANE, J. (1924–1932): A mathematical theory of natural and artificial selection. *Proc. Camb. Philos. Soc.* 23: 19, 158, 363, 838; 26: 220; 27: 131; 28: 244.

HESS, E. H. (1959): The relationship between imprinting and motivation. In: JONES, M. R. (Ed.): *Nebraska symposium on motivation.* Lincoln: Univ. of Nebraska Press, 47–77.

HIGGINS, J. V., REED, W. E., & REED, S. C. (1962): Intelligence and family size: a paradox resolved. *Eug. Quart.* 9, 84–90.

HUNDLEBY, J., PAWLIK, K., & CATTELL, R. B.: The first twenty-one general personality dimensions in objective behavioural measurements.

HUNT, J. McV. (1961): *Intelligence and experience.* New York: Ronald Press.

ISAACS, J. T. (1962): Frequency curves and the ability of nations. *Brit. J. Statist. Psychol.* 15, 76–79.

KALLMAN, J. W. (1946): The genetic theory of schizophrenia. *Amer. J. Psychiat.* 103, 309–322.
KNAPP, R. B., CATTELL, R. B., & SCHEIER, I. H. (1961): Second order personality factor structure in the objective test realm. *J. Consult. Psychol.* 25, 345–352.
LOEHLIN, J. C. (1962): Heredity, environment and personality inventory items. Paper delivered at the APA convention in St. Louis.
LOEHLIN, J. C.: Some corrections to Cattell's multiple abstract variance analysis method.
MALECOT, G. (1948): *Les mathematiques de l'heredité.* Paris: Masson.
MATHER, K. (1949): *Biometrical genetics.* New York: Dover Publ.
PENROSE, L. S. (1959): *Outline of human genetics.* New York: Wiley.
PIAGET, J., & INHELDER, B. (1956): *The child's conception of space.* London: Routledge & Kegan Paul.
SEALY, A. P., & CATTELL, R. B.: The objective measurement of intrafamilial attitudes.
SPILLANE, J., & PHILLIPS, R. (1937): Huntington's chorea in South Wales. *Quart. J. Med.* 6403–6423.
SYMONDS, P. M. (1931): *Diagnosing personality and conduct.* New York: Appleton Century.
SWENEY, A. B., & CATTELL, R. B. (1962): Relationships between integrated and unintegrated motivation structure examined by objective tests. *J. Soc. Psychol.* 57, 217–226.
THOMPSON, W. R. (1957): Traits, factors and genes. *Eug. Quart.* 4, 8–16.
VANDENBERG, S. (1961): The hereditary abilities study: hereditary components in a psychological test battery. *Amer. J. Human Genet.* 14, 220–237.
WRIGHT, S. (1960): Path coefficients and path regression: alternative or complimentary concepts?, *Biometrics* 16, 189–202.

Lernen und menschliche Fähigkeiten*

von G. A. Ferguson
(McGill University, Montreal)

Ich möchte mit dieser Arbeit[1] eine generalisierte Theorie vorstellen, welche die Erforschung des menschlichen Lernens und das Studium der menschlichen Fähigkeiten in einem gemeinsamen Bezugsrahmen zusammenfaßt. Wer sich mit der Beschreibung und Klassifizierung menschlicher Fähigkeiten befaßt, beschäftigt sich gewöhnlich mit der Aufdeckung individueller Unterschiede und schenkt dem Lernproblem nur wenig Aufmerksamkeit. Die Experimentalisten dagegen, die sich der Erforschung des Lernens widmen, pflegen aus verschiedenen theoretischen und praktischen Gründen sich kaum für individuelle Unterschiede zu interessieren. Sie sind sich offenbar nicht bewußt, daß auch sie die menschlichen Fähigkeiten studieren. Diese Divergenz zwischen zwei Forschungsbereichen der Psychologie hat zu einer Einengung des Denkens und zu übertriebenen Ansprüchen bei Experimenten geführt, was oft verhindert, daß man das Problem, wie menschliches Verhalten zu verstehen ist, energisch in Angriff nimmt.

Dem Studium der menschlichen Fähigkeiten liegt zur Zeit keine systematische Theorie zugrunde, aus der fruchtbare Hypothesen über bestimmte Verhaltensweisen abgeleitet werden könnten. Die gegenwärtigen Ansätze sind meist rein empirischer Art. Die psychologische Testtheorie und die Faktorentheorie, die ja zum Zweck der Untersuchung der menschlichen Fähigkeit entwickelt wurden, sind weitgehend Technologien, die keinen Anspruch auf eine Beantwortung psychologischer Fragen *per se* erheben, wenn sie auch zur Beantwortung derartiger Fragen, nachdem sie erst einmal gestellt worden sind, beitragen können. Die Pioniere der Faktorenanalyse, Spearman (1927), Thomson (1946) und andere, haben Theorien über den Funktionsmechanismus des Gehirns aufgestellt und sich der Faktorenanalyse bedient, um Deduktionen aus diesen Theorien zu testen. Heute wird nur selten der Versuch unternommen, die mit Hilfe von faktoriellen Methoden identifizierten deskriptiven Verhaltensparameter mit irgendwelchen strukturellen oder dynamischen Eigenschaften eines Gehirnmodells in Beziehung zu setzen. Viele Faktoristen geben zwar zu, daß es sich hier um ein echtes Problem handelt, sind aber der Ansicht, daß es außerhalb ihres Bereichs liegt und daß möglicherweise die Zeit noch nicht reif dafür sei. Frühere Faktoristen waren da

* On learning and human ability. Mit freundlicher Genehmigung des Autors und der Canadian Psychological Association, entnommen aus: *Canadian Journal of Psychology* 8, 1954, S. 95–112.

anderer Ansicht. Andererseits befassen sich viele Vertreter der physiologischen Psychologie mit noch recht vagen und globalen Vorstellungen von der Intelligenz und scheinen nicht zu merken, daß diese Begriffe von vielen Forschern, die über menschliche Fähigkeiten arbeiten, als veraltet angesehen werden. Der Begriff der Intelligenz ist jedoch, ganz gleich in welchem Rahmen man ihn faßt, heute kein brauchbarer wissenschaftlicher Begriff mehr, es sei denn, daß man darunter eine bestimmte Gruppe von klar zu unterscheidenden Fähigkeiten subsumiert.

Wenn es der Erforschung der menschlichen Fähigkeiten noch an einer theoretischen Untermauerung fehlt, so ist das bei der Erforschung des menschlichen Lernens gewiß nicht der Fall. Mindestens seit den Zeiten von René Descartes hat man über die physischen Grundlagen des Gedächtnisses viele Spekulationen angestellt. Eines der Postulate einer neueren Theorie, die von Hebb 1949 vorgeschlagen wurde, ist der Form nach mit dem Postulat von Descartes identisch. Aus einer kürzlich erschienenen umfangreichen Übersicht von Bronislaw Gomulicki (1953) geht hervor, wie häufig und ausdauernd über dieses Problem theoretisiert wird. Eine neue Art der Spekulation auf diesem Gebiet stammt von den Kybernetikern und von Wissenschaftlern, die sich mit der Entwicklung von elektronischen Datenverarbeitungsanlagen und mit ähnlichen Einrichtungen befassen. Dabei hat man auf Analogien zwischen den Prinzipien, welche dem Funktionsmechanismus dieser Geräte, die »lernen« und »sich erinnern können«, zugrunde liegen, und den Prinzipien, welche die menschlichen Gehirnfunktionen beherrschen, hingewiesen.

Auf dem Gebiet des menschlichen Lernens gibt es zweifellos eine große Menge verschiedener theoretischer Konstrukte nebst einer großen Anhäufung experimenteller Daten. Auf dem Gebiet der menschlichen Fähigkeit leiden wir zwar an einem Mangel an systematischen theoretischen Konstrukten, doch verfügen wir über eine ausgedehnte Technologie, über viele Daten, die aus Untersuchungen über individuelle Unterschiede gewonnen wurden, sowie über formale Denkmethoden für Probleme, die – wie mir scheint – vielen noch fremd sind, welche auf dem Gebiet des Lernens arbeiten. Ich möchte daraus schließen, daß es von gegenseitigem Nutzen wäre, wenn es gelänge, beide Forschungsbereiche in einen einzigen Bezugsrahmen logisch einzugliedern.

Fähigkeit und Überlernen

»Fähigkeit« wird operational durch die Leistung eines Individuums in einer spezifischen Situation definiert. So konstatiert L. L. Thurstone (1947): »Eine Fähigkeit ist ein Persönlichkeitszug, der durch das definiert ist, was ein Individuum tun kann.« Hieraus folgt nach Thurstone, daß es »ebensoviele Fähigkeiten wie Dinge gibt, die Individuen tun können«. Die Faktorenanalyse, eine Klassifikationstechnik, bemüht sich um eine »sparsame« Beschreibung der zahlreichen Fähigkeiten, in dem sie diese in eine relativ kleine Zahl von Kategorien einordnet. Es ist klar, daß dem Ausdruck »Fähigkeit« zusätzlich zu seiner operationalen Bedeutung noch eine formale, auf Postulaten beruhende Bedeutung innerhalb des Rahmens einer Theorie zugeschrieben werden kann.

»Lernen«, wie es herkömmlicherweise in der Experimentalpsychologie verstanden wird, bezieht sich im allgemeinen auf dauerhafte Veränderungen in der »Fähigkeit«, eine bestimmte Aufgabe zu bewältigen, wobei man annimmt, daß diese Veränderungen von der Wiederholung funktional abhängig oder teilweise darauf zurückzuführen sind. Von anderen nachweisbaren Ursachen von Veränderungen – wie Ermüdung, sensorische Adaptation, durch Messungen hervorgerufene Artefakte und dergleichen – wird angenommen, daß sie kontrollierbar sind. Diese allgemein akzeptierte Ansicht darüber, was unter Lernen zu verstehen sei, ist nicht adäquat und führt zu logischen Fallstricken. Für unseren unmittelbaren Zweck genügt sie jedoch. Man beachte, daß ich den Begriff »Fähigkeit« in meine Definition des »Lernens« mit hineingenommen habe. Dies geschieht nur selten im Zusammenhang mit Lernexperimenten, obwohl die Leistungsindizes, die bei solchen Experimenten benutzt werden, unverkennbar Meßwerte für Fähigkeiten der Versuchspersonen auf den verschiedenen Stufen des Lernprozesses sind. Die herkömmlichen Lernkurven sind nichts anderes als Beschreibungen der durch Wiederholung bewirkten Veränderungen der Fähigkeit.

Wenn wir die »Fähigkeit« als durch die Leistung des Individuums definiert ansehen, können wir zwei große Klassen von Fähigkeiten bezeichnen: eine Klasse, die in bezug auf Wiederholungen oder die Beendigung von Wiederholungen mehr oder weniger invariant ist, und eine Klasse, bei der das nicht der Fall ist. Dementsprechend scheint einiges, was Individuen tun können, einen ziemlich hohen Grad an Permanenz zu besitzen; es ergeben sich nur wenige Veränderungen, ganz gleich, ob Wiederholungen vorgenommen werden oder nicht. Bei anderen Dingen, die Individuen tun, können sich nach Wiederholungen starke Verbesserungen ergeben, oder es zeigen sich nach einer Periode, in welcher keine Wiederholungen stattfanden, grobe Verschlechterungen.

Die typische Lernkurve zeigt, daß in den meisten Lernsituationen durch Wiederholung ein Leistungsniveau erreicht wird, über das hinaus keine weitere Verbesserung festzustellen ist. Außerdem kommt es in bestimmten Lernsituationen – besonders in solchen, die ein hochgradiges Überlernen erfordern – vor, daß die getestete Versuchsperson, selbst nachdem längere Zeit keine Wiederholung stattgefunden hat, keine Leistungsminderung zeigt. Es hat den Anschein, als würde die Fähigkeit der Versuchsperson in den meisten Lernsituationen eine grobe Grenze (crude limit)[2] erreichen, über die hinaus auch bei weiterer Wiederholung keine systematische Verbesserung mehr eintritt. Natürlich können gelegentlich auch Fälle vorkommen, bei denen eine rapide Verbesserung eintritt, nachdem ein »Lernplateau« erreicht ist.

Während der Begriff »Fähigkeit« im allgemeinen auf jede Art von Leistung angewandt werden kann, ob sie sich nun mit der Wiederholung ändert oder nicht, pflegen sich viele Psychologen dieses Ausdrucks bei Erwachsenen für Leistungen zu bedienen, die sich über längere Zeiträume hin nicht stark verändern. Ähnlich wird angenommen, daß Fähigkeiten von Kindern über kurze Zeiträume hin ziemlich stabil sind, wenn auch mit zunehmendem Alter eine systematische Verbesserung eintreten kann. So nimmt zum Beispiel Thurstone (1938) bei seiner Klassifizierung der geistigen Fähigkeiten an, daß die Fähigkeit zu logischem Denken, die Fähigkeit, mit Zahlen umzugehen (numerische Fähigkeit), die perzeptorische Fähigkeit, die räumliche Fähigkeit und ähnliches bei der erwachsenen Versuchsperson über längere Zeiträume hin ziemlich stabile Verhaltensattribute sind und daß sie auch beim Kind auf jeder Altersstufe eine beträchtliche Stabilität besitzen. Es wird nicht angenommen, daß sich die Fähigkeit zu logischem Denken bei einem Menschen durch das Lösen von zahlreichen verbalen Analogieaufgaben oder von Zahlenreihen merklich verbessert oder daß seine räumliche Fähigkeit durch das Üben an Testaufgaben wie dem ›Paper-Form-Board-Test‹ oder anderen räumlichen Aufgaben eine merkliche Verbesserung erfährt. Wenn auch bei vielen Versuchspersonen eine gewisse Verbesserung mit der Übung eintritt, erwarten wir doch nicht, daß derartige Verbesserungen sehr erheblich sind.

Derartige Beobachtungen führen uns zur ersten Hypothese dieser Diskussion, daß beim Erwachsenen in unserem Kulturbereich jene mehr oder weniger stabilen Verhaltenseigenschaften, die wir gemeinhin als Fähigkeiten bezeichnen und die mit Hilfe von Leistungen bei psychologischen Tests definiert werden, sich auf Leistungen an einer groben Lerngrenze beziehen. Das scheint auf alle Eigenschaften in der Klassifizierung von Thurstone und auf alles, was man unter dem Begriff »Intelligenz« zusammenfaßt, zuzutreffen. Die Hypothese impliziert, daß diese Fähigkeiten durch Überlernen erworben sind und daß die für sie kennzeichnende Stabilität das Resultat des Überlernens ist. Sie weist dem Lernen eine zentrale Rolle bei der Untersuchung der menschlichen Fähigkeiten zu und erschließt der Untersuchung von Fähigkeiten und Lernen innerhalb desselben Begriffsrahmens den Weg. Wir schlagen vor, jede Theorie, die impliziert, daß es sich bei den individuellen Unterschieden in der »Begabung« um individuelle Unterschiede in bezug auf eine grobe, durch Überlernen erreichte Leistungsgrenze handelt, als Lerngrenztheorie der menschlichen Fähigkeiten zu bezeichnen.

Welche Rolle das Lernen bei den menschlichen Fähigkeiten spielt, zeigt sich deutlich bei der numerischen Fähigkeit. Unter numerischer Fähigkeit (number ability) versteht man die Leistung eines Individuums bei einfachen arithmetischen Aufgaben wie Addition, Subtraktion, Multiplikation und Division. Tests für die numerische Fähigkeit sind in hohem Maße Geschwindigkeitstests. In unserem Kulturbereich fällt es den meisten gebildeten Erwachsenen recht leicht, die üblichen rechnerischen Operationen durchzuführen. Die Rechenfertigkeit ist bei vielen Menschen durch zahllose Wiederholungen über lange Zeiträume hinweg so eingeübt worden, daß eine grobe Lerngrenze bei ihnen erreicht ist. Wenn auch manche durch systematisches Üben noch eine weitere Verbesserung erzielen könnten, so wäre diese doch vermutlich nicht groß. Der Gedanke liegt nahe, daß bei vielen Erwachsenen individuelle Unterschiede in der numerischen Fähigkeit auf individuelle Unterschiede in bezug auf die grobe Grenze der Leistungsfähigkeit hinweisen. Welche Rolle das Lernen bei der Wahrnehmung spielt, ist umstritten. Hebb hat in ›The Organization of Behavior‹ (1949) umfangreiches Material angeführt, das dafür spricht, daß zur Wahrnehmung eine längere Periode des Lernens gehört. Seine Beobachtungen lassen es wahrscheinlich erscheinen, daß verschiedene perzeptorische Fähigkeiten Leistungen an den Lerngrenzen der Wahrnehmung darstellen. Beim normalen Kind dürften die Lerngrenzen bei vielen perzepto-

rischen Aufgaben bereits in relativ frühem Alter erreicht sein.
Welche Rollen das Lernen beim schlußfolgernden Denken spielt – d. h. bei der Fähigkeit, die zur Lösung von Zahlenreihen, Wortanalogien usw. erforderlich ist –, ist keineswegs leicht zu erkennen. Es gibt jedoch viele Argumente, die für die Auffassung sprechen, daß zur Ausbildung der Fähigkeit zum schlußfolgernden Denken eine längere Periode des Lernens gehört.
Die Auffassung, daß die »Fähigkeit« eines Individuums mit der Leistung an einer groben Lerngrenze in Beziehung steht, ist nicht neu. Sie ist auch in den Theorien von Hebb (1949) enthalten, wenn er sie auch nicht in obiger Weise formuliert. Bei einem großen Teil der Arbeiten, die in den Tierlaboratorien der McGill-Universität durchgeführt werden, wird die »Intelligenz« von Ratten oder Hunden durch deren Leistung bei einem Labyrinthtest nach einer längeren Lernperiode definiert. Das Tier führt die Aufgabe so lange durch, bis seine Leistung eine gewisse Stabilität erreicht oder bis es ungefähr an seine Leistungsgrenze herangekommen ist, und diese Grenze definiert dann seine »Intelligenz«.
Zweifellos gibt es erhebliche interindividuelle Unterschiede in der geistigen Leistungsfähigkeit. Diese Unterschiede sind ein komplexes Resultat der Interaktion zwischen den biologischen Anlagen des Organismus und den in verschiedenen Lebensphasen ablaufenden Lernprozessen. Hebb (1949) hat dieses Thema ausführlich behandelt. Seine Unterscheidung zwischen frühem und spätem Lernen ist auch für uns hier relevant. Es hat den Anschein, als wären nicht nur der Zustand eines Organismus zu einem bestimmten Zeitpunkt und seine Fähigkeit, auf eine gegebene Situation zu reagieren, eine komplexe Funktion seiner biologischen Anlagen und des vorangegangenen Lernens, sondern als spielte auch eine Rolle, auf welcher Lebensstufe ein Lernen dieser oder jener Art erfolgt ist. Das impliziert aber, daß die Entwicklungsstufe, auf der das Lernen einer bestimmten Art stattgefunden hat, einer der Faktoren ist, welche die Grenze des Überlernens auf der Erwachsenenstufe mitbestimmen. Hieraus schließt Hebb, daß frühes Lernen oder dessen Unterbleiben eine dauernde und generalisierte Wirkung auf den Erwachsenen ausübt.
Viele Fähigkeiten, die die Psychologen untersucht haben, nehmen mit wachsendem Alter zu. Die mit Tests, wie dem ›Stanford-Binet-Test‹, definierte Intelligenz nimmt bis zum Alter von siebzehn Jahren zu, wo eine Leistungsgrenze erreicht wird. In unserem Kulturbereich leben die Kinder in einer Umwelt, die von ihnen verlangt, daß sie viele Dinge rasch lernen. Sie durchlaufen das Schulsystem so schnell, wie es ihre Fähigkeiten auf jeder Stufe nur eben erlauben. Es ist wahrscheinlich, daß viele Kinder in jedem speziellen Alter sich bezüglich bestimmter Klassen von Aktivitäten ziemlich nahe an ihrer Leistungsgrenze befinden. Hieraus folgt, daß gewisse von den Psychologen gemessene Fähigkeiten bei vielen Kindern Indizes der Lerngrenze in dem betreffenden Alter sind. Lebt das Kind jedoch in einer Umwelt, die ihm für bestimmte Aktivitäten nur begrenzte Möglichkeiten gibt, so können seine Leistungen auch weit unter der Grenze seiner diesbezüglichen Möglichkeiten auf den verschiedenen Altersstufen bleiben, und die Folge kann eine dauernde Beeinträchtigung im Erwachsenenalter sein. Es steht zu vermuten, daß Kinder,

die in unterschiedlicher Umgebung aufwachsen, welche auf den verschiedenen Altersstufen unterschiedliche Arten des Lernens von ihnen verlangt, auch verschiedenartige Fähigkeiten entwickeln.

Transfer

Unter »Transfer« im allgemeinen Sinn versteht man oft die Auswirkungen von Veränderungen in der Fähigkeit, eine bestimmte Aufgabe auszuführen, auf die Fähigkeit, die gleiche Aufgabe unter neuen Bedingungen oder eine andersartige Aufgabe zu bewältigen. Die genannten Veränderungen resultieren aus Wiederholungen. Diese Bedeutung hat der Begriff »Transfer« in der Regel bei Laboratoriumsexperimenten. Dabei ist vorausgesetzt, daß die frühere Aufgabe sich von der darauffolgenden in gewisser Hinsicht unterscheidet. Erscheinen die beiden Aufgaben auf den ersten Blick gleich, so spricht man bezüglich der veränderten Leistungsfähigkeit von »Lernen« und nicht von »Transfer«. Es hat daher den Anschein, als handele es sich beim »Transfer« um das allgemeine Phänomen und beim »Lernen« um einen speziellen formalen Fall, der vielleicht weder im Laboratoriumsexperiment noch in Situationen des wirklichen Lebens jemals vorkommt. Der Begriff »Lernen« impliziert die Identität einer Reihe von Lernsituationen.[3] Cook (1944) macht darauf aufmerksam, daß Lernen ein spezieller formaler Fall des allgemeinen Transferphänomens ist, wenn er schreibt:

»Es gibt kein gesondertes Problem des Übungstransfers. Oder umgekehrt gehört zu jeder Art von Lernen (außer es handelt sich um einen Grenzfall, wo aufeinanderfolgende Versuche in jeder Hinsicht identisch sind) das in den Experimenten zum Übungstransfer angesprochene Problem: Welche Identitäten und welche Unterschiede in den aufeinanderfolgenden Versuchen beeinflussen welche Art des Lernens?«

Vielleicht mit Ausnahme einer bestimmten Art des Lernens ganz zu Anfang des Lebens spielt sich alles Lernen im Kontext früherer Erfahrungen ab. Wir bringen zum Erlernen einer jeden Aufgabe eine ganze Menge früherer Erfahrungen mit, die das Lernen dieser neuen Aufgabe entweder erleichtern oder erschweren können. Hierzu schreibt McGeoch (1946):

»Nach dem geringfügigen Lernen zu Anfang des Lebens eines Menschen ist jedes Lernen eine Funktion der bereits erlernten Organisation des Betreffenden; das heißt, alles Lernen wird vom Transfer beeinflußt ... Das Erlernen komplexen, abstrakten, bedeutungsvollen Materials und die Lösung von Problemen mit Hilfe von Ideen (schlußfolgerndem Denken) sind großenteils Funktionen des Transfers. Überall, wo der Betreffende die grundsätzlichen Relationen bei einem bestimmten Problem »durchschaut«, überall dort, wo er ›Einsicht‹ besitzt, scheint der Transfer hauptsächlich beteiligt zu sein. Auch bei origineller Leistung ist er ein grundlegender Faktor, da ein origineller und schöpferischer Mensch unter anderem eine ungewöhnliche Sensibilität für die Anwendbarkeit des bereits Bekannten auf neue Problemsituationen besitzt. Jede Wahrnehmung auf einer noch so komplexen Ebene ist vermutlich niemals frei von seinem Einfluß, und es gibt kein komplexes psychologisches Ereignis, das nicht eine Funktion des Transfers wäre.«

Hebb (1949) schreibt zum gleichen Thema:

»Wenn das Lernen, das wir beim reifen Tier erkennen und studieren können, schwer mit

Transferwirkungen beladen ist, welche Eigenschaften hat dann das ursprüngliche Lernen, von dem diese Wirkungen herkommen? Wie kann man auch nur daran denken, eine allgemeine Lerntheorie allein anhand der Daten aus dem Erwachsenenalter aufzustellen? Wir dürften dabei ernstlich Gefahr laufen, daß das, was wie Lernen aussieht, tatsächlich zur Hälfte Transfer ist. Wir können nicht annehmen, daß wir wissen, wodurch Lernergebnisse transferiert werden und wodurch nicht, denn wir beziehen unser Wissen über das Ausmaß des Transfers ebenfalls aus dem Verhalten des voll entwickelten Organismus, aber der Transfer aus den Erfahrungen der Kindheit könnte weit größer und allgemeiner sein.«

Wenn jedes Lernen der Erwachsenen schwer mit Tansfer beladen ist, welcher Art ist dann das vorangegangene Lernen, das sich auf neue Aufgaben überträgt, und in welcher Weise beeinflußt es das Lernen neuer Aufgaben? Dazu gibt es zwei Hypothesen: Die erste lautet, daß bei vielen Lernsituationen des Erwachsenen die wichtigsten Variablen, welche Transferwirkungen auf das nachfolgende Lernen ausüben, die »Fähigkeiten« sind – frühe Errungenschaften, die durch das Erreichen der Leistungsgrenze gekennzeichnet sind. Diese Hypothese ist seit langer Zeit in weiten Kreisen anerkannt, und sie ist tief in unser Denken eingedrungen. Es ist ein Gemeinplatz, zu sagen, daß »gescheite« Kinder in der Schule schneller lernen als »dumme« Kinder, wobei man Gescheitheit und Dummheit durch die Leistungen bei einem Fähigkeitstest definiert. Die Validierung von Tests gegenüber Übungskriterien setzt voraus, daß die menschlichen Fähigkeiten bedeutsame Variablen beim Lernprozeß sind. In einer so vagen Behauptung wie »Intelligenz ist Lernfähigkeit« spiegelt sich die wichtige Rolle, die man häufig der Intelligenz in Lernsituationen zuschreibt. Diese Hypothese verdient aus zwei Gründen Beachtung: Erstens ist sie in einem neuen theoretischen Rahmen formuliert, der unsere herkömmliche Auffassung über die Rolle der menschlichen Fähigkeiten beim Lernen grundsätzlich ändert. Wir können das Problem jetzt als ein Transferproblem ansehen. Zweitens war die Rolle, welche die geistigen Fähigkeiten beim Lernen des Menschen spielen, für den Vertreter der angewandten Psychologie stets von großer praktischer Bedeutung. Sie dürfte sogar das wichtigste Problem überhaupt auf diesem Gebiet darstellen. Und trotzdem haben die Theoretiker und die Experimentatoren im Laboratorium diesem Problem bis jetzt nur wenig Aufmerksamkeit geschenkt. Die unter Laboratoriumsbedingungen über den Transfer durchgeführten Experimente sind von dem in den Situationen des wirklichen Lebens vorkommenden Lernen so weit entfernt, daß sie für die angewandte Psychologie kaum brauchbare Antworten liefern. Fragen wie die, was früher erlernte Errungenschaften oder Fähigkeiten auf welche Art des Lernens transferieren und wie und unter welchen Bedingungen sie dies tun, bleiben weitgehend unbeantwortet.

Die zweite Hypothese betrifft die Art und Weise, wie überlernte Kenntnisse oder Fähigkeiten späteres Lernen beeinflussen. Sie lautet, daß derartige Fähigkeiten ihre Wirkung in jeder Lernsituation auf unterschiedliche Weise geltend machen, daß unterschiedliche Fähigkeiten sich auf Lernsituationen in unterschiedlicher Weise auswirken und daß die Fähigkeiten, die transferiert werden und ihre Wirkung auf einer bestimmten Stufe des Lernens geltend machen, sich von denen unterscheiden können, die auf eine andere Stufe transferiert werden und sich dort auswirken. Das bedeutet aber, daß

individuelle Unterschiede in den Fähigkeiten, die in den Frühstadien des Lernens einer Aufgabe mit individuellen Leistungsunterschieden in funktionaler Beziehung stehen können, möglicherweise mit Leistungen in späteren Stadien nicht in funktionaler Beziehung stehen oder mit ihnen in anderer Weise in Beziehung stehen. Diese Hypothese impliziert, daß jemand die Fähigkeit besitzen kann, eine bestimmte Leistung auf einem hohen Leistungsniveau zu vollbringen, daß ihm aber die Fähigkeit abgehen kann, diese Aufgabe unter bestimmten spezifischen Lernbedingungen zu leisten. Ebenso könnte jemand die Fähigkeit besitzen, seine Leistungen in den frühen Lernstadien schnell zu verbessern, doch könnte ihm die Fähigkeit abgehen, ein hohes Leistungsniveau auf der Stufe starker Gewöhnung oder des Überlernens zu erreichen. Hier dürfte das Erlernen vieler motorischer Fähigkeiten hergehören.
Die Hypothese wird, wenn sie sich experimentell bestätigt, wichtige Konsequenzen für die Erziehung haben. Sie impliziert beispielsweise, daß ein Kind, das langsam lernt, unter bestimmten Lernbedingungen die Fähigkeit besitzen kann, ein schnell lernendes Kind bei gleichen Übungsbedingungen schließlich leistungsmäßig hinter sich zu lassen. Bei der Gültigkeitsbestimmung von Tests, bei der Tests oft an Übungskriterien validiert werden, wird es wichtig, das Übungsstadium, auf das sich das Kriterium bezieht, mit zu berücksichtigen, da Tests mit einem annehmbaren Validitätsgrad bei einer Übungsstufe keine oder nur eine geringe Validität bei einem anderen Übungsstadium haben können. Eine frühere überlernte Errungenschaft, d. h. eine Fähigkeit, kann nicht nur das Lernen einer neuen Aufgabe erleichtern, sondern sie kann es auch erschweren. So dürfen wir sowohl positive als auch negative Transferwirkungen wie auch die gleichzeitige Auswirkung derartiger Effekte in Betracht ziehen. Wenn auch die Bezeichnungen positiver und negativer Transfer auf die Gesamtwirkung einer Reihe von Variablen angewandt werden, können doch ohne Schwierigkeiten Experimente ausgearbeitet werden, mit deren Hilfe man die positiven und die negativen Wirkungen der verschiedenen Fähigkeiten in denselben Lernsituationen voneinander trennen kann.

Versuchsplan

Zur experimentellen Überprüfung dieser Hypothesen gehört eine Untersuchungsmethode, die auf die individuellen Unterschiede abzielt. Es sind auch bereits eine ganze Anzahl derartiger Untersuchungen auf dem Lernsektor vorgenommen worden (Simrall 1947; Tilton 1949; Woodrow 1940, 1946), doch war diese Methode bisher relativ unbeliebt, da es praktisch nicht einfach ist, geeignete Lernaufgaben zu finden, die verläßliche Leistungsmessungen gewährleisten und die eine Datensammlung bei einer beträchtlichen Anzahl von Versuchspersonen erlauben.
Bei den hier vorgeschlagenen Hypothesen empfehlen sich Experimente folgender Art: Unser Problem sei zum Beispiel der Transfer gewisser überlernter Fertigkeiten oder Fähigkeiten auf das Erlernen einer motorischen Aufgabe. Zur Verfügung stehe eine gewisse Anzahl von Lernperioden; für jede

Lernperiode und für jede einzelne Versuchsperson werde ein Leistungsmaß oder ein Testwert ermittelt. Wir können dann eine Anzahl von Leistungstests auswählen und bei unseren Probanden durchführen, die sich auf Fähigkeiten beziehen, von denen wir aufgrund einer *a priori* angestellten Überlegung annehmen, daß sie entweder einen positiven oder einen negativen Transfereffekt auf das Erlernen der motorischen Aufgabe haben. Dann kann man für jede Gruppe der Versuchspersonen die Interkorrelationen zwischen allen Variablen berechnen. Die Beziehung zwischen den Leistungen auf den verschiedenen Lernstufen zeigt die Korrelation zwischen den bei der Lernaufgabe erreichten Werten an. Die Korrelationen zwischen den Fähigkeitstests und den Testwerten bei der Lernaufgabe sind Meßwerte für das Ausmaß des Transfers der Fähigkeiten auf die Lernsituation bei den verschiedenen Lernstufen. Die bei einem derartigen Experiment ermittelten Resultate sind vermutlich am besten mit faktoriellen Methoden anzugehen, wobei man die Fähigkeitstests als Kriterienvariablen benutzt.
Experimente dieser Art gestatten es, den unterschiedlichen Transfer von Fähigkeiten auf den verschiedenen Lernstufen zu beobachten. Man kann diesen Versuchsplan auch leicht zur Untersuchung des Vergessens und der unterschiedlichen Auswirkungen des Transfers bei einem Zyklus von Lernen und Vergessen verwenden. Außerdem gestattet dieser Versuchsplan die Differenzierung der Transfereffekte bei dem gleichzeitigen Vorhandensein von positivem und negativem Transfer.

Kultur und menschliche Fähigkeit

Über die Wirkungen verschiedener kultureller Faktoren auf die durch Standard-Intelligenztests definierte »Intelligenz« sind ausgedehnte Untersuchungen durchgeführt worden. Dabei ist man ganz allgemein zu dem Ergebnis gekommen, daß eine Vielfalt von kulturellen Variablen zu der so definierten »Intelligenz« in Beziehung steht. Angesichts dieser Tatsache vertreten viele Forscher die Ansicht, daß die vorhandenen Intelligenztests, wenn man sie zur Selektion, zur Klassifikation und dergleichen verwendet, gewissen Teilen der Bevölkerung gegenüber einfach »unfair« sind. Aus diesem Grund hat man versucht, Testmaterial zu entwickeln, das gegenüber gewissen kulturellen Faktoren mehr oder weniger invariant ist. Beispiele hierfür sind die ›Culture Free Tests‹, die R. B. Cattell (1940, 1941) entwickelt hat. Eells, Davis u. a. (1951) haben neuerdings in einer ausgedehnten Forschungsarbeit den Versuch unternommen, Gruppen von Testaufgaben zu isolieren, die relativ geringe oder unwesentliche Unterschiede zwischen Personen aus unterschiedlichen sozio-ökonomischen Gruppen aufwiesen.
Viele Forscher, die sich mit dieser Art von Problemen befassen, sehen in der »Intelligenz« eine biologische Grundeigenschaft. Sie sind jedoch der Ansicht, daß die Meßergebnisse von kulturellen Faktoren beeinflußt werden. Welche Rückschlüsse lassen sich dann aus den Intelligenzunterschieden bei den verschiedenen kulturellen oder rassischen Gruppen ziehen, wenn man »Intelligenz« als ein biologisches Attribut ansieht? Die Antwort auf diese

Frage liegt keineswegs auf der Hand. Ein Ausweg ist, daß man die Hypothese akzeptiert, daß zwischen den verschiedenen kulturellen und rassischen Gruppen überhaupt kein Unterschied bezüglich der »Intelligenz« besteht und daß in Fällen, wo derartige Unterschiede gefunden werden, sie das Ergebnis kultureller Faktoren sind (was natürlich mit den uns zur Verfügung stehenden Methoden nicht experimentell zu überprüfen ist). Akzeptiert man diese Hypothese, so ergibt sich ohne weiteres, welcher Schritt als nächster zu tun ist.

Es müssen Tests konstruiert werden, die in bezug auf gewisse kontrollierbare kulturelle Faktoren invariant und daher »bessere« Meßverfahren für die biologische Basisvariable sind, die »Intelligenz« genannt wird. Wie Turnbull (1951) kürzlich kritisch zu dieser Art der Argumentation dargelegt hat, darf ein »fairer« und »guter« Test keine Unterschiede aufweisen. Sonst geht man nach Turnbull im Kreis herum. Man akzeptiert die Hypothese, daß bezüglich der biologischen Intelligenz zwischen den kulturellen Gruppen keine Unterschiede bestehen. Dann konstruiert man Tests mit Aufgaben, welche sorgfältig daraufhin ausgewählt sind, daß sich keine Unterschiede bei den verschiedenen Gruppen ergeben, was man als Beweis dafür nimmt, daß tatsächlich kein Unterschied besteht.

Die hier dargelegte Einstellung ist weit verbreitet, doch sind die sich daraus ergebenden logischen Konsequenzen nur selten ausdrücklich dargestellt worden. Ihr wesentlicher Mangel liegt in der naiven Auffassung von »Intelligenz«, die in eine experimentelle Sackgasse führt, der man nur dadurch entrinnen kann, daß man eine nicht verifizierbare Hypothese akzeptiert. Daher ist die Einstellung vieler heutiger Forscher logisch unhaltbar, weshalb sie auch nicht zu brauchbaren Forschungsergebnissen gelangen können.

Die hier dargelegte Theorie versetzt uns in die Lage, diese Probleme in einem neuen Licht zu sehen und sie sinnvoller zu formulieren. Sie behauptet, daß die mehr oder weniger stabilen Verhaltenseigenschaften, die man gewöhnlich als Fähigkeiten bezeichnet, Leistungen an groben Lerngrenzen repräsentieren, und daß diese Grenzen durch die biologischen Anlagen des Betreffenden und durch kulturelle Faktoren bestimmt werden, die vorschreiben, was man lernen soll und in welchem Alter dies zu geschehen hat. Daher handelt es sich bei den Fragen nach der Rolle der kulturellen Faktoren bei der menschlichen Fähigkeit im wesentlichen um Fragen nach dem Verhältnis zwischen Lernen und menschlicher Fähigkeit.

Bei dieser Art von Argumentation liegt der Schluß auf der Hand, daß Personen, die in unterschiedlichen Kulturen aufgewachsen sind, auch unterschiedliche Arten von Fähigkeiten entwickeln. Hierfür spricht ein umfangreiches anthropologisches Beobachtungsmaterial. Es ist auch nicht anders zu erwarten. Man kann nicht so argumentieren: Wenn man bei einem bestimmten Test keine Unterschiede zwischen verschiedenen kulturellen Gruppen beobachtet, so mißt man eine biologische Fähigkeit, bei der eben keine Unterschiede zwischen den Gruppen vorhanden sind. Und man kann umgekehrt auch nicht behaupten, wenn Unterschiede gefunden würden, so seien diese auf biologische Unterschiede zurückzuführen. Unsere oben erwähnte Theorie schließt derartige Argumente aus. Das Problem besteht zunächst darin, die

Fähigkeitsstrukturen zu beschreiben, die für Personen charakteristisch sind, welche in unterschiedlicher kultureller Umgebung aufgewachsen sind. Das primäre Problem besteht nicht darin, zu demonstrieren, daß interkulturelle Unterschiede in bezug auf bestimmte Fähigkeiten existieren oder nicht existieren, oder aus solchen Beobachtungen in der einen oder anderen Richtung Schlüsse zu ziehen.

Meiner Ansicht nach sind viele der Schlüsse aus den umfangreichen Untersuchungen über rassische Unterschiede bezüglich der »Intelligenz« in wesentlicher Hinsicht nicht valide. Viele dieser Forschungen suchten zwischen verschiedenen rassischen Gruppen nach Unterschieden in dieser biologisch aufgefaßten »Intelligenz«, wobei sie Rasse als biologischen Begriff nahmen. Nach der hier vorgelegten Theorie sind derartige Hypothesen nicht verifizierbar. Rassische Gruppen können verschiedenartige Fähigkeitsstrukturen aufweisen, wenn man diese anhand der Ergebnisse bei bestimmten Tests definiert, aber es hat keinen Sinn, daraus auf die Existenz oder gegen das Vorhandensein von biologischen Unterschieden zu schließen.

Während des Kriegs hat in Kanada die Armee für das französisch und das englisch sprechende Personal parallele Tests zu entwickeln versucht. Die der Entwicklung solcher Tests zugrundeliegende Hypothese war, daß keine Unterschiede in den Fähigkeitsstrukturen zwischen diesen Gruppen existierten (oder existieren konnten), eine Hypothese, die abgesehen von ihrer wissenschaftlichen Validität von politischer Bedeutung war. Das führte zu einer statistischen Manipulation, mit der man beweisen wollte, daß sich bei den französischen und den englischen Testformen die gleichen Durchschnittswerte und Varianzen ergaben, wenn man sie bei Stichproben der entsprechenden Populationen anwandte. Eine gangbare Methode zur Lösung des Problems, die solche Komplikationen vermeidet, besteht darin, daß man – falls möglich – völlig unterschiedliche Tests für die französisch und die englisch sprechenden Probanden entwickelt und diese Tests dann getrennt in französischen und englischen Untersuchungssituationen auf ihre Validität hin prüft. Wenn entsprechende nichtverbale Tests für Franzosen und Engländer entwickelt werden und diese dann deutliche Unterschiede in den Fähigkeitsstrukturen von Franzosen und Engländern ergeben, so sollte man diese Unterschiede nicht durch statistische Manipulationen vertuschen, sondern vielmehr herauszufinden suchen, auf welche Weise man diese Unterschiede am besten bei der Auswahl und Klassifizierung des Personals nutzbar machen kann.

Was isolierte, unterprivilegierte und unterdrückte[4] kulturelle Gemeinschaften betrifft, so besteht das Ausgangsproblem wiederum darin, Tests zur adäquaten Beschreibung der Fähigkeiten der Mitglieder solcher Gemeinschaften zu entwickeln. Diese Tests sollten den üblichen Kriterien der Reliabilität, Diskriminationsfähigkeit und dergleichen genügen. In den Außenhäfen von Neufundland besitzen z. B. viele Menschen eine hervorragende Geschicklichkeit im Bootsbau, in der Schiffahrt und im Fischen. Bei Tests für abstraktes Denken, wie sie zur Verwendung in urbanisierten Kulturen entwickelt wurden, erreichen die Angehörigen derartiger Gemeinschaften dagegen niedrige Werte. Diese Tests erfüllen ihre Diskriminationsaufgabe nur schlecht. Die Fähigkeiten, die sich bei den Angehörigen derartiger Gemeinschaften entwickeln und von denen ihr Überleben abhängt, sind höchstwahrscheinlich völlig anders als die, welche unsere urbanisierte Kultur begünstigt. Der erste Schritt besteht daher darin, daß man adäquate Möglichkeiten aufdeckt, wie man diese Fähigkeiten beschreiben kann. Erst nachdem dies geschehen ist, kann man andere Probleme in Angriff nehmen.

Alter und Fähigkeit

Über die Beziehung zwischen Testleistung und Alter in verschiedenen kulturellen Gruppen gibt es eine beträchtliche Menge von experimentellen Daten, die jedoch in bezug auf eine Theorie der geistigen Fähigkeiten noch nicht adäquat interpretiert und noch nicht sorgfältig ausgewertet sind. Die hier vorgeschlagene Theorie erlaubt eine Interpretation dieser Daten und führt zu bestimmten Hypothesen, welche – falls sie sich bestätigen sollten – bei der Entwicklung von Tests für unterschiedliche kulturelle Gruppen gewisse praktische Konsequenzen haben könnten.

Man nehme zum Beispiel die Untersuchungen von Gordon (1923)[5] über Kinder auf Kanalbooten und über Zigeunerkinder in England. Kinder auf Kanalbooten erhielten nur eine sehr geringe Schulbildung. Man schätzte die Häufigkeit ihres Schulbesuchs auf nur 5 % verglichen mit dem Schulbesuch gewöhnlicher Volksschulkinder. Jede Familie führte ein relativ isoliertes Leben und hatte mit anderen Kanalbootfamilien nur relativ wenig Kontakt. In einer Stichprobe von 76 Kindern war der durchschnittliche IQ (Stanford-Binet) 69,6. Auffällig war das starke Absinken des Intelligenzquotienten mit dem Alter. Die Korrelation zwischen IQ und Alter war –0,755. Die Vier- bis Sechsjährigengruppe hatte einen durchschnittlichen IQ von 90, während die älteste Gruppe im Durchschnitt 60 erreichte. Bei Kindern aus derselben Familie wurde ein ständiges Absinken vom jüngsten zum ältesten Kind beobachtet. Das Intelligenzalter der Kinder innerhalb ein und derselben Familie war gleich auch dann, wenn Altersunterschiede vorhanden waren.

Bei Zigeunerkindern war der IQ bei einer Stichprobe von 82 Kindern 74,5, und die Korrelation zwischen Alter und IQ war –0,430. Der Schulbesuch der Zigeunerkinder betrug etwa 35 % der möglichen Schultage. Obwohl der IQ mit dem Alter negativ korrelierte, korrelierte er positiv mit der Häufigkeit des Schulbesuchs. Der Zuwachs an Intelligenzalter mit zunehmendem Lebensalter lag weit unter der üblichen Zunahme.

Ähnliche Resultate ergaben sich bei Untersuchungen an Kindern von Gebirgsbewohnern, wie sie Hirsch (1928), Asher (1935), Sherman und Key (1932) u. a. durchgeführt haben. Untersuchungen von Eskimokindern, die von Anderson und Eells (1935) durchgeführt wurden, erbrachten dieselben Ergebnisse. Der mittlere IQ beim ›Stanford-Binet-Test‹ auf dem Niveau von acht Jahren war 99,6 und auf dem Niveau von 18 Jahren 66,8. Auf der Goodenough-Skala waren die entsprechenden durchschnittlichen IQs für den ›Mannzeichnen-Test‹ 100,0 und 87,2. Ähnliche Beobachtungen hat auch Porteous (1931) gemacht, als er australische Eingeborene mit dem Porteous Maze Test untersuchte. Yerkes (1915) berichtet über ein ähnliches Ergebnis bei

Tests mit verschiedenen sozio-ökonomischen Gruppen. Er stellte fest, daß die Testwerte bei Gruppen von niedrigem Status mit dem Alter weniger zunehmen als bei Gruppen von hohem Status. Allerdings scheint sich dieses Ergebnis in seinen späteren Arbeiten nicht klar bestätigt zu haben.

Eine eindeutige Interpretation dieser Beobachtung ist nicht möglich, da die Tests, die bei den verschiedenen Altersstufen verwendet wurden, etwas unterschiedlich waren; man darf jedoch vernünftigerweise annehmen, daß bei einem bestimmten Test die Leistungsänderung mit dem Lebensalter von der einen kulturellen Gruppe zur anderen stark variieren kann. In einem Fall kann die Zunahme der Testleistung mit dem Alter beträchtlich sein, im anderen Fall nur unwesentlich. Es dürfte dies hauptsächlich auf die Anforderungen der kulturellen Umwelt zurückzuführen sein, die diktiert, was gelernt werden soll, und in welchem Alter das zu geschehen hat.

Wenn wir diese Auffassung als die einleuchtendste akzeptieren, können wir daraus den Schluß ziehen, daß all jene Fähigkeiten, die in einer bestimmten kulturellen Umgebung von Wichtigkeit sind und von denen man erwarten kann, daß sie mit Leistungen in den wichtigsten Tätigkeiten, welche die Kultur verlangt, korrelieren, solche sind, die mit dem Alter deutlich zunehmen.[6] Es besteht die Möglichkeit, daß die Fähigkeiten, welche der übliche Intelligenztest definiert, ziemlich unabhängig von den Aktivitätstypen sind, die beispielsweise in einer Kanalbootkultur zum Erfolg führen, möglicherweise unter der Voraussetzung, daß ein minimales Niveau bereits erreicht ist. Es ist möglich, daß andere Fähigkeiten, falls sie definiert werden könnten, eine merkliche Zunahme mit dem Alter zeigen würden und daß sie vermutlich mit den wichtigen Klassen von Aktivitäten korrelieren, die in der betreffenden Kultur den Fortbestand sichern.

Die üblichen Intelligenztests korrelieren in unseren »privilegierteren« westlichen Kulturen mit einer großen Vielfalt von Aktivitätsklassen. Solche Tests zeigen bis zum Alter von 17 Jahren eine beträchtliche Leistungszunahme. Wir können die Spekulation wagen, daß Tests, welche mit dem Alter nur eine geringe Zunahme der Leistung anzeigen, lediglich mit ganz speziellen Leistungstypen korreliert sind und daher nur von beschränktem Nutzen sein dürften.

Wenn sich diese Überlegungen bestätigen sollten, stünde uns ein Kriterium für die Auswahl von Tests zur Verfügung, von dem anzunehmen wäre, daß es sich in einer bestimmten kulturellen Umgebung als brauchbar erweist. Wir würden dann Testarten auswählen, die eine hohe Korrelation mit dem Alter besitzen, und Tests mit einer niedrigen Korrelation ausschließen. Das Lebensalter wäre dann ein allgemeines Kriterium für die Validierung von Tests, die mit der Leistung in wichtigen Aktivitätsbereichen, wie sie von der betreffenden Kultur verlangt werden, korrelieren.

Kultur und Faktorentheorie

Die hier vorgeschlagene Theorie führt zu Weiterungen auf dem Gebiet der Faktorenanalyse. Die nachfolgenden Bemerkungen sind jedoch spekulativer

Art und bedürfen noch einer weiteren Ausarbeitung und Verfeinerung, wie sie hier nicht möglich ist.
Die vorgeschlagene Hypothese vom unterschiedlichen Transfer impliziert, daß die Faktoren oder die grundlegenden Parameter, welche transferieren und das Ausführen einer Aufgabe entweder erleichtern oder beeinträchtigen, bezüglich der Lernstufe, auf welcher die Aufgabe in Angriff genommen wird, nicht invariant sind. Wenn eine Aufgabe auf den ersten Blick auch auf den verschiedenen Lernstufen als »gleich« erscheinen mag, so kann sie doch operational im Hinblick auf den faktorialen Inhalt unterschiedlich sein. Da außerdem das Leistungsniveau bei einer bestimmten Klasse von Aufgaben sich von einer Kultur zur anderen merklich unterscheiden kann, was von der kulturellen Vorschrift, was wann zu lernen ist, abhängt, folgt, daß die faktorielle Zusammensetzung von Tests sich von einer Kultur zur anderen merklich unterscheiden kann. Das bedeutet aber, schlicht gesagt, daß Menschen unterschiedlicher Kulturen beim Lösen von identischen Problemen verschiedene – auf Lernprozesse zurückgehende – Fähigkeiten zum Tragen bringen können. Von einer faktoriellen Invarianz kann man vermutlich nur innerhalb des Rahmens einer klar definierten kulturellen Gruppe sprechen, und sie hat keine kulturüberschreitenden Implikationen. Wenn es technisch möglich wäre, eine Testbatterie zu konstruieren, die auf angemessene Weise in einer Zufallsstichprobe von erwachsenen Versuchspersonen sowohl in Toronto als auch in den Außenhäfen von Neufundland angewendet werden könnte, würden wir ohne Zweifel zwischen beiden Gruppen deutliche Unterschiede in der faktoriellen Zusammensetzung vieler der benutzten Tests feststellen. Was wir über Faktoren wissen, bezieht sich auf unsere eigene hochurbanisierte Kultur, die den Erwerb bestimmter Fähigkeiten auf dem Gebiet der Sprache und des logischen Denkens fördert; wir sollten uns nicht einbilden, daß unser Wissen über diese Grenze hinausreicht.

Das Problem eines allgemeinen Faktors

Spearman (1927) bemühte sich um den Nachweis, daß bei mentalen Aufgaben ein allgemeiner intellektueller Faktor sich bei den Leistungen auswirkt. Thurstones Versuch (1938), Spearmans Theorie zu widerlegen, kann nicht überzeugen, da die meisten Faktoren in seinem Klassifizierungssystem korrelierende Faktoren sind. Das Problem der Existenz eines allgemeinen Faktors ist noch immer aktuell. Nach dem heutigen Stand unseres Wissens spricht für seine Existenz, daß viele Fähigkeiten, welche in den lose definierten Bereichen der intellektuellen Tätigkeit faktoriell identifiziert werden, voneinander nicht unabhängig sind. Wie häufig angenommen wird, besagt dies nicht, daß alle die unzähligen identifizierbaren Fähigkeiten innerhalb dieses Bereiches miteinander korrelieren. Die Grenzen der Generalität eines allgemeinen Faktors sind nicht klar umrissen.
Eine genauere Untersuchung des allgemeinen Faktors legt die Vermutung nahe, daß wir dabei zwei Aspekte zu unterscheiden haben. Wir haben nicht nur die Tatsache zu erklären, daß viele Fähigkeiten bis zu einem gewissen Grad

miteinander positiv korrelieren, sondern auch, daß sie sich bis zu einem gewissen Grad voneinander unterscheiden. Eine Theorie, die nur den einen Aspekt des Problems erklärt, bietet nicht notwendigerweise auch eine Erklärung für den anderen. So kann es vorkommen, daß ein theoretischer Ansatz zwar eine Erklärung dafür bietet, warum gewisse Fähigkeiten korrelieren, daß er aber letzten Endes keine Erklärung dafür anzugeben weiß, weshalb sie nicht vollkommen korrelieren oder weshalb sie nicht nur eine einzige Fähigkeit darstellen. Die hier angebotene Theorie der menschlichen Fähigkeit vermag ersteren Aspekt des Problems sehr einfach zu erklären. Schwieriger ist eine Erklärung des zweiten zu finden.

Bekennen wir uns zu der allgemeinen Auffassung, daß alles Lernen mit Ausnahme dessen, das sehr frühzeitig im Leben erfolgt, sich im Kontext vorangegangener Erfahrungen abspielt, so bedeutet das, daß man Aktivitäten schneller lernt, die durch früher erworbene Fähigkeiten erleichtert werden, während man Aktivitäten, die nicht auf diese Weise erleichtert oder vielleicht sogar durch vorangegangenes Lernen erschwert werden, weniger schnell lernt. Daraus, daß man beim Erwachsenen viele Fähigkeiten als überlernte Fertigkeiten ansieht, folgt, daß sich bei der Entwicklung bestimmter Fähigkeiten solche, die sich gegenseitig fördern und nicht hemmen, leichter herausbilden werden. Die weitere Folgerung lautet daher, daß die positive Korrelation zwischen verschiedenen Fähigkeiten, die zur Annahme eines allgemeinen Faktors führt, in der hier vorgelegten Theorie mit der Auswirkung eines positiven Transfers erklärt werden kann. Obwohl es sich hierbei zweifellos um eine zu starke Vereinfachung handelt, stellt es doch eine einfache und einleuchtende Erklärung dar.

Gibt es eine Erklärung dafür, daß viele Fähigkeiten, die miteinander korrelieren, trotzdem deutlich voneinander verschieden sind? Wenn wir uns mit diesem Problem befassen, wird uns auffallen, daß jeder Versuch, das Lernen und die Ausbildung von Fähigkeiten allein durch einen Transfer zu erklären, zu einer offensichtlichen Absurdität führt, da sich damit nicht erklären läßt, wie frühes Lernen überhaupt möglich ist. Um dieser Schwierigkeit aus dem Weg zu gehen, möchte ich eine Zweifaktoren-Theorie des Lernens vorschlagen. Diese Theorie behauptet, daß beim Lernen – vom sehr frühen Lernen abgesehen – sehr häufig nicht nur Transferkomponenten beteiligt sind, die dem vorangegangenen Lernen und dem Erlernen einer neuen Aufgabe gemeinsam sind, sondern auch Komponenten, die für die neue Aufgabe spezifisch sind. Für unser neues faktorielles Modell bedeutet das, daß Leistungsvariationen auf verschiedenen Stufen einer Lernaufgabe teilweise mit Variationen beim früheren Erwerb von Fertigkeiten zu erklären sind und teilweise mit spezifischen Fähigkeiten, die während des Prozesses des Erlernens der Aufgabe selbst auftauchen und ausgebildet werden. Ich sollte vorausschicken, daß die auf Transferkomponenten zurückzuführende Varianz während des Erlernens bestimmter Aufgabenklassen über eine Reihe von Stufen sich vermindern kann, während die Varianz, welche auf Fähigkeiten zurückzuführen ist, die für die Aufgabe selbst spezifisch oder nur ihr zugehörig sind, sich vergrößert. Außerdem kann man vernünftigerweise annehmen, daß die Variation beim frühen Lernen weit weniger mit dem

Transfer als mit anderen Prozessen zu erklären ist, da es in diesem Fall weniger frühere Fertigkeiten gibt, die transferiert werden könnten. Beim Erwachsenen ist das Lernen weitgehend mit dem Transfer und in weit geringerem Ausmaß mit anderen Prozessen zu erklären. Alles in allem scheint folgendes vorzuliegen: Es muß ein frühes Lernen geben, das von zuvor erlernten Fertigkeiten unabhängig ist. Mit zunehmendem Alter wird das Lernen dann immer mehr durch früher erworbene Fertigkeiten erleichtert. Es ist wahrscheinlich, daß Transferwirkungen mit zunehmendem Alter kontinuierlich wichtiger werden. Beim Erlernen einer bestimmten Aufgabe sind die Transferwirkungen vermutlich auf den frühen Stufen des Lernens größer als auf den späteren Stufen. So differenziert sich bei zunehmendem Erlernen einer bestimmten Aufgabe die Fähigkeit, diese Aufgabe auszuführen, mehr und mehr von anderen Fähigkeiten, wenn sie auch nicht unbedingt von diesen unabhängig wird. Ganz offensichtlich ist das Lernen ein Prozeß, durch den die Fähigkeiten des Menschen voneinander differenziert werden, aber der Differenzierungsprozeß wird von den Fähigkeiten, über die der Betreffende bereits verfügt, unterstützt und gefördert. Abschließend ist daher zu sagen, daß eine Komponente, die vielen Fähigkeiten gemeinsam ist, auf die Wirkung eines positiven Transfers zurückgeführt werden kann. Die Differenzierung von Fähigkeiten ist durch den Lernprozeß selbst zu erklären, welcher sich nach der hier vorgestellten Theorie dahingehend auswirkt, daß er Differenzierungen erleichtert.

Zusammenfassung

Beim Versuch, das Lernen und die menschlichen Fähigkeiten innerhalb eines weitgehend gleichen Schemas gemeinsam zu untersuchen, habe ich folgende Ansichten vorgetragen: Unterschiedliche Umgebungen haben das Überlernen bestimmter Verhaltensweisen zur Folge, die – weil sie überlernt sind – in bezug auf weitere Wiederholungen oder das Aufhören von Wiederholungen mehr oder weniger invariant werden. Eine grobe Leistungsgrenze ist damit erreicht. Was in der herkömmlichen psychologischen Terminologie als Fähigkeit bezeichnet wird, bezieht sich auf die Leistung an einer solchen Lerngrenze. Das gilt für die Fähigkeiten im System von Thurstone und für alles, was man unter dem Begriff »Intelligenz« zu subsumieren pflegt. Unterschiede in der Fähigkeit (Intelligenz) sind auf die komplexe Interaktion zwischen den biologischen Anlagen des Organismus, dem vorangegangenen Lernen und dem Lebensalter zurückzuführen, in dem das frühere Lernen stattgefunden hat. Die Rolle, welche die menschlichen Fähigkeiten beim späteren Lernen spielen – zum Beispiel die Rolle der Intelligenz bei Schulleistungen –, kann man als ein Transferproblem ansehen; die Frage ist, auf welche Weise die früher durch Überlernen erworbenen Fertigkeiten – die Fähigkeiten – das spätere Lernen beeinflussen. Fähigkeiten können auf unterschiedliche Weise auf eine Lernsituation transferiert werden, das heißt, die Fähigkeiten, die auf eine bestimmte Lernstufe transferiert werden und ihre Wirkungen ausüben, können sich von den Fähigkeiten unterscheiden, die auf eine spätere Lernstufe der gleichen Aufgabe transferiert werden und ihre Wirkungen ausüben. Jemand kann die Fähigkeit besitzen, eine bestimmte Aufgabe adäquat auszuführen, aber es kann ihm die Fähigkeit abgehen, zu lernen, wie diese Aufgabe unter speziellen Lernbedingungen zu bewältigen ist. Die Erforschung der sich aus dieser Argumentation ergebenden Probleme macht einen differentiellpsychologischen Ansatz und die Anwendung der Faktorenanalyse erforderlich. Auf die sich aus dieser Theorie ergebenden Konsequenzen für die Rolle, welche kulturelle Faktoren bei der Entwicklung menschlicher Fähigkeiten spielen, wurde hingewiesen. Aus unserer Theorie folgt, daß die Fähigkeiten, die für eine bestimmte Kultur von Wichtigkeit sind und von denen man erwarten kann, daß sie mit der Leistung bei den für das Überleben in dieser Kultur wichtigen Aktivitäten korrelieren, solche sind, die mit steigendem Lebensalter deutlich zunehmen. Damit wird eine Grundlage für eine Testvalidierung bestimmter Art geliefert. Die sich aus unserer Theorie der menschlichen Fähigkeiten für die Faktorentheorie ergebenden Konsequenzen wurden untersucht. Dabei wurde abgeleitet, daß scheinbar ähnliche Tests in unterschiedlichen Kulturen und in unterschiedlichen Schichten der gleichen Kultur unterschiedliche faktorielle Zusammensetzungen aufweisen können. Das Problem eines allgemeinen Faktors wurde untersucht, und eine Zweifaktoren-Theorie des Lernens wurde vorgeschlagen. Die Korrelation zwischen Fähigkeiten wurde mit einem positiven Transfer erklärt und ihre Differenzierung mit der Entwicklung von Fähigkeiten, die für spezielle Lernsituationen spezifisch sind.

Anmerkungen

1 D. R. B. Project Nr. D 77-94-01-01.

2 Der Begriff »Grenze« wird hier in einem ziemlich vagen und unpräzisen Sinn gebraucht und bezieht sich auf ein Niveau, über das hinaus keine sehr großen und systematischen Veränderungen zu erwarten sind. Der Begriff ist nicht in dem strengen Sinn, in dem er in der elementaren Mathematik verstanden wird, und nicht im stochastischen Sinn der Wahrscheinlichkeitstheorie gebraucht.

3 Die Unfähigkeit von Forschern, die sich mit dem Lernen beschäftigen, mit dem Problem der Identität und der Unterschiedlichkeit von Aufgaben zurechtzukommen, hat zu logischen Unklarheiten in unseren Begriffen von Lernen und Transfer geführt. Meiner Ansicht nach bedürfen diese Begriffe einer gewissen Revision. Wenn man sagt, jemand wiederhole die gleiche Aufgabe oder eine Aufgabe unterscheide sich von einer anderen, sollte man genau definieren, was man unter »gleich« und »unterschiedlich« versteht. In der heute üblichen Auffassung des Lernens werden diese Begriffe weitgehend phänomenologisch aufgefaßt, d. h., sie beziehen sich auf den unmittelbaren Eindruck, den man von der jeweiligen Aufgabe hat. Zwei Möglichkeiten bieten sich an, diese Schwierigkeiten zu vermeiden. Erstens beziehen sich die Begriffe »gleich« und »unterschiedlich« stets auf irgendeine Eigenschaft oder auf irgendwelche Eigenschaften. Angesichts dieser Tatsache dürfte es möglich sein, operational Eigenschaften zu definieren, in bezug auf die Aufgaben sich voneinander unterscheiden können, und zu untersuchen, in welcher Beziehung diese Unterschiede zu Unterschieden in den Transferwirkungen stehen. Derartige Versuche sind auch bereits unternommen worden. Zweitens kann man »gleich« und »unterschiedlich« auch durch Korrelationen definieren. Wenn die Korrelation der Leistungen einer Gruppe von Individuen bei zwei Aufgaben oder bei aufeinanderfolgenden Versuchen mit erfahrungsgemäß ein und derselben Aufgabe ungefähr gleich 1,00 ist – unter Berücksichtigung von Zufallsfehlern –, dann kann man die Aufgabe als die gleiche bezeichnen. Weicht dagegen die Korrelation vom Wert 1,00 ab, kann man sagen, daß die Aufgaben in irgendeinem Ausmaß verschieden sind. Wir können sogar noch über eine streng operationale Feststellung dieser Art hinausgehen und von mehreren Versuchen bei einer Aufgabe sagen, daß bei diesen Versuchen die gleichen oder unterschiedliche Funktionen beteiligt sind. Hierauf läuft die Faktorenanalyse im

wesentlichen hinaus. Der zweite Ansatz definiert im Effekt den Stimulus im Hinblick auf die Reaktionen der Versuchspersonen.

4 Wenn man Ausdrücke wie »unterdrückt«, »unterprivilegiert« und dergleichen auf kulturelle Gruppen anwendet, so ist damit das stillschweigende Werturteil verbunden, daß viele Kulturen deshalb, weil sie sich von unserer eigenen unterscheiden, in einem vagen Sinn »nicht so gut« sind. Selbst unsere besseren wissenschaftlichen Denker sind gelegentlich nicht fähig, einen Unterschied zwischen Kulturen ohne Werturteil festzustellen. Derartige Ausdrücke haben nur einen Sinn, wenn man sie auf eine spezielle Kriterium-Variable bezieht. Wenn diese Variable etwa die Möglichkeit zu ärztlicher Betreuung oder die Zahl der Kühlschränke pro tausend Einwohner ist, so kann man diesen Begriffen eine präzise Bedeutung in bezug auf derartige Variablen zubilligen. Ist dagegen die Kriterium-Variable phänomenologischer Art, wie zum Beispiel das »Glück«, so sind solche Begriffe vermutlich sinnlos, weil Ansichten über das relative »Glück« von Völkern verschiedener Kulturen nicht verifizierbar sind. Manche Beobachter halten die Eskimos von Baffin Island für sehr »glückliche« Menschen, andere vertreten die Meinung, daß die Bewohner von Manhattan Island dies nicht sind. Daß die Bewohner von Baffin Island »glücklicher« sind als die Bewohner von Manhattan Island, ist aber nach wie vor eine nicht verifizierbare Behauptung.

5 Ich habe meinen Bericht über Gordons Arbeit Anastasi und Foley (1949) entnommen, da mir das Original nicht zugänglich war.

6 Diese Hypothese nimmt an, daß zwischen Fähigkeiten, die eine bestimmte Form der Erziehung beim Kind fördern, und den Anforderungen, welche die Kultur auf dem Erwachsenenniveau stellt, eine direkte Beziehung besteht. In der Geschichte der Erziehung gibt es viele Fälle von Nichtübereinstimmung zwischen der Erziehung und den sich wandelnden Anforderungen der Kultur. Wahrscheinlich wird eine hochgradige Übereinstimmung nur in einer besonders stabilen Kultur erreicht. Nichtübereinstimmung kann eine Kultur bereichern, sie kann sie zerstören oder andere Wirkungen hervorrufen. Wenn wir zum Beispiel unser recht weitgehend urbanisiertes Schulsystem, das so großen Wert auf verbale Fähigkeiten legt, isoliert lebenden neufundländischen Gemeinden aufzwingen wollten, könnte das für diese Gemeinden entweder eine starke Bereicherung bedeuten, oder es könnte zu einer weitgehenden Abwanderung führen, wobei letztere Alternative wohl die wahrscheinlichere wäre.

Literatur

ANASTASI, A., & FOLEY, J. P. (1949): *Differential psychology.* New York: Macmillan.

ANDERSON, H. D., & EELLS, W. C. (1935): *Alaska natives: a survey of their sociological and educational status.* Stanford: Stanford Univ. Press.

ASHER, E. J. (1935): The inadequacy of current intelligence tests for testing Kentucky Mountain children. *J. Genet. Psychol.* 46, 480–486.

CATTELL, R. B. (1940): A culture-free intelligence test. *J. Educ. Psychol.* 31, 161–179.

CATTELL, R. B. (1941): A culture-free intelligence test: Evaluation of cultural influences on test performance. *J. Educ. Psychol.* 32, 81–100.

COOK, T. W. (1944): Repetition and learning: I. Stimulus and response. *Psychol. Rev.* 51, 25–36.

EELLS, K., Davis, A., et al. (1951): *Intelligence and cultural differences.* Chicago: Univ. of Chicago Press.

GOMULICKI, R. B. (1953): The development and present status of the trace theory of memory. *Brit. J. Psychol. Monogr. Suppl.* 29.
GORDON, H. (1923): *Mental and scholastic tests among retarded children.* Educ. Pamphlet Nr. 44. London: Board of Education.
HEBB, D. O. (1949): *The organization of behavior.* New York: Wiley.
HIRSCH, N. D. M. (1928): An experimental study of East Kentucky Mountaineers. *Genet. Psychol. Monogr.* 3, 183–244.
MCGEOCH, J. A. (1946): *The psychology of human learning.* New York: Longmans Green.
PORTEOUS, S. D. (1931): *The psychology of a primitive people.* New York: Longmans Green.
SIMRALL, D. (1947): Intelligence and the ability to learn. *J. Psychol.* 23, 27–43.
SHERMAN, M., & KEY, C. B. (1932): The intelligence of isolated mountain children. *Child Devel.* 3, 279–290.
SPEARMAN, C. (1927): *The abilities of man: their nature and measurement.* London: Macmillan.
THOMSON, G. H. (1946): *The factorial analysis of human ability.* 2. Bd. London: Univ. of London Press.
THURSTONE, L. L. (1947): *Multiple factor analysis.* Chicago: Univ. of Chicago Press.
THURSTONE, L. L. (1938): *Primary mental abilities.* Chicago: Univ. of Chicago Press.
TILTON, J. W. (1949): Intelligence test scores as indicative of ability to learn. *Educ. Psychol. Measmt.* 9, 291–296.
TURNBULL, W. W. (1951): Socio-economic status and predictive test scores. *Canad. J. Psychol.* 5, 145–149.
WOODROW, H. (1940): Interrelations of measures of learning. *J. Psychol.* 10, 49–73.
WOODROW, H. (1946): The ability to learn. *Psychol. Rev.* 53, 147–158.
YERKES, R. M., & ANDERSON, H. M. (1915): The importance of social status as indicated by the results of the point-scale method of measuring mental capacity. *J. Educ. Psychol.*, 137–150.

III. Grundlage und Genese spezieller Begabungen

Einleitung des Herausgebers

Die faktorenanalytische Begabungsforschung hat im Laufe der Zeit eine große Anzahl von Begabungsdimensionen identifiziert, die insbesondere zu detaillierten Vorstellungen über die Struktur des Intellekts geführt haben. Für einige dieser Begabungsfaktoren konnte der Nachweis erbracht werden, daß sie nicht nur bei der Bewältigung der ausgewählten Testaufgaben, sondern auch im realen Lebenszusammenhang, namentlich bei bestimmten beruflichen Tätigkeiten und Leistungen, eine wichtige Rolle spielen. Zu den meisten Intelligenzdimensionen sind allerdings bis jetzt keine systematischen Untersuchungen zur Erhellung ihrer eignungsdiagnostischen und berufspraktischen Bedeutung durchgeführt worden. Dementsprechend können zur Zeit in vielen Fällen nur Vermutungen darüber angestellt werden, wieweit die auf die Alltagspraxis bezogenen traditionellen Begabungsbezeichnungen mit faktorenanalytisch definierten Begabungsdimensionen in Zusammenhang stehen. Es ist nicht unwahrscheinlich, daß die meisten Begabungsbegriffe der Umgangssprache mehrere der Dimensionen einschließen, die sich auf Grund faktorenanalytischer Untersuchungen als unterscheidbar erweisen. Nichtsdestoweniger ist es bei manchen Fragestellungen in der empirischen Forschung sinnvoll, von solchen traditionellen und unmittelbar praxisorientierten Begabungsbezeichnungen auszugehen.

Wir haben in diesem Kapitel Untersuchungen zur mathematischen oder »mathematisch-technischen« und zur musikalischen Begabung sowie zum sogenannten räumlichen Vorstellungsvermögen zusammengestellt. Das, was mit diesen traditionellen Begabungsbezeichnungen gemeint ist, kann von jedermann unschwer in seiner praktischen Relevanz erkannt werden. Die Grundlagen dieser wichtigen Begabungskomplexe sind seit langem das Ziel theoretischen Denkens und empirischer Untersuchungen.

Bei diesen theoretischen und empirischen Ansätzen spielt wiederum das Anlage-Umwelt-Problem eine zentrale Rolle. Die Beiträge von *Volkmar Weiss*, *Rosamund Shuter* und *Richard Stafford* zeigen, daß jenes Problem auf recht verschiedene Weise produktiv bearbeitet werden kann. Das Problem steht hier allerdings in seiner allgemeinen Form zur Diskussion, ist also nicht auf die Frage nach dem Verhältnis oder dem relativen Gewicht von Anlage und Umwelt bei der Begabungsentwicklung eingeengt.

Rosamund Shuter kann auf Grund ihrer 1968 erschienenen Monographie ›The Psychology of Musical Ability‹ als eine der am besten informierten Autorinnen auf dem Forschungsgebiet der musikalischen Begabung gelten. In ihrem

Beitrag zu diesem Reader bezieht sie sich unter anderem auf Ergebnisse, die mit der am häufigsten benutzten Methode zur Untersuchung des Anlage-Umwelt-Problems, nämlich dem Zwillingsvergleich, gewonnen wurden. Daneben berichtet sie über die Anwendung anderer Forschungsmethoden sowie über Probleme der Diagnose der Musikalität. Ihre Abhandlung ist ein Beispiel für eine umsichtige Behandlung des Anlage-Umwelt-Problems in einem speziellen Bereich.

Die Studie von *Volkmar Weiss* zur mathematischen Begabung ist eine der neuesten Arbeiten auf diesem wichtigen Gebiet. Im Vergleich zu anderen Untersuchungen zeichnet sie sich dadurch aus, daß sie auf einem ungewöhnlich großen und systematisch erhobenen Datenmaterial basiert. Die Existenz und Verfügbarkeit eines solchen Datenmaterials weisen übrigens sehr eindrucksvoll auf großangelegte Versuche zur optimalen Begabungsauslese und konsequenten Begabungsförderung hin. Auf dem Gebiet der sportlichen Begabungen haben ähnliche Bemühungen schon reiche Früchte getragen.

Methodisch ist die Untersuchung von Weiss auf Merkmalskorrelationen zwischen Verwandten von Individuen mit weit überdurchschnittlicher mathematischer Begabung ausgerichtet. Als wichtige Stütze der Argumentation erscheint die sorgfältig durchgeführte Berufsgruppengliederung nach dem Beanspruchungsgrad mathematischer Leistungsfähigkeit. Derartige Berufsgruppengliederungen dürften für die Begabungsforschung auf verschiedenen Gebieten von Nutzen sein.

Das sogenannte räumliche Vorstellungsvermögen ist immer wieder als wesentliche Grundlage bestimmter beruflicher Leistungen, namentlich im naturwissenschaftlichen und technischen, z. T. aber auch im künstlerischen Bereich angesprochen worden. Außerdem wird nicht selten die Auffassung vertreten, daß die Fähigkeit zum räumlichen Vorstellen, die durch Übung nur wenig beeinflußbar erscheint, zu den psychischen Variablen gehört, in bezug auf die ein genuiner Geschlechtsunterschied besteht.

Ein solcher Geschlechtsunterschied (zugunsten der männlichen Individuen) zeigt sich auch in der Untersuchung von *Richard Stafford*. Durch eine recht elegante Argumentation, die sonst in der psychologischen Begabungsforschung selten anzutreffen ist, läßt der Autor die These plausibel erscheinen, daß das räumliche Vorstellungsvermögen eine genetische Grundlage besitzt, die durch ein geschlechtsgebundenes rezessives Gen übertragen wird. Wie andere Forscher hat auch Stafford die zwischen Familienangehörigen – vor allem zwischen Eltern und Kindern – in bezug auf ein Persönlichkeitsmerkmal bestehenden Korrelationen ermittelt. Während solche Korrelationskoeffizienten in der Regel jedoch nur schwer oder kaum eindeutig interpretierbar sind, zeigt Stafford die Möglichkeit einer recht exakten Interpretation für den Fall auf, daß das Persönlichkeitsmerkmal durch ein im X-Chromosom lokalisiertes Gen übertragen wird.

Empirische Untersuchung zu einer Hypothese über den autosomal-rezessiven Erbgang der mathematisch-technischen Begabung*

von V. Weiss
(Humboldt-Universität, Berlin)

Einleitung

Die Arbeit Mendels kann für alle Zeiten als Vorbild dafür dienen, wie durch die Definition und durch die Abgrenzung ganz bestimmter Qualitäten und Ganzheiten, also durch die Ermittlung von Allelen, bestimmte Aussagen über Spaltungsverhältnisse und Vorhersagen über die Verteilung in der folgenden Generation gemacht werden können, ohne daß die biochemischen Grundlagen bekannt sind und ohne daß die Probleme der Entwicklung einer Anlage zu einem Merkmal in Zusammenhang mit den Umwelteinflüssen gelöst sind. In der Humangenetik ist es zwar bisher gelungen, bei zahlreichen pathologischen Erscheinungen die Erbgänge zu bestimmen, aber bei den quantitativen Merkmalen im Normalbereich, die durch die sozialen Einflüsse und Entwicklungen und durch die unterschiedliche Ernährung in hohem Maße beeinflußbar sind und für die bisher keine objektiven biochemischen Meßwerte vorliegen, mußte das Problem des Nachweises Mendelscher Erbgänge als methodisch ungelöst angesehen werden. Die Zwillingsforschung, die den Anteil und den Einfluß von Umwelt und Vererbung bei der Ausbildung eines Merkmals, d. h. die Stabilität eines Merkmals unter konkreten Umweltbedingungen untersucht, erhebt nicht den Anspruch, den von Mendel vorgezeichneten Weg zu beschreiten, der immer die Untersuchung von mindestens zwei Generationen voraussetzt.

Material und Methoden

Jährlich werden in der DDR ›Olympiaden Junger Mathematiker‹ durchgeführt, wobei man bestrebt ist, alle Schüler der Oberschule, Erweiterten Oberschule, Berufsschule und von Spezialschulen der Klassenstufen 5–12 einzubeziehen. Die Olympiade geht in vier Stufen vor sich, wobei die 1. Stufe einen Leistungswettbewerb auf Schulebene darstellt, die 2. auf Kreisebene, die 3. auf Bezirksebene. Im Jahre 1970 wurden rund 600 000 Schüler durch die Olympiaden erfaßt. In der 4. Stufe, dem Wettbewerb für die Gesamt-DDR also, wurden an zwei aufeinanderfolgenden Tagen für die 225 Teilnehmer der

* Mit freundlicher Genehmigung des Verlags Georg Thieme, VEB, Leipzig, entnommen aus: *Biologisches Zentralblatt* 91, 1972, S. 429–435.

10., 11. und 12. Klassen Aufgaben gestellt – also im allgemeinen für Schüler im Alter von 15–18 Jahren – jeweils nach Klassenstufen getrennt und mit entsprechend steigendem Schwierigkeitsgrad. Jüngere Teilnehmer (jünger als 15 Jahre) können teilnehmen, wenn die erforderlichen Punktzahlen in der 3. Stufe gegeben waren.

An die Teilnehmer der 4. Stufe – die Probanden – wurden von uns umfangreiche Fragebogen ausgegeben, die von 178 Eltern der Teilnehmer sehr gründlich und genau ausgefüllt wurden.[1] Die Meldekarten der Teilnehmer und die Fragebogen geben Auskunft über Name, Geburtsdatum, Adresse, Schulort und Berufswunsch der Teilnehmer, über Geburtsjahr, Geburts- oder Wohnort, Heiratsjahr, Beruf und Tätigkeit, Leistungen, Unfälle, Neigungen und Interessen von allen Verwandten 1. und 2. Grades sowie für die Cousins und Cousinen der Teilnehmer und Angaben über Schulbildung und Arbeitsstelle der Eltern.

Die Arbeit geht davon aus, daß in Deutschland im Zusammenhang mit der Industrialisierung seit mindestens 150 Jahren ein sozialer Prozeß stattgefunden hat, der dazu geführt hat, daß die Menschen in immer zunehmenderem Maße aus handwerklichen und bäuerlichen Berufstraditionen gelöst wurden. Es entstand eine Vielzahl neuer Berufe, deren Ausübung oft auch Ausdruck einer spezifischen Befähigung und bestimmten Begabung ist. Vor allem seit der Beseitigung der Bildungsschranken in der DDR nach 1945 entsprechen sich Beruf bzw. Qualifikation und Leistungsvoraussetzungen weitgehend. Operational wurde eine Berufsgruppengliederung geschaffen, die nach dem Gehalt an mathematisch-technisch-organisatorischem Denken geordnet ist, aber eine Mindesteinstufung darstellt, die eine höhere Berufsleistung und Begabung einzelner Personengruppen nicht ausschließen kann. Die Berufsgruppen 1–15 wurden den Berufsobergruppen A, B, C, D, E′ und E″ zugeordnet. A – 1 bedeutet also die Zugehörigkeit der Berufsgruppe 1 zur Berufsobergruppe A.

A – 1 speziell hochqualifiziert mathematisch-technische Berufe: Diplom-Mathematiker, Diplom-Physiker, Astronom, Vermessungsingenieur.

A – 2 qualifiziert technisch-mathematische: Bauingenieur, Maschinenbauingenieur, Konstrukteur, Mathematik-Lehrer der Oberstufe.

A – 3 kalkulierend-leitend: Diplom-Finanzökonom, Hauptbuchhalter eines größeren Betriebes, VVB-Direktor.

B – 4 abstrahierend-verallgemeinernd-sprachlich: Theologe, Arzt, Schriftsteller, Rechtsanwalt, Biologe, Fremdsprachenlehrer.

B – 5 schwer einzuordnen-qualifiziert: Lehrer ohne nähere Angaben, Offizier, Funktionär mit Qualifikation.

C – 6 rechnerisch-kalkulierend, geringe Qualifikation: Sparkassen- und Versicherungsangestellte, kaufmännische Angestellte in mittleren Positionen.

C – 7 technisch-mechanische Berufe mit mittlerer Qualifikation: Werkzeugmacher, Feinmechaniker, Technologe, Meister.

C – 8 zeichnerisch-graphisch: Technischer Zeichner, Graphiker.

E’ – 9 technisch, ohne besondere Merkmale: Maschinist, Schlosser, Elektriker.

D – 10 Genauigkeit-Rechtschreibung-Ordnung: Buchhalter, Sekretärin, Stenotypistin, Kontoristin, Fachverkäuferin (vor 1940 geb.).
E" – 11 traditionell handwerklich, nichtindustriell: darunter auch Maurer.
E" – 12 bäuerlich, ohne besondere Qualifikation.
E' – 13 Berufe ohne besondere Merkmale: Weber, Transportarbeiter; Raumpflegerin; Pflegeberufe und Verkäuferin (nach 1940 geb.).
H – 14 Hausfrau ohne Beruf.
D – 15 schwer einzuordnen, mittlere Qualifikation: Medizinisch-technische Assistentin, Unterstufenlehrer, Rinderzuchtmeister, Handwerksmeister in traditionellen Berufen, Funktionäre.
0 – 0 ohne Angaben: Eltern unbekannt, adoptiert, Pflegeeltern, Stiefmutter oder Stiefvater.

Verlangten Beruf und Tätigkeit eine unterschiedliche Einstufung, so wurde immer die Berufsgruppe gewählt, die den größeren Gehalt an mathematischem Denken ausdrückt; so wurde z. B. ein Arzt, der als »Leiter einer Statistischen Abteilung« ausgewiesen war, nicht in Berufsgruppe 4, sondern in Berufsgruppe 2 eingeordnet.

Hypothese und Ergebnisse

Der Hypothesenbildung liegen im wesentlichen folgende empirischen Feststellungen zugrunde:
1. Die Probanden wählen fast ausschließlich Berufe der Berufsobergruppe A.
2. Bei den Eltern sind die Berufsobergruppen A, B und C in hohem Maße überrepräsentiert, bei den Müttern auch D. – Bei 50,3 % der Familien befindet sich unter den Verwandten 1. und 2. Grades der Probanden mindestens ein Vertreter der Berufsobergruppe A, Geschwister hierbei nicht berücksichtigt.
3. Bei den Seitenverwandten haben Elternpaare der Berufsobergruppen B und C Kinder, die alle möglichen Berufe ausüben, also Berufsgruppen 1–15. Elternpaare der Berufsobergruppen A und E haben aber in der Regel nur wieder Kinder der jeweiligen Berufsobergruppe.
4. Bei den psychisch gesunden Geschwistern der Probanden treten Berufe der Berufsobergruppe E nicht auf, wenn ein Elternteil einen Beruf der Berufsobergruppe A ausübt.
Ausgehend von diesen Feststellungen wird als Arbeitshypothese formuliert: Nehmen wir an, die Berufsobergruppe A wäre homozygot M_1M_1 für einen zu definierenden mathematisch-technischen Faktor M_1, die Berufsobergruppen B und C wären heterozygot M_1M_2 für diesen Faktor und für ein zweites Allel M_2, die Berufsobergruppen E und D wären homozygot M_2M_2. Der Erbgang für M_1 wird hypothetisch als autosomal-rezessiv mit Dosiseffekt angenommen.
Die Arbeitshypothese in dieser Form ist nur anwendbar für die Cousins und Cousinen, für die Teilnehmer und deren Geschwister, da sich das für jede Generation anders gelagerte schwierige Problem der Normierung einer Intelligenzverteilung auf eine in Entwicklung begriffene und bei den Geschlechtern stark unterschiedliche Berufsverteilung ergibt. Deshalb gehört in

der Eltern- und Großelterngeneration die Berufsgruppe D bei den Frauen hypothetisch zu den Heterozygoten, in der Großelterngeneration auch bei den Männern. In der Elterngeneration muß bei den Männern die Berufsobergruppe D sehr differenziert betrachtet werden. Ebenso bedarf auch die Berufsobergruppe E der traditionsgebundenen Berufe stets einer differenzierten Betrachtung.

Tabelle 1: Berufsobergruppen der Seitenverwandten

Onkel, Tante \ Ehepartner	A	B	C	D	E′	E″	H
A	A B C D E	A B C D E 1	A B 1 C D E	A 1 B 8 C 1 D 2 E 3	A 1 B 2 C 1 D 1 E	A B C D E	A 3 B 2 C 2 D 2 E 2
B	A B 6 C D E	A 1 B 9 C D 1 E 2	A 1 B 3 C D E	A B 9 C D E 2	A B C D E 4	A B C D E	A B 1 C D E
C	A B C D E	A B C D 2 E	A B 1 C D E 1	A B 3 C 3 D 3 E 4	A 1 B 1 C D 1 E	A B 1 C D E	A B 2 C 1 D 2 E 4
D	A 3 B 9 C 4 D 1 E 2	A 1 B 5 C 1 D 1 E	A B 1 C 1 D 2 E 2	A 2 B 4 C 4 D 3 E 10	A 1 B 5 C 3 D 3 E 11	A 1 B 4 C 2 D 2 E 2	A B C D 5 E 3
E′	A B 2 C D E	A B 2 C D E	A B 1 C D 2 E 1	A B 4 C 1 D 1 E 8	A 1 B 1 C 3 D 8 E 15	A B C 1 D E 7	A B 1 C D 1 E 1
E″	A B C D E	A B 1 C D E	A 1 B C D E	A B C D E 3	A B C D 2 E	A 4 B 1 C D 2 E 17	A 1 B 2 C 2 D E 5
H	A 1 B 2 C D 2 E 1	A B 2 C D E 1	A 1 B C 1 D 3 E	A 1 B 1 C D 5 E 9	A B 3 C 2 D 5 E 3	A B 1 C 3 D 2 E 8	

Heiratsgruppe I = links oben
Heiratsgruppe II = ⧄
Heiratsgruppe III = ⧅
Heiratsgruppe IV = rechts unten
E′ – E″ wurde bei den Heiratsgruppen nicht berücksichtigt = ⊠

Die Berufsobergruppen sind also den hypothetischen Genotypen nur mit einer bestimmten Wahrscheinlichkeit kongruent, was sich aus der Komplexität der sozialen und psychischen Realität ergibt. Krankheiten, Unfälle, Kriegsverletzungen, die Bildungsschranken der Vergangenheit, Entwicklungsschäden im Kindesalter, die Multidimensionalität des Gefüges der Persönlichkeits- und Intelligenzfaktoren bewirken diese Inkongruenz. Der Fehler in der Zuordnung Genotyp – Beruf wird in der Teilnehmergeneration mit ± 12 bis 16 % angenommen, in der Elterngeneration mit ± 20 bis 25 % und ist bei den Frauen größer als bei den Männern. Die Schätzung der Fehlergrenze beruht auf der Anzahl der Berufe unter den Eltern und Verwandten, die nicht mit der Arbeitshypothese vereinbar ist, wobei aber bei den Eltern andere Angaben (überdurchschnittliche Schulleistungen in Mathematik, berufliche Auszeichnungen, Freizeitbeschäftigungen) fast immer darauf hindeuten, daß der Faktor M_1 dennoch vorhanden ist. – Für die Einordnung der Nur-Hausfrauen wurde die aus den Tabellen von Garrison und Mitarbeitern (1968) ersichtliche Tatsache der Heiratssiebung zur Grundlage genommen, die Ehen zwischen M_1M_1 und M_2M_2 in der sozialen Realität ausschließen dürfte.
Der mathematisch-technische Faktor wird hypothetisch und operational definiert als ein Allel, das für den Träger der doppelten Gendosis unter den gegenwärtigen sozialen Bedingungen die unerläßliche Voraussetzung für die Ausübung solcher Berufe wie Diplom-Mathematiker, Diplom-Maschinenbauingenieur und Diplom-Finanzökonom ist. – Als hypothetischer Gegenpol zu diesem Faktor existiert ein zweites Allel, das zu den genannten Berufen keine geeigneten Voraussetzungen gibt.
Auf der Grundlage der aufgestellten Arbeitshypothese, unter Berücksichtigung der Heiratssiebung und des Fehlers bei der Zuordnung zu den Genotypen wurde eine statistische Analyse der synchron zum Probanden und dessen Eltern lebenden Seitenverwandten vorgenommen.
In Tabelle 1 sind in der Senkrechten die Berufsobergruppen der Onkel und Tanten des Probanden eingetragen, in der Waagerechten deren Ehepartner, in der Tabelle die aus den entsprechenden Ehen stammenden Kinder, also die Cousins und Cousinen der Teilnehmer. Die Mendelschen Gesetze geben nun für diese F_1 bestimmte Erwartungswerte vor. Aber in Hinblick auf die angegebene Unsicherheit bei der Zuordnung zu den hypothetischen Genotypen – vor allem bei den Frauen – hieße es, eine größere als überhaupt mögliche Genauigkeit der Methode vorzutäuschen, wenn für die einzelnen möglichen Heiratsgruppen exakte Erwartungswerte vorgegeben wären. Es wird deshalb für jede gebildete Heiratsgruppe für die Häufigkeit der Cousins und Cousinen mit Berufsobergruppen A und B eine Spanne von 25 % als Erwartungswert vorgegeben.
Tabelle 2 zeigt die Erwartungswerte und die in der sozialen Realität gefundenen. – Daß in der Humangenetik bei der Untersuchung von mehreren Generationen die Bedingung der Konstanthaltung des Milieus nicht zu erfüllen ist, ist offenkundig. Es wird deshalb hier versucht, eine Nullhypothese zu formulieren, die eine relative statistische Konstanthaltung erlaubt: Wenn es innerhalb einer Generation möglich ist, daß nur rein soziale oder zufällige Ursachen innerhalb einer Familie (F_1) zu einer Differenzierung der Brüder und

Tabelle 2: Erwartungswerte und Ergebnisse bei Cousins und Cousinen

Heirats-gruppe	Erwartungs-wert in % für A, B	gefundener Wert in % für A, B	Berufsobergruppen absolute Zahlen (= N) A, B	C, D, E	Summe
I	75–100	88,5	7	1	8
II	50– 75	65,7	67	35	102
III	25– 50	29,3	36	87	123
IV	0– 25	11,7	12	91	103
			122	214	336
			36,3%	63,7%	100%

Schwestern in unterschiedliche Berufe führen, so muß sich statistisch gesehen – als Aussage über eine statistische Masse von Familien – dieser Einfluß in der nächsten Generation (F_2) wieder ausgleichen. – Das ist hier nicht der Fall. Für das untersuchte Merkmal ist der Erwartungswert der Nullhypothese das Mittel der Cousins und Cousinen über alle Heiratsgruppen, hier also 36,3 %. – Die Nullhypothese wird abgelehnt. Die Verteilung in der nächsten Generation (F_2) entspricht Erwartungswerten, die durch die genetische Arbeitshypothese vorgegeben sind.

Damit ist wahrscheinlich gemacht, daß ein Allel, das für die mathematisch-technisch-strategische Begabung unerläßliche Voraussetzung ist, tatsächlich existiert. – Wenn eine Testbatterie entwickelt wird und Tests in Kombination mit Schul- und Lebensleistungen für die Zuordnung zu den hypothetischen Genotypen herangezogen werden, dann müßte damit eine höhere Validität erreicht und der exakte Beweis der Hypothese in Familienuntersuchungen möglich werden. Zu diesem Zweck müßten alle erdenklichen Tests erprobt werden, die den hypothetischen Faktor messen könnten, und zwar müßte die Eichung an drei Populationen durchgeführt werden, die für die hypothetischen Genotypen charakteristisch sind, also etwa 100 Diplom-Mathematikern, 100 mit Berufsobergruppe B und C und 100 Personen mit Berufsobergruppe E. Dann werden die Testergebnisse über einen Computer so lange optimiert, bis die Kombination von Tests zu einer Testbatterie übrigbleibt, die eine optimale Trennung erlaubt. Ein ähnliches Screening-Verfahren müßte auch mit einem maximalen Spektrum biochemischer Meßwerte, vor allem enzymkinetischer Daten, versucht werden, und vielleicht ist es schon jetzt möglich, die biochemischen Äquivalente der postulierten Allele zu finden, womit auch Koppelungs- und Lokalisationsuntersuchungen in den Bereich des Möglichen rückten.

Zusammenfassung

Durch einen mathematischen Leistungswettbewerb wurden 1970 in der DDR 600 000 Schüler erfaßt, von denen von den 178 Besten aus Fragebogen Angaben über Berufe und Leistungen der Verwandten 1., 2. und 3. Grades gewonnen wurden. Einer operationalen

Gliederung der Berufe in Berufsgruppen werden hypothetisch Genotypen in der Annahme zugeordnet, daß ein Allel in homozygoter Form die Voraussetzung für die Ausübung hochqualifizierter mathematisch-technisch-organisatorischer Berufe ist. Durch die statistische Analyse der synchron zum Probanden lebenden Seitenverwandten und die Stellung einer neuen Art von Nullhypothese wird die Richtigkeit der Hypothese eines autosomal-rezessiven Erbgangs mit Dosiseffekt wahrscheinlich gemacht.

Anmerkung

1 Gedankt sei der Staatlichen Zentralverwaltung für Statistik für die Genehmigung, dem Ministerium für Volksbildung für die Förderung und dem Zentralen Komitee für die Olympiaden Junger Mathematiker in der DDR bei der Mathematischen Gesellschaft in der DDR (Vorsitzender: Prof. Dr. W. Engel; Sekretär: Oberstudienrat H. Titze) für die großzügige Unterstützung der Untersuchung.

Literatur

AMTHAUER, R. (1953): Intelligenz und Beruf. *Z. exp. angew. Psychol.* 1, 102–136.

GALTON, F. (1869): *Hereditary genius.* London: Macmillan.

GARRISON, R. J., ANDERSON, V. E., & REED, SH. C. (1968): Assortative marriage. *Eug. Quart.* 15, 113–127.

GUILFORD, J. P. (1967): *The nature of human intelligence.* New York/St. Louis/Sydney: McGraw-Hill.

GULLASCH, R. (1967): *Analyse und Synthese bei individuellen Unterschieden in den mathematischen Fähigkeiten.* Diss. Päd. Zentralinst. Berlin.

GUTHKE, J. (1969): Über die Bedeutung von Lerntests bei der Begabungsdiagnostik. *Probl. Ergebn. Psychol.* 35, 57–76.

HORN, W. (1957): Zur Entwicklung, Aufgabenanalyse, Eichung und Anwendung des Begabungstestsystems (BTS). *Z. exp. angew. Psychol.* 4, 623–668.

KRUTEZKI, W. A. (1968): *Die Psychologie der mathematischen Fähigkeiten der Schüler* (russ.). Moskau: Proswestschenie.

Erb- und Umweltfaktoren der musikalischen Begabung*

von R. P. G. Shuter
(West Ham College of Technology)

Das Ziel dieser Untersuchung ist festzustellen, inwieweit die Musikalität von der Vererbung und inwieweit sie von der Umwelt abhängt. Hierzu werden einmal Eltern mit Kindern und sodann eineiige mit zweieiigen Zwillingen verglichen.

In den meisten früheren Untersuchungen hat man die Musikbegabung aufgrund des Rufes des Betreffenden oder aufgrund von Fragebogendaten bezüglich seiner musikalischen Betätigung bestimmt. Obwohl seit den dreißiger Jahren zufriedenstellende Tests für die musikalische Begabung zur Verfügung stehen, hat man doch nur selten versucht, sie in genetischen Untersuchungen zu verwenden. Ausführliche Literaturangaben zu diesem Thema finden sich in der Dissertation des Verfassers (Shuter 1964).

Stammbaum und Fragebogenstudien

1869 hat Galton die Genealogie von 120 hervorragenden und originellen Musikern untersucht. Nur 26 unter ihnen hatten herausragende Blutsverwandte, von denen nicht einmal alle Musiker waren. Untersucht wurden dabei unter anderem neun Mitglieder der Familie Bach – sicherlich die bemerkenswerteste unter allen Musikerfamilien der Geschichte. Nach Shull (1948) waren 48 von 55 männlichen Bachs in sechs Generationen Musiker, nur bei 7 wissen wir nichts von einer musikalischen Begabung.

Biographisches Material ist jedoch, wie Feis (1910) festgestellt hat, meist unvollständig. Er unternahm den Versuch, die Ahnen und Nachkommen von 285 berühmten Musikern zu beurteilen, wobei Informationen über die mütterlichen Linien besonders schwer zu erhalten waren. Außerdem blieben auch viele Musiker kinderlos.

Scheinfeld hat für die erste Ausgabe von ›You and Heredity‹ an der Juilliard Graduate School of Music eine Untersuchung zeitgenössischer Musiker und Musikstudenten durchgeführt. Zu seiner in Tabelle 1 angeführten Gruppe von Virtuosen gehören so hervorragende Künstler wie Yehudi Menuhin und Artur Rubinstein.

* Hereditary and environmental factors in musical ability. Mit freundlicher Genehmigung des Verlags Croythorn House, Edinburgh, und der Eugenic Society, London, entnommen aus: *The Eugenics Review* 58, 1966, S. 149–156.

Tabelle 1: Ungefährer Prozentsatz der Verwandten mit einiger Begabung

Gruppe	Umfang der Gruppe	Prozentsatz bei den Vätern	Müttern	Geschwistern
Virtuosen	37	75	50	50
Opernsänger	36	67		40
Musikstudenten	50	58	74	70

Eine Analyse der Häufigkeit der Begabung in den drei Gruppen ergab, daß in Fällen, wo beide Elternteile musikalisch begabt waren, über 70 % der Geschwister (zusätzlich zum Befragten) ebenfalls eine musikalische Begabung besaßen. War nur ein Elternteil begabt, so war bei 60 % der Geschwister eine musikalische Begabung zu finden. Waren beide Eltern unmusikalisch, waren nur 15 % der Geschwister musikalisch.

Scheinfeld schloß hieraus, daß zur Erklärung dieser Verhältniszahlen ein multipler Genmechanismus zu postulieren sei und daß das einfachste Verhältnis, das den Anforderungen genügen könnte, zum mindesten zwei verschiedene dominante Gene seien. Eine solche Theorie könnte das plötzliche Auftauchen eines Hochbegabten in einer scheinbar unmusikalischen Familie erklären helfen. Hierzu führt Scheinfeld das Beispiel von Toscanini an. Ob jedoch große Musiker sich von weniger talentierten durch den Besitz spezieller »Begabungs«-Gene unterscheiden, bleibt eine offene Frage.

Der erste, der die Mendelschen Gesetze auf eine unausgelesene Population angewandt hat, dürfte Hurst (1912) gewesen sein. Er schloß aus seinen Beobachtungen an Eltern und Kindern in einem Industriedorf in Leicestershire, daß es sich bei der Musikalität um einen rezessiven Persönlichkeitszug handelt. Seiner Ansicht nach könnte ein Mangel an musikalischer Begabung auf einen hemmenden Faktor zurückzuführen sein, der verhindert, daß die musikalischen Fähigkeiten, die hypostatisch bei allen Menschen vorhanden sind, zum Ausdruck kommen. Und er fragt sich, ob Menschen ohne musikalisches Gehör an einer doppelten Dosis dieses hemmenden Faktors leiden.

In den zwanziger Jahren haben mehrere europäische Forscher versucht, die Vererbung der Musikalität anhand von Fragebogendaten festzustellen. Mjoen (1926) hat die Musikalität seiner Versuchspersonen abgestuft auf einer Skala von 0 bis 10 dargestellt. In der nachstehenden Tabelle 2 lagen die als P (geringbegabt) Bezeichneten zwischen 0 und 2; ihre Begabung beschränkte sich bestenfalls darauf, daß sie eine bestimmte Melodie wiedererkennen konnten. Die Gruppe M (musikalisch) reichte von solchen, die merkten, wenn sie falsch sangen (3), bis zu solchen, die eine zweite Stimme improvisieren konnten (7). Die Hochbegabten (Gruppe S) wurden von 8 bis 10 eingestuft; sie waren mindestens in der Lage, nach dem Gehör zu spielen, und die Begabtesten unter ihnen konnten komponieren und mehrere Instrumente spielen.

Nach den Ergebnissen von Tabelle 2 ist anzunehmen, daß die durchschnitt-

liche Begabung der Kinder um so größer ist, je größer die durchschnittliche Begabung der Eltern ist. Ein Vertreter der Umwelttheorie könnte einwenden, daß die von den Eltern geschaffene musikalische Umgebung wahrscheinlich annähernd mit ihrer eigenen Begabung beziehungsweise fehlenden Begabung variiert. Mjoen hat jedoch auch Beweise dafür geliefert, daß in Fällen, wo beide Eltern musikalisch sind (Grad 5 oder darüber), der Anteil der begabten Kinder der Zahl der musikbegabten Großeltern entspricht, woraus er schließt, daß die Qualität der Sippe entscheidender ist als die der Eltern allein.
Haecker und Ziehen haben herausgefunden, daß die Chance, daß ein Kind sehr musikalisch sein wird, 86 % beträgt, wenn beide Eltern musikalisch sind, etwa 60 %, wenn es nur ein Elternteil ist, und etwa 25 %, wenn beide Eltern unmusikalisch sind. Bemerkenswert ähnliche Prozentsätze wurden von Heymans und Wiersma gefunden (vgl. Revesz 1953).
Die Zuverlässigkeit solcher Fragebogenübersichten hängt natürlich von der Genauigkeit der Antworten ab. Wo das Spielen von Instrumenten mitberücksichtigt wird, sind solche Personen stark benachteiligt, die nicht gelernt haben, ein Instrument zu spielen.

Tabelle 2: Prozentsatz der Kinder von Eltern verschiedener Begabungskombination, eingeordnet nach Begabungsgrad

Eltern	Zahl der Elternpaare	Gesamtzahl der Kinder	Prozentsatz der Kinder mit Begabungsgrad S	M	P
S	7	23	72	28	0
SxM	40	175	60	34	6
SxP	9	34	26	37	37
MxM	30	113	39	49	12
MxP	21	75	7	40	53
PxP	7	22	0	10	90

Hierin bedeutet:

P	(poor)	geringbegabt	(Begabungsgrad 0-2)
M	(musical)	musikalisch	(Begabungsgrad 3–7)
S	(superior)	hochbegabt	(Begabungsgrad 8–10)

Auf Tests begründete Untersuchungen

Durch die Entwicklung von Tests für die musikalische Begabung ergab sich die Möglichkeit zu ihrer exakteren Feststellung. Die ersten standardisierten Tests dieser Art, die veröffentlicht wurden, waren die ›Seashore Measures of Musical Talent‹ (1919). Man wollte damit die Fähigkeit messen, feine Unterschiede in der Tonhöhe, der Zeitdauer und der Intensität eines Tones und so weiter wahrzunehmen und zu beurteilen, welcher Ton in einer Reihe von Tönen beim zweiten Abspielen geändert wurde. Die Relevanz solcher Tests für die funktionale musikalische Begabung, wie sie erforderlich ist, um ein bestimmtes

Instrument spielen zu lernen, ist wiederholt in Frage gestellt worden. Hierfür dürften sich die Tonhöhe- und Tongedächtnis-Tests am besten eignen.
Seit 1930 hat man Tests für musikalisches Material entwickelt, von denen einige befriedigende Schätzungen des musikalischen Potentials erlauben. Die bestbegründete und umfassendste Testbatterie dürften hier die ›Wing Tests of Musical Intelligence‹ sein. Drei dieser sieben Tests befassen sich mit der Schärfe des musikalischen Gehörs: Wie viele Töne enthält ein Akkord? Sind die beiden Akkorde bei ihrer Wiederholung genau die gleichen gewesen, oder war ein Ton höher oder tiefer? Welche Note einer Melodie wurde beim zweiten Spielen geändert? Vier Tests bezogen sich auf das Musikverständnis, auf Rhythmus, Harmonie, Intensität und Phrasierung. Bei jedem Test wird eine Melodie im gleichen oder in einem veränderten Stil wiederholt. Die Versuchsperson muß dann entscheiden, ob die zweite Version dieselbe war oder nicht, und wenn sie verändert war, welche Wiedergabe die beste war. Derartige Tests informieren natürlich nicht über die muskuläre Seite der Darbietung.
1922 hat Frau Stanton eine bahnbrechende genetische Untersuchung durchgeführt, bei welcher sie die ›Seashore Measures‹ verwendete. Sie hat 85 Familienmitglieder von sechs bekannten amerikanischen Musikern getestet und für jede Familie Begabungsprofile aufgezeichnet. Ihre Resultate scheinen zu bestätigen, daß ein Kind aus einer musikalischen Sippe bessere Chancen hat, musikalisch zu sein. Allerdings sind ihre Tabellen schwer zu interpretieren, da sie keine statistische Analyse vorgenommen hat.
Die Seashore-Tests über Tonhöhe, Tonstärke und Rhythmus und die Wing-Tests über Tonhöhe und Tongedächtnis wurden von Vandenberg (1962) in seine ›Hereditary Ability Study‹ einbezogen. Dabei wurden 33 eineiige und 43 zweieiige Zwillingspaare untersucht. Signifikante Unterschiede wurden bei beiden Zwillingstypen nur bei den Tests über Rhythmus und Tongedächtnis festgestellt. Folgende Vererbungsindices wurden nach der Clarkschen Formel berechnet:

Seashore	Tonhöhe	0,00
	Tonstärke	0,44
	Rhythmus	0,52
Wing	Tonhöhe	0,12
	Tongedächtnis	0,42

Die Verläßlichkeit des Rhythmus-Tests von Seashore ist zweifelhaft, doch weist anderes Beobachtungsmaterial darauf hin, daß die rhythmische Begabung gegen Umwelteinflüsse besonders resistent ist. Erstaunlich ist, daß die beiden Tonhöhe-Tests offenbar so wenig mit Vererbung zu tun haben. Vandenberg selbst meint, dies könne daher kommen, daß nur die außergewöhnliche Begabung großer Komponisten und Musiker auf einem Erbfaktor beruhe. Er fügt hinzu, daß sich für Vererbungsstudien möglicherweise besser die Vererbung von Mängeln als die von Begabungen eigne.
In London haben Kalmus und Fry am University College eine interessante Untersuchung über fehlendes musikalisches Gehör angestellt. Sie entwickelten einen Test mit verzerrten Melodien, der sich aus bestimmten Stellen aus 25

wohlbekannten Melodien zusammensetzt. In der einen Version wurde die betreffende Melodie jeweils richtig gespielt, und in der anderen wurde sie durch einige eingeschobene, total falsche Noten verzerrt, wobei der Rhythmus unverändert blieb. Die Versuchsperson wurde aufgefordert zu entscheiden, ob die Melodien richtig oder falsch wiedergegeben wurden. Die Testergebnisse ließen einen deutlichen Unterschied erkennen zwischen den 95 % der etwa 1200 erwachsenen und jugendlichen Versuchspersonen, die als normal anzusehen waren, und den 5 % ohne musikalisches Gehör (Fry 1948). Die Leistung beim ›Seashore-Gedächtnistest‹ war durchweg schlecht bei Versuchspersonen ohne musikalisches Gehör, die auch bei einem Test, bei dem es darum ging, die Höhe bestimmter Töne zu unterscheiden, schlecht abschnitten. Es hatte häufig den Anschein, als verteilte sich das fehlende musikalische Gehör in Familien und bei Geschwistern nach den Mendelschen Gesetzen, was darauf schließen läßt, daß es von einem einzelnen, möglicherweise dominanten Gen vererbt wird. Kalmus (1952) ist jedoch vorsichtig mit einer solchen Schlußfolgerung und meint, möglicherweise gebe es verschiedene Arten von fehlendem musikalischem Gehör, und es sei keineswegs von der Art der musikalischen Erziehung unabhängig.

Wyatt (1945) hat umfangreiches Beweismaterial dafür beigesteuert, daß ein wirklich effizientes individuelles Einüben die Unterscheidung der Tonhöhen signifikant zu verbessern vermag. Übung im Nachsingen von Tonfolgen und Melodien kann zu einer dauernden Verbesserung bei Kindern zwischen drei und fünf Jahren führen (Updegraff, Heileger & Learned 1938). Wie lange die Wirkung eines solchen, über lange Zeit hin durchgeführten Übungsprogramms anhält, ist nicht bekannt. Wir besitzen jedoch Beobachtungsmaterial für den Einfluß eines normalen Umgangs mit der Musik auf die Testresultate. Die meisten Verfasser von Tests haben sich bemüht, ihre Tests so zu konstruieren, daß sie so weit wie möglich von etwaigen früheren Erfahrungen unbeeinflußt bleiben. Sicher ist, daß große Unterschiede bei Personen vorhanden sind, die in musikalisch ähnlicher Umgebung aufgewachsen sind. In einem Fall wurde bei zwei Schwestern bereits im Alter von achtzehn Monaten ein merklicher Unterschied beobachtet; ihre spätere Berufslaufbahn bestätigte diesen Unterschied. Abgesehen von der Reifung bleiben die Testwerte ziemlich konstant und unbeeinflußt davon, ob das Kind angefangen hat, ein Instrument spielen zu lernen, oder ob es den Musikunterricht aufgegeben hat. Auch bei Gruppen, die sich zum Beispiel nach Geschlecht, Rasse oder kulturellem Hintergrund unterscheiden, wurden nur wenige echte Unterschiede in den Testwerten beobachtet (Wing 1948; Drake 1957; Bentley 1966).

Man hat darauf hingewiesen, daß sich viele dieser Ergebnisse auf Kinder beziehen, die vielleicht bereits über das Stadium hinaus waren, in dem ein Training die Testleistung beeinflussen kann. Holmstrom (1963) konnte beobachten, daß achtjährige Kinder aus einem musikalischen Elternhaus signifikant höhere Testwerte erreichten als solche aus unmusikalischen Familien. Das ist selbstverständlich kein Beweis gegen die Bedeutung der Erbanlage.

Die Eltern-Kind-Studie

54 Schüler eines gemischten Gymnasiums (grammar school) und 13 aus einem Mädchengymnasium, beide in den Home Counties, sowie 78 ihrer Eltern wurden mit der Wing-Batterie getestet. Durch die Fragebogen wurden Daten über das Spielen von Instrumenten, Musikunterricht, Konzertbesuch und häusliches Musikhören erhoben.

Wünschenswert wäre es gewesen, Eltern und Kinder aller Begabungsstufen mitzuberücksichtigen. Aber freiwillige Gruppen zeigen stets eine Tendenz zur Selbstauswahl, da Erwachsene sich eher an einem Test beteiligen, wenn sie selbst musikalisch sind, wenn sie sich für Musik interessieren oder wenigstens das Gefühl haben, daß ihre Kinder musikalisch sein könnten. Die Testergebnisse zeigten, daß die Eltern mit ihrer musikalischen Begabung tatsächlich ziemlich weit über dem Durchschnitt lagen. Viele der Kinder waren hochbegabt und hatten überdurchschnittlich Gelegenheit zum Musikunterricht und zum Anhören guter Musik gehabt. Aber selbst bei dieser ausgewählten Gruppe waren die Korrelationen zwischen den Eltern und deren Kind[1] und die Korrelationen zwischen den Geschwistern (Tabelle 3) sehr ähnlich dem Koeffizienten von 0,50, der bei entsprechenden Untersuchungen zur Intelligenz als typisch gilt (vgl. Vernon 1960). Die niedrige Korrelation von 0,290 für die Gesamtstichprobe stieg auf 0,364, wenn die Resultate aus dem Mädchengymnasium, wo die Auswirkung der Selbstselektion besonders stark war, unberücksichtigt blieben. Bei einer repräsentativeren Stichprobe hätte man möglicherweise eine noch höhere Korrelation erhalten.

Wenn man die Möglichkeit berücksichtigt, daß das Interesse an musikalischer Betätigung zu einer Heirat zwischen Menschen gleichen Geschmacks führt, dürfte man ziemlich häufig eine derartige Gattenwahl in der Stichprobe dieser Eltern erwarten. Die erhaltene Zahl von 0,331 ist ziemlich niedrig verglichen mit den von 0,3 bis 0,7 reichenden Korrelationen, die bei Ehepaaren und Verlobten in bezug auf deren Körpergröße, Intelligenz und eine große Vielfalt anderer Persönlichkeitszüge berichtet werden (vgl. Cattell 1950). In den Resultaten war auch kein auffälliger Hinweis auf einen Dominanzeffekt zu finden, der etwa bewirkt hätte, daß die musikalische Begabung vom begabteren Elternteil übertragen würde.

Tabelle 3: Korrelationen beim Wing-Test

	Anzahl	Korrelations-koeffizient
Elterndurchschnitt/Kind	25	0,475
Jeder Elternteil/jedes Kind	100	0,290
Vater/Kind	25	0,627
Mutter/Kind	25	0,258
Elternteil mit höherem Testwert/Kind	25	0,394
Vater/Mutter	25	0,331
Geschwister	14	0,496

Der auffällige Unterschied zwischen der Vater-Kind- und der Mutter-Kind-Korrelation war schwer zu erklären. Die Jungen erzielen bei musikalischen Eignungstests die gleichen Testwerte wie die Mädchen. Man vermag daher nur schwer einzusehen, wie ein mit dem Geschlecht in Beziehung stehender Mechanismus bei der Übertragung der Musikalität mit im Spiele sein könnte. Die Daten aus dem Fragebogen der Eltern darüber, wieweit sie ein Instrument spielten und Musikunterricht genossen hatten, sowie über ihre Gewohnheiten in bezug auf das Musikhören wurden sorgfältig daraufhin untersucht, ob sie sich mit Umwelteinflüssen erklären ließen. Aber selbst bei den älteren Kindern schien es eher die Mutter zu sein als der Vater, die die musikalische Umgebung bestimmte. Vielleicht war dabei ein subtiler Selektionsmechanismus am Werk. Es könnte sein, daß Männer eher bereit sind, bei einem Test freiwillig mitzumachen, wenn sie vermuten, daß ihr Sprößling ihnen ähnlich ist! Allerdings war es nur in 25 Fällen möglich, beide Eltern zu testen; so können die Resultate nicht mehr als ein erster Anhaltspunkt sein.
Die Daten aus den Elternfragebogen wurden außerdem mit einem Gesamtindex des musikalischen Niveaus der Kinder verglichen. Dieser Gesamtindex setzte sich aus den Wing-Testwerten sowie aus einer Bewertung der musikalischen Kenntnisse, einem Testwert für das Spielen eines Instruments und für empfangenen Musikunterricht zusammen. Die Beherrschung eines Musikinstruments durch die Eltern und der den Eltern erteilte Musikunterricht waren die einzigen Variablen, die einen hochsignifikanten Zusammenhang (p unter 0,01) mit dem musikalischen Niveau der Kinder aufwiesen. Man kann darin ein Beispiel für die Interaktion von Erb- und Umweltfaktoren sehen, aber es könnte auch für den einen oder anderen Aspekt sprechen; beispielsweise könnte man argumentieren, daß Eltern, die selbst Musikunterricht gehabt haben und weiter ein Instrument spielen, selbst musikalisch sind und daß die Kinder diese Begabung von ihnen geerbt haben. Die Wing-Testwerte der Eltern schienen ganz allgemein in positivem Zusammenhang damit zu stehen, wieviel Musikunterricht sie gehabt hatten. Andererseits werden die Vertreter der Umwelttheorie sagen, daß die Eltern mit ihrem Spiel dazu beigetragen haben, das musikalische Niveau ihrer Kinder zu heben, und daß Eltern, die selber ein Instrument spielen, mit größerer Wahrscheinlichkeit auch ihre Kinder dazu anhalten, ein Instrument spielen zu lernen. Die Korrelation zwischen den Wing-Testwerten der Kinder und ihrem Kennwert für Musikunterricht und das Spielen eines Instruments war recht hoch; sie lag bei 0,654. Das könnte sehr wohl zum Teil darauf zurückzuführen sein, daß die musikalisch weniger begabten Kinder nur langsam Fortschritte machen und schließlich den Musikunterricht aufgeben. Hätten die Versuchspersonen einer Population angehört, in der nur wenig Gelegenheit bestand, Musikunterricht zu erhalten, hätte man eindeutigere Resultate erwarten können.

Die Zwillingsuntersuchung

1. Gemeinsam aufgewachsene Zwillinge: 50 Zwillingspaare im Alter von 9 bis 16 Jahren aus 20 Schulen wurden mit den Wing-Tests untersucht. Sie wurden aufgrund des allgemeinen Eindrucks und sorgfältiger Prüfung als eineiig oder zweieiig klassifiziert. Dabei konnten einige zweifelhafte Fälle durch Befragung geklärt werden; einige auf den ersten Blick gleich aussehende Zwillinge bestritten empört, jemals von ihren Verwandten oder Lehrern miteinander verwechselt worden zu sein. Das Verhältnis zwischen den eineiigen und den zweieiigen Zwillingspaaren war mit 40 : 60 höher als in der allgemeinen Population (28 : 72 nach den Statistiken des General Register Office). Zum Teil kommt das daher, daß der Verfasser bestrebt war, von beiden Zwillingstypen annähernd die gleiche Anzahl zu erhalten. Außerdem dürften sich viele Zwillingspaare, die aus einem Jungen und einem Mädchen bestanden, in verschiedenen Schulen befunden haben und daher bei der Untersuchung nicht mitberücksichtigt worden sein. Gewöhnlich hält man es überhaupt für besser, Paare unterschiedlichen Geschlechts auszuschließen, doch erwiesen sich solche Paare bei der vorliegenden Stichprobe in bezug auf ihre Musikbegabung als nicht in überdurchschnittlichem Maße unähnlich.

Außer den Wing-Testwerten für kindliche Zwillingspaare standen auch solche für 11 junge erwachsene Zwillingspaare zur Verfügung, die zu einem anderen Zweck von der MRC Psychiatric Genetics Research Unit untersucht wurden.

Während die Stichprobe der Eltern und Kinder insofern nicht repräsentativ war, als diese überdurchschnittlich begabt waren, waren die meisten Zwillinge insofern atypisch, als ihre musikalische Begabung weit unter dem Durchschnitt lag. Zudem können die Testwerte für das musikalische Verständnis in einigen Fällen durch Raten unzulässig beeinflußt worden sein. Die nachstehenden Ergebnisse gründen sich daher nur auf die drei Tests, die sich auf das musikalische Gehör beziehen. Die Wing-Testwerte wurden mit Hilfe der Wing-Formel (Wing 1960) in musikalische Quotienten (MQ) verwandelt. Die Verteilung der Unterschiede zwischen den Paarlingen in der jeweiligen Zwillingsklasse ist aus Tabelle 4 zu ersehen.

Die kleineren Unterschiede kommen etwas häufiger bei den eineiigen Zwillingen vor und die größeren in der zweieiigen Gruppe. Die Größe der Intrapaar-Differenz wurde mit der Einstellung der Zwillinge zur Musik, mit dem Ausmaß des musikalischen Trainings und des Musikhörens sowie mit dem Lebensalter und dem musikalischen Niveau verglichen. Dabei zeigten sich keine durchgehenden signifikanten Beziehungen. Die Unterschiede waren bei den jüngeren Paaren etwas größer als bei den älteren. Bei beiden Zwillingstypen war eine gewisse Tendenz festzustellen, daß die kleineren Unterschiede bei den niedrigeren Testwerten auftraten. Das könnte bedeuten, daß jemand um so weniger auf irgendwelche Stimulationen durch die Umwelt anspricht, je schwächer sein musikalisches Gehör ist, oder auch, daß ein ererbter Defekt um so schwerer zu modifizieren ist, je ausgeprägter er ist. Die meisten Zwillinge hatten (abgesehen vom Musikunterricht in der Schule) nie Musikunterricht gehabt, und nur sehr wenige von ihnen gingen irgendwann einmal in ein Konzert oder hörten zu Hause klassische Musik. Wenn von den eineiigen Zwillingen der eine Musikunterricht gehabt hatte, so hatte ihn auch der andere. Ein Unterschied von 23 MQ-Punkten wurde bei einem hochbegabten männlichen blinden Zwillingspaar gefunden, das als eineiig geschätzt

Tabelle 4: Verteilung der Intrapaar-Differenzen im Musikalitätsquotienten (MQ)

Unterschied im MQ	Eineiige Zwillingspaare: Kinder: Knaben	Kinder: Mädchen	Erwachsene: Männer	Erwachsene: Frauen
0–4	4	2	2	
5–9	1	2		1
10–14	2	2	2	
15–19		1	1	1
20–24	3	2		1
25–29				
30–34		1		
35–39				
40–44				
Über 45				
Insgesamt	10	10	5	3

Unterschied im MQ	Zweieiige Zwillingspaare: Kinder: Knaben	Kinder: Mädchen	Kinder: gemischt	Erwachsene: Männer	Erwachsene: Frauen
0–4	1	3	1	1	
5–9		2	1		
10–14	3	2	2		
15–19	2	1	4		1
20–24	1				
25–29	2	2	1	1	
30–34		1			
35–39					
40–44					
Über 45		1			
Insgesamt	9	12	9	2	1

wurde. Beide hatten vier bis fünf Jahre lang Klavierunterricht und übten viel. Andererseits hatten die beiden weiblichen eineiigen Zwillingspaare, die die unterschiedlichsten Testwerte erreichten (Unterschiede von 23 beziehungsweise 33 Punkten), nie Musikunterricht gehabt. Bei den zweieiigen Zwillingen zeigten sich die größeren Unterschiede bei solchen, die Musikunterricht gehabt hatten, im Gegensatz zu solchen, die beide kein Instrument spielten. Allerdings war hier die Stichprobe zu klein, als daß man definitive Schlüsse dahingehend hätte ziehen können, ob die Unterschiede durch die Übung größer werden oder nicht.

Bei einem zweieiigen Zwillingspaar war der MQ des einen Zwillings um 88 Testpunkte niedriger als der des anderen Zwillings. Beide hatten ihre

Antworten zum ersten Test nicht an der richtigen Stelle eingesetzt. Da sich ihre MQ-Werte nur auf ihre Leistungen bei Test 2 und 3 gründeten, hielten wir es für richtiger, ein so extremes Resultat bei der Korrelationsberechnung nicht mitzuberücksichtigen, zumal es durch einen Wiederholungstest nicht verifiziert wurde. h^2 wurde nach der Formel von Holzinger berechnet.[2]

Der Unterschied zwischen den eineiigen und den zweieiigen Zwillingen (Tabelle 5) war viel geringer als derjenige, der bezüglich der Intelligenz berichtet wird (vgl. Vernon 1960). Trotzdem wäre es unklug anzunehmen, daß Erbfaktoren bei der musikalischen Begabung eine geringere Rolle spielen. Die Stichprobe war zu klein, als daß die Korrelationen wirklich stabil sein könnten; auch kann das Schwierigkeitsniveau der Tests die Korrelationen beeinflussen (vgl. Vandenberg 1962); schließlich besteht auch die Möglichkeit, daß die Wing-Tests bei so unmusikalischen Kindern weniger zuverlässige Resultate als die besten Intelligenztests liefern.

Tabelle 5: Intrapaar-Korrelationen der Musikalitätsquotienten

Eineiige Zwillinge (Zahl der Paare)	r	Zweieiige Zwillinge (Zahl der Paare)	r	h^2
20 Kinderpaare	0,838	20 Kinderpaare gleichen Geschlechts	0,719	0,423
20 Kinderpaare + 8 Erwachsenenpaare	0,794	29 Kinderpaare + 3 Erwachsenenpaare	0,721	0,262
10 Knabenpaare	0,899	9 Knabenpaare	0,734	0,617

Soweit der Einfluß von Umweltfaktoren aus den Fragebogen festzustellen war, hatte es nicht den Anschein, als seien die hohen h^2-Werte bei den männlichen Zwillingen, wenn man diese gesondert betrachtete, darauf zurückzuführen. Ein Zusammenhang könnte jedoch mit dem höheren Anteil von Knaben bestehen, von denen ihre Lehrer sagten, sie hätten kein musikalisches Gehör. Bei einer Erhebung an mehr als 16 500 Schulkindern, die Bentley (1954, 1957) vornahm, stellte er fest, daß im Alter von 12 Jahren 7 % der Knaben, aber nur 1 % der Mädchen »Monotone« waren. Bentley selbst neigt zu der Ansicht, daß es sich bei diesen 4 % um den entsprechenden Anteil der erwachsenen Population (5 %) handeln könnte, denen nach den Beobachtungen von Kalmus und Fry jedes musikalische Gehör fehlt. Zu untersuchen wäre jedoch noch, weshalb einige der mit diesem Mangel Behafteten, bevor sie das Alter von 12 Jahren erreicht haben, darüber hinausgewachsen sind und andere nicht.

Es lag nicht in der Absicht von Wing, daß die 30 Testaufgaben, die sich auf das Erkennen der Tonhöhe und auf das musikalische Gedächtnis beziehen, gesondert von den übrigen Tests angewandt werden. Es dürfte jedoch immerhin der Mühe wert sein zu untersuchen, ob Vandenbergs Resultate zu verifizieren oder zu widerlegen sind. Die Intrapaar-Korrelationen bezüglich der Tonhöhe war bei den 20 zweieiigen Zwillingspaaren im Kindesalter höher (0,767) als die bei den 20 eineiigen Zwillingspaaren (0,558). Bezüglich des musikalischen Gedächtnisses dagegen betrug (bei konstant gehaltenem Alter) die Intrapaar-Korrelation bei der eineiigen Gruppe 0,766 und bei der zweieiigen 0,500. Der Wert h^2, nach der Formel von Holzinger errechnet, betrug 0,532. Benutzte man die Clarksche Formel wie in Vandenbergs Untersuchung, so stieg h^2 auf 0,642 an. Das für die Vererbung des musikalischen Gehörs im Schrifttum angeführte Beweismaterial ist etwas widersprüchlich (vgl. Shuter 1964, 193 ff.). Man sollte erwarten, daß – falls überhaupt ein Unterschied vorhanden ist – das musikalische Gehör in stärkerem Maße vererbbar ist als das musikalische Gedächtnis.

2. *Getrennt aufgewachsene Zwillinge:* Mr. James Shields von der MRC Genetics Research Unit hat mir freundlicherweise ermöglicht, fünf zuvor von ihm selbst untersuchte Paare eineiiger, aber getrennt aufgewachsener Zwillinge zu testen. Ich bediene mich im folgenden der von Shields in seiner Veröffentlichung (1962) benutzten Pseudonyme.

Die Intrapaar-Unterschiede zwischen den rohen Punktwerten[3] der Wing-Tests waren folgende: 2, 2, 12, 15 und 20.

Bei einem der Paare, dessen Testwerte nur um 2 Punkte differierten, war der musikalische Hintergrund ziemlich ähnlich: beide behaupteten, sich für Musik zu interessieren; beide hatten als Kind ein oder zwei Jahre lang Musikunterricht. Die Zwillinge des anderen Paares mit einem Unterschied von nur 2 Punkten waren in Familien aufgewachsen, in denen andere Familienmitglieder in Blaskapellen mitwirkten. Aber während Frances selbst in einer Kapelle 24 Jahre lang das Kornett geblasen hatte, hatte Foster bis 2 Monate vor unserem Test (im Alter von 38 Jahren) keinerlei Gelegenheit gehabt, ein Instrument spielen zu lernen. Sie erreichten Testwerte, die dem Durchschnitt von Wings Normen sehr nahe kamen. Ganz ähnlich waren auch die Ergebnisse der Subtests.

Die Zwillinge mit einem Unterschied von 12 Testpunkten waren 57 Jahre alt, als sie getestet wurden. Die niedrigeren Testwerte erreichte Jim, der sich für Musik mehr interessierte als sein Zwillingsbruder und einen verfeinerten Geschmack hatte; er liebte Ballettmusik und Tschaikowski, während sein Bruder Strauß den Vorzug gab.

Jacqueline, deren Wing-Testwerte eben über dem Durchschnitt lagen, während die ihrer Zwillingsschwester um 15 Punkte darunter lagen, hatte ihre Kindheit in einem weit musikalischeren Hause verbracht, wo ständig musiziert wurde. Sie hatte 7 Jahre lang Klavierunterricht gehabt und leitete später einen städtischen Frauenchor. In Beryls Zuhause spielte niemand ein Instrument, und sie hatte niemals Musikunterricht irgendwelcher Art gehabt.

Die größten Unterschiede wurden bei einem weiblichen Zwillingspaar gefunden, das im Alter von 43 Jahren getestet wurde. Der Vater spielte Klavier und besaß Musikdiplome. Olive, die bei den Eltern aufgewachsen war, hatte zwei Jahre lang Klavierunterricht. Seit sie 14 Jahre alt war, hörte sie allabendlich leichte klassische Musik. Madge wuchs bei Onkel und Tante auf, die sie als Klavierlehrerin ausbilden ließen; sie besaß ein ATCL-Diplom, hatte jedoch zum Zeitpunkt des Tests den Klavierunterricht aufgegeben. Die MQs beider Zwillinge lagen erheblich über dem Durchschnitt, und einige Testwerte aus Olives Subtests waren denen von Madge sehr ähnlich. Auch ihr musikalischer Geschmack war ähnlich.

Zusammenfassung

Die im vorliegenden Zusammenhang auftauchenden genetischen Faktoren sind weniger ausgeprägt als die bei Intelligenzmessung gefundenen, was vermutlich auf das musikalische Niveau der für die Tests zur Verfügung stehenden Personen zurückzuführen ist.

Die allgemeine Schlußfolgerung, die aus dieser und anderen im Schrifttum erwähnten Untersuchungen zu ziehen ist, lautet, daß die genetischen Komponenten der Leistung und der Lerngeschwindigkeit auf musikalischem Gebiet eine obere Grenze setzen. Um welchen Betrag die Leistung in einer nicht stimulierenden Umgebung hinter der maximalen Leistungsfähigkeit zurückbleibt, ist schwer zu entscheiden. Daß die Möglichkeit besteht, die mit den Wing-Tests gemessene Musikalität zu verbessern, geht aus dem Unterschied um 20 Testpunkte bei dem eineiigen Zwillingspaar hervor, das getrennt voneinander aufgezogen worden war. Aber es kam zu diesem Unterschied in einem Fall, wo der eine Zwilling Gelegenheit hatte, zur diplomierten Klavierlehrerin ausgebildet zu werden. Es könnte auch sein, daß nur bei Menschen mit einer ursprünglich hohen musikalischen Begabung die Unterschiede in der Ausbildung einen solchen Unterschied in der Testleistung hervorrufen. Es besteht auch die Möglichkeit, daß der Zwilling mit der größeren Erfahrung die Tests mit größerem Selbstvertrauen in Angriff nahm. Vernünftig angewendet, sind Tests wie die Wing-Tests recht wertvoll zur Voraussage künftiger musikalischer Erfolge.

Anmerkungen

1 Für die Testwerte der Eltern wurde der Durchschnitt ermittelt; bei den acht Geschwister-Paaren wurde der Durchschnittswert beider Kinder verwendet.

2 h^2 ist ein von Holzinger konzipierter statistischer Wert, der als Maßzahl für den Varianzanteil eines Persönlichkeitsmerkmals in einer bestimmten Population dient, welcher auf Vererbung und nicht auf Umwelteinflüsse zurückzuführen ist (Newman, Freeman & Holzinger 1937). h^2 ist brauchbar als Ausdruck der geschätzten Bedeutung der genetischen Steuerung, doch wird daran beanstandet, daß die Annahme zugrunde liegt, man könne die Umgebung von eineiigen und zweieiigen Zwillingen als äquivalent ansehen und eine Interaktion zwischen Erbfaktoren und Umweltfaktoren außer Betracht lassen. Holzingers Formel lautet:

$$h^2 = \frac{rMZ - rDZ}{1 - rDZ}$$

wobei r die Intraklassen-Korrelation für eineiige oder zweieiige Zwillinge ist. Vandenberg (1962) zieht es vor, die Clarksche Formel zu benutzen, nach der die Differenz zwischen der Varianz der zweieiigen und der Varianz der eineiigen Zwillinge durch die Varianz der zweieiigen Zwillinge dividiert wird.

3 Der Unterschied zwischen den Rohwerten entspricht etwa dem halben Unterschied zwischen den MQ-Punkten.

Literatur

BENTLEY, A. (1954): Children who sing out of tune. *Music in Education*, März/April, 13 f.

BENTLEY, A. (1957): Children who sing out of tune. *Music in Education*, Juli/Aug., 82 f.; Sept./Okt., 114.

BENTLEY, A. (1966): *Musical ability in children and its measurement.* London: Harrap.
CATTELL, R. B. (1950): *Personality.* New York: McGraw-Hill.
DRAKE, R. M. (1957): *Manual for the Drake musical aptitude tests.* Chicago: Science Research Associates.
FEIS, O. (1910): *Studien über die Genealogie und Psychologie des Musikers.* Wiesbaden: Bergmann.
FRY, D. (1948): An experimental study of tone deafness. *Speech,* 12, 4–11.
GALTON, F. (1869): *Hereditary genius.* London: Macmillan.
HOLMSTROM, L. (1963): *Musicality and prognosis.* Uppsala: Almqvist & Wiksells.
HURST, C. C. (1912): Mendelian heredity in man. *Eug. Rev.* 4, 20 f.
KALMUS, H. (1949): Tune deafness and its inheritance. *Proc. Int. Cong. Genet.,* Stockholm, 605.
KALMUS, H. (1952): Inherited sense defects. *Scientific American* 186, 64–70.
MJOEN, J. (1926): Genius as a biological problem. *Eug. Rev.* 17, 242–257.
NEWMAN, H. H., FREEMAN, F. N., & HOLZINGER, K. J. (1937): *Twins: A study of heredity and environment.* Chicago: Univ. of Chicago Press.
REVESZ, G. (1953): *Introduction to the psychology of music.* London: Longmans-Green.
SCHEINFELD, A. (1939): *You and heredity.* New York: Stokes.
SHIELDS, J. (1962): *Monozygotic twins brought up apart and brought up together.* London: Oxford Univ. Press.
SHULL, F. (1948): *Heredity.* New York: McGraw-Hill.
SHUTER, R. P. G. (1964): Heredity and environmental factors in musical ability. Ph. D. thesis, London University.
STANTON, H. (1922): Inheritance of specific musical capacities. *Psychol. Monogr.* 31, 140, 157–204.
UPDEGRAFF, R., HEILEGER, L., & LEARNED, J. (1938): The effect of training upon the singing ability and musical interest of three-, four-, and five-year-old children. *Univ. Iowa Stud. Child Welfare* 14, 83-121.
VANDENBERG, S. G. (1962): The hereditary abilities study: Hereditary components in a psychological test battery. *Amer. J. Hum. Genet.* 14, 220–237.
VERNON, P. E. (1960): *Intelligence and attainment tests.* London: Univ. of London Press.
WING, H. D. (1948): Tests of musical ability and appreciation. *Brit. J. Psychol. Monogr. Suppl.* 27, 88.
WING, H. D. (1960): *Manual for standardised tests of musical intelligence.* N. F. Ed. Res.
WYATT, R. F. (1945): The improvability of pitch discrimination. *Psychol. Monogr.* 58, 267, 1–58.

Unterschiede im räumlichen Vorstellungsvermögen als Hinweis auf eine geschlechtsgebundene Vererbung*

von R. E. Stafford
(Pennsylvania State University)

Die Eltern-Kind-Korrelationen psychologischer Eigenschaften haben sich für die Erforschung der Bedeutung hereditärer Komponenten als inadäquat erwiesen, da es unmöglich ist festzustellen, bis zu welchem Grad die Korrelationen auf Umwelteinflüsse zurückgehen. Die Übertragung eines Persönlichkeitszuges durch ein im X-Chromosom lokalisiertes Gen hat jedoch einzigartige Familien-Korrelationen zur Folge. So würden wir beispielsweise in einem solchen Fall eine Null-Korrelation zwischen Vätern und ihren Söhnen, dagegen eine signifikante Korrelation zwischen Vätern und ihren Töchtern erwarten, da der Vater sein Y-Chromosom seinem Sohn weitergibt, während sein X-Chromosom, welches der Träger des den Persönlichkeitszug determinierenden Gens ist, von ihm an seine Tochter weitergegeben wird. Da das X-Chromosom des Sohnes von der Mutter stammt, sollte man annehmen, daß die Korrelation zwischen Mutter und Sohn signifikant und gleich groß ist wie die Korrelation zwischen Vater und Tochter. Zwischen Müttern und ihren Töchtern würde sich eine etwas kleinere positive Korrelation ergeben.
Ein Verfahren zur Untersuchung des räumlichen Vorstellungsvermögens, der ›Identical Blocks Test‹, wurde bei 104 Vätern und Müttern und ihren 58 Söhnen sowie 70 Töchtern im Teenageralter angewendet. Ihre Mittelwerte, Standardabweichungen und Reliabilitätskoeffizienten bei dem 18-Item-Test waren die folgenden: 10, 2 ± 4,1, 0,87; 6,3 ± 3,2, 0,74; 11,9 ± 4,0, 0,86; und 9,6 ± 3,7, 0,84. Die Rohwerte wurden in Standardwerte transformiert und dadurch Altersunterschiede ausgeglichen. Die männlichen Probanden erreichten signifikant höhere Mittelwerte als die weiblichen, und zwar sowohl bei den Eltern als auch bei den Kindern.
Da Männer, die ein X- und ein Y-Chromosom besitzen, ein durch ein geschlechtsgebundenes rezessives Gen determiniertes Persönlichkeitsmerkmal häufiger zeigen als Frauen, die zwei X-Chromosomen haben, wird die Hypothese aufgestellt, daß der oben registrierte Unterschied zwischen den Geschlechtern auf ein rezessives geschlechtsgebundenes Gen zurückzuführen ist.

Die Pearsonschen Korrelationen zwischen den Familienangehörigen sind in

* Sex differences in spatial visualization as evidence of sex-linked inheritance. Mit freundlicher Genehmigung des Autors und Psychological Reports, Missoula (Montana), entnommen aus: *Perceptual and Motor Skills* 13, 1961, S. 428.

Spalte 2 der Tabelle angegeben. Spalte 3 enthält die korrigierten Korrelationskoeffizienten (correction for attenuation). In Spalte 4, 5 und 6 sind theoretische Phi-Koeffizienten für drei verschiedene Gen-Frequenzen errechnet.

	N	Tatsächliches r	Korrigiertes r	Theoretischer Phi-Wert 20%*	50%*	60%*
Vater/Mutter	99	0,03	0,04	0,00	0,00	0,00
Vater/Sohn	51	0,02	0,02	0,00	0,00	0,00
Vater/Tochter	63	0,31	0,36	0,41	0,58	0,61
Mutter/Sohn	50	0,31	0,39	0,41	0,58	0,61
Mutter/Tochter	64	0,14	0,18	0,17	0,33	0,38

* Auf der Basis dieser Gen-Frequenzen

Aus den Ergebnissen wird geschlossen, daß das räumliche Vorstellungsvermögen wahrscheinlich eine hereditäre Komponente besitzt, die durch ein geschlechtsgebundenes rezessives Gen übertragen wird.

IV. Empirische Untersuchungen über einzelne peristatische Faktoren der Begabungsentwicklung und des Begabungsniveaus

Einleitung des Herausgebers

Schon frühzeitig ist durch empirische Untersuchungen die naheliegende Annahme bestätigt worden, daß die Begabungsentwicklung in vielen Bereichen sowohl von der genetischen Ausstattung des Individuums als auch von Milieugegebenheiten abhängt. Dieser allgemeine Schluß ergab sich zwangsläufig aus den Ergebnissen der Zwillingsforschung oder aus Befunden, die mit anderen Erhebungsmethoden gewonnen wurden. Jene Untersuchungsdaten lieferten allerdings über die genannte generelle Feststellung hinaus keine Hinweise auf die Art der Milieueinflüsse oder die Aspekte der individuellen Umwelt, die für die Begabungsentwicklung bedeutsam sind. Auch fundamentale theoretische Aussagen wie die, daß neben genetischen Faktoren verschiedene Lernprozesse die Begabungsentwicklung und das Begabungsniveau determinieren, implizieren keine genaueren und inhaltlichen Bestimmungen relevanter Milieueinflüsse. Der Begriff der individuellen Umwelt ist überdies in sich problematisch und sehr schwer abzugrenzen. Zweifellos wäre es unangemessen, darunter nur die sogenannten objektiven Gegebenheiten zu verstehen und zu versuchen, lediglich deren Bedeutung für die Begabungsentwicklung abzuschätzen.

Tatsächlich gehören die Versuche, zu konkreten und detaillierten Aussagen über Milieufaktoren der Begabungsentwicklung zu gelangen, zu den schwierigsten Unternehmungen der Begabungsforschung überhaupt. Die meisten der bis jetzt auf diesem Gebiet vorliegenden Befunde vermögen in bezug auf Zuverlässigkeit und Gültigkeit nicht voll zu überzeugen und können zudem durch weitere Tatsachen leicht relativiert werden. Unzweifelhaft haben jedoch die bisherigen Bemühungen dazu geführt, daß die einzelnen Forschungsziele genauer definiert und die methodischen Voraussetzungen für das Erreichen dieser Ziele klarer erkannt wurden. – In diesem Kapitel sind exemplarisch einige der Probleme dargestellt, die sich bei empirischen Untersuchungen zur Identifizierung von Milieufaktoren der Begabungsentwicklung ergeben.

Die Bedeutung des Aufsatzes von *Lynn* liegt vornehmlich in dem Versuch, die grundsätzlich in Betracht kommenden Umweltfaktoren der Intelligenzentwicklung nach allgemeinen Gesichtspunkten zu ordnen. Der Autor unterscheidet dementsprechend einige große Faktorengruppen und berichtet von empirischen Untersuchungen, die den Faktoren der jeweiligen Gruppe gewidmet waren. Dieser Beitrag vermittelt in erster Linie einen instruktiven Gesamtüberblick und ist weniger auf die Erörterung der methodischen Probleme einzelner Untersuchungen angelegt.

Freeberg und Payne stellen sehr detaillierte und problemorientierte Betrachtungen über den Einfluß des elterlichen Erziehungsverhaltens auf die kognitive Entwicklung des Kindes an. Durch den systematischen Vergleich der zu diesem Fragenkomplex vorliegenden Arbeiten werden die Schwierigkeiten, aber auch die Möglichkeiten zugehöriger empirischer Untersuchungen deutlich. Die Studie von Freeberg und Payne läßt beispielhaft erkennen, wie in einem oft angesprochenen Bereich der Eltern-Kind-Interaktion eine zunächst vage und undifferenzierte Vorstellung des Milieueinflusses im Verlauf empirischer Forschungsbemühungen von konkreten und detaillierten Hypothesen abgelöst wird. Es gehört zweifellos auch zu den Aufgaben der Psychologie, der interessierten Öffentlichkeit darzulegen, warum in einem mit drängenden Fragen des persönlichen Alltags angefüllten Lebensbereich die wissenschaftliche Einsicht noch nicht über begründete Hypothesen hinausgelangt ist.
Kent und *Davis* berichten in ihrem Beitrag von einer eigenen empirischen Untersuchung, die einem Sektor des von *Freeberg* und *Payne* behandelten Milieubereichs zuzuordnen ist. Diese Untersuchung wird allerdings in dem Referat der zuletzt genannten Autoren nicht erwähnt. *Kent* und *Davis* sind insbesondere der oft aufgeworfenen Frage nachgegangen, wie sich Eltern, die in bezug auf ihre Kinder ehrgeizig, anspruchsvoll und fordernd sind, im Vergleich zu überbesorgten (»überprotektiven«) und gleichgültigen Eltern auf die intellektuelle Entwicklung der Kinder auswirken. Die Befunde dieser klar und übersichtlich konzipierten Untersuchung werden von den Autoren sehr vorsichtig und unter sorgfältiger Beachtung methodischer Erfordernisse und Unzulänglichkeiten interpretiert. Sie dürften zu den plausibelsten Forschungsergebnissen in dem bezeichneten Bereich gehören.
Der Beitrag von *Burton* gilt einem Problem der Begabungsforschung, das nicht nur in der wissenschaftlichen Fragestellung auf ein beträchtliches Alter zurückblickt, sondern auch in der vorwissenschaftlichen Betrachtung seit langem die Menschen beschäftigt. Es handelt sich um die Frage, ob die Stellung in der Geschwisterreihe von Bedeutung für die Begabungsentwicklung sei. Besonderes Interesse hat dabei stets die Behauptung gefunden, daß das erstgeborene Kind sich im Intelligenzniveau bedeutsam von seinen Geschwistern zu unterscheiden pflege. In der Tat sind mehrmals Daten vorgelegt worden, die diese These zu stützen scheinen. Burton erläutert an Hand eines großen Datenmaterials den oft übersehenen komplexen Charakter dieses Problems und beschreibt Wege für weiterführende empirische Untersuchungen.
Die Frage nach dem Zusammenhang von Zweisprachigkeit und Intelligenz ist heute in vielen Ländern von hoher Aktualität. Zu nennen sind hier Länder mit bedeutenden ethnischen Minderheiten, mit einem starken Zustrom von Einwanderern und mit einem erheblichen Anteil ausländischer Arbeitskräfte. In all diesen Staaten gibt es viele Kinder, die zweisprachig aufwachsen, so daß sich mit großer Dringlichkeit die Frage stellt, ob die Zweisprachigkeit die Intelligenzentwicklung beeinflußt und somit als ein Faktor des Intelligenzniveaus, wie es mit entsprechenden diagnostischen Verfahren festgestellt wird, anzusehen ist. *Natalie Darcy* diskutiert in ihrem Beitrag sehr eingehend und

einleuchtend die Probleme und Schwierigkeiten, die sich bei empirischen Untersuchungen zu diesem wichtigen Fragenkomplex ergeben. Sie weist überzeugend nach, daß es auf diesem Gebiet keine einfachen Beziehungen gibt, sondern daß die Auswirkungen der Zweisprachigkeit von verschiedenen Bedingungen und Variablen, zum Beispiel vom sozio-ökonomischen Status der Familie, abhängen.
Der oft diskutierte Zusammenhang von sozialer Schicht und Intelligenzniveau ist Gegenstand der Untersuchung von *Maddox.* Der Autor begründet die wichtige These, daß im Hinblick auf einen solchen Zusammenhang sorgfältig zwischen verbaler und sprachunabhängiger Intelligenz unterschieden werden sollte. Aus seinen Untersuchungsbefunden ist auch eine Warnung vor der Überbewertung der verbalen Intelligenz, die von Psychologen zu Recht schon mehrmals gerügt worden ist, abzuleiten.
Ein allgemein interessierendes und auch praktisch hochbedeutsames Problem der Begabungsforschung ist schließlich die Frage, wieweit durch eine besondere Schulbildung, namentlich durch den Besuch »höherer Schulen«, die Intelligenz, wie sie durch die eingeführten diagnostischen Verfahren erfaßt wird, gesteigert werden kann. Zu diesem Problem hat *Torsten Husén* eine umfangreiche und heute schon als »klassisch« zu bezeichnende Untersuchung durchgeführt, deren Anlage und Ergebnisse nach wie vor Beachtung verdienen. Im Hinblick auf das zunehmend an Bedeutung gewinnende Interaktionsproblem erscheint die Feststellung besonders interessant, daß das sich im Intelligenzquotienten zeigende Ausmaß der Benachteiligung durch den alleinigen Besuch der Elementarschule vom ursprünglichen Intelligenzniveau des Schülers abhängt.

Der Einfluß von Umweltbedingungen auf die Intelligenz*

von R. Lynn
(Universität Exeter)

Einleitung

Autoritäten wie Burt und Vernon sind sich heute darüber einig, daß in der westlichen Gesellschaft die Vererbung der Hauptfaktor ist, welcher die Unterschiede in dem, was die Lehrer als Intelligenz bezeichnen, bestimmt. Aus zwei in dieser Reihe bereits erschienenen Artikeln ist das klar hervorgegangen. Trotzdem ist vieles auch auf Umwelteinflüsse zurückzuführen, und da die Erziehung in Elternhaus und Schule durch die Umwelt geschieht, ist es wichtig, daß wir überprüfen, was wir über diese Umwelteinflüsse wissen. Bisher haben sich relativ wenige Untersuchungen näher mit diesem Thema beschäftigt, was zum Teil auf die Schwierigkeit zurückzuführen ist, die vermuteten Variablen zu isolieren. Es gibt jedoch genügend Hinweise darauf, daß wenigstens fünf weithin wirksame Umweltfaktoren von Wichtigkeit sind. Die vorliegende Arbeit bringt Beweismaterial für das Vorhandensein dieser Einflüsse und diskutiert die Mechanismen ihrer Wirksamkeit.

Schulbildung und intellektuelle Stimulation

Der erste Ort, an dem wir uns nach einer Umweltvariablen umsehen sollten, dürfte die Schule sein. Da jedoch im westlichen Kulturbereich praktisch alle Kinder in die Schule gehen, ist es äußerst schwierig, die Wirkung dieses Faktors zu bestimmen. Es ist eine einleuchtende Behauptung, wenn wir sagen, daß Schulbildung die funktionale oder operationale Intelligenz erhöht und daß der allgemeine Schulzwang in den westlichen Ländern bewirkt hat, daß die erwachsene Bevölkerung besser in der Lage ist, zu denken und sich in komplexen Situationen richtig zu verhalten. Die Unterschiede, die in den Intelligenztestwerten bei nicht-verbalen Tests von technisch fortgeschrittenen und gebildeten Gruppen im Vergleich zu Gruppen aus unterentwickelten Ländern erzielt werden, dürften wenigstens teilweise auf Unterschiede in der Stimulation durch die Erziehung zu suchen sein. Freilich muß man einräumen, daß dies schwierig zu beweisen ist, einmal deswegen, weil es durchaus vorkommt, daß die sogenannten »kulturfreien« Tests im Hinblick auf die westliche Bevölkerung konstruiert sind; und zweitens ist der Grund darin zu

* Environmental conditions affecting intelligence. Mit freundlicher Genehmigung der NFER Publishing Company Ltd., Windsor (Becks.), entnommen aus: *Educational Research* 1, 1959, S. 49–61

suchen, daß der Grad der intellektuellen Fähigkeiten einer Gemeinschaft ziemlich sicher aus der Art der häuslichen Bedingungen und aus dem materiellen Lebensstandard sowie aus dem jeweiligen Bildungsstand resultiert. Selbst innerhalb unserer eigenen Gesellschaft sind Unterschiede zwischen Gruppen nur schwer zu identifizieren. So gibt es zum Beispiel eine wohlbekannte Untersuchung von Gordon, die zeigt, daß auf Kanalbooten aufgewachsene Kinder mit ihrem immer wieder unterbrochenen und unregelmäßigen Schulbesuch mit zunehmendem Alter immer niedrigere Intelligenztestwerte erreichten. Man hat das oft damit erklärt, daß sich bei Intelligenztests die schädlichen Wirkungen eines unregelmäßigen Schulbesuchs bemerkbar machen. Aus der Untersuchung von McLaren wissen wir jedoch heute, daß der Zusammenhang zwischen dem sozioökonomischen Status und der Intelligenz mit dem zunehmenden Alter des Kindes in der gesamten Bevölkerung stärker wird – ganz gleich, ob das Kind die Schule nur unregelmäßig besucht oder nicht. Es sieht daher so aus, als ob Gordons Beobachtung irgendeinem der Faktoren zuzuschreiben wäre, die die Intelligenztestwerte senken und mit unterprivilegierten häuslichen Verhältnissen in Zusammenhang stehen.

Ein Gebiet, auf dem die Auswirkungen der Schulbildung mit gutem Erfolg untersucht worden sind, ist der Besuch von Kindergärten. Hier spricht eine große Menge von Beobachtungsmaterial dafür, daß der Besuch eines Kindergartens bei Kindern mit einem geordneten Familienleben keinen Einfluß auf die Intelligenztestwerte hat. Stoddard u. a. fassen die Ergebnisse von neun Untersuchungen dahingehend zusammen, daß acht davon keine Tendenz aufwiesen, daß die Intelligenz durch den Besuch eines Kindergartens zunimmt. Bei Untersuchungen wie denen von Wellman, die eine Zunahme der Intelligenz durch den Besuch eines Kindergartens beobachtet zu haben scheinen, läßt sich dies vermutlich auf andere Weise erklären. Hier wurden 652 Kinder getestet, die in den USA ein Jahr lang eine Vorschule besucht hatten. Der ursprüngliche mittlere IQ war 117; nachdem die Kinder ein Jahr lang in die Vorschule gegangen waren, war ihr mittlerer IQ 124. 29 Kinder besuchten die Vorschule vier Jahre lang; bei ihnen war der mittlere anfängliche IQ 116 und der mittlere IQ nach vier Jahren 127. Diese Ergebnisse könnten ein Hinweis darauf sein, daß der Besuch eines Kindergartens dazu beiträgt, daß der mit Intelligenztests gemessene IQ der Kinder zunimmt. Man sollte jedoch beachten, daß es sich um Kinder von hohem sozioökonomischem Status handelte und daß der Anstieg der IQs vermutlich auch ohne den Besuch des Kindergartens eingetreten wäre, da der Zusammenhang zwischen IQ und sozioökonomischem Status sich mit zunehmendem Alter des Kindes verstärken dürfte.

Andererseits kann eine Zunahme sowohl der gemessenen Intelligenz als auch der operationalen Fähigkeiten unter speziellen Umständen auftreten, wenn nämlich zum Beispiel die intellektuelle Stimulation intensiv ist oder wenn das Elternhaus dem Kind eine besonders geringe intellektuelle Stimulation geboten hat und die Schule das dann aufholt.

Gewisse Forschungsergebnisse stützen diese Hypothese. McCandlass hat zwei Gruppen von Sechsjährigen mit IQs über 124 auf ihre Intelligenz getestet. Die Experimentalgruppe erhielt eine intensive intellektuelle Stimulation.

Außerdem widmete man sich den Kindern mit einer ganz besonderen persönlichen Aufmerksamkeit, und sie durften ihre Aktivitäten selber planen. Nach sechs Monaten war der mittlere IQ dieser Kinder über den der Kontrollgruppe angestiegen. Es ist jedoch wahrscheinlich, daß die Erfahrungen dieser Kinder Testsituationen ziemlich ähnlich waren und daß die Zunahme ihrer IQs daher eher als Übungseffekt anzusehen war denn als echte Steigerung der realen intellektuellen Fähigkeit. Auch ist es angesichts der durch Untersuchungen nachgewiesenen Unbeständigkeit des IQs etwas zweifelhaft, ob diese Zunahme sich lange hielt.

Die überzeugendste Demonstration der stimulierenden Wirkung der Schulbildung liefern Untersuchungen von Kindern aus Waisenhäusern. Skeels, Updegraff, Wellman und Williams haben sämtliche Vorschulkinder eines ganzen Waisenhauses in zwei Gruppen nach Alter, IQ, Geschlecht, Ernährungszustand und Länge ihres Aufenthaltes im Waisenhaus eingeteilt. Der Altersbereich war 1½ bis 5½ Jahre, und der mittlere IQ der beiden Gruppen lag etwa bei 80.

Die Kontrollgruppe führte das normale Leben des Waisenhauses und hatte mit Erwachsenen nur wenig Kontakt. Die Experimentalgruppe lebte im Waisenhaus unter denselben Verhältnissen, verbrachte aber den Tag in der Vorschule, in der durch Lernen und Spiel ein Kontakt mit Erwachsenen hergestellt wurde. Skeels und seine Mitarbeiter bieten eine ganze Reihe von Resultaten, für die ein Anstieg um 9 IQ-Werte bei der Experimentalgruppe nach einem fast einjährigen Besuch der Vorschule (309 Tage) typisch ist.

Tabelle 1

	Zahl der Kinder	Binet-IQ zu Beginn der Vorschule	Alter in Monaten	Merill-Palmer-IQ nach 309 Tagen	Standard-abweichung
Vorschulgruppe	23	79	45	93	13
Kontrollgruppe	23	79	44	84	12

In einer ähnlichen Untersuchung, die Dawe durchführte, wurden zwei Parallelstichproben von je 11 Kindern aus einem Waisenhaus gebildet. Die Experimentalgruppe erhielt ein intensives Training, das im Betrachten von Büchern und Bildern, im Anhören von Gedichten und Geschichten und in Spaziergängen mit Erwachsenen bestand. Jedes Kind erhielt ein solches Spezialtraining von durchschnittlich 50 Stunden. Tabelle 2 zeigt die IQs der beiden Gruppen vor und nach dem Training.

Der Unterschied in der Intelligenz nach dem Training der Experimentalgruppe ist signifikant.

Die Erfahrung, daß die Erlebnisse im Kindergarten bei normalen Kindern den IQ offenbar kaum ansteigen lassen, sollte nicht als Beweis dafür interpretiert werden, daß die intellektuelle Stimulation keinen Einfluß auf die reale Lernfähigkeit hat, sondern eher dahingehend, daß es für die meisten Kinder mit einem geordneten Familienleben ziemlich gleichgültig ist, ob sie bei ihren

Tabelle 2

	Anfänglicher SB-IQ	SB-IQ nach dem Training
Experimentalgruppe	81	95
Kontrollgruppe	82	80

Müttern sind oder in einen Kindergarten gehen. Wenn jedoch zu Hause ärmliche Verhältnisse herrschen oder wenn das Kind aus einem Waisenhaus kommt, wo es nicht genügend stimuliert wird, und wenn ein großer Unterschied in bezug auf die intellektuelle Stimulation besteht, können sich beträchtliche Unterschiede in der gemessenen Intelligenz zeigen. Es gibt jedoch keinen Beweis dafür, daß diese Zunahmen die Lernfähigkeit des Kindes beeinflussen oder daß sie von Dauer sind.

Natürlich wissen wir aus den Arbeiten von Vernon und anderen, daß ein direktes Einpauken bei Intelligenztests den IQ um etwa neun Testwerte steigern kann; aber diese Steigerung wird als unecht in dem Sinn angesehen, daß dieses Einpauken sich nicht auf andere Gebiete außerhalb der Testleistung übertragen läßt und selbst hier nicht von Dauer ist. Abgesehen davon sollte es nicht allzu schwerfallen zu bestimmen, inwieweit die beste Schulbildung die effektive Lernfähigkeit eines Kindes im Gegensatz zur schlechtesten Schulbildung beeinflussen kann. Zwei neuere Untersuchungen haben sich unter anderem mit dieser Frage befaßt. Pidgeon hat in dieser Zeitschrift Material zusammengetragen, das vermuten läßt, daß gewisse Schulfaktoren nicht nur die gemessenen Leistungen, sondern auch die gemessene Intelligenz beeinflussen können. Der Verfasser dieses Aufsatzes berichtet über eine hochsignifikante Tendenz, daß der Besuch großer Schulen die Leistung bei den GCE-Prüfungen (General Certificate of Education) erhöht.

Die intellektuelle Qualität des Elternhauses

Ein umfangreiches Beobachtungsmaterial spricht dafür, daß eine positive Abhängigkeit der Intelligenztestwerte eines Kindes und seiner Leistungen in der Schule von der intellektuellen und sozioökonomischen Qualität seines Elternhauses besteht. Allerdings lassen sich derartige Daten auch leicht mit der Vererbung der geistigen Fähigkeit erklären, und es geht daher nicht eindeutig aus ihnen hervor, daß die intellektuelle Qualität des Elternhauses eine Umweltvariable darstellt, welche die Intelligenz des Kindes beeinflußt. Um direktes Beweismaterial für die Isolierung dieser Variablen zu finden, müssen wir uns Untersuchungen an Kindern zuwenden, die in Pflegefamilien von unterschiedlichem intellektuellem Status aufwachsen. Wenn irgendeine Abhängigkeit der Intelligenz eines solchen Kindes von der seiner Pflegeeltern besteht, so kann diese nicht auf sein Erbgut zurückgeführt werden und muß daher Umweltwirkungen zugeschrieben werden. Aus mehreren Untersuchungen geht hervor, daß eine solche Abhängigkeit tatsächlich besteht.

Leahy hat die Abhängigkeit der Intelligenz von Kindern von der ihrer

Pflegeeltern untersucht. Es handelte sich dabei um 194 Adoptivkinder, die sämtlich zu ihren Pflegeeltern gekommen waren, bevor sie sechs Monate alt waren. Zur Zeit des Tests befanden sie sich im Alter zwischen 5 und 14 Jahren. Der mittlere IQ, welcher mit der Stanford Revision des Binet-Tests aus dem Jahre 1916 festgestellt wurde, betrug 111. Diese Gruppe wurde mit einer Kontrollgruppe von Kindern verglichen, die bei ihren eigenen Eltern aufwuchsen.
Die Pflegeeltern und die leiblichen Eltern wurden mit dem ›Otis Self-Administering Test‹ und mit dem ›Stanford-Binet Vocabulary Test‹ gemessen. Die Intelligenz der Eltern wurde mit der der Kinder korreliert. Die Ergebnisse sind aus Tabelle 3 zu ersehen.

Tabelle 3: Korrelation zwischen dem IQ des Kindes und anderen Variablen

Korrelierte Variable	Adoptierte Kinder	Kontroll-Kinder
Otis-Testpunktwert des Vaters	0,19	0,51
Otiswert der Mutter	0,24	0,51
Otiswert Elternmittel	0,21	0,60
SB Wortschatz des Vaters	0,26	0,47
SB Wortschatz der Mutter	0,24	0,49
SB Wortschatz Elternmittel	0,29	0,56

Die signifikanten, wenn auch relativ niedrigen Korrelationen zwischen der gemessenen Intelligenz der Kinder und der ihrer Pflegeeltern lassen vermuten, daß der intellektuelle Status der Eltern einen Umweltfaktor darstellt, der die geistige Entwicklung der Kinder beeinflußt. Hätte der intellektuelle Standard der Pflegeeltern keinen Einfluß auf die Intelligenz des Kindes, so wäre auch keine Korrelation vorhanden. Es gibt jedoch zwei Faktoren, die den Wert dieses Beweismaterials beeinträchtigen könnten. Die Korrelationen können irreführend hoch sein durch die selektive Unterbringung der Kinder, da die betreffenden Beamten dazu neigen, Kinder »guter« Eltern auch in »guten« Adoptivfamilien unterzubringen. Allerdings dürfte dieser Faktor die positiven Korrelationen nicht völlig erklären. Zweitens bestünde die Möglichkeit, daß intelligente Adoptiveltern deshalb die Tendenz zeigen, auch intelligente Adoptivkinder zu haben, weil sie über eine bestimmte Charaktereigenschaft verfügen, und nicht so sehr deshalb, weil sie in der Intelligenz an sich gut gestellt sind. Es könnte sein, daß sie intellektuelle Wißbegierde und Erfolg höher einschätzen als andere Eltern und daß diese Begeisterung sich auf das Kind überträgt, so daß dieses fleißiger an seinen Schulaufgaben arbeitet und sich mehr Mühe gibt, seine eigene Leistung zu verbessern.
Burks hat den Versuch unternommen, in einer Untersuchung den Faktor der selektiven Unterbringung bei 204 Adoptivkindern zu kontrollieren, die im Alter unter einem Jahr adoptiert worden waren, d. h. in einem Alter, in dem es noch nicht möglich ist, den Intelligenzgrad festzustellen. Der mittlere IQ dieser Adoptivkinder war 107, und die Korrelation zwischen ihrem IQ und dem ihrer Adoptiveltern war + 0,20. Diese Korrelation ist signifikant geringer

als die Korrelation von + 0,50 zwischen dem IQ von Kindern und Eltern in einer Kontrollgruppe von anderen Kindern, die bei ihren leiblichen Eltern aufwuchsen. Auch wenn nicht unbedingt sicher ist, daß die selektive Unterbringung bei dieser Untersuchung völlig eliminiert werden konnte, ist es doch unwahrscheinlich, daß der gesamte Unterschied in den Korrelationen damit zu erklären ist.
Die andere Möglichkeit, d. h., daß die Persönlichkeitseigenschaften der intelligenten Eltern und nicht so sehr deren Intelligenz als solche einen Einfluß auf das Wachstum der intellektuellen Fähigkeiten des Kindes haben, läßt eine Untersuchung von Freeman, Holzinger und Mitchell vermuten. Bei dieser Untersuchung wurden 401 Kinder getestet, die im Durchschnittsalter von 4,2 Jahren zu ihren Adoptiveltern gekommen waren. Die Forscher haben dann die Intelligenztestwerte der adoptierten Kinder mit verschiedenen Indizes für den materiellen Wohlstand, für die Bildung und den Beruf der Adoptiveltern in Beziehung gesetzt und dabei eine Korrelation von + 0,48 erhalten. Allerdings wurden diese Kinder erst ziemlich spät adoptiert – zu einem Zeitpunkt, da bei der selektiven Unterbringung größere Veränderungen auftreten, doch wird dieser Faktor teilweise durch die Beobachtung kontrolliert, daß in einer Gruppe von 156 Kindern, die im Alter unter zwei Jahren zu ihren Adoptiveltern gekommen waren, die Korrelation ebenfalls hoch war. Diese Korrelation von 0,48 ist signifikant höher als die von Burks und Leahy erhaltene, und dieser Unterschied muß auf die unterschiedlichen Einordnungen der Adoptiveltern zurückzuführen sein. Es sieht daher so aus, als ob die Intelligenz der Eltern ein weniger wichtiger Faktor wäre als das Ausmaß, in dem sie an den Mittelklasseidealen festhalten; die höhere Korrelation in der Untersuchung von Freeman legt die Vermutung nahe, daß die Einimpfung der Mittelklasseideale mehr dazu beitragen kann, die effektive Leistungsfähigkeit des Kindes zu entwickeln, als eine rein intellektuelle Stimulation. Zu diesen Idealen gehören Charaktereigenschaften wie Ausdauer und Ehrgeiz, die zweifellos das Lernen motivieren und die sehr wohl den Erwerb von Fertigkeiten beeinflussen können, die man braucht, um bei einem Intelligenztest hohe Werte zu erzielen.

Der Kontakt mit Erwachsenen

Von der direkten intellektuellen Stimulation abgesehen, die Erwachsene entweder durch den Unterricht oder durch informelle tägliche Kontakte vermitteln können, gibt es Beobachtungsmaterial, das dafür spricht, daß Kinder, die in einem Elternhaus mit reichen Kontakten zwischen Mutter und Kind leben, bei Intelligenztests und in ihren Schulleistungen besser abschneiden. Hierbei wirkt sich nicht so sehr der intellektuelle Aspekt der Stimulation als die Quantität und Qualität der mütterlichen Zuwendung und des Kontaktes mit der Mutter aus, wodurch das emotionale und soziale Wachstum des Kindes, sein Gefühl der Sicherheit und seine Bereitschaft, sich auf intellektuellem Gebiet anzustrengen, direkt beeinflußt werden.
Daß dies eine Rolle spielt, geht aus der Untersuchung von Skodak über die

häuslichen Umgebungen von 103 Kindern hervor, die von Pflegeeltern aufgezogen wurden. Mit Hilfe eines ›Home Practice Inventory‹ stellte er die Merkmale der einzelnen Familien objektiv fest. Dieses Inventar erhielt Einschätzungen auf einer Fünf-Punkte-Skala zu Sachverhalten wie Ausstattung mit Spielzeug, soziale Kontakte, Verhaltenskontrolle, kulturelle Interessen der Eltern, Beteiligung derselben am Spiel der Kinder, Häufigkeit des Spielens mit anderen Kindern und äußere Ausstattung des Heims. Das Meßergebnis für das Milieu in der Pflegefamilie korrelierte + 0,49 mit dem IQ der Kinder, der gegen Ende des Vorschulalters festgestellt wurde. Die Beziehung der Testwerte für das häusliche Milieu zum IQ des Kindes geht aus Tabelle 4 hervor.

Tabelle 4

	Kennwerte für das häusliche Milieu							
	40+ bis 49	50 bis 59	60 bis 69	70 bis 79	80 bis 89	90 bis 99	100 bis 109	110 bis 119
Zahl der Kinder	1	3	4	23	27	21	20	4
Mittlerer IQ	87	90	102	109	113	113	121	127

Diese Korrelation von + 0,49 liegt etwas höher als die, welche für den Zusammenhang zwischen den Intelligenztestwerten von Adoptiveltern und den IQs ihrer Adoptivkinder ermittelt wurde. Dieser Unterschied bestärkt uns in der Vermutung, daß die emotionale Beziehung und die Stärke des Kontakts zwischen Eltern und Kind die geistige Fähigkeit des Kindes stärker beeinflußt als die intellektuelle Stimulation durch die Eltern an sich.

Diese Ansicht wird durch die Untersuchung von Van Alstyne bestätigt. Er hat verschiedene Aspekte des häuslichen Milieus zur Intelligenz (nach Kuhlmann-Binet) in Beziehung gesetzt, wobei er 75 Dreijährige testete und zu dem Ergebnis kam, daß die Intelligenz dieser Kinder eine höhere Korrelation zur Stärke des Kontakts mit ihren Eltern aufwies als zur intellektuellen Stimulation, die durch Lesen entsteht. Die ermittelten Korrelationen zeigt Tabelle 5.

Aus dieser Untersuchung geht deutlich hervor, daß die Stärke des Kontakts mit Erwachsenen mit den Testwerten des Kindes in Beziehung steht. Allerdings isoliert die Untersuchung diese Variable nicht unter Ausschluß

Tabelle 5

	Korrelationskoeffizient
1. Gelegenheit zur Benutzung konstruktiven Materials	+ 0,50
2. Zahl der Stunden, welche die Erwachsenen täglich mit dem Kinde verbringen	+ 0,32
3. Zahl der Spielkameraden zu Hause	+ 0,16
4. Zahl der Stunden, die der Vater dem Kinde vorliest	+ 0,06

anderer, und es könnte sein, daß die Eltern, die die meiste Zeit mit ihren Kindern verbringen, auch die intelligenteren sind. Sollte dies der Fall sein, so könnte die höhere Intelligenz ihrer Kinder auf alle möglichen Ursachen zurückgehen. Andererseits könnte es sein, daß das Interesse der Eltern an ihren Kindern einen Persönlichkeitszug darstellt, der mit der geistigen Fähigkeit als solcher nicht in direkter Beziehung steht, sondern der einen separaten Einfluß darstellt, der seinerseits auf die geistige Fähigkeit einwirkt.

Geschwisterposition und Intelligenz

Die Beobachtung, daß älteste und jüngste Geschwister sowie Einzelkinder die besseren Leistungen aufweisen und intelligenter sind als dazwischen geborene Kinder, spricht unmittelbar für die Hypothese, daß die Stärke des elterlichen oder mütterlichen Kontakts eine Variable darstellt, die die Intelligenz des Kindes beeinflußt. Es gibt Untersuchungen der Geschwisterposition und der intellektuellen Leistung von zweierlei Art: 1. Untersuchungen hervorragender Männer, unter denen mehr hervorragend begabte älteste Söhne gefunden wurden, als dem Zufall nach zu erwarten gewesen wären, und unter denen hervorragend begabte jüngste Söhne zahlreicher waren als hervorragend begabte mittlere Söhne (Galton; Yoder; Ellis); 2. Untersuchungen an Kindern. Hierbei fand Godfrey Thompson in seinem ›Scottish Survey‹ von 1947, daß die Überlegenheit von Einzelkindern und von ältesten und jüngsten Geschwistern klar aus den Testwerten hervorging. Die mittleren Intelligenztestwerte für Familien mit 3, 4 und 5 Kindern finden sich in Tabelle 6.
Ähnliche Zahlen wurden bei Kindern aus Familien mit 6, 7 und 9 Kindern festgestellt, wenn die Zahlen auch bei Familien dieser Größe weniger verläßlich sind. Diese Unterschiede kann man kaum auf einen Erbfaktor zurückführen, da es sich erst nach der Geburt eines Kindes herausstellt, ob es zwischen anderen Geschwistern geboren wurde oder das jüngste bleibt. Auch

Tabelle 6

	Familien mit 3 Kindern			Familien mit 4 Kindern			
	1/3	2/3	3/3	1/4	2/4	3/4	4/4
Mittlerer Testwert	38,85	37,65	38,43	36,15	34,63	34,40	36,31

	Familien mit 5 Kindern				
	1/5	2/5	3/5	4/5	5/5
Mittlerer Testwert	33,14	31,27	32,01	32,67	33,64

gibt es keinen anderen offensichtlichen Faktor, wie etwa das Alter der Mutter, der sowohl die Überlegenheit des ältesten wie auch die des jüngsten Kindes begründen könnte. Die Erklärung für diesen Unterschied dürfte in irgendeinem Umweltfaktor zu suchen sein, wobei es sich sehr wohl um die Stärke des Kontaktes des Kindes mit den Erwachsenen handeln könnte. Es wäre dann anzunehmen, daß mittlere Geschwister weniger Aufmerksamkeit von seiten ihrer Eltern erfahren als das älteste und das jüngste Kind einer Familie. Für diese Hypothese spricht auch die Beobachtung, daß Zwillinge um etwa 5 IQ-Werte weniger intelligent waren als Einzelgeborene. Die Übersicht liefert Beweismaterial dafür, daß dieser Unterschied nicht mit der Größe der Familie oder mit ihrem sozioökonomischen Niveau zusammenhängen kann, sondern daß er auf die größere Aufmerksamkeit zurückzuführen ist, die Mütter einzelnen Kindern widmen können.
Tabah und Sutter haben einen Intelligenztest in großem Rahmen bei französischen Kindern durchgeführt, dessen Ergebnisse ebenfalls für die Hypothese sprechen, daß zwischen dem Kontakt mit der Mutter und der Intelligenz des Kindes eine Beziehung besteht. Bei der Untersuchung von Familien mit zwei Kindern wurde beobachtet, daß der mittlere Intelligenzwert der Kinder höher war, wenn die Pause zwischen den Geburten länger war. War die Pause lang, so erreichten diese Kinder fast ebenso hohe Testwerte wie Einzelkinder. Dieses Ergebnis war bei jeder der fünf Berufsgruppen zu beobachten, die in der Stichprobe vertreten waren, so daß man es logischerweise nicht auf soziale Klassenunterschiede zurückführen kann. Diese Studie bestätigt die Beobachtung der schottischen Untersuchung, daß Zwillinge weniger intelligent sind als Einzelgeborene, selbst dann, wenn die sozioökonomischen Faktoren kontrolliert werden.
Es ist keineswegs sicher, wie der Einfluß zu erklären ist, den die Intensität der Aufmerksamkeit ausübt, welche das Kind von Erwachsenen erfährt. Möglich wäre, daß er allein auf der intensiveren intellektuellen Stimulation beruht, die eine größere Aufmerksamkeit bewirkt. Die andere Möglichkeit wäre, daß sich die mütterliche Aufmerksamkeit in erster Linie auf die Persönlichkeit des Kindes auswirkt und nur sekundär auf seine Intelligenz. Für diese Interpretation spricht das Material zur Deprivation, das wir im nächsten Abschnitt diskutieren wollen.

Mütterliche Deprivation und emotionale Geborgenheit

Viele Autoren sehen in der emotionalen Geborgenheit eines Kindes während seiner ersten fünf Lebensjahre einen wichtigen Einfluß, der seine intellektuelle Entwicklung mitbestimmt. Die emotionale Geborgenheit eines Kindes hängt von einer konstanten und ununterbrochenen Beziehung zwischen Kind und Mutter (oder einem Mutterersatz) ab, wie man sie im allgemeinen in normalen Familien, aber nicht in den Waisenhäusern älteren Stils findet. Bowlby hat eine Reihe von Untersuchungen über die Auswirkungen der mütterlichen Deprivation kritisch überprüft und zieht den Schluß: »Wenn ein Kind die mütterliche Fürsorge entbehren muß, bleibt es fast stets in seiner Entwicklung zurück –

und zwar körperlich, intellektuell und sozial.« (S. 13)
Man nimmt allgemein an, daß die intellektuelle Retardation durch mütterliche Deprivation ein sekundäres Resultat einer tiefer verwurzelten Persönlichkeitsstörung ist. Kinder, die von ihren Müttern getrennt werden, neigen dazu, zunächst ein außergewöhnliches Bedürfnis nach Liebe und Zuwendung an den Tag zu legen und dann teilnahmslos und apathisch zu werden und sich emotional in sich zurückzuziehen. Die intellektuelle Retardation sieht man als Folge dieser emotionalen Reaktionen an. Es ist nicht leicht, Beweismaterial zu finden, das für diese Theorie unter Ausschluß aller anderen Theorien spricht, obwohl zweifellos eine große Menge Material vorhanden ist, das zeigt, daß in Heimen aufgezogene und hierdurch ihrer Mütter beraubte Kinder zu unterdurchschnittlichen intellektuellen und schulischen Leistungen neigen. Man kann diese Beobachtung natürlich auf unterschiedliche Weise interpretieren, wobei die einleuchtendsten Erklärungen folgende sein dürften: 1. daß Kinder in Heimen von unintelligenten Eltern abstammen und deren geringe Intelligenz erben. Tatsächlich weisen gewisse Forschungsergebnisse darauf hin, daß Kinder in Heimen dazu tendieren, unintelligente Eltern zu haben (z. B. Stoddard); 2. daß Kinder in Heimen nicht so viel Kontakt mit Erwachsenen haben wie Kinder, die in der eigenen Familie aufwachsen, und daß sie daher nicht die gleichen Gelegenheiten haben zu lernen; 3. daß Kindern in Heimen die mütterliche Liebe fehlt und daß sich ihre Persönlichkeit daher nicht entsprechend entwickelt, was wiederum ihre intellektuelle Entwicklung beeinträchtigt.
Spitz und seine Mitarbeiter haben eine Reihe von Untersuchungen durchgeführt, um die nachteiligen Auswirkungen der mütterlichen Deprivation auf die intellektuelle und emotionale Entwicklung kleiner Kinder nachzuweisen. Untersucht wurde die frühkindliche Entwicklung von vier Gruppen von Kindern in verschiedener Umgebung: a) in einem Findelhaus, einer Institution für Kinder, deren Mütter nicht in der Lage waren, außerhalb dieser Institution für sie zu sorgen. Dabei wurden sieben bis acht Kinder von einer Schwester versorgt. Sie waren aus hygienischen Gründen voneinander isoliert und kamen während des größten Teils des Tages mit Erwachsenen nicht in Kontakt; b) in einer Kinderkrippe einer Strafanstalt für straffällig gewordene junge Frauen. Die Frauen, die ihr Kind zur Welt brachten, während sie sich in der Anstalt befanden, durften ihr Kind bis zum Alter von einem Jahr selbst versorgen, und zwischen Mutter und Kind existierte ein beträchtlicher Kontakt; c) normale Eltern mit höheren Berufen; d) Bauernfamilien.
Die Kinder wurden während ihrer vier ersten Lebensmonate und am Ende ihres ersten Lebensjahres mit den ›Hetzer-Wolf-Babytests‹ getestet. Diese Tests befassen sich mit der allgemeinen körperlichen und geistigen Entwicklung, einschließlich der Intelligenz, und ergeben einen Entwicklungsquotienten, der dem IQ ähnlich ist. Spitz hat gefunden, daß die Kinder, denen der Kontakt mit der Mutter fehlte (die im Findelhaus), gegen Ende des Jahres einen beachtenswerten Abfall im Entwicklungsquotienten zeigten und im Vergleich zu den anderen Gruppen stark zurückgeblieben waren. Diese Ergebnisse zeigt Tabelle 7.
Pinneau kritisiert diese Arbeit aus einer Reihe von Gründen. Erstens weist er

Tabelle 7

		Entwicklungsquotient	
Umgebung	Zahl der Fälle	Durchschnitt 1–4 Monate	Durchschnitt 9–12 Monate
Findelheim	61	124	72
Eltern mit höherem Beruf	23	133	131
Bauern	11	107	108
Kinderkrippe	69	101	105

darauf hin, daß drei Untersuchungen erwiesen haben, daß die Hetzer-Wolf-Tests schlecht standardisiert sind, und zwar insofern, als sie in den ersten Monaten zu leicht und in den späteren Monaten des ersten Lebensjahres zu schwer sind. Diese fehlerhafte Standardisierung hätte zur Folge, daß jede beliebige Gruppe von Kindern im Laufe ihres ersten Lebensjahres ein Absinken ihres Entwicklungsquotienten aufweisen würde. Aber ein solches Absinken ist bei den drei Kontrollgruppen von Spitz nicht zu beobachten, so daß die festgestellte Differenz noch einer Erklärung bedarf. Pinneau weist weiter darauf hin, daß die Kinder aus dem Findelhaus in ihren ersten sechs Lebensmonaten mit ihren Müttern zusammen waren und daß sich das Absinken des Entwicklungsquotienten fast ausschließlich ereignete, bevor diese Kinder sechs Monate alt waren, d. h., bevor sie von ihren Müttern getrennt wurden. Wenn das zutrifft, wäre es falsch, das Absinken des Entwicklungsquotienten auf die mütterliche Deprivation zurückzuführen. Spitz ist auf diese kritischen Einwände nicht befriedigend eingegangen, und er informiert uns nur recht wenig über die Mütter dieser hospitalisierten Kinder. Auch ist nicht klar, ob Spitz Längsschnittuntersuchungen an den gleichen Kindern vorgenommen hat oder ob seine Stichproben sich aus verschiedenen Kombinationen von Kindern verschiedenen Alters zusammensetzten.

Goldfarb hat eine Untersuchung durchgeführt, bei der er den Faktor der mütterlichen Fürsorge während der Kindheit zu isolieren und sowohl die Erbeinflüsse als auch die vom Kontakt mit den Erwachsenen ausgehende intellektuelle Stimulation zu kontrollieren versuchte. Er hat bei dieser Untersuchung 30 Kinder getestet, von denen 15 in den ersten neun Monaten ihres Lebens von ihrer Mutter getrennt und direkt bei Adoptivfamilien untergebracht worden waren, während 15 andere im Alter zwischen 6 Monaten und 3½ Jahren zunächst in ein Heim gekommen waren, um dann in Adoptivfamilien überführt zu werden. Im Heim herrschten hohe Maßstäbe bezüglich der körperlichen Hygiene, doch kam es zwischen Erwachsenen und Kindern nur zu einem sehr geringen Kontakt. »Zu ihrem einzigen Kontakt mit Erwachsenen kam es in den wenigen Augenblicken, da sie von ihren Pflegerinnen eilig angezogen wurden, die Windeln gewechselt bekamen oder gefüttert wurden.« Nach ihrem bildungsmäßigen, berufsmäßigen und geistigen Status waren die Mütter dieser Heimkinder den Müttern der Adoptivkinder leicht überlegen. Unterschiede zwischen beiden Gruppen von Kindern

können daher auf ihre unterschiedlichen Lebensbedingungen während ihrer frühen Kindheit zurückgeführt werden.
Goldfarb hat die beiden Gruppen von Kindern im Alter von 10 bis 14 Jahren erneut getestet und gefunden, daß die in ihren ersten drei Lebensjahren in einem Heim aufgewachsenen Kinder im Vergleich zu den Kindern, die in Adoptivfamilien untergebracht wurden, zurückgeblieben waren. Tabelle 8 zeigt diese Unterschiede, die sämtlich auf der 1-Prozent-Ebene signifikant sind.

Tabelle 8

Getestete Funktion	Heimkinder	Adoptivkinder
Intelligenz (Wechsler)	72,4	95,4
Fähigkeit zu begrifflichem Denken:		
Weigh-Test	2,4	6,8
Vigotsky-Test	0,5	4,7
Lesen	5,1	6,8
Rechnen	4,7	6,7

Diese Ergebnisse sind mit der intellektuellen Stimulationstheorie kaum plausibel zu erklären. Man könnte vermuten, daß die Adoptivkinder einfach den Vorsprung beibehalten haben, den eine zwei- bis dreijährige individuelle liebevolle Betreuung in der frühen Kindheit zu gewähren pflegt. Aber angesichts der allgemein zugegebenen Inkonstanz des IQ im Alter zwischen drei und zehn Jahren ist es zweifelhaft, ob die Unterschiede in den beiden Gruppen im Alter von zehn bis vierzehn Jahren damit zu erklären sind. Am einleuchtendsten scheint, wenn man Goldfarbs Beobachtungen eher den Auswirkungen der Deprivation auf die Persönlichkeit als einem Mangel an intellektueller Stimulation zuschreibt. Wie Bowlby darlegt, zeigt die Entbehrung mütterlicher Fürsorge die Tendenz, die Charakterentwicklung zu beeinträchtigen und eine Persönlichkeit hervorzubringen, der es an Konzentrationsfähigkeit und Ausdauer fehlt, was das Niveau der operationalen oder funktionalen Intelligenz sehr wohl beeinträchtigen könnte.

Die Einstellung der Eltern zum Erwerb intellektueller Fertigkeiten

Der Gedanke liegt nahe, daß Eltern, die Wert auf intellektuelle und kulturelle Leistungen legen, in der Regel auch intelligente Kinder haben. Eltern dieser Art sind es, von denen man sagt, daß sie ihren Kindern »ein gutes Elternhaus« bieten. Allerdings ist diese Variable nicht leicht zu isolieren, da solche Eltern in der Regel selbst überdurchschnittliche Fähigkeiten besitzen und man die hochgradige geistige Fähigkeit ihrer Kinder Erbfaktoren oder direkter Unterweisung zuschreiben könnte. Es gibt jedoch Beweismaterial dafür, daß die Einstellung der Eltern zu intellektuellen Werten einen weiteren Faktor darstellt, der die geistige Fähigkeit des Kindes beeinflußt, wie sie durch

Intelligenztests aller Typen erfaßt wird.
Die Untersuchung von Kent und Davis hat das große Verdienst, daß sie eine Beziehung zwischen der Einstellung der Eltern zu guten Schulleistungen ihres Kindes und dessen Intelligenzquotient und Fertigkeit im Lesen aufzeigt und gleichzeitig nachzuweisen versucht, daß die Intelligenz der Eltern in keiner Beziehung zu ihrer Einstellung zum Erfolg steht, wodurch die Faktoren der Vererbung und des direkten Lernens ausgeschaltet werden.
In dieser Untersuchung wurden die IQs und das Lesealter von 118 normalen achtjährigen Kindern getestet, und die Mütter dieser Kinder wurden zu Hause interviewt. Aufgrund einer zwanglosen Unterhaltung ordnete Kent die Mütter nach der Art ihrer Erziehungsprinzipien und nach ihrer Beziehung zum Kinde in vier Gruppen ein. Dabei handelte es sich um folgende Gruppen: a) Anspruchsvolle oder »fordernde« Eltern stellten hohe Anforderungen besonders bei den Schularbeiten und waren sparsam mit Belohnungen; b) normale Eltern waren toleranter und paßten ihre Erwartungen den Bedürfnissen, Fähigkeiten und spontanen Interessen ihres Kindes an, hatten aber positive Maßstäbe; c) überängstliche Eltern machten sich ständig Gedanken darüber, daß ihr Kind ihre Erwartungen nicht erfüllen könnte, waren aber in ihrem Verhalten inkonsequent; d) gleichgültige Eltern kümmerten sich nicht darum, ob ihr Kind in der Schule gut vorankam oder versagte, und ihr Erziehungsverhalten blieb dem Zufall überlassen und war unangemessen und inkonsequent.
Tabelle 9 gibt die Anzahl der Eltern in jeder Gruppe an sowie den mittleren IQ der Kinder nach dem revidierten ›Stanford-Binet-Test‹ (Form M) und dem Handlungsteil des ›Wechsler-Intelligenztests‹ für Kinder (WISC), dazu das nach dem ›Schonell's Graded Reading Test‹ gemessene mittlere Lesealter. Aus der Tabelle geht klar hervor, daß die Eltern, die Wert auf ein hohes intellektuelles Niveau legten und hohe Anforderungen an ihre Kinder stellten, Kinder mit höheren Intelligenztestwerten, besonders auf dem verbalen Sektor, hatten.

Tabelle 9

	Normal	Anspruchsvoll (fordernd)	Überängstlich	Gleichgültig
Zahl der Kinder	41	38	30	9
Mittlerer Binet-IQ	109,9	124,2	107,3	97,0
Mittlerer WISC-IQ	110,4	113,4	100,7	103,0
Mittleres Lesealter nach Schonell	8,4	9,1	8,0	6,4

Gegen viele Untersuchungen dieser Art läßt sich der Einwand vorbringen, daß Ähnlichkeiten zwischen Eltern und Kindern direkt mit der Vererbung zu erklären sein könnten. In der Untersuchung von Kent und Davis wird diese Möglichkeit eliminiert. Die Autoren waren über den beruflichen Status der

Väter informiert. Indem sie diese daraufhin in fünf Gruppen einteilten, konnten sie nachweisen, daß keine signifikante Tendenz vorhanden war, daß die ehrgeizigeren Eltern den höheren sozialen Klassen angehörten. Die Forschungsergebnisse von Kent und Davis werden gestützt durch vorhandenes Material über die von Eltern genialer Persönlichkeiten angewandten Erziehungsprinzipien, denn im allgemeinen kann man feststellen, daß hochbegabte Menschen in einer Atmosphäre starken intellektuellen Drucks aufgewachsen sind. Beethoven mußte, schon bevor er zehn Jahre alt war, häufig die ganze Nacht hindurch Violine spielen, und als Thomas Arnold drei Jahre alt war, bekam er Smollets vierundzwanzigbändige ›History of England‹ zum Geburtstag geschenkt. Cox hat nachgewiesen, daß aus der Familiengeschichte genialer Persönlichkeiten häufig zu ersehen ist, daß sie »anspruchsvolle« (»fordernde«) Eltern im Sinne von Kent und Davis hatten.

Sozio-ökonomischer Status und Intelligenz

Den häufig festgestellten positiven Zusammenhang des sozio-ökonomischen Status mit der Intelligenz und den Schulleistungen (z. B. McLaren) könnte man auf die günstigere Einstellung der Eltern der oberen Klassen zu intellektuellen Leistungen zurückführen. Wenn man diesen Zusammenhang auch oft auf Erbeinflüsse zurückführt, legt doch die Tatsache, daß er sich mit zunehmendem Alter des Kindes verstärkt, den Gedanken nahe, daß auch Umwelteinflüsse dabei eine gewisse Rolle spielen. Tatsächlich geht auch aus zwei Forschungsarbeiten hervor, daß zwischen dem sozio-ökonomischen Status und der gemessenen Fähigkeit von acht Monate alten Kleinkindern überhaupt kein Zusammenhang besteht (Furfy & Muchlenbein; Bayley), wenn auch die Tests, die wir für dieses Alter besitzen, ziemlich unzuverlässig sind. Aber soweit diese Auswirkungen des gehobenen sozio-ökonomischen Status umweltbedingt sind, dürften sie vermutlich der Wirkung der elterlichen Einstellung zum intellektuellen Erfolg oder den besseren Gelegenheiten der Kinder zum Lernen oder auch einer Kombination beider Faktoren zuzuschreiben sein.

Zusammenfassung

Es hat den Anschein, daß mindestens zwei Mechanismen vorhanden sind, durch die die Umwelt die in den Schulleistungen und allgemein im Leben zum Ausdruck kommenden geistigen Fähigkeiten eines Kindes beeinflußt. Der eine bezieht sich darauf, was das Kind direkt von seiner Umgebung lernt und worin es die Erwachsenen nachahmt. Je reicher und vielfältiger die intellektuelle Stimulation ist, um so größere Möglichkeiten hat das Kind zu lernen und nachzuahmen und um so »intelligenter« wird es. Dieser Mechanismus dürfte eine Erklärung für die Tendenz sein, daß die gemessene Intelligenz eines Kindes mit seiner intellektuellen Stimulation, mit der intellektuellen Qualität seines Elternhauses und der Stärke seines Kontaktes mit Erwachsenen zusammenhängt. Der zweite Mechanismus ist komplexer und betrifft die Gesamtpersönlichkeit. Es sieht so aus, als ob gewisse Umweltbedingungen in der Kindheit eine dauernde Wirkung auf die Persönlichkeit ausüben könnten, was sich darin manifestiert, wie das Kind seine

Fähigkeiten benutzt. Offenbar lassen sich die Auswirkungen der Entbehrung der mütterlichen Fürsorge in der frühen Kindheit und die der Einstellung der Eltern zu den intellektuellen Leistungen auf den Intelligenzquotienten und die Intelligenzleistungen nur mit einem Prozeß erklären, der die Gesamtpersönlichkeit beeinflußt.

Beim heutigen Stand unseres Wissens ist es durchaus nicht klar, wie ein solcher Mechanismus wirkt. Psychoanalytisch könnte man ihn mit der Identifikation erklären; wenn die Eltern geistige Werte besitzen, wird das Kind diese Werte seinem Überich auf die gleiche Weise einordnen, wie es ihm seine Maßstäbe für Sauberkeit und moralisches Verhalten einordnet. Für die Schulleistungen sind diese erworbenen Charaktereigenschaften von besonderer Wichtigkeit, und der Grund, weshalb in England gescheite Arbeiterkinder oft versagen, wenn sie aufs Gymnasium kommen, könnte darin zu suchen sein, daß diese Eigenschaften solchen Kindern fehlen. »Vielen«, sagt Burt, »scheint der Ansporn des Ehrgeizes zu fehlen.« Es könnte sehr wohl sein, daß nicht nur die Schulleistungen, sondern auch die funktionalen Fähigkeiten selbst durch die richtigen Charaktereigenschaften gefördert werden und daß das Kind diese von seinen Eltern durch den Identifikationsprozeß erwirbt.

Der Behaviorismus würde diese Persönlichkeitszüge als erworbenen Trieb oder als mehrere solcher Triebe auffassen und in der Intelligenz selbst ein System von Gewohnheitsstärken (Habit-Stärken) sehen. Diese Intelligenzauffassung stimmt mit dem neueren Trend überein, der von der Auffassung der Intelligenz als einem angeborenen Potential, das mit Intelligenztests nur unzureichend gemessen werden kann, wegstrebt und dazu neigt, die Intelligenz einfach als das Kompetenzniveau aufzufassen, auf dem jemand zu einem bestimmten Zeitpunkt funktioniert, als »allgemeine All-round-Fähigkeit, die jemand bei seinen täglichen Anpassungen an Lebenssituationen manifestiert« (Vernon), oder sogar nur als erworbene Fertigkeit (Davis). Das Wesen der erworbenen Triebe, die zur Entwicklung solcher Gewohnheitsstärken beitragen, ist problematischer. Terman nennt als derartige Persönlichkeitszüge Ausdauer, die Fähigkeit zur Nutzanwendung, den Wunsch, sich auszuzeichnen. Aber kann man in alldem tatsächlich erworbene Triebe sehen? Wenn es gilt, die vielen postulierten erworbenen Triebe zu isolieren und zu differenzieren, herrscht eine beträchtliche Verwirrung.

Einer der am häufigsten postulierten erworbenen Triebe, nämlich der Angsttrieb, dürfte vermutlich einen gewissen Einfluß auf die Entwicklung der intellektuellen Fertigkeiten haben. Wenn man auch feststellen muß, daß die Angst im allgemeinen einen desorganisierenden Einfluß auf komplexes Lernen in Experimentalsituationen hat, spricht doch einiges für die Theorie von Davis, daß sie in vielen Lernsituationen des realen Lebens eine motivierende und sozialisierende Kraft darstellt (Burt; Lynn). Beobachtungsmaterial wie das über die Auswirkungen der Art der Erziehung auf die Persönlichkeit eines Kindes stützt diese Hypothese. Man ist im allgemeinen der Ansicht, daß ein Kind, dem viel mütterliche Fürsorge zuteil wird (die manchmal als mütterliche Überängstlichkeit oder Überprotektion bezeichnet wird) nervös und ängstlich wird (z. B. Mayer Gross, Slater & Ross; Levy; Banister & Ravden). Wie wir sahen, zeigt mütterliche Fürsorge auch die Tendenz, Kinder hervorzubringen, die »intelligent« sind, und die Entbehrung mütterlicher Fürsorge zeigt die Tendenz, »unintelligente« Kinder zu erzeugen. Die Theorie von Davis würde das folgendermaßen erklären: Die Aufmerksamkeit und Liebe, die eine Mutter ihren Kindern schenkt, macht, daß diese bestrebt sind, den Beifall der Erwachsenen und Erfolg in der Schule zu erringen. Dieses Bestreben bezeichnet Davis als die soziale Angst, die als motivierende Kraft wirkt, welche die Kinder veranlaßt, sich bei ihrer Arbeit in der Schule anzustrengen. Die Folge ist, daß sie die intellektuellen Fertigkeiten, die ihnen einen hohen Intelligenzquotienten eintragen, schneller erlernen.

Die Frage bleibt offen, was die Schulen tun könnten, um die Intelligenz und das

Leistungsniveau ihrer Schüler zu verbessern. Es sieht so aus, als ob die grundlegenden Persönlichkeitsstrukturen im Elternhaus bereits vor dem Schulalter angelegt würden. Die Aufgabe der Schule scheint hauptsächlich darin zu bestehen, das Motivationspotential, das bei den allermeisten Kindern vorhanden ist, zu wecken. Herkömmlicherweise hat man das erreicht, indem man ein Wettbewerbsystem schuf, das Interesse der Kinder weckte und sie durch die Persönlichkeit des Lehrers zu inspirieren versuchte. Wir müssen eingestehen, daß gegenwärtig zwar viel über die relative Wirksamkeit dieser Motivatoren diskutiert wird, daß wir aber nur wenig präzise Kenntnisse darüber besitzen. Vielleicht wäre gerade auf diesem Gebiet Forschung besonders dringend.

Literatur

BANISTER, H., & RAVDEN, M. (1944): The problem child and his environment. *Brit. J. Psychol.* 34, 60-65.

BAYLEY, N. (1933): Mental growth during the first three years: a developmental study of sixty-one children by repeated tests. *Genet. Psychol. Monogr.* 14, 1-92.

BOWLBY, J. (1951): Maternal care and mental health. Genf: World Health Org., Monogr. Series, Nr. 2.

BURKS, B. S. (1928): The relative influence of nature and motive on mental development: a comparative study of foster parent-foster child resemblance and true parent-true child resemblance. *Year B. Nat. Soc. Stud. Educ.* 27, 219-316.

BURT, C. (1937): *The backward child.* London: Univ. of London Press.

BURT, C. (1946): *Intelligence and fertility.* London: Eug. Soc. and Hamish Hamilton.

BURT, C. (1947): Symposium on the selection of pupils for different types of secondary schools. *Brit. J. Educ. Psychol.* 17, 57–71.

COX, C. M. (1926): *The early mental traits of three hundred geniuses.* London: O. U. P.

DAVIS, A. (1944): Socialisation and adolescent personality. In: NEWCOMB, T. M., & HARTHLEY, E. L.: *Readings in social psychology.* New York: Holt.

DAVIS, D. R. (1954): Nurture and intelligence. *Bull. Camb. Inst. Educ.* 1, 1–9.

DAWE, H. C. (1940): A study of the effects of an educational programme upon language development and related mental functions in young children. Univ. Iowa: Unpublished Ph. D. thesis.

ELLIS, H. (1926): *A study of british genius.* Boston: Houghton-Mifflin.

FREEMAN, F. N., HOLZINGER, K. J., & MITCHELL, B. C. (1928): The influence of environment on the intelligence school achievement and conduct of foster children. *Year B. Nat. Soc. Stud. Educ.* 2, (1), 103–217.

FURFY, P. H., & MUCHLENBEIN, J. (1932): The validity of infant intelligence tests. *J. Genet. Psychol.* 40, 219–223.

GALTON, F. (1874): *English men of science: their nature and nurture.* London: Macmillan.

GOLDFARB, W. (1943): Effects of early institutional care on adolescent personality. *J. Exp. Educ.* 12, 106–129.

GORDON, H. (1923): Mental and scholastic attainments among retarded children: an inquiry into the effects of schooling on the various tests. Educ. Pamphlets, Bd., Educ., London, Nr. 44.

JONES, H. E. (1946): Environmental influences on mental development. In: CARMICHAEL, L. (Ed.): *Manual of child psychology.* New York: Wiley.

KENT, N., & DAVIS, D. R. (1957): Discipline in the home and intellectual development. *Brit. J. Med. Psychol.* 30, 27–33.

LEAHY, A. M. (1935): Nature-nurture and intelligence. *Gent. Psychol. Monogr.* 17, 236–308.

LEVY, D. M. (1943): *Maternal overprotection.* New York: Columbia Univ. Press.

LYNN, R. (1955): Personality factors in reading achievement. *Proc. Roy. Soc. Med.* 48, 996–998.

LYNN, R.: The relation of school size to educational attainment. *Brit. J. Soc.*

MAYER GROSS, W., SLATER, E., & ROTH, M. (1954): *Clinical psychiatry.* London.

MCCANDLASS, B. R. (1938): The effect of enriched educational experiences upon the growth of intelligence of very superior children. Univ. Iowa: Unpublished M. A. thesis.

MCLAREN, V. M. (1950): Socio-economic status and reading ability – a study in infant reading. In: *Studies in reading,* II. Scottish Council for Research in Educ. 34. London: Univ. of London Press.

PEEL, E. A. (1956): *The psychological basis of education.* London: Oliver & Boyd.

PIDGEON, D. A. (1958/59): School differences in ability and attainment. *Ed. Res.,* Vol. I. 3, 62–71.

PINNEAU, S. (1955): The infantile disorders of hospitalism and anaclitic depression. *Psychol. Bull.* 52, 429–462.

SKEELS, H. M., UPDEGRAFF, R., WELLMAN, B. I., & WILLIAMS, H. M. (1938): A study of environmental stimulation: an orphanage preschool project. Univ. Iowa, *Stud. Child Welfare* 4.

SKODAK, M. (1939): Children in foster home. Univ. Iowa, *Stud. Child Welfare* 16, Nr. 1.

SPITZ, R. A. (1946): Hospitalism: a follow-up report. *Psychoanal. Stud. Child.* 2, 113–117. New York: International Univ. Press.

SPITZ, R. A. (1946): Anaclitic depression. *Psychoanal. Stud. Child* 2, 313–342. New York: International Univ. Press.

SPITZ, R. A. (1955): Reply to Dr. Pinneau. *Psychol. Bull.* 52, 453–459.

STODDARD, G. D., et al. (1940): Environment and the I. Q. In: BLOOMINGTON, E.: Public School Publishing: *Intelligence: its Nature and Nurture.* The 39th Year Book Nat. Soc. Stud. Educ.

STODDARD, G. D. (1943): *The meaning of intelligence.* New York: Macmillan.

TABAH, L., & SUTTER, J. (1954): Le niveau intellectuel des enfants d'une même famille. *Ann. Hum. Genet.* 19, 120–150.

TERMAN, L. M., et al. (1926): *Genetic studies of genius.* Stanford: Univ. Press.

THOMPSON, G. (1949): Intelligence and family size. In: *The trend of Scottish intelligence.* London: Univ. of London Press.

VAN ALSTYNE, D. (1929): The Environment of three year old children. *Teach. Coll. Contrib. Educ.* 366.

VERNON, P. E. (1951): Recent investigations of intelligence and its measurement. *Eug. Rev.,* 125–137.

VERNON, P. E. (1954): Symposium on the effects of coaching and practice in intelligence tests. *Brit. J. Educ. Psychol.* 24, 57–63.

WELLMAN, B. L. (1940): Iowa Studies on the effects of schooling. *39th Year Book Nat. Soc. Stud. Educ.*

YODER, A. H. (1894): A study of the boyhood of great men. *Ped. sem.* 3, 134–156.

Der Einfluß der Eltern auf die kognitive Entwicklung in der frühen Kindheit*

von N. E. Freeberg und D. T. Payne
(Educational Testing Service, Princeton, N. J.)

Bei der vorliegenden Arbeit handelt es sich um eine Übersicht über die Literatur zum Thema des Einflusses von Erziehungsmethoden auf die kognitive Entwicklung des Kindes. Dabei wurden drei Aspekte der einschlägigen Literatur besonders berücksichtigt: 1. Studien, die den Versuch machen, Maßzahlen der kognitiven Fähigkeit von Kindern zu den jeweiligen Erziehungsmethoden der Eltern in Beziehung zu setzen, 2. Studien darüber, in welcher Beziehung die für die verschiedenen sozialen Schichten kennzeichnenden Erziehungsmethoden zu den kognitiven Leistungen von Kindern aus diesen sozialen Schichten stehen, und 3. Berichte über experimentelle Bemühungen zur Förderung kognitiver Fertigkeiten bei noch sehr kleinen Kindern mit Hilfe spezieller Trainingsmethoden. Trotz des wachsenden Interesses an diesem Gebiet sind nur sehr wenige Ergebnisse systematischer Untersuchungen verfügbar, die sich mit spezifischen Erziehungsmethoden und deren Einfluß auf die kognitiven Fähigkeiten des Kindes befassen.

Trotz der ausgedehnten Forschungen über die kindliche Entwicklung im Bereich der intellektuellen Fertigkeiten und des Lernens läßt sich auf die Frage von Eltern: »Was kann ich während der Vorschuljahre meines Kindes zur Verbesserung seiner Lernfähigkeit oder seiner Intelligenz tun?« nur eine recht vage und allgemeingehaltene Antwort geben. Wenn unsere hypothetischen Eltern dann noch weiter insistierten und nach einer optimalen Trainingsmethode fragten, hätte der Kinderspezialist vermutlich das Gefühl, daß er für seine diesbezüglichen Empfehlungen auf noch weniger relevante Unterlagen in der Literatur zurückgreifen kann. Vermutlich haben wir heute kaum mehr als allgemeine Richtlinien für die Schaffung einer »maximalen Umwelt« anzubieten. Allerdings hat es den Anschein, daß besser fundierte Erkenntnisse auf diesem Gebiet am Horizont aufzutauchen beginnen. Wir wollen uns in dieser Übersicht damit befassen, wie weit die verfügbare Literatur zu diesem Problem brauchbar ist und was noch auf diesem Forschungsgebiet zu tun bleibt, um obige Frage befriedigend beantworten zu können.

* Parental influence on cognitive development in early childhood: A review. Mit freundlicher Genehmigung der University of Chicago Press, Chicago, entnommen aus: *Child Development* 38, 1967, S. 65–87.

Die Bedeutung des frühen Lernens

Es hat bereits beträchtliche Mühe gekostet, einen Punkt zu erreichen, wo mit einiger Sicherheit von einem allgemeinen Konzept gesprochen werden kann, nach dem die Entwicklung eines Menschen dadurch gefördert wird, daß er seine Kindheit in einer Umgebung verbringt, die vielfältige Erfahrungen vermittelt. Hierzu mußte man Beweismaterial dafür liefern, daß Erfahrungen Einfluß auf das intellektuelle Wachstum haben, was im Widerspruch zu zwei lange vertretenen Annahmen stand: daß die Intelligenz ein für allemal festgelegt sei und daß die Entfaltung der kognitiven Fähigkeiten in einer vorherbestimmten Beziehung zur anatomischen Entwicklung stehe, was dem Standpunkt der Reifungshypothese entspricht. Hunt (1961) hat sich eingehend mit dieser Aufgabe befaßt. Gestützt auf Hebbs Arbeit (1949) über die neurophysiologische Grundlage des intellektuellen Wachtums hat Hunt seine Auffassung vom Lernen und von der Intelligenz als einem dynamischen Informationsprozeß aufgebaut, der von den Kindheitserfahrungen abhängig ist.

Im einzelnen behauptet Hebb (1949), daß die Erfahrung einen wesentlichen Mediator der neuralen Verbindungen darstellt und daß sie zur Bildung sogenannter Zellverbände unentbehrlich ist. Diese neuralen Zellverbände werden zu relativ fixierten funktionalen Einheiten (zu »autonomen zentralen Prozessen«), deren Sequenz und Phasenverlauf im assoziativen Kortex nur durch rezeptorische Inputs (d. h. durch sensorische Erfahrungen) geformt werden kann. Daher sind es die frühesten Kindheitserfahrungen oder das »primäre« Lernen, was großenteils das Modell für die spätere Fähigkeit der Informationsverarbeitung im System bildet und als »Programmierer des menschlichen Gehirncomputers« dient (Hunt 1964, S. 242).

Das aus Tierexperimenten gewonnene Material über die Auswirkungen von Kindheitserfahrungen auf das spätere Lernen bestätigt weitgehend die obengenannten Vorstellungen und macht uns geneigt, die negative Auffassung von einem Zentralnervensystem abzulehnen, das als »passives Schaltbrett« funktioniert (Newell, Shaw & Simon 1958). Beach und Jaynes (1954) geben ebenso wie Hunt (1961, Kap. IV) einen ausführlichen Überblick über Arbeiten, die sich mit der Steigerung des späteren Lernens durch reiche Stimulationen in der frühen Kindheit befassen. Im Dunkeln aufgezogene Ratten brauchen länger als normale Ratten, um das Unterscheiden komplexer Reizmuster zu erlernen, und Schimpansen, die während der ersten sechzehn Monate in einem verdunkelten Raum aufgezogen wurden, zeigten anfangs keine normalen Reaktionen auf Objekte, die sich in ihrem Gesichtsfeld bewegten. Haustiere (Katzen und Hunde), die in einer Familie aufwachsen, zeigen bessere Leistungen in Lernsituationen als im Laboratorium aufgezogene Tiere. Auch Tiere, die schon frühzeitig Erfahrungen mit vielfältigen Gegenständen in ihrem Käfig sammeln können, zeigen bessere Leistungen in späteren Lernsituationen und werden dabei weniger durch Emotionen beeinträchtigt als Tiere, die einer derartig vielfältigen Stimulation in ihrer Umgebung nicht ausgesetzt sind. Grad und Dauer dieser Retardierung hängen weitgehend von der Stärke der Deprivation ab. Die im Dunkeln aufgezogenen

Schimpansen gewinnen ihre normalen visuellen Funktionen zurück, falls die Deprivation sich nicht über einen kritischen Punkt hinaus erstreckt, an dem eine physiologische Schädigung einsetzt (Riesen 1958). Ähnlich besteht auch bei der menschlichen Entwicklung die Möglichkeit, daß der Betreffende sich von der Beeinträchtigung durch verschiedene Formen der perzeptorischen und motorischen Deprivation erholt (falls er genügend Zeit und Gelegenheit hat, die dazu erforderlichen Fertigkeiten zu üben), was darauf hinweist, daß man die Reifungskomponenten trotz der Bedeutung der frühkindlichen Umwelt nicht außer acht lassen sollte (Dennis & Najarian 1957; Senden 1932).

Wenngleich wir aufgrund von Verhaltensstudien eindrucksvolles Beweismaterial für die wichtige Rolle des frühen Lernens besitzen, haben neuere Arbeiten wie die von Krech, Rosenzweig und Bennett (1962) und die von Bennett, Diamond, Krech und Rosenzweig (1964) dazu gedient, diesen Beweis über neurale Korrelate zu führen. Aus Verhaltensmessungen ebenso wie aus den chemischen und neuroanatomischen Veränderungen im Kortex von Ratten, die in einer angereicherten oder reizarm gemachten Umgebung aufgezogen wurden (mit Zeichnungen und Gegenständen oder ohne solche Objekte im Käfig; mit einer größeren oder geringeren Anzahl von Wurfgenossen), geht hervor, daß signifikante Unterschiede zugunsten der Tiere bestehen, die in einer komplexeren Umgebung aufgewachsen sind. Diese Verbesserung geht a) aus der erhöhten Lernfähigkeit bei einer Vielfalt von Aufgaben, b) aus neurochemischen Veränderungen, von denen man weiß, daß sie das Lernen erleichtern, und c) aus der größeren Quantität (dem höheren Gewicht) des kortikalen Gewebes in Gehirnregionen hervor, welche für die durch die Umweltvariablen bestimmten Aspekte der sensorischen Stimulation spezifisch sind (z. B. hat man eine stärkere Entwicklung des okzipitalen Kortex mit einer stärkeren visuellen Stimulation durch die Umwelt in Verbindung gebracht).

Umfangreiches Beobachtungsmaterial über die Auswirkungen frühen Lernens bei Kindern und über ein »kumulatives Defizit« (Absinken der IQ-Werte) aufgrund einer reizarmen Umwelt ist von Bloom (1964) und anderen (Anastasi 1958; Bayley 1955; Klineberg 1963; Yarrow 1964) kritisch überprüft worden. Besonders Untersuchungen über das intellektuelle Wachstum von getrennt aufgezogenen Zwillingen, über Kinder, die durch Adoption in früher Kindheit von ihren Eltern getrennt wurden, und über die Auswirkungen einer reizarmen Umgebung in der Kindheit haben immer mehr Material geliefert, aus dem hervorgeht, welch starken Einfluß die Umgebung eines Kleinkindes auf die Entwicklung seiner späteren kognitiven Fähigkeiten besitzt. Noch kaum definiert ist, bis zu welchem Grad derartige schädliche Auswirkungen der Umwelt, welche beim Menschen zu einer Retardation der kognitiven Fähigkeiten auf einer höheren Ebene führen, reversibel sind. Es scheint jedoch extreme Fälle von sozialer und kultureller Deprivation zu geben, bei denen ein kompensatorisches Training nur noch begrenzt helfen kann (Zingg 1940).

Bloom (1964) unterzieht die Daten von longitudinalen Untersuchungen aus den letzten vier Jahrzehnten einer erneuten kritischen Überprüfung beim Versuch, die Hypothese von der unterschiedlichen Wachstumsgeschwindigkeit der menschlichen intellektuellen Fähigkeit zu testen. Er kommt zu dem Ergebnis, daß bei der im Alter von siebzehn Jahren gemessenen Intelligenz etwa 50 Prozent der Varianz mit interindividuellen Unterschieden im Alter von vier Jahren zusammenhängt, so daß zwischen der Geburt und dem vierten Lebensjahr ebensoviel intellektuelles Wachstum erfolgt wie in den nachfolgenden 13 Jahren. (Über die Annahme einer Verhaltensüberlappung, die absolute Skalierung und die Eindimensionalität der gemessenen Intelligenz – Voraussetzungen, die man bei einer solchen Schlußfolgerung machen muß – läßt sich streiten.) Leider befaßt sich das meiste verfügbare Material nicht mit den spezifischen Mechanismen, welche Schlüsse über die Auswirkungen früher Umwelteinflüsse auf ein Kind ermöglichen könnten, und Bloom (1964) meint, daß diese Kluft jetzt durch detailliertere und sinnvollere Messungen der Umwelt überbrückt werden muß, um so Maßzahlen der Umwelt mit kognitiven Leistungen in Beziehung setzen zu können.

Diese kurze Diskussion eines umfangreichen und komplexen Themas sollte lediglich als Hintergrund für die hier behandelte Behauptung dienen, daß man vernünftigerweise annehmen kann, daß die Ausbildung kognitiver und intellektueller Fähigkeiten ihrem Wesen nach entwicklungsfähig und durch eine Veränderung der Umgebung modifizierbar ist. Räumt man dies ein, so erhebt sich die Frage, wie man Änderungen in der frühkindlichen intellektuellen Entwicklung durch die Anwendung geeigneter Methoden der Aufzucht und Erziehung bewirken könnte. Hunt weist auf das Bedürfnis nach derartigen Erkenntnissen hin, wenn er feststellt:

»Verschiedenes Beobachtungsmaterial, das hier kritisch beleuchtet wurde, weist darauf hin, daß es möglich sein könnte, das durchschnittliche Intelligenzniveau der Bevölkerung erheblich anzuheben, wenn wir besser verstünden, auf welche Weise Begegnungen mit der Umwelt die Entwicklung des intellektuellen Interesses und der Fähigkeiten begünstigen.« (Hunt 1961, S. 346).

Auch Bloom hat das Gefühl, daß wir uns auf einem Niveau befinden, wo man »einige der Hauptmerkmale einer Umgebung spezifizieren kann, die die Entwicklung der allgemeinen Intelligenz oder der Schulleistungen positiv oder negativ beeinflussen« (Bloom 1964, S. 196). Wenn kulturelle Einflüsse auf die Intelligenz in gewisser Weise »von außen nach innen gehen« (Bruner 1964), sollten wir uns darum kümmern, mit welchen Methoden dieser Prozeß durch elterliche Erziehungsmethoden beeinflußt werden kann.

Zur Behandlung des Problems können wir drei Aspekte der einschlägigen Literatur heranziehen. Der erste ist für diese Diskussion von besonderem Interesse und betrifft Untersuchungen, die den Versuch machen, den Einfluß der Eltern direkt mit gewissen Aspekten der kognitiven Leistungen ihres Kindes in Beziehung zu setzen. Zweitens handelt es sich um Untersuchungen über die Art der Kindererziehung in den verschiedenen sozialen Klassen, insofern diese mit den intellektuellen Leistungen von Kindern aus diesen Klassen in Beziehung zu stehen scheint, und drittens handelt es sich um das Experimentalschrifttum und die beschreibende Literatur, die sich mit Erziehungsmethoden befaßt, welche man bereits angewandt hat, um die kognitiven Fertigkeiten noch sehr kleiner Kinder zu entwickeln.

Direkte Messungen des elterlichen Einflusses

Die Forschung, die sich mit den unmittelbaren Beziehungen zwischen den elterlichen Erziehungsmethoden und der kindlichen Entwicklung beschäftigt, konzentriert sich im allgemeinen auf abhängige Variablen, die sich auf die körperliche Entwicklung, die Persönlichkeitsbildung und Verhaltensanpassung beziehen. Versuche, auch Messungen der kognitiven Fertigkeiten und der Intelligenz einzubeziehen, sind vergleichsweise noch neueren Datums. Wenn solche Untersuchungen unternommen werden, befassen sie sich im allgemeinen mit Kindern auf Grundschulniveau und stützen sich im wesentlichen auf retrospektive Berichte von Müttern über deren Erziehungsmethoden im frühkindlichen Alter. Ist man bereit, eine relative Kontinuität der häuslichen Umgebung für die Zeit von der frühen Kindheit bis zu den oberen Schulklassen anzunehmen und den retrospektiven Berichten von Müttern eine gewisse Verläßlichkeit zuzubilligen, so gewähren einige einschlägige Untersuchungen Einblick, in welcher Weise Familieneinflüsse möglicherweise die intellektuellen Leistungen beeinflussen.

Bing (1963) hat im Rahmen einer solchen Studie sechzig Mütter von Kindern der fünften Klasse getestet. Die betreffenden Kinder hatten ähnliche IQ-Gesamtwerte und waren – nach Geschlechtern unterschieden – in »hohe« und »niedrige« verbale Gruppen eingeteilt. Diese Gruppierung basierte auf dem Vergleich der verbalen Testleistung mit der Leistung bei räumlichen und numerischen Tests. Zum Beispiel war eine verbal gutgestellte Versuchsperson eine solche, deren verbale Testwerte hoch waren. Weitere Daten wurden aus Fragebogen und durch Interviews mit den betreffenden Müttern sowie aus den Beobachtungen in einer »Interaktionssituation« ermittelt, bei der die Mutter verschiedene Problemlösungen mit ihrem Kind durchzuführen hatte. Aus den Antworten in dem retrospektiven Fragebogen und aus dem Interview ging hervor, daß Mütter mit verbal gutgestellten Kindern diesen in der frühen Kindheit mehr verbale Stimulation verschafft hatten. Dieses Ergebnis war hochsignifikant bei Jungen, aber nicht bei Mädchen. Auch erinnerten sich diese Mütter besser an die ersten Leistungen ihres Kindes (signifikant bei Jungen, aber nicht bei Mädchen), sie standen schlechten Schulleistungen kritischer gegenüber, schenkten dem Kind mehr Bücher mit unterhaltsamen Geschichten und erlaubten ihm häufiger, sich am Tischgespräch zu beteiligen. Die Zeit, die der Vater damit verbrachte, daß er dem betreffenden Kind vorlas, wies nur bei Mädchen eine Beziehung mit den verbalen Testwerten auf, während ein vergleichbarer Zusammenhang zwischen der Zeit, die die Mutter mit Vorlesen verbrachte, weder bei Jungen noch bei Mädchen festgestellt wurde. Die verschiedenen Resultate bei Jungen und Mädchen waren oft nur schwer mit früher aufgestellten Hypothesen zu vereinbaren. In der Beobachtungssituation halfen Mütter von Kindern mit hoher verbaler Fähigkeit diesen im allgemeinen bereitwilliger, und sie griffen früher ein, wenn die Kinder sie darum baten. Auch redeten sie ihnen mehr zu, sich Mühe zu geben.

Dieser Einfluß des mütterlichen Interaktions- und Kommunikationssystems auf das Kind scheint im Bereich der kognitiven Fertigkeit eine zentrale Rolle zu spielen, was auch aus der Untersuchung von Hess (1965) hervorgeht. Hess hat kürzlich eine Reihe von Untersuchungen an Vorschulkindern durchgeführt, bei denen Mutter und Kind in einer Problemlösungssituation zusammenwirken mußten. Er konzentrierte dabei seine Aufmerksamkeit auf die Art und Weise, wie die Mutter dem Kind behilflich war, Probleme zu lösen, und auf die von ihr geschaffene »kognitive Umgebung«. Die Ergebnisse weisen darauf hin, daß die Fähigkeit des Kindes, Probleme zu lösen, durch »restriktive Sprachkodes« beeinträchtigt wird, d. h. durch eine Sprache, die dem Kind weniger Alternativen dafür anbietet, wie es sich zu verhalten hat, die ihm eine geringere Entscheidungsfreiheit und weniger Denkmöglichkeiten läßt.

Es hat sich ferner herausgestellt, daß das Verhalten der Mutter dem Vorschulkind gegenüber, das besonders auf den Erwerb verbaler Fertigkeiten und anderer Leistungsfähigkeiten ausgerichtet ist, auch mit den gemessenen Intelligenzwerten in Beziehung steht. Daten aus der ›Fels Longitudinal Study‹ (Moss & Kagan 1958), die von den Eltern von Kindern aus mittleren sozialen Schichten stammten, wurden dazu benutzt, Testwerte für die »mütterliche Akzeleration« zu entwickeln, wobei man anhand von Interviews mit den betreffenden Müttern den von diesen auf die Leistung des Kindes ausgeübten »Druck« schätzte. Für Jungen von drei Jahren, jedoch nicht für die Gruppe von Sechsjährigen beiderlei Geschlechts, wurde eine signifikante Beziehung zwischen dem IQ des Kindes und der mütterlichen Akzeleration festgestellt. Die Untersuchung wurde in wesentlichen Teilen noch einmal wiederholt, doch wurde beim zweiten Mal eine andere Stichprobe von Kindern verwandt. Die IQs der Kinder korrelierten bei den Drei- und Sechsjährigen positiv mit den IQs und dem Bildungsniveau der jeweiligen Mütter, doch stellte sich heraus, daß die mütterliche Akzeleration auch hier nur zum IQ der dreijährigen Jungen in Beziehung stand. Die Verfasser meinen, eine Erklärung sei möglicherweise darin zu suchen, daß vier der sechs Aufgaben der Skala für Zweieinhalbjährige des Stanford-Binet-Tests zu der Kategorie gehören, auf die Mütter mit einer hohen mütterlichen Akzeleration besonderen Wert zu legen pflegen (z. B. auf die Identifikation von Gegenständen bei deren Gebrauch, auf das Benennen von Gegenständen und Körperteilen und auf das Bildervokabular).

Es sieht so aus, als ob die Möglichkeit, vom Leistungsverhalten in der frühen Kindheit sowie von elterlichen Erziehungspraktiken aus auf das spätere Leistungsverhalten im Erwachsenenalter zu schließen, von Alter und Geschlecht des Kindes abhängig wären (Sontag & Kagan 1963). Hinweise auf geschlechtsbedingte Unterschiede gibt es nicht nur in der Studie von Moss und Kagan (1958), sondern auch Bing (1963) berichtet, daß aus dem retrospektiven Interview gewonnene Variablen, die zwischen Gruppen von hohem und niedrigem verbalen Niveau unterschieden, dies hauptsächlich bei Knaben taten, während die aus der derzeitigen Beobachtungssituation gewonnenen Variablen solche Unterschiede in erster Linie bei Mädchen anzeigten. Diese Beobachtung von geschlechtsbedingten Unterschieden in bezug auf Erinnerungen der Mutter an frühere Praktiken im Gegensatz zu ihrem augenblicklichen Verhalten (Beobachtungsdaten) stellt ein Ergebnis dar, das weiter verifiziert werden sollte. Es ist kaum verwunderlich, daß Mütter auf bestimmte Verhaltensweisen bei ihren männlichen Sprößlingen anders reagieren als bei

ihren kleinen Töchtern (Sears, Maccoby & Levin 1957). Derartige Unterschiede in der Intelligenz und im intelligenten Handeln könnten auch kulturell determiniert sein und bis zu einem gewissen Grad auf die unterschiedlichen Erwartungen der Eltern bezüglich der späteren intellektuellen und berufsmäßigen Leistungen zurückgehen (Freeberg & Payne 1965).
Auch die Abhängigkeit vom Alter ist neuerdings zu einer Variablen geworden, mit der man sich beschäftigt. Variationen in den Folgen einer bestimmten elterlichen Erziehungsmethode als Funktion der Altersstufe des Kindes zu der Zeit, als die betreffende Methode zuerst angewandt wurde, haben Kagan und Moss (1962) als »Schläfer-Effekt« bezeichnet. Das von den Autoren angeführte Beobachtungsmaterial legt den Gedanken nahe, daß es kritische Perioden in der Entwicklung des Kindes geben könnte, in denen eine bestimmte Methode der Eltern wirksamer die spätere Entwicklung beeinflußt, als wenn sie zu einem anderen Zeitpunkt als dem des »optimalen Alters« oder auf einem anderen als dem optimalen Entwicklungsniveau angewandt wird. Offensichtlich bereitet es Schwierigkeiten, diese Forschungsergebnisse auszuwerten und brauchbare Kriterien für die kognitive Entwicklung zu definieren, da man dazu komplexe und bisher nur unvollkommen verstandene Auswirkungen von Alter und Geschlecht identifizieren muß.
Eine andere Methode zur Aufdeckung des elterlichen Einflusses besteht darin, daß man das Kind Fragen über seine häusliche Umgebung beantworten läßt, eine Methode, die Milner (1951) angewandt hat. Kinder aus dem ersten Schuljahr wurden nach der ›Haggerty Reading Examination‹ und dem Sprachfaktoren-Subtest des ›California Test of Mental Maturity‹ in eine Hochleistungsgruppe und eine schwache Gruppe unterteilt. Die Ergebnisse bestätigen die allgemeine Tendenz auch der darauffolgenden Untersuchungen, daß die Kinder der Hochleistungsgruppe signifikant mehr Reaktionen zeigten bei Sachverhalten, die mit dem Verhalten der Eltern zusammenhängen. Zum Beispiel wußten sie besser einzuschätzen, wieviel Zeit die Mutter damit verbrachte, mit ihnen spazierenzugehen und ihnen vorzulesen, oder sie konnten genauer angeben, ob sie nur ein paar oder viele Bücher erzählenden Inhalts besaßen und ob die Eltern ihnen regelmäßig vorlasen.
In einer der umfassendsten und offenbar erfolgreichsten Forschungsarbeiten wurde der Versuch gemacht, das elterliche Verhalten zu den Intelligenzleistungen des Kindes in Beziehung zu setzen, wozu Daten von sechzig Fünfkläßlern und Daten aus Interviews mit ihren Müttern benutzt wurden (Wolf 1964). Die häuslichen Aspekte, von denen man annahm, daß sie für die Entwicklung der allgemeinen Intelligenz am relevantesten waren, wurden in einen Fragebogen mit 63 Fragen eingebaut. Die einzelnen Fragen des Fragebogens dienten dann als Grundlage für die Bewertungen bei 13 Skalen, die als Prozeßcharakteristika der Umwelt bezeichnet wurden. Die Korrelation der Gesamttestwerte (= Summe der Testwerte der 13 Skalen) mit dem IQ des Kindes wurde durch den bemerkenswerten Koeffizienten von 0,69 angezeigt. Von besonderem Interesse für unsere Zwecke sind die einzelnen Korrelationen der 13 Skalen mit dem Intelligenztestwert. Die besten Beziehungen ergaben sich für jene Skalen, die sich auf die intellektuellen Erwartungen der Eltern für ihr Kind bezogen, ferner darauf, wie weit die Mutter über seine intellektuelle Entwicklung im

Bild war, welche Möglichkeiten dem Kind gegeben waren, seinen Wortschatz zu erweitern, und wie weit die Eltern zu Hause für Gelegenheiten zum Lernen sorgten und wie weit sie ihrem Kind beim Lernen für die Schule oder auch bei anderen Aktivitäten behilflich waren. Dave (1963) benutzte den gleichen Fragebogen mit den 63 Fragen wie Wolf (1964) und offensichtlich auch die gleichen Daten und kategorisierte die Skalen in fünf Prozeßvariablen der Umwelt, die er so gruppieren konnte, daß sie einen »Index der Erziehungsumwelt« bildeten. Die Korrelation dieses Gesamtindex mit einem Schulleistungswert (der sich aus Teilleistungen wie Wortschatz, Orthographie, Lesen und arithmetischem Rechnen zusammensetzte) war 0,80.

Die Ergebnisse dieser beiden Untersuchungen sind höchst eindrucksvolle Hinweise auf den Einfluß der Eltern auf die intellektuelle Entwicklung. Allerdings stimmen einige der angegebenen Korrelationen zwischen dem Intelligenztestwert und den Variablen der sozialen Schicht nicht mit vorangegangenen Untersuchungsergebnissen überein und bedürfen noch der Klärung. Zum Beispiel hat man gefunden, daß der Index der sozialen Schicht und das Bildungsniveau der Eltern mit den Intelligenztestwerten des Kindes in keiner Beziehung standen, während in der Regel festgestellt wird, daß Maßzahlen dieser Art einen mäßigen, aber signifikanten Zusammenhang mit der Intelligenz aufweisen. Jedenfalls sind die Ergebnisse von mehreren hier diskutierten Untersuchungen recht konsistent. Kinder mit besonderer intellektueller Leistungsfähigkeit kommen meist aus Elternhäusern, wo das Interesse der Eltern an ihrer intellektuellen Entwicklung darin zum Ausdruck kommt, daß sie einen Leistungsdruck auf sie ausüben und ihnen besonders bei der Entwicklung ihrer verbalen Fähigkeiten helfen.

Leistung

Der Begriff der Leistung (achievement) wird oft als Verhaltenskriterium für die kognitive und intellektuelle Entwicklung benutzt. Wie es bei vielen Variablen der Fall ist, die als Kriterium und zur Voraussage in Eltern-Kind-Studien benutzt werden, ist auch dieser Begriff nicht eindeutig. Man versteht darunter sowohl das »Bedürfnis« nach Leistung oder die Motivation zu einer Leistung, als auch das gemessene Leistungsniveau oder auch Meinungen über Leistungen. Crandall hat in diese weitverbreitete Kriterium-Variable etwas Klarheit gebracht. Er unterscheidet Leistungsvariablen von anderen Verhaltensvariablen wie Abhängigkeit, Aggression usw. aufgrund einer »positiven Verstärkung für demonstrierte Kompetenz«, und er unterscheidet Leistungssituationen von anderen sozialen Situationen aufgrund des Vorhandenseins von »Anzeichen für einen gewissen Hochleistungsstandard« (Crandall 1963, S. 418). Im Gegensatz dazu steht die Auffassung von der Leistungsmotivation oder dem »Leistungsbedürfnis«. In einigen Studien wurde der Versuch unternommen, spezifische elterliche Erziehungsmethoden oder -haltungen zur Entwicklung des Leistungsverhaltens oder der Leistungsmotive beim Kind in Beziehung zu setzen. Dabei wurden Einschätzungen vorgenommen a) für das Leistungsverhalten in einer freien Spielsituation in einem Kindergarten,

b) für die Mutter-Kind-Interaktion zu Hause und c) für die Reaktionen der Mutter auf das Verhalten ihres Kindes (Crandall, Preston & Rabson 1960). Es stellte sich heraus, daß ein Kind, das von der emotionalen Unterstützung durch seine Mutter weniger abhängig ist und dessen Mutter Bemühungen um gute Leistungen häufig belohnt, die besseren Leistungen zeigt.

Eine Reihe von Untersuchungen, die vom Fels Institute durchgeführt wurden, befassen sich mit der Beziehung zwischen der Einstellung der Eltern zu ihren eigenen Leistungen und dem Leistungsverhalten ihres Kindes (Crandall, Dewey, Katkovsky & Preston 1964; Katkovsky, Preston & Crandall 1964a, 1964b). Zu den allgemeinen Ergebnissen, die für unsere Übersicht von Interesse sind, gehört eine gewisse Ähnlichkeit zwischen der Bewertung der eigenen Leistung auf seiten der Eltern und ihren Leistungserwartungen bei ihrem Kind sowie eine Beziehung zwischen ihren intellektuellen Erwartungen und ihrer Teilnahme an den intellektuellen Aktivitäten ihres Kindes. Man hat gefunden, daß die Schulleistungen von Kindern in den unteren Klassen und das »Allgemeinverhalten« der Eltern (das, was man etwa unter dem »sozialen Klima« versteht) in signifikanter Beziehung stehen. Diese Beziehung galt vor allem für Mütter und Töchter, und zwar derart, daß Mütter von Mädchen mit guten Schulleistungen ihren Töchtern weniger zärtlich und fürsorglich begegneten als Mütter von weniger tüchtigen Mädchen. Der wesentliche Unterschied bei den Vätern war der, daß die Väter von Töchtern mit guten Schulleistungen diese öfter lobten und weniger kritisierten. »Spezifischere« Variablen, wie die Äußerung der Eltern, daß sie besonderen Wert auf intellektuelle Leistungen und auf ihre Zufriedenheit mit den Schulleistungen ihres Kindes legten, standen mit den Leistungen des Kindes ohne Rücksicht auf sein Geschlecht in Beziehung.

Diese Ergebnisse der Fels-Gruppe werden im großen und ganzen durch die Resultate der Untersuchung von Callard (1964) mit Kindergartenkindern und außerdem durch die von Rosen und D'Andrade (1959) bestätigt, die herausfanden, daß Jungen mit Testwerten, die für ein starkes Leistungsbedürfnis sprachen, Eltern hatten, die einen größeren Ehrgeiz in bezug auf ihre Kinder und einen größeren Respekt vor ihrer Kompetenz an den Tag legten und die schnell bereit waren, ihr Mißfallen zu äußern, wenn das Kind schlechte Leistungen zeigte. Biglin (1964) hatte dagegen wenig Erfolg bei seinem Versuch, die Haltung der Eltern (nach der ›Nebrasca Parent Attitude Scale‹ gemessen) mit den Schulleistungen in Beziehung zu setzen, wenn er die intellektuelle Fähigkeit und den sozioökonomischen Status kontrollierte. Derartige Unterschiede dürften auf die Art der für die Messung der Einstellung benutzten Skalen oder auf Unterschiede in den Ergebnissen bei Interviews und bei Einstellungs-Fragebogen zurückzuführen sein. Beim Übergang vom Vorschulalter und den ersten Grundschuljahren zum Highschool-Niveau läßt sich eine gewisse Übereinstimmung der Resultate bei der Untersuchung der Beziehungen zwischen der Schulleistung und der Ermutigung und Billigung durch die Eltern und deren Beteiligung an den Aktivitäten der Kinder feststellen (Mannino 1962; Morrow & Wilson 1961).

Es hat nach diesen Untersuchungen den Anschein, daß bei Messungen von Leistungen wie auch von intellektuellen Fertigkeiten der dabei in Erscheinung tretende elterliche Einfluß vom Geschlecht des Kindes sowie vom elterlichen Leistungsdruck abhängig ist; daneben ist ein deutlich ausgesprochenes hohes Anspruchsniveau in bezug auf das Kind von Bedeutung.

Die soziale Umwelt

Ein umstrittenes Gebiet, das noch der Klärung bedarf, ist die soziale Umwelt im Elternhaus und ihre Auswirkungen auf die intellektuellen Leistungen des Kindes. Ein früher Artikel von Baldwin, Kalhorn und Breese (1945) berichtet, daß Kinder, die in Familien aufwuchsen, welche als aufgeschlossen-demokratisch-tolerant charakterisiert wurden, höhere Intelligenztestwerte und im Verlauf mehrerer Jahre günstigere Veränderungen ihres IQ aufwiesen als Kinder von autoritären und abweisenden Eltern. Drews und Teahan (1957) veröffentlichten eine Entgegnung und argumentierten, daß besonders erfolgreiche Menschen meist aus Elternhäusern stammten, in denen die Maßstäbe der Erwachsenen nicht angezweifelt wurden und wo die Mütter überdurchschnittlich »autoritär und streng« waren. Hurley (1959) versuchte zu vermitteln, indem er die Daten von Drews und Teahan (1957) insofern bestätigte, als er aufweist, daß zwar Mütter von besonders erfolgreichen Schülern gewöhnlich ihren Kindern gegenüber stärker dominieren und sich weniger um sie kümmern, daß aber Mütter von »begabten« Kindern (von Kindern mit einem hohen Binet-IQ) dies weniger zu tun pflegen. Watson (1957) führt Daten an, die eher zugunsten eines »toleranten« Elternhauses sprechen, insofern ein solches zu qualifizierteren intellektuellen Aktivitäten stimuliere. Es bleibt eine Streitfrage, bei der es durch die unterschiedlichen Methoden und verwendeten Variablen schwerfällt, die widerstreitenden Meinungen miteinander zu versöhnen.

Um die Sache noch mehr zu komplizieren, ist eine ähnliche, parallel laufende Kontroverse aufgetaucht, bei der eine verwandte Konstellation von Variablen im Spiel sein dürfte und bei der es darum geht, ob man Kleinkinder umsorgen oder möglichst selbständig erziehen sollte. Winterbottom (1958) berichtet, daß ehrgeizige Jungen Mütter hatten, die sie von früh auf zur Selbständigkeit und Unabhängigkeit erzogen, während nachsichtige und überängstliche Mütter nach Stewarts Untersuchung (1950) Kinder hatten, die schlechter als der Durchschnitt lesen konnten. Diese Auffassung findet eine Bestätigung in der Studie von Sontag, Baker und Nelson (1958), die feststellten, daß die emotionale Abhängigkeit von der Mutter beim Vorschulkind zu schlechteren Leistungen und niedrigeren IQ-Werten in Beziehung steht. Shaw (1964) führt weitere Belege dafür an, daß Unabhängigkeit in der frühen Kindheit guten Schulleistungen förderlich ist.

Diese Übereinstimmung wurde jedoch von Chance (1961) wieder in Frage gestellt, der herausfand, daß Erstkläßler (besonders Mädchen), deren Mütter ihr Streben nach Unabhängigkeit zuvor unterstützt hatten, in der Schule weniger gut vorankamen. Crandell et al. (1960) haben festgestellt, daß »man weder von der liebevollen Fürsorge der Mutter noch von einer Erziehung zur Unabhängigkeit auf spätere Leistungen des Kindes schließen kann«. Diese

Resultate sind in der Tat ein Hinweis darauf, daß Hurley (1959) recht hat, wenn er die »komplexe Natur der Beziehungen zwischen den mütterlichen Erziehungsmethoden und dem Verhalten des Kindes« betont. Eine Lösung für eine solche Streitfrage kann nur gefunden werden, wenn wir die Beziehungen zwischen den Variablen der Kindererziehung, die der autoritär-demokratischen, der Abhängigkeits-Unabhängigkeits- und der permissiv-restriktiven Dimension zugrunde liegen, besser verstehen und die verschiedenen Verhaltensformen präziser definieren lernen, als dies in einigen der erwähnten Studien der Fall ist. Auch über die unterschiedlichen Kriterien für die Leistungsmessungen (ob man die Schulleistungen, die Leistungsmotivation oder den Intelligenzquotienten mißt) sollte man sich künftig einigen, wenn man sich mit der Kontroverse befaßt.

Der kognitive Stil

Man hat längst erkannt, daß die Entwicklung kognitiver Fertigkeiten und Leistungen etwas mit Persönlichkeitsmerkmalen zu tun hat. Wie die kausalen Zusammenhänge im einzelnen beschaffen sind, war jedoch ungewiß, bis sich neuerdings Untersuchungen des kognitiven Stils mit der Beziehung konzeptueller Strategien zu Persönlichkeitskorrelaten beim Problemlösen beschäftigt haben. Daß emotionale Abhängigkeit von Eltern, Aggressivität, Eigeninitiative und ehrgeiziges Verhalten im Vorschulalter eine Voraussage des intellektuellen Wachstums gestatten, geht aus einer Analyse der Daten der ›Fels Longitudinal Study‹ hervor (Sontag u. a. 1958). Problematisch bleibt, wie man konsistente, spezifische Unterschiede in der Einstellung des einzelnen zu seiner Umgebung definieren soll. Kagan, Moss und Sigel (1963) haben Meßverfahren für unterschiedliche kognitive (konzeptuelle) Stile bei Schulkindern entwickelt, die auf eine »analytische« oder »relationale« (nicht-analytische) Einstellung hinweisen, durch die sich Jungen von Mädchen unterscheiden sollen. Diese Stile kommen der »feldabhängigen« und der »feldunabhängigen« Dimension nahe, die Witkin, Dyk, Faterson, Goodenough und Karp (1962) gefunden haben, wobei diese Autoren außerdem noch versucht haben, die perzeptorischen Unterschiede in den verschiedenen kognitiven Stilen mit dem Einfluß der Mutter während der frühen Kindheit in Beziehung zu setzen. »Feldunabhängige« Jungen waren in der Regel widerstandsfähiger gegen den Druck einer sozialen Gruppe, sie waren beständiger in ihrem Verhalten, bedienten sich lieber der Intellektualisierung als Abwehrmechanismus als der Repression und hatten Mütter, die sie zu einer größeren Selbständigkeit und Wißbegier in der frühen Kindheit ermutigt hatten. Hess und Shipman (1965) argumentieren, daß der Reaktionsstil eines Kindes in Problemlösungssituationen mit der Fähigkeit der Mutter assoziiert werden kann, sich verbaler Begriffe in der Interaktion mit ihm zu bedienen. Sigel (zitiert bei Hess & Shipman 1965) hat ein Meßverfahren für den kognitiven Stil in Form einer Sortieraufgabe entwickelt, mit der das Niveau und die Art der Abstraktionsfähigkeit des Kindes gemessen werden. Eine Version dieses Verfahrens wurde dazu benutzt, Testwerte für den kognitiven Stil der Mutter zu erhalten, eine andere wurde für die Kinder verwendet. Das Begriffsbildungsniveau der Mutter wurde mit dem kognitiven Stil und der begrifflichen »Reife« des Kindes sowie mit seinen Leistungen bei mehreren Problemlösungsaufgaben in Beziehung gesetzt. Dabei stellten sich Unterschiede im kognitiven Stil und in dem Niveau der Begriffsreife entsprechend dem sozialen Status von Müttern und Kindern heraus.

Wenn auch die Bedeutung des Sprachstils der Mutter als einem vermittelnden Faktor dazu veranlassen kann, die Umwelt- und Situationsvariablen als für die Formung der kognitiven Strukturen besonders wichtig hervorzuheben, hat man doch auch auf die Möglichkeit von genetischen Einflüssen aufgrund von zwei Arten von Beobachtungsmaterial hingewiesen. Einmal sind Kagan u. a. (1963) und Witkin u. a. (1962) immer wieder auf Unterschiede bei den beiden Geschlechtern bezüglich der Dimensionen des kognitiven Stils gestoßen. Außerdem hat man bei Mädchen die interessante Entdeckung einer ungewöhnlichen kognitiven Struktur in Form des Turnerschen Syndroms gemacht, einer genetischen Anomalität im x-Chromosomen-Komplement (Witkin, Faterson, Goodenough & Birnbaum 1965). Die Intelligenztestleistung von zwanzig Mädchen, die das Turnersche Syndrom aufwiesen, wurde von diesen Forschern unter Benutzung der Daten aus einer Untersuchung von Shafer analysiert (Bericht darüber in Witkin 1965). Signifikante Diskrepanzen wurden zwischen der verbalen Intelligenz und der Fähigkeit bei »analytischen« Aufgaben festgestellt (d. h. bei Aufgaben, die sich auf perzeptorische Organisationsfertigkeiten bezogen, wie sie mit bestimmten Subtests der ›Wechsler Adult Intelligence Scale‹ gemessen werden, nämlich mit dem Mosaiktest, dem Bildergänzungstest und dem Test ›Figurenlegen‹). Da Witkin et al. (1965) zuvor starke Beziehungen zwischen derartigen Abweichungen und den Testwerten im Bereich der perzeptorischen Feldabhängigkeits-Feldunabhängigkeits-Dimension festgestellt hatten, stellten sie die Hypothese auf, daß bei Mädchen mit dem Turnerschen Syndrom eine starke Feldabhängigkeit besteht.

Über die Richtigkeit der Einschätzung und Begutachtung durch die Eltern

In einigen der hier zitierten Untersuchungen spielt die Einschätzung des Kindes durch die Eltern (meist die Mutter) eine wichtige Rolle. Es erscheint daher angebracht, genau zu untersuchen, inwieweit diese Daten eine Fehlerquelle in einschlägigen Untersuchungen darstellen könnten.

Crandall und Preston (1955) haben die Selbsteinschätzung von Müttern in bezug auf ihr Verhalten mit der auf Beobachtung beruhenden Beurteilung dieses Verhaltens durch Psychologen verglichen und festgestellt, daß die einfacheren Skalen zur Messung der mütterlichen Selbsteinschätzung mit den längere Zeit in Anspruch nehmenden Beobachtungsbewertungen nicht hoch genug korrelieren, um als Ersatz für diese dienen zu können. Wenn irgendwo eine signifikante Übereinstimmung zwischen den beiden Skalen zu beobachten war, so hing das mit dem speziellen Bereich des mütterlichen Verhaltens zusammen, das gerade gewertet wurde. Von Zunich (1962) durchgeführte Bewertungen aufgrund von Beobachtungen ergaben ebenfalls eine nur geringfügige Übereinstimmung, wenn die durch Beobachtung gewonnenen Meßwerte mit Fragebogenergebnissen verglichen wurden. Bei anderen Untersuchungen zeigte sich entweder eine selektive Richtigkeit oder eine allgemeine Verzerrung in den Berichten der Mütter über die Entwicklung ihres Kindes oder ihre eigenen Erziehungspraktiken (Mednick & Shaffer 1963; Pyles, Stolz & MacFarlane 1935). Dies wurde sogar in Situationen festgestellt, wo die Eltern selbst an einer Longitudinaluntersuchung teilgenommen hatten und die Fragen sozusagen als »Experten« beantworteten (Robbins 1963). Bei solchen Untersuchungen stellte sich heraus, daß die Mütter sich in der Regel genauer an das Verhalten ihres Kindes in frühester Kindheit erinnerten als die Väter, wenn man ihre Antworten mit früheren verglich, die sie im Verlauf der Längsschnittuntersuchung gegeben hatten. Hefner (1963) stellte ganz allgemein fest, daß Auskünfte von Müttern, die 2½ Jahre auseinanderlagen, nur schlecht miteinander übereinstimmten, wobei sich starke Variationen bei den verschiedenen Aspekten der Entwicklung des Kindes zeigten. Etwas verläßlicher waren Auskünfte von Müttern über ihre erstgeborenen Kinder und von Müttern, deren Ehemann eine höhere berufliche Stellung innehatte.

Auch bei der Interviewmethode (McCord & McCord 1961) zeigte sich auf ausgewählten Gebieten des Mutter-Kind-Verhaltens, daß die Auskünfte nicht objektiv und von zweifelhafter Validität waren. Bei einer ganzen Reihe von oft benutzten Skalen (Taylor 1961) stellte sich heraus, daß die Antworten in Richtung auf das sozial Wünschenswerte hin tendenziös gefärbt waren. Yarrow (1963) diskutiert einige dieser Probleme der Eltern-Kind-Forschung und gibt einen kritischen Überblick über eine Reihe von Untersuchungen, bei denen sich eine geringe Übereinstimmung zwischen den zu jener Zeit gewonnenen Daten über das Eltern-Kind-Verhältnis und Berichten über retrospektiv ausgerichtete Interviews ergab. Nur Walters (1960) bricht eine Lanze für den Fragebogen. Er zieht ihn zur Erfassung des Familienverhaltens dem längere Zeit in Anspruch nehmenden Interviewverfahren vor, doch gründet sich diese Einstellung ausschließlich auf die Kriterien der Sparsamkeit und Zuverlässigkeit.

Da Fragebogen und Interview oft praktisch die einzigen Informationsquellen sind, die uns für Untersuchungen der Eltern-Kind-Beziehungen zur Verfügung stehen, sollten wir unbedingt über etwaige Mängel dieser Instrumente Bescheid wissen. Bell (1958) gibt in seiner Übersicht einige methodologische Hinweise und zeigt Möglichkeiten auf, wie man retrospektiv ausgerichtete Eltern-Kind-Untersuchungen verbessern könnte. Offensichtlich sollte man die Aussagen der Eltern mit den Beobachtungsdaten kombinieren und die Resultate – falls möglich – auch noch auf andere Weise verifizieren.

Soziale Schicht und intellektuelles Wachstum

Ein Hauptgebiet der Forschungsliteratur, die sich mit den Erziehungspraktiken der Eltern und den intellektuellen Merkmalen ihres Kindes beschäftigt,

bezieht sich auf die Leistung von Kindern aus verschiedenen sozialen Schichten. Wir besitzen ein detailliertes Material über das Verhalten von Eltern aus unterschiedlichen sozialen Schichten in den verschiedenen Stadien der Kindererziehung, doch ist nur selten der Versuch unternommen worden, spezifische Praktiken mit spezifischen kognitiven Fertigkeiten in Beziehung zu setzen. So werden zum Beispiel in der oft zitierten Untersuchung von Sears et al. (1957) die intellektuellen Begleiterscheinungen des Leistungsverhaltens nur kurz erwähnt. Andere beschäftigen sich ausgiebig mit Maßzahlen der Persönlichkeit und Verhaltensanpassung, die mit Erziehungspraktiken in Zusammenhang stehen könnten (Havighurst & Davis 1955; Kohn 1959; Minturn & Lambert 1964; White 1957). Die Wertvorstellungen der Mittelschicht, unter denen Rücksichtnahme, Selbstbeherrschung und gute Schulleistungen Vorrang haben, werden Werten der unteren Schicht oder der Arbeiterklasse gegenübergestellt, wo Ordentlichkeit, Sauberkeit und Gehorsam an der Spitze stehen. Auf diese Unterschiede wird in jeder neuen Untersuchung immer wieder hingewiesen, obwohl Havighurst und Davis (1955) aufgrund ihrer Forschungsergebnisse davor warnen, zu sehr zu verallgemeinern und aufgrund der Ergebnisse von Stichproben aus geographisch begrenzten Gebieten auf eine ganze soziale Schicht zu schließen.
Man weiß seit langem, daß bei Kindern aus verschiedenen sozialen Schichten Unterschiede in der intellektuellen Leistung vorhanden sind (Anastasi 1958; Eells, Davis, Havighurst, Herrick & Tyler 1951), aber es gibt bestenfalls dürftige Hinweise darauf, daß diese Unterschiede auf das spezifische Verhalten der Eltern zurückzuführen sein könnten. Meist versucht man die Unterschiede in den intellektuellen Fertigkeiten der verschiedenen sozialen Schichten damit zu erklären, daß Intelligenztests im allgemeinen Kinder aus den mittleren und oberen Schichten begünstigen (Eells u. a. 1951). Man hat versucht, »kulturfreie« Tests zu konstruieren, um diese angeblich unfaire Begünstigung auszuschalten. Aber selbst wenn man in dieser Hinsicht adäquate Tests konstruieren könnte, würden sie doch die Probleme nicht lösen, die auf eine dem Lernen abträgliche Umgebung in der frühen Kindheit zurückzuführen sind, da Kinder der unteren sozialen Schicht tatsächlich geringere Aussichten auf gute Schulleistungen haben. Es bleibt die Frage, ob man Änderungen dadurch bewirken könnte, daß man gewisse spezifische Erziehungspraktiken der Eltern ändert. Jensen (1964) hat sich mit der Frage beschäftigt, ob tatsächlich eine Beziehung zwischen den sozialen Schichten, der ein Kind angehört, und seinem verbalen Lernen besteht, und er hat die einschlägige Literatur über frühe Erfahrungen, perzeptorische Entwicklung, Umweltdeprivation und Laboratoriumsuntersuchungen über verbales Lernen überprüft, um zu beweisen, daß die kognitive Benachteiligung der unteren Schichten zum großen Teil auf mangelnde Sprachgewandtheit zurückzuführen ist.

Soziale Schicht und Deprivation

Stoddard (1943) und Wheeler (1932) weisen nach, daß ein Rückgang des IQ in der frühen Kindheit wiederholt unter Umweltbedingungen auftrat, die durch eine extreme kulturelle Deprivation gekennzeichnet waren. Aufgrund ähnlicher Trends in der gemessenen Intelligenz hat man eine »kumulative Defizithypothese« für Kinder aus den unteren sozioökonomischen Schichten aufgestellt (Deutsch 1965; Deutsch & Brown 1964; Wiener, Rider & Oppel 1963) und ihre verspätete intellektuelle Entwicklung auf ihre »kulturelle Deprivation« zurückgeführt. Dieses Deprivationsmodell wird durch die Arbeiten von Milner (1951) bestätigt, worin dieser Unterschiede in der Lesefähigkeit auf Unterschiede in der verbalen Interaktion von Eltern aus hohen und niederen sozialen Schichten mit ihren Kindern zurückführen konnte, und auch Deutsch (1965) machte die Beobachtung, daß eine geringere Sprachgewandtheit bei Gruppen aus unteren Schichten anzutreffen war. Bernstein (1960) erklärt diese Unterschiede mit den unterschiedlichen verbalen Stilen im Sprachgebrauch der verschiedenen Schichten an Hand einer »konvergenten« (»restriktiven«) bis »divergenten« (»elaborativen«) Dimension. Seine Vorstellungen dienten Olim, Hess und Shipman (1965) als Rahmen für ihre Untersuchungen über die Beziehung des verbalen Stils der Mutter zum kognitiven Verhalten ihres Kindes. Diese Forscher haben Sprachskalen zur Unterscheidung von Müttern nach ihrer sozialen Schicht entwickelt – in erster Linie zur Unterscheidung von Müttern aus der Mittelschicht von solchen aus der Unterschicht –, wobei die Mütter aus der Mittelschicht einen gehobeneren Sprachstil hatten, der einen höheren Grad von Komplexität aufwies und auf einem höheren Abstraktionsniveau stand. Ihre Daten weisen darauf hin, daß der Sprachgebrauch der Mutter für die Entwicklung des begrifflichen Denkens des Kindes von Bedeutung ist, und daß dieses weniger von dem IQ des Kindes oder dem verbalen IQ der Mutter abhängt. Den auf Schichtunterschiede zurückgehenden Differenzen im verbalen Stil der Mutter schreibt man es zu, daß Mütter der Mittelschicht, die mit ihren Kindern Schularbeiten machen, Probleme besser lösen können, als dies bei Müttern und Kindern von niedrigerem sozialem Status der Fall ist. Nach Ansicht von Hess und Shipman (1965, S. 885) ist »die Bedeutung der Deprivation eine Deprivation der Bedeutung«.

Man kann auch mit einem niedrigeren Niveau der Leistungsmotivation und -erwartung bei Kindern aus unteren Schichten aufgrund einer sich über einen langen Zeitraum hinziehenden sozialen Deprivation rechnen, die von den Eltern auf das Kind übertragen werden dürfte (Rosen 1956, 1959). Derartige Unterschiede hängen eng mit der unterschiedlichen Art zusammen, wie das Kind seine Umgebung wahrnehmen lernt und wie es für seine Leistungen belohnt wird. So hat man beispielsweise gefunden, daß Kinder aus unteren Schichten bessere Leistungen zeigen, wenn ein materieller Ansporn vorhanden ist, während bei Mittelschichtkindern ein nichtmaterieller Ansporn genauso wirksam ist wie ein materieller (Terrell, Durkin & Wiesley 1959). Battle und Rooter (1963) haben gezeigt, daß Kinder aus der schwarzen Unterschicht von sich annahmen, daß sie weit geringere Möglichkeiten zur Einwirkung auf die Umwelt hatten als Kinder aus der weißen Mittelklasse. Derartige Unterschiede in der Wahrnehmung von Antrieben könnten in bezug auf den Brennpunkt der Orientierung des Leistungsverhaltens eine wesentliche Rolle spielen.

Man sollte jedoch mit der Benutzung von Variablen der von Schichtunterschieden abhängigen Mutter-Kind-Interaktionen vorsichtig sein. Bronfenbrenner (1961) hat aus einer Analyse von Veränderungen in den Mutter-Kind-Beziehungen während der letzten 25 Jahre geschlossen, daß die Schichtunterschiede bezüglich dieser Praktiken abnehmen. In neuerer Zeit hat Caldwell (1965) Items analysiert, die zur Bewertung der häuslichen Verhältnisse und der Familieninteraktionen nach den üblichen Kriterien als typisch für die Unter- oder Mittelschicht klassifiziert waren. Die häusliche Situation bei Familien aus unteren Schichten unterschied sich von der bei Familien aus der Mittelschicht nur bei wenigen der sehr zahlreichen Items, und diese bezogen sich ausschließlich auf die physische Umgebung. Es steht zu hoffen, daß bald spezifischeres und direktes Beobachtungsmaterial für die Beziehungen zwischen den Erziehungspraktiken der Eltern und dem intellektuellen Wachstum ihrer Kinder verfügbar wird, so daß wir bei unserer Beurteilung weniger auf die groben Unterscheidungsmerkmale angewiesen sind, die unter der Rubrik »soziale Schicht« zusammengefaßt werden.

Methoden zur frühen Förderung kognitiver Fertigkeiten

Systematisch erarbeitetes Material über spezifische Unterweisungstechniken, die von den Eltern angewendet werden, um die Aneignung kognitiver Fertigkeiten bei Kleinkindern zu verbessern, ist recht spärlich vorhanden. Eine Untersuchung von Irwin (zitiert bei McCandless 1961) gibt an, daß Mütter aus der Arbeiterschicht, die täglich zehn Minuten darauf verwandten, ihrem Kind im Alter zwischen 12 und 20 Monaten vorzulesen, damit bei ihm eine Verbesserung in »sämtlichen Sprachphasen« erzielten. Anderes Material über das Eingreifen der Eltern ist weitgehend aus gelegentlichen Beobachtungen gewonnen oder ist anekdotischer Art. Fowler (1962) gibt einen Überblick über eine Anzahl dieser »deskriptiven« Studien über begabte Kinder, die früh mit dem Lesen anfingen, darunter eine Beschreibung seiner eigenen Tochter. In derartigen Fällen hat meist ein Elternteil bestimmte Unterweisungsmethoden auf das Kind angewandt. Daß solche Kinder im Alter von drei Jahren bereits lesen konnten, war nichts Ungewöhnliches, und auch später, als Erwachsene, zeigten sie oft außergewöhnliche intellektuelle Leistungen.
Zu den umfangreichen Quellen für potentielle didaktische Methoden gehören die zahlreichen Untersuchungen von Erziehern und Psychologen, die Techniken ausgewertet haben, welche in den Vorschuljahren angewandt wurden, um die intellektuelle Entwicklung des Kindes zu beeinflussen. Man steht allgemein auf dem Standpunkt, daß derartige Techniken, falls sie wirksam sind, den Rahmen für Methoden bilden könnten, die sich zur Anwendung durch die Eltern eignen. Fowler (1962) hat das einschlägige Forschungsmaterial bis 1960 einer umfassenden kritischen Prüfung unterzogen und zusammenfassend festgestellt, daß es auf Möglichkeiten hinweist, wie man tatsächlich spezifische kognitive Fertigkeiten bei Kindern modifizieren kann. Seine Überprüfung früherer Forschungsarbeiten, für die die Arbeiten von Gesell (1954) und McGraw (1939) typisch sind, die den Standpunkt der allmählichen Reifung vertreten, führte ihn zu dem Schluß, daß diese Autoren »oft die

Tatsache unterbewertet haben, daß ein spezifisches Training stets großen Gewinn bringt, und zwar ohne Rücksicht darauf, ob es früh oder spät in der Entwicklung stattgefunden hat« (Fowler 1962, S. 118). In derselben Übersicht erwähnte Studien über die Verbesserung des verbalen Gedächtnisses und der Sprachgewandtheit weisen darauf hin, welche Vorteile eine frühe verbale Stimulation durch mündliches und schriftliches Material oder durch Bildmaterial mit sich bringt und wie wertvoll allgemeine Erfahrungen sind, die das Kind durch eigene Beobachtung gewinnt, und dadurch, daß es Gegenstände voneinander unterscheiden lernt. Es wurde auch gezeigt, daß das begriffliche Denken gefördert werden kann und höhere Intelligenztestwerte durch frühes Training herbeizuführen sind, wenn dem Kind verbale Abstraktionen höherer Ordnung beigebracht werden und wenn für eine weitgehende verbale Stimulation in Spielsituationen gesorgt wird, wie das in der Vorschule der Fall zu sein pflegt.

Einige neuere Arbeiten aus unserem Jahrzehnt beschäftigen sich mit dem Problem in einem weiteren Rahmen und behandeln oft kulturell benachteiligte Kinder im Vorschulalter und die Versuche, die man unternommen hat, durch spezielle Trainingsmethoden ihre intellektuellen Leistungen zu verbessern (Deutsch 1963, 1964). Ein derartiges von Gray und Klaus (1965) durchgeführtes Programm führte zu signifikanten Erhöhungen der IQ-Werte bei benachteiligten Negerkindern im Vorschulalter nach Trainingsprogrammen, die sich über zwei Sommer erstreckten und die dadurch ergänzt wurden, daß man die Familien der betreffenden Kinder während der übrigen Monate des Jahres regelmäßig aufsuchte. Eine Kontrollgruppe zeigte das übliche »kumulative Defizit« bei den IQ-Werten im gleichen Zeitraum. Weiteres Beobachtungsmaterial aus dem ›Project Headstart Program‹ des ›U. S. Office of Economic Opportunity‹ (Dobbin, 1965) hat ergeben, daß »Bereicherungs«-Programme (»enrichment« programs) im Vorschulalter eine Verbesserung der intellektuellen und sozialen Fertigkeiten erwarten lassen. Man nimmt gegenwärtig Auswertungen spezifischer Methoden vor, die in diesen Programmen angewandt wurden, was eine reiche Informationsquelle über Unterweisungstechniken ergeben dürfte.

Über Erfolge in der Unterweisung kleiner Kinder unterschiedlicher Herkunft im Lesen in einem ungewöhnlich frühen Alter wird im Zusammenhang mit der Methode des sogenannten ›Initial Teaching Alphabet‹ (Downing 1964) berichtet, dessen Ergebnisse in England in großem Umfang ausgewertet wurden. Auch Staats, Minke, Finley, Wolf & Brooks (1964) haben versucht, programmierte Unterrichtsmethoden anzuwenden, um auf diese Weise das Lesenlernen von Vorschulkindern zu beschleunigen. Moore (zitiert in Hunt, 1964) hat Schreibmaschinen eingesetzt und eine Methode entwickelt, bei der das Kind die Tasten drücken und die entsprechenden Buchstaben erkennen lernt. Leider dämpfte Rosenhan (1965) die Freude über den Anfangserfolg, als es ihm nicht gelang, Moores Resultate zu wiederholen, wenn der vermutete Hawthorne-Effekt, der auf das »Rampenlicht der Öffentlichkeit« zurückzuführen ist, fehlt.

Wenn auch die Programme, die umweltbedingte Benachteiligungen zu überwinden versuchen, sicher fortgeführt und erweitert werden, bleibt doch

die Frage offen, wie weit Begriffsbildungsprozesse bei Kleinkindern modifiziert werden können. Bruner (1960) steht auf dem Standpunkt, daß fast jeder Unterrichtsstoff auf dem Grundschul- oder Vorschulniveau den Kindern beigebracht werden kann, wenn man nur richtig vorgeht. Das andere Extrem vertreten Inhelder und Piaget (1958), die den Standpunkt der Reifung einnehmen und der Ansicht sind, daß jeweils ein spezifisches Niveau der kognitiven Entwicklung erreicht sein muß, bevor bestimmte Begriffsbildungsstrategien erlernt werden können (z. B. solche, die dem induktiven Denken zugrunde liegen). Ausubel (1965) bezweifelt ebenfalls, daß man gewisse Begriffe im »voroperationalen« Stadium des Piagetschen Systems, d. h. vor dem Alter von etwa 7 Jahren, erlernen lassen kann. Er sieht in diesen Stadien des begrifflichen Denkens jedoch nur approximative Phasen, die Umwelteinflüssen zugänglich sind (Ausubel 1965, S. 11–12).
Es liegt zwar nicht in unserer Absicht, diese Kontroverse durch alle ihre Entwicklungsstadien zu verfolgen, doch sind einige erwähnenswerte Versuche unternommen worden, die sich mit der Lehrbarkeit der »Prozesse« oder »zentralen Begriffe«, wie Piagets Formulierung lautet, bereits auf früheren Altersstufen befassen, als Piaget (Inhelder & Piaget 1958) sie beobachtet hat. Mit gewissen Einschränkungen hat Smedslung (1961a, 1961b, 1963) demonstriert, daß man kleinen Kindern Begriffe wie »Konservation« und »Transitivität« beibringen kann. Allerdings erheben sich Zweifel, ob solche Resultate von Dauer sind und ob das Kind in der Lage ist, die erlernten Prinzipien zu verallgemeinern. Anderson (1964) hatte bei Erstkläßlern gewisse Erfolge, als er versuchte, ihnen das Lösen von Problemen beizubringen, die ein Niveau des induktiven Denkens erforderten, wie es nach dem Schema von Inhelder und Piaget (1958) weit älteren Kindern vorbehalten ist. Anderson hat auch gezeigt, daß dieses Lernen relativ von Dauer und übertragbar war. Allerdings ist er der Ansicht, daß die Kinder dieses Resultat mit anderen Strategien erreichten, als sie Heranwachsende und Erwachsene anzuwenden pflegen.
Der Brennpunkt der durch Piagets Arbeiten angeregten Forschung scheint sich verschoben zu haben. Nachdem man zunächst versucht hat, Bestätigungen für die von ihm postulierte Reihenfolge in der Entwicklung des begrifflichen Denkens zu finden, was inzwischen recht gut gelungen zu sein scheint (Braine 1959; Peel 1959), hat man sich der ergiebigeren Analyse der auf diesen Stufen angewandten Strategien zugewandt und versucht, das zu lernende Material entsprechend zu programmieren (Gibson 1965).

Zusammenfassung und Hinweis auf die Notwendigkeit weiterer Forschungen

Man hat den Eindruck, daß die neueste Forschung in ihren Bemühungen, den Einfluß der Eltern auf den Erwerb kognitiver Fertigkeiten beim Kinde zu definieren, allmählich über die etwas vagen Vorstellungen von der »bereicherten Erfahrung« und den »erweiterten Interessen« hinausgeht, die nur zu oft zur Erklärung nur mangelhaft verstandener Lernmechanismen gedient haben. Vor allem im letzten Jahrzehnt hat man die verschiedenen Aspekte der

Eltern-Kind-Interaktion untersucht und sich bemüht, ihren Einfluß auf spezifische kognitive Reaktionsweisen zu definieren, wobei das überzeugendste Beweismaterial dafür spricht, daß die von den Eltern benutzten Sprachstrukturen eine ausschlaggebende Rolle spielen. Zu diesen verbalen Gegebenheiten gehören die Art oder der »Stil«, wie dem Kind Informationen vermittelt werden und welche Möglichkeiten zur verbalen Stimulation im Elternhaus vorhanden sind (z. B. wieviel überhaupt gesprochen wird und wie viele Bücher oder andere Gelegenheiten im weiten Bereich der Möglichkeiten, sich der Sprache zu bedienen, vorhanden sind). Es ist wahrscheinlich, daß bei den Schichtunterschieden bezüglich der intellektuellen Leistung, auf die man immer wieder stößt, hauptsächlich die elterlichen Stimuli für die Entwicklung der Sprachgewandtheit die vermittelnde Variable darstellen. Allerdings bleibt hinsichtlich der Dimensionen des elterlichen Sprachstils noch vieles aufzuzeigen, z. B. auf welche Weise dieser bestimmte Formen der verbalen Entwicklung und die Art der Kommunikation zwischen Eltern und Kind beeinflußt, die sich auf spezifische verbale Fähigkeiten und auf die Fähigkeit, Probleme zu lösen, auswirkt.

Im Kontext einer permissiven oder restriktiven häuslichen Umgebung und des elterlichen Leistungsdrucks sind noch andere Arten elterlicher Praktiken untersucht worden, und es sieht so aus, als ob es auf diese Weise gelingen könnte, die verschiedenen Niveaus und Entwicklungsbereiche der kognitiven Fertigkeiten zu differenzieren. Wenn es gelänge, diese Variablen operational klarer zu definieren – so daß die gegenwärtigen widersprüchlichen Forschungsergebnisse miteinander in Einklang zu bringen wären –, so wäre als nächstes ihre vermutliche Interaktion zu bestimmen und festzustellen, in welcher Beziehung sie zu den wichtigen Gegebenheiten Sprache und Kommunikation stehen.

Dem Verständnis der Prozesse, durch die das Verhalten der Eltern die kognitive Entwicklung ihrer Kinder beeinflußt, wäre es außerordentlich förderlich, wenn wir besser darüber Bescheid wüßten, welche Rolle die Eltern nach ihrer eigenen Auffassung bei den Erziehungspraktiken spielen und welchen Einfluß sie selbst auf das kognitive Wachstum zu haben glauben. Eine der Hauptlücken in der einschlägigen Forschung waren bisher unsere kärglichen Informationen über die Ansichten der Eltern über ihren eigenen potentiellen Einfluß auf die intellektuelle Entwicklung – besonders was eventuelle Unterschiede zwischen Eltern aus verschiedenen sozialen Schichten betrifft. In Laboratoriumsuntersuchungen hat man festgestellt, daß widersprüchliche experimentelle Resultate vorkommen können, wenn man Daten außer acht läßt, die sich darauf beziehen, welchen Eindruck die Mutter von ihrer Interaktion mit ihrem Kind in einer Problemlösungssituation hat (Beller & Nash 1965). Vielleicht wäre es auch angebracht, die Ansichten des Kindes über die Lernsituation und über die Reaktionen seiner Mutter mit zu berücksichtigen.

Die zweckdienlichsten und am systematischsten erarbeiteten Resultate in bezug auf die Beziehungen zwischen den Erziehungspraktiken der Eltern und dem Entwicklungsniveau des Kindes hinsichtlich seiner kognitiven Fertigkeiten sind bisher im Laboratoriumsrahmen und nicht durch Fragebogenmethoden gewonnen worden, was sich auch in Zukunft nicht ändern dürfte. Allerdings ist eine letztlich valide Bestätigung nur durch ausgedehnte Beobachtungen der täglichen Erziehungspraktiken im Elternhaus oder in einem »dem Elternhaus ähnlichen« Rahmen zu erreichen. Aus diesen Quellen stammende Daten sind unentbehrlich, wenn man die komplexeren Aspekte der elterlichen Einflüsse auf die kognitiven Leistungen des Kindes definieren will.

Literatur

ANASTASI, A. (1958): Heredity, environment, and the question »How?« *Psychol. Rev.* 65, 197–208.

ANDERSON, R. C. (1964): *Shaping logical behavior in six- and seven-years-olds.* Cooperative Research Project Nr. 1790A. Chicago: Univ. of Illinois.

AUSUBEL, D. P. (1965): Stages of intellectual development and their implications for early childhood education. In: NEUBAUER, P. B. (Ed.): *Concepts of development in early childhood education.* Springfield (Ill.): Charles C. Thomas, 8–51.

BALDWIN, A. L., KALHORN, J., & BREESE, F. H. (1945): Patterns of parent behavior. *Psychol. Monogr.* 58, 3, 268.

BATTLE, E. S., & ROTTER, J. B. (1963): Children's feelings of personal control as related to social class and ethnic group. *J. of Personality* 31, 482–490.

BAYLEY, N. (1955): On the growth of intelligence. *Amer. Psychol.* 10, 805–818.

BEACH, F. A., & JAYNES, J. (1954): Effects of early experience upon the behavior of animals. *Psychol. Bull.* 51, 239–263.

BELL, R. Q. (1958): Retrospective attitude studies of parentchild relations. *Child Devel.* 29, 323–338.

BELLER, E. K., & NASH, A. (1965): Research with educationally disadvantaged preschool children. Paper presented at the annual meetings of the American Educational Research Association, Chicago.

BENNETT, E. L., DIAMOND, M. C., KRECH, D., & ROSENZWEIG, M. R. (1964): Chemical and anatomical plasticity of brain. *Science* 146, Nr. 3644, 610–619.

BERNSTEIN, B. (1960): Language and social class. *Brit. J. Soc.* 11, 271–276.

BIGLIN, J. E. (1964): The relationship of parental attitudes to children's academic and social performance. Unpublished doctoral dissertation, Univ. Nebraska.

BING, E. (1963): Effect of childrearing practices on development of differential cognitive abilities. *Child Devel.* 34, (3), 631–648.

BLOOM, B. S. (1964): Stability and change in human characteristics. New York: Wiley.

BRAINE, M. D. S. (1959): The ontogeny of certain logical operations: Piaget's formulations examined by nonverbal methods. *Psychol. Monogr.* 73, 5, 475.

BRONFENBRENNER, U. (1961): The changing American child: a speculative analysis. *J. Soc. Issues* 17, 6–17.

BRUNER, J. S. (1960): *The process of education.* Cambridge (Mass.): Harvard U. P.

BRUNER, J. S. (1964): The course of cognitive growth. *Amer. Psychol.* 19, 1–15.

CALDWELL, B. (1965): Infant and preschool socialization in different social classes. Paper presented at the meetings of the American Psychological Association, Chicago.

CALLARD, E. D. (1964): Achievement motive in the four-years-old child and its relationship to achievement expectancies of the mother. Unpublished doctoral dissertation, Univ. of Michigan.

CHANCE, J. E. (1961): Independence training and first graders' achievement. *J. Consult. Psychol.* 25, 149–154.
CRANDALL, V. J. (1963): Achievement. In: Stevenson, H. W. (Ed.) (1963): *Child psychology: the sixty-second yearbook of the National Society for the Study of Education.* Teil I. Chicago: Univ. of Chicago Press., 416–459.
CRANDALL, V. J., DEWEY, R., KATKOVSKY, W., & PRESTON, A. (1964): Parents' attitudes and behaviors and grade-school children's academic achievements. *J. Genet. Psychol.* 104, 53–66.
CRANDALL, V. J., & PRESTON, A. (1955): Patterns and levels of maternal behavior. *Child Devel.* 26, 267–277.
CRANDALL, V. J., PRESTON, A., & RABSON, A. (1960): Maternal reactions and the development of independence and achievement behavior in young children. *Child Devel.* 31, 243–251.
DAVE, R. H. (1963): The identification and measurement of educational process variables that are related to educational achievement. Unpublished doctoral dissertation, Univ. Chicago.
DENNIS, W., & NAJARIAN, P. (1957): Infant development under environmental handicap. *Psychol. Monogr.* 71, 7, 436.
DEUTSCH, M. (1963): The disadvantaged child and the learning process: some social, psychological and developmental considerations. In: PASSOW, A. H. (Ed.): *Education in depressed areas.* Teil II. New York: Bureau of Publications, Teachers College, Columbia Univ., 163–179.
DEUTSCH, M. (1964): Facilitating development in the preschool child: Social and psychological perspectives. *Merrill-Palmer Quarterly of Behavior and Development* 10, 249–263.
DEUTSCH, M. (1965): The role of social class in language development and cognition. *Amer. J. of Orthopsychiatry* 35, 78–88.
DEUTSCH, M., & BROWN, B. (1964): Social influences in Negro-white intelligence differences. *J. Soc. Issues* 20, 24–35.
DOBBIN, J. E. (1965): Observations of Project Head Start: a report on 335 Project Head Start centers. Princeton (N. J.): Institute for Educational Development.
DOWNING, J. (1964): Teaching reading with i. t. a. in Britain. *Phi Delta Kappa* 45, 322–329.
DREWS, E. M., & TEAHAN, J. E. (1957): Parental attitudes and academic achievement. *J. Clin. Psychol.* 13, 328–332.
EELLS, K., DAVIS, A., HAVIGHURST, R. J., HERRICK, V. E., & TYLER, R. (1951): *Intelligence and cultural differences.* Chicago: Univ. of Chicago Press.
FOWLER, W. (1962): Cognitive learning in infancy and early childhood. *Psychol. Bull.* 59, 116–152.
FREEBERG, N. E., & PAYNE, D. T. (1965): A survey of parental practices related to cognitive development in young children. Princeton (N. J.): Institute for Educational Development.
GESELL, A. (1954): The ontogenesis of infant behavior. In: CARMICHAEL, L. (Ed.): *Manual of child psychology.* New York: Wiley.
GIBSON, E. J. (1965): Learning to read. *Science* 148, 1066.
GRAY, S. W., & KLAUS, R. A. (1965): An experimental preschool program for culturally deprived children. *Child Devel.* 36, 887–898.

HAVIGHURST, R. J., & DAVIS, A. (1955): A comparison of the Chicago and Harvard studies of social class differences in child rearing. *Amer. Soc. Rev.* 20, 438–442.

HEBB, D. O. (1949): *The organization of behavior: a neuropsychological theory.* New York: Wiley.

HEFNER, L. T. (1963): Reliability of mothers' reports on child development. Unpublished doctoral dissertation, Univ. of Michigan.

HESS, R. D. (1965): Effects of maternal interaction on cognitions of pre-school children in several social strata. Paper presented at the meetings of the American Psychological Association, Chicago.

HESS, R. D., & SHIPMAN, V. C. (1965): Early experience and the socialization of cognitive modes in children. *Child Devel.* 36, 869–886.

HUNT, J. McV. (1961): *Intelligence and experience.* New York: Ronald Press.

HUNT, J. McV. (1964): The psychological basis for using pre-school enrichment as an antidote for cultural deprivation. *Merrill-Palmer Quarterly of Behavior and Development* 10, 209–248.

HURLEY, J. R. (1959): Maternal attitudes and children's intelligence. *J. Clin. Psychol.* 15, 291–292.

INHELDER, B., & PIAGET, J. (1958): *The growth of logical thinking.* New York: Basic Books.

JENSEN, A. R. (1964): Social class and verbal learning. Unpublished manuscript. Berkeley: Univ. of California. (On file at Library, Educational Testing Service, Princeton, N. J.)

KAGAN, J., & MOSS, H. A. (1962): *Birth to maturity, a study in psychological development.* New York: Wiley.

KAGAN, J., MOSS, H. A., & SIGEL, I. E. (1963): Psychological significance of styles of conceptualization. *Monogr. Soc. Res. in child Development* 28, Nr. 2 (Serial Nr. 86), 73–112.

KATKOVSKY, W., PRESTON, A., & CRANDALL, V. J. (1964 a): Parents' attitudes toward their personal achievements and toward the achievement behaviors of their children. *J. Genet. Psychol.* 104, 67–82.

KATKOVSKY, W., PRESTON, A., & CRANDALL, V. J. (1964 b): Parents' achievement attitudes and their behavior with their children in achievement situations. *J. Genet. Psychol.* 104, 105–121.

KLINEBERG, O. (1963): Negro-white differences in intelligence test performance: a new look at an old problem. *Amer. Psychol.* 18, 198–203.

KOHN, M. L. (1959): Social class and parental values. *Amer. J. Soc.* 64, 337–351.

KRECH, D., ROSENZWEIG, M. R., & BENNETT, E. L. (1962): Relations between brain chemistry and problem-solving among rats raised in enriched and improverished environments. *J. of comparative and physiological Psychology* 55, 801–807.

MCCANDLESS, B. (1961): *Children and adolescents: behavior and development.* New York: Holt, Rinehard & Winston.

MCCORD, J., & MCCORD, W. (1961): Cultural sterotypes and the validity of interviews for research in child development. *Child Devel.* 32, 171–185.

MCGRAW, M. B. (1939): Later development of children specially trained during infancy; Johnny and Jimmy at school age. *Child Devel.* 10, 1–19.

MANNINO, F. V. (1962): Family factors related to school persistence. *J. Educ. Soc.* 35, 193–202.

MEDNICK, S. A., & SHAFFER, J. B. P. (1963): Mothers' retrospective reports in child-rearing research. *Amer. J. Orthopsychiatry* 33, 457–461.

MILNER, E. A. (1951): A study of the relationships between reading readiness in grade one school children and patterns of parent-child interactions. *Child Devel.* 22, 95–112.

MINTURN, L. & LAMBERT, W. (1964): *Mothers of six cultures: antecedents of child rearing.* New York: Wiley.

MORROW, W. R., & WILSON, R. R. (1961): Family relations of bright high-achieving and under-achieving high school boys. *Child Devel.* 32, 501–510.

MOSS, H. A., & KAGAN, J. (1958): Maternal influences on early IQ scores. *Psychol. Rep.* 4, 655–661.

NEWELL, A., SHAW, J. C., & SIMON, H. A. (1958): Elements of a theory of human problem solving. *Psychol. Rev.* 65, 151–166.

OLIM, E. G., HESS, R. D., & SHIPMAN, V. (1965): Maternal language styles and their implications for children's cognitive development. Paper presented at the meetings of the American Psychological Association, Chicago.

PEEL, E. A. (1959): Experimental examination of some of Piaget's schemata concerning children's perception and thinking and a discussion of their educational significance. *Brit. J. Educ. Psychol.* 29, 89–103.

PYLES, M. K., STOLZ, H. R., & MACFARLANE, J. W. (1935): The accuracy of mothers' reports on birth and developmental data. *Child Devel.* 6, 165–176.

RIESEN, A. H. (1958): Plasticity of behavior: psychological aspects. In: HARLOW, H. F., & WOOLSEY, C. N. (Eds.): *Biological and biochemical bases of behavior.* Madison: Univ. of Wisconsin Press, 425–450.

ROBBINS, L. C. (1963): The accuracy of parental recall of aspects of child development and of child rearing practices. *J. of abnormal and social Psychol.* 66, 261–270.

ROSEN, B. C. (1956): The achievement syndrome: a psychocultural dimension of social stratification. *Amer. Soc. Rev.* 21, 203–211.

ROSEN, B. C. (1959): Race, ethnicity, and the achievement syndrome. *Amer. Soc. Rev.* 24, 47–60.

ROSEN, B. C., & D'ANDRADE, R. (1959): The psychosocial origins of achievement motivation. *Sociometry* 22, 185–218.

ROSENHAN, D. L. (1965): Cultural deprivation and learning: an examination of method and theory. Paper presented at the annual meetings of the American Educational Research Association.

SEARS, R. R., MACCOBY, E., & LEVIN, H. (1957): *Patterns of child rearing.* Evanston (Ill.): Row, Peterson.

SENDEN, M. v. (1932): *Raum- und Gestaltauffassung bei operierten Blindgeborenen vor und nach der Operation.* Leipzig: Barth.

SHAW, M. C. (1964): Note on parent attitudes toward independence training and the academic achievement of their children. *J. Educ. Psychol.* 55, 371–374.

SMEDSLUND, J. (1961 a): The acquisition of conservation of substance and weight in children. II: External reinforcement of conservation of weight and of the operations of addition and substraction. *Scandinavian J. of Psychol.* 2, 71–84.

SMEDSLUND, J. (1961 b): The acquisition of conservation of substance and weight in children. III: Extinction of conservation of weight acquired ›normally‹ and by means of empirical controls on a balance. *Scandinavian J. Psychol.* 2, 85–87.

SMEDSLUND, J. (1963): Patterns of experience and the acquisition of concrete transitivity of weight in eight-years-old children. *Scandinavian J. Psychol.* 4, 251–256.

SONTAG, L. W., BAKER, C. T., & NELSON, V. L. (1958): Mental growth and personality development: a longitudinal study. *Monogr. Soc. Res. in Child Devel.* 23, Nr. 2 (Serial Nr. 68).

SONTAG, L. W., & KAGAN, J. (1963): The emergence of intellectual achievement motives. *Amer. J. Orthopsychiatry* 33, 532–535.

STAATS, A. W., MINKE, K. A., FINLEY, J. R., WOLF, M., & BROOKS, L. O. (1964): A reinforcer system and experimental procedure for the laboratory study of reading acquisition. *Child Devel.* 35, 209–231.

STEWART, R. S. (1950): Personality maladjustment and reading achievement. *Amer. J. Orthopsychiatry* 20, 410–417.

STODDARD, G. D. (1943): *The meaning of intelligence.* New York: Macmillan.

TAYLOR, J. B. (1961): What do attitude scales measure? The problem of social desirability. *J. of abnormal and social Psychol.* 62, 386–390.

TERRELL, G. jr., DURKIN, K., & WIESLEY, M. (1959): Social class and the nature of the incentive in discrimination learning. *J. of abnormal and social Psychol.* 59, 270–272.

WALTERS, J. (1960): Relationship between reliability of responses in family life research and method of data collection. *Marriage and Family Living* 22, 232–237.

WATSON, G. (1957): Some personality differences in children related to strict or permissive parental discipline. *J. Psychol.* 44, 227–249.

WHEELER, L. R. (1932): The intelligence of East Tennessee mountain children. *J. Educ. Psychol.* 23, 351–370.

WHITE, M. S. (1957): Social class, child rearing practices, and child behavior. *Amer. Soc. Rev.* 22, 704–712.

WIENER, G. G., RIDER, R. V., & OPPEL, W. (1963): Some correlates of IQ changes in children. *Child Devel.* 34, (1), 61–67.

WINTERBOTTOM, M. (1958): The relation of need for achievement in learning experiences in independence and mastery. In: ATKINSON, J. (Ed.): *Motives in fantasy, action and society.* Princeton (N. J.): Van Nostrand.

WITKIN, H. A., DYK, R. B., FATERSON, H., GOODENOUGH, D. R., & KARP, S. A. (1962): *Psychological differentiation: studies of development.* New York: Wiley.

WITKIN, H. A., FATERSON, H., GOODENOUGH, D., & BIRNBAUM, J. (1965): Cognitive patterning in high grade mentally retarded boys. Unpublished manuscript, Psychology Laboratory, Department of Psychiatry, State Univ. of New York, Downstate Medical Center.

WOLF, R. M. (1964): The identification and measurement of environmental process variables related to intelligence. Unpublished doctoral dissertation, Univ. Chicago.

YARROW, L. J. (1964): Separation from parents during early childhood. In: HOFFMAN, M. L., & HOFFMAN, L. W. (Ed.): *Review of child development research.* New York: Russell Sage Foundation, 89–136.

YARROW, M. R. (1963): Problems of methods in parent-child research. *Child Devel.* 34, 215–226.

ZINGG, R. M. (1940): Feral man and extreme cases of isolation. *Amer. J. Psychol.* 53, 487–517.

ZUNICH, M. (1962): Relationship between maternal behavior and attitudes toward children. *J. Genet. Psychol.* 100, 155–165.

Erziehungshaltung im Elternhaus und intellektuelle Entwicklung*

von N. Kent und D. R. Davis
(Universität Cambridge)

Wir haben in unserer klinischen Arbeit mit Kindern den Versuch unternommen, den Grad und die Art ihrer geistigen Entwicklung mit den Umständen, unter denen sie erzogen wurden, in Beziehung zu setzen. Dabei haben wir traumatische Erlebnisse und ständige Einflüsse sowie das Alter des Kindes, in dem es diesen Gegebenheiten ausgesetzt war, mit in Betracht gezogen. Besondere Bedeutung maßen wir jedoch dem bei, was wir als Erziehungshaltung (discipline) im Elternhaus bezeichnen möchten, und wir gelangten dabei zu der Hypothese, daß individuelle Unterschiede in der intellektuellen Entwicklung, wie sie in einem bestimmten Alter mit konventionellen Intelligenztests gemessen werden, bis zu einem gewissen Grad mit von uns nach eigenem Gutdünken definierten Klassen der Erziehungshaltung in Beziehung stehen. Diese Hypothese haben wir systematisch getestet, und wir legen hiermit unsere Forschungsergebnisse bei einer Stichprobe von achtjährigen Kindern, die wir zu diesem Zweck aus Schülern der Elementarschule auswählten, sowie einige zusätzliche Ergebnisse vor, die wir aus zwei anderen Stichproben gewonnen haben, und zwar aus einer, die aus jugendlichen Straffälligen, und einer anderen, die aus Patienten bestand.

Obwohl man sich im allgemeinen darüber einig ist, daß die intellektuelle Entwicklung sowohl von Umweltfaktoren als auch von genetischen Faktoren beeinflußt wird, sind die Umweltfaktoren bis jetzt noch nicht in befriedigender Weise definiert worden. Einige Probleme sind dabei methodologischer Art. Das Kind lebt in einer Familie, in der es vielen verschiedenartigen Einflüssen ausgesetzt ist, und gerade die vermutlich besonders wichtigen Faktoren sind nur schwer zu messen oder nachzuweisen, wenn man auch so schwerwiegende Faktoren wie etwa eine Auflösung der Familie leichter erfassen kann. Andererseits können die Faktoren der Mutter–Kind-Beziehung, denen Bowlby (1951) so große Bedeutung beimißt, nur durch eine geschickte Befragung abgeschätzt werden.

Wir haben nun versucht, einige diesbezügliche Faktoren vom Standpunkt der modernen Lerntheorien aus zu definieren. Daher auch unser Interesse an der Erziehungshaltung im Elternhaus. Unter Erziehungshaltung im weiteren Sinn verstehen wir die von den Eltern angewandten Erziehungsmethoden, vor

*Discipline in the home and intellectual development. Mit freundlicher Genehmigung der Cambridge University Press, London, entnommen aus: *The British Journal of Medical Psychology* 30, 1957, S. 27–33.

allem ihre Handhabung von Belohnung und Strafe, die Häufigkeit, Regelmäßigkeit und Großzügigkeit von Lob und Belohnung, der Grad der intellektuellen Stimulation und des Interesses, das sie an den Fortschritten ihres Kindes bekunden, sowie die Leistungsmaßstäbe, die sie anlegen.

Unsere Informationen über die Umstände, unter denen das Kind erzogen wurde, haben wir uns durch Interviews mit einem oder beiden Elternteilen verschafft, die wir auf die bei medizinischen Interviews übliche Weise befragt haben. Fragebogen haben wir nicht benutzt; wenn sie vielleicht auch von einem gewissen Nutzen gewesen wären, so hätten sie uns doch nicht die Einstellungen enthüllt, auf die es uns besonders ankam. Die Interviews wurden zwanglos durchgeführt und haben oft längere Zeit in Anspruch genommen. Sie waren retrospektiv ausgerichtet und sollten uns mit der Art und Weise bekannt machen, wie die Eltern das betreffende Kind behandelten und welche Art von Erziehung sie anwandten.

Nach den auf diese Weise erhaltenen Informationen haben wir dann jedes Kind entsprechend der Erziehungshaltung, die in seinem Elternhaus vorwiegend herrschte, in eine von vier Klassen eingeordnet, die wir als »normal«, »fordernd« (ehrgeizig), »überängstlich« (überbesorgt) oder »gleichgültig« bezeichnet haben. Es ist dies eine willkürliche Klassifizierung anhand uns typisch erscheinender Arten des Erziehungsverhaltens, und das System ist nur ein vorläufiges. Es besitzt insofern einen gewissen Wert, als es die Entscheidung erleichtert, in welchem Tenor die Ratschläge zu halten sind, die man den Eltern geben kann; sein Hauptzweck besteht jedoch darin, daß es eine vorläufige Untersuchung der Wirkungen der elterlichen Erziehungsmethoden auf die intellektuelle Entwicklung ihres Kindes ermöglicht. Anschließend nennen wir zusammenfassend die Hauptmerkmale der vier Klassen.

Für »fordernde« (ehrgeizige) Eltern ist typisch, daß sie an die Kinder oft von klein auf hohe Anforderungen stellen, die die Schwächen des Kindes zu wenig berücksichtigen. Sie haben mit ihrem Kind ehrgeizige Pläne, und in dem Kulturbereich, in welchem wir gearbeitet haben (Cambridge in den Jahren 1952 und 1953), bezog sich der Druck, der auf das Kind ausgeübt wurde, hauptsächlich auf die Schulleistungen. Solche Eltern teilen nur selten und wenig großzügig Belohnungen aus, und sie neigen dazu, das, was Kanner als »die drei As« bezeichnet, nämlich »affection«, »acceptance« und »approval« (Liebe, Verständnis und Anerkennung), von dem zufriedenstellenden Verhalten und den guten Leistungen des Kindes abhängig zu machen. Anstatt daß diese drei As die Hauptstützen des Kindes im Elternhaus sind, ist ihr Entzug eine stets wirksame Strafe. Solche Eltern geben dem Kind gute Gelegenheiten zu lernen und bieten ihm viele Anregungen; sie erwarten aber von ihm, daß es sich so verhält, wie es sich ihrer Ansicht nach verhalten sollte. Ihr Erziehungsprinzip ist unelastisch, und sie dulden keine Abweichung davon.

Genau wie die »fordernden« Eltern sind auch die »überängstlichen« (überbesorgten) ehrgeizig für ihr Kind, doch leben sie ständig in der Angst, es könnte ihre Erwartungen oder die von anderen – etwa die der Verwandten – nicht erfüllen. Ihre Haltung ist unbeständig, doch kann sie recht emphatisch sein. Ebenso schwankend sind sie bei der Anwendung von Belohnung und Strafe. Manchmal sind sie nachsichtig, manchmal unduldsam, was auf ihre Angst und

Unsicherheit zurückzuführen ist. So untergraben sie das Vertrauen ihres Kindes. Auch neigen sie dazu, es bei seinen Aktivitäten außerhalb des Hauses einzuengen aus Angst, es könnte ihm etwas zustoßen. Ängstlich halten sie ständig nach abnormalen Tendenzen in seinem Verhalten und nach Krankheitssymptomen Ausschau.

Typisch »gleichgültige« Eltern haben mit ihrem Kind kaum ehrgeizige Pläne, und seine Erfolge oder sein Versagen lassen sie kalt. Ihr Interesse am Kind ist schwach und negativ. Sie überlassen es sich selbst, und es erfährt von ihnen kaum je eine Ermutigung oder Führung. Sie sind zufrieden, wenn es sich so verhält, daß es nicht in Schwierigkeiten gerät und keine Anforderungen an sie stellt. Ihre Strafen sind vom Zufall bestimmt und inkonsequent.

»Normale« Eltern dagegen sind tolerant und geduldig, wenn auch fest. Die Maßstäbe, die sie an das Verhalten ihres Kindes anlegen, entsprechen seinen Fähigkeiten, Interessen und Bedürfnissen. Sie helfen ihm, ermutigen, führen und belohnen es, ohne übertriebene Anforderungen zu stellen und ohne sich zu scheuen, schlechtem Verhalten Einhalt zu gebieten. Sie zeigen eine gelassene Freude an ihren Kindern und behandeln sie liebevoll.

Die »überängstliche« Erziehungshaltung in unserem Sinn entspricht in mancher Hinsicht dem, was Levy (1933, 1943) als »übertriebene mütterliche Fürsorge« (»mütterliche Überprotektion«) bezeichnet – doch haben wir bei unserer Klassifizierung auch das Verhalten und die Einstellung des Vaters dem Kind gegenüber mitberücksichtigt. Die »übertriebene Fürsorge« ist nur ein Aspekt der überängstlichen Erziehungshaltung. Nebenbei bemerkt hat Levy festgestellt, daß Kinder, die übertrieben umsorgt werden, zwar relativ gut lesen, aber weniger gut rechnen. Kanner (1944) hat die Eltern von Kindern, die unter »frühkindlichem Autismus« leiden, als typische »Kühlschrankeltern« und als kalt, zurückhaltend, intellektuell, Zwang ausübend und tüchtig beschrieben. Wir würden solche Eltern als ausgesprochen »fordernd« klassifizieren. Ein »ungeliebtes« Kind kann einer jeden der drei anomalen Klassen zugeordnet werden.

Versuchspersonen und Methoden

Schul-Stichprobe: Unsere Hauptresultate erhielten wir in einer Stichprobe von 118 Kindern, je zur Hälfte Jungen und Mädchen, die wir aus zwei Volksschulen in Cambridge als repräsentativ für achtjährige Schulkinder auswählten. Zu dieser Stichprobe gehörten keine Zwillinge wie überhaupt keine Geschwister.

Die Wahl von Achtjährigen als Versuchspersonen war ein Kompromiß. Wir messen dem Einfluß des Elternhauses in den Vorschuljahren eine besondere Bedeutung bei, und es wäre einfacher gewesen, von den Müttern jüngerer Kinder Informationen über diese Jahre zu erhalten. Aber die meisten Kinder können im Alter von acht Jahren bereits flüssig lesen, während es nur einer Minderheit noch Schwierigkeiten macht, und wir interessierten uns für die Entwicklung der verbalen Fähigkeiten. Auch liefern Intelligenztests in diesem Alter valide Resultate, und die Intelligenzquotienten pflegen ziemlich stabil zu

sein. In ihrem zweiten Volksschuljahr sind die Kinder dem Lehrerkollegium ihrer Schule wohl bekannt, so daß man von dieser Seite zusätzliche Informationen erhalten kann.
Zu nennen sind außerdem noch zwei andere Stichproben:
Straffälligen-Stichprobe: Wir haben außerdem 55 jugendliche Straffällige untersucht, die uns vom städtischen Jugendgericht von Cambridge zu diesem Zweck zur Verfügung gestellt wurden. Es handelte sich um 48 Jungen und 7 Mädchen mit einem Durchschnittsalter von 12 Jahren. Das weitaus häufigste Delikt war Diebstahl.
Diese Stichprobe war für vor Gericht gestellte Kinder nicht repräsentativ, denn aus verschiedenen Gründen haben wir eine Anzahl von Fällen nicht mitberücksichtigt. Der häufigste Grund war, daß es sich nur um eine geringfügige Übertretung handelte (wie Radfahren ohne Licht, Abbrennen von Knallkörpern usw.). In anderen Fällen waren die häuslichen Verhältnisse der Kinder so schlecht, daß unverzüglich eingegriffen wurde und kein Aufschub zwecks medizinischer Untersuchung durch uns zu verantworten gewesen wäre.
Klinik-Stichprobe: Hierbei handelte es sich um ein gemischtes Sample von 40 Kindern (26 Jungen und 14 Mädchen), die man zur Diagnose in die psychiatrische Ambulanz des Addenbrooke-Hospitals gebracht hatte. Ihr Durchschnittsalter war 9 Jahre. Schwerkranke Kinder, die nicht getestet werden konnten, sowie Kinder mit organischen Defekten blieben bei der Stichprobe unberücksichtigt.

Untersuchung der Kinder

Jedes Kind wurde während einer etwa ein- bis anderthalbstündigen Sitzung beobachtet, in der es drei Tests zu absolvieren hatte: 1. vier Handlungs-Subtests der ›Wechsler-Intelligenz-Skala für Kinder‹ (WISC), nämlich »Bilderergänzen«, »Bilderordnen«, »Mosaiktest« und »Figurenlegen«; 2. den Graded Word Reading Test von Schonell und 3. die Revised Stanford-Binet Scale, Form M. Diese Reihenfolge der Tests war willkürlich, wurde aber dann beibehalten. Das allgemeine Verhalten des Kindes wurde notiert, und alle Anzeichen einer emotionalen Störung wurden vermerkt.

Das Interview

Wir suchten das Elternhaus aller Kinder aus der Schul-Stichprobe auf und führten dort – in der Regel mit der Mutter – ein Interview durch, das wir so zwanglos wie möglich gestalteten. Die Eltern der Kinder aus den beiden anderen Stichproben wurden in der Klinik interviewt.

Ergebnisse

Nebenergebnisse

Bevor wir uns den Hauptergebnissen zuwenden, möchten wir über einige zufällige Beobachtungen berichten, welche unsere a priori gegebenen Beschreibungen der Klassen von Erziehungshaltungen ergänzen.

a) *Verteilung der Kinder auf die Klassen von Erziehungshaltungen in den drei Stichproben:* Wie aus Tabelle 1 zu ersehen ist, war die Verteilung in den drei Stichproben sehr unterschiedlich. Hierzu ist zu bemerken, daß die Kriterien umfassend genug waren, damit eine relativ große Zahl der Kinder aus der Schul-Stichprobe in eine der drei anomalen Klassen eingeordnet werden konnte. Nur wenige Kinder aus der Schul-Stichprobe wurden der Klasse »Gleichgültige Eltern« zugeordnet; dagegen war diese Klasse der Erziehungshaltung – wie zu erwarten war – bei der Stichprobe der Straffälligen relativ häufig vertreten. Alle Kinder aus der Klinik-Stichprobe waren von ihren Eltern zur Behandlung gebracht worden, und es ist daher nicht verwunderlich, daß die Klasse »Gleichgültige Eltern« hier nur schwach vertreten war und daß die meisten dieser Kinder der Klasse »Fordernde Eltern« oder der Klasse »Überängstliche Eltern« angehörten.

Tabelle 1: Verteilung der Kinder in den drei Stichproben auf die einzelnen Klassen von Erziehungshaltungen

	Klassen von Erziehungshaltungen				
Stichprobe	normal	fordernd	überängstlich	gleichgültig	insgesamt
Schule	41	38	30	9	118
Straffällige	1	19	10	25	55
Klinik	0	20	15	5	40

b) *Erziehungshaltung und väterlicher Beruf:* Mit nur einer eventuellen Ausnahme war die Klasse der Erziehungshaltung vom Berufsniveau des Vaters unabhängig, wobei die väterlichen Berufe nach dem ›Registrar General's System‹ klassifiziert waren (Tabelle 2). Es scheint eine leichte, wenn auch nicht signifikante Tendenz derart zu bestehen, daß die Väter der Kinder der »überängstlichen« Klasse der untersten Berufsgruppe angehören. Diese Tendenz hat sich aber in den beiden anderen Stichproben nicht bestätigt.

c) *Erziehungshaltung und traumatische Erlebnisse:* In einer Hinsicht wenigstens zeigte sich die Tendenz, daß die von Eltern mit anomaler Erziehungshaltung geschaffene Umwelt sich als weniger günstig erweist: In den drei anomalen Klassen waren die Kinder viel häufiger umgezogen als die Kinder der normalen Klasse, und zwar lagen die Durchschnittswerte bei 1,6 Umzügen gegenüber 0,9 Umzügen pro Kind. Ein besonders großer Teil der Kinder fordernder Eltern war dreimal oder öfter umgezogen (11 von 38, gegenüber 1 von 41 in der normalen Klasse). Ein kleinerer, aber immer noch signifikanter

Tabelle 2: Väterlicher Beruf und Erziehungshaltung (Schul-Stichprobe)

Berufsgruppe	Klassen von Erziehungshaltungen normal	fordernd	über-ängstlich	gleich-gültig	insgesamt
I und II	10	11	6	3	30
III	29	26	18	6	79
IV und V	2	1	6	0	9
Zusammen	41	38	30	9	118

Teil der Kinder überbesorgter Eltern war ebenfalls dreimal oder öfter umgezogen (5 von 30).

Schwerwiegende Erlebnisse von der Art, wie man sie gewöhnlich als traumatisch bezeichnet (Davis 1954), wie z. B. Tod, Verlassenwerden durch einen Elternteil oder Scheidung der Eltern, Hospitalisierung in einem Alter von weniger als 5 Jahren, Trennung von einem Elternteil oder von beiden Eltern oder auch der Tod eines Geschwisters, zeigten sich von der Klasse der Erziehungshaltung unabhängig. Wir haben die Kinder willkürlich danach eingeteilt, ob sie minimale, mäßige oder schwere Traumen durchlebt hatten, und nach Abhängigkeiten zwischen dieser Einteilung und den Klassen der Erziehungshaltung gesucht, ohne jedoch signifikante Beziehungen zu finden. Allerdings sollten die Beziehungen zwischen traumatischen Erlebnissen und einer bestimmten Klasse der Erziehungshaltung noch sorgfältiger untersucht werden, als wir es hier tun konnten.

d) *Erziehungshaltung und Geschwisterfolge:* Die Kinder der gleichgültigen Eltern waren weniger oft Einzelkinder oder Erstgeborene als die Kinder in den anderen Klassen der Erziehungshaltung, d. h., sie hatten häufiger ältere Geschwister. Beide Tendenzen verfehlten in der Schul-Stichprobe soeben die statistische Signifikanz, erwiesen sich jedoch in der Straffälligen-Stichprobe als hochsignifikant. Die Kinder der gleichgültigen Eltern unterschieden sich in keiner der drei Stichproben hinsichtlich der Zahl jüngerer Geschwister von denen in den anderen Klassen der Erziehungshaltung. Das legt den Schluß nahe, daß einer der Gründe dafür, daß die Eltern in ihrer Erziehungshaltung so gleichgültig waren, der war, daß ihr Interesse von ihren älteren Kindern in Anspruch genommen war. Dagegen war die Ablenkung der Aufmerksamkeit durch die Geburt jüngerer Kinder ganz allgemein kein Grund für die Gleichgültigkeit. Diese Schlußfolgerungen sind eine Vermutung und bedürfen noch weiterer Untersuchungen.

Hauptergebnisse

Für jedes Kind wurden zwei IQ-Werte ermittelt, einer nach der Binet-Skala und der andere nach der WISC. Die Korrelation der beiden IQ-Reihen ergab eine Produkt-Moment-Korrelation von 0,58 (was etwa der allgemein beobachteten Höhe entspricht). Für die gesamte Schul-Stichprobe war der mittlere IQ auf der Binet-Skala 112,8, Standardabweichung 18,1, und auf der WISC war er 108,3, Standardabweichung 12,9. Der mittlere Unterschied war demnach 4,5, und die Standardabweichung dieses Mittelwerts betrug 12,4.

Jene Fälle, bei denen die mit der einen Skala gemessenen Fähigkeiten höher entwickelt sind als die mit der anderen Skala erfaßten Fähigkeiten, erscheinen von besonderem Interesse. Die Kinder wurden daher in drei Klassen eingeteilt:

V = P: Bei diesen Kindern war der Unterschied zwischen den beiden IQ-Werten geringer als eine Standardabweichung der mittleren Differenz. V bedeutet verbal, und P bedeutet praktisch, da angenommen wird, daß die Testwerte auf der Binet-Skala hauptsächlich von den verbalen Fähigkeiten abhängen, dagegen die bei den Handlungs-Subtests der WISC hauptsächlich von den praktischen Fähigkeiten.

V > P: Bei diesen Kindern war der IQ auf der Binet-Skala um mindestens 17 Punkte höher als der auf der WISC, d. h. um mehr als eine Standardabweichung.

P > V: Bei diesen Kindern war der IQ auf der WISC um mindestens 8 Punkte höher als der auf der Binet-Skala, d. h. um mehr als eine Standardabweichung.

Kinder »fordernder« Eltern: Wir können nunmehr dazu übergehen, die Charakteristiken der Kinder aus unserer Schul-Stichprobe zu betrachten, die fordernde Eltern hatten, und sie mit den Kindern normaler Eltern vergleichen. Wie aus Tabelle 3 zu ersehen ist, war der mittlere IQ der ersteren nach der Binet-Skala weit höher. Ihr mittlerer IQ bei den WISC-Handlungs-Subtests und ihr mittlerer Testwert auf der Leseskala war etwas höher, jedoch nicht signifikant höher. Bei den drei Tests waren die Standardabweichungen höher. Ein relativ hoher Anteil der Kinder entsprach dem Verhältnis V > P.

Tabelle 3: Schul-Stichprobe: Klasse der »fordernden« Eltern

	Normal	Fordernd	p-Wert der Differenz
Binet-IQ Mittelwert	109,9	124,2	< 0,01
Standardabweichung	14,8	23,0	
WISC-IQ Mittelwert	110,4	113,4	nicht
Standardabweichung	11,0	12,3	signifikant
Lesealter Mittelwert	8,4	9,1	nicht
Standardabweichung	1,75	2,1	signifikant
V = P	32	14	
V > P	3	17	< 0,01
P > V	6	7	

Diese Ergebnisse zeigen, daß sämtliche mit der Binet-Skala gemessenen Fähigkeiten bei Kindern fordernder Eltern relativ zu den mit den WISC-Subtests gemessenen Fähigkeiten und zu den Fähigkeiten von Kindern normaler Eltern dazu tendieren, gut entwickelt zu sein.

Zwölf Kinder aus unserer Schul-Stichprobe erzielten auf der Binet-Skala einen IQ von 140 und darüber. Darunter waren neun Kinder von fordernden Eltern.

Nach ihrem Verhalten während der Testdurchführung zu urteilen, zeigte eine relativ große Anzahl der Kinder von fordernden Eltern Anzeichen emotionaler Störung, und der Anteil dieser Kinder (25 von 38) war signifikant höher als der entsprechende Anteil von Kindern normaler Eltern (3 von 41). Die Kinder fordernder Eltern zeigten eine Tendenz zu innerer Unruhe, Spannung, Unbehagen und hatten eine übertriebene Angst davor, die Aufgaben nicht lösen zu können. Unter weniger vertrauten Aufgaben, wie denen der WISC, brachen sie fast zusammen.

Kinder »überängstlicher« (überbesorgter) Eltern: Was bei den Kindern überängstlicher Eltern besonders auffällt, ist ihr niedriger mittlerer Testwert bei den »Handlungs«-Subtests der WISC (Tabelle 4). Dieser Mittelwert liegt signifikant niedriger als bei den Kindern normaler Eltern. Die Mittelwerte bei der Binet-Skala und dem Lesetest differieren nicht signifikant von den Mittelwerten der Kinder normaler Eltern. Bei den Verhältniswerten ergaben sich keine bedeutsamen Unterschiede zu den Kindern normaler Eltern.

Tabelle 4: Schul-Stichprobe: Klasse der »überängstlichen« Eltern

	Normal	überängstlich	p-Wert der Differenz
Binet-IQ Mittelwert	109,9	107,3	nicht signifikant
Standardabweichung	14,8	15,2	
WISC-IQ Mittelwert	110,4	100,7	< 0,01
Standardabweichung	11,0	12,7	
Lesealter Mittelwert	8,4	8,0	nicht signifikant
Standardabweichung	1,75	2,0	
V = P	32	20	nicht signifikant
V > P	3	7	
P > V	6	3	

Ein relativ großer Anteil der Kinder überbesorgter Eltern zeigte Symptome emotionaler Störung (21 von 30). Die Kinder neigten zu einem scheuen Verhalten und zeigten wenig Selbstvertrauen. Sie neigten zu Unruhe und Ängstlichkeit. Ein anderes Merkmal, das sie miteinander gemeinsam hatten, war, daß sie ständig die Aufmerksamkeit, das Lob und den Zuspruch des Prüfers brauchten.

Kinder »gleichgültiger« Eltern: In der Klasse »gleichgültige Erziehungshaltung« hatten wir zu wenig Kinder zur Verfügung, um zuverlässige Schlüsse ziehen zu können (Tabelle 5). Sie schnitten bei allen drei Tests schlecht ab, besonders bei der Binet-Skala und beim Lesetest, wo ihre mittleren Testwerte signifikant niedriger waren als die der Kinder normaler Eltern. Vier von neun Kindern zeigten das Verhältnis P > V.

Acht dieser neun Kinder zeigten Symptome emotionaler Störung. Sie neigten zur Apathie und einem Mangel an Spontaneität. Einige von ihnen scheuten sich offenbar, sich bei den Tests wirklich anzustrengen. Sie gaben leichthin auf, wenn sie mit der Aufgabe nicht fertig wurden, ohne daß sie wie die Kinder fordernder Eltern darunter »zusammenbrachen«.

Tabelle 5: Schul-Stichprobe: Klasse der »gleichgültigen« Eltern

	Normal	Gleichgültig	p-Wert der Differenz
Binet-IQ Mittelwert	109,9	97,0	< 0,05
Standardabweichnung	14,8	7,0	
WISC-IQ Mittelwert	110,4	103,0	nicht
Standardabweichnung	11,0	9,5	signifikant
Lesealter Mittelwert	8,4	6,4	< 0,05
Standardabweichung	1,75	0,7	
V = P	32	5	nicht
V > P	3	0	signifikant
P > V	6	4	

Diskussion

Die Ergebnisse zeigen, daß Beziehungen bestehen zwischen der im Elternhaus vorherrschenden Erziehungshaltung und der intellektuellen Entwicklung des Kindes. Insbesondere haben wir gefunden, daß Kinder fordernder Eltern relativ hohe Testwerte auf der Binet-Skala erreichten und daß Kinder überängstlicher (überbesorgter) Eltern bei den »Handlungs«-Subtests der WISC relativ niedrige Testwerte erzielten. Es ist anzunehmen, daß die WISC-»Handlungs«-Subtests hauptsächlich praktische Fähigkeiten messen, während die Binet-Skala hauptsächlich verbale und schulische Fähigkeiten mißt, und daß fordernde Eltern der Entwicklung dieser Fähigkeiten besondere Wichtigkeit beimessen. Man kann daher argumentieren, daß die Ursache für die starke Entwicklung der verbalen und schulischen Fähigkeiten in der fordernden Erziehungshaltung zu suchen ist und daß die geringe Entwicklung dieser Fähigkeiten bei Kindern gleichgültiger Eltern daher kommt, daß diese von ihren Eltern nicht angespornt werden.

Eine Erklärung für die relativ niedrigen Testwerte, die von den Kindern der überbesorgten Eltern auf der WISC erreicht werden, liegt weniger klar auf der Hand. Man könnte argumentieren, daß die WISC-Subtests, die zu Anfang der Untersuchung gegeben wurden, wegen der emotionalen Gestörtheit der Kinder, die zur Scheu und zu einem Mangel an Selbstvertrauen neigten, keine valide Beurteilung ihrer Fähigkeit erlaubten. Auch haben die WISC-Handlungs-Subtests ein Zeitlimit. Es wäre denkbar, daß emotional gestörte Kinder langsam sind und daß sie wegen ihrer Unschlüssigkeit und ihrem Bedürfnis nach Ermutigung und gutem Zureden benachteiligt sind. Wir teilen diesen Standpunkt nicht.

Wir haben uns Mühe gegeben, die Tests so durchzuführen, daß die Kinder sich nicht aufregten. Wechsler legt bei seinen Instruktionen besonderen Wert darauf, daß man dem Kind immer wieder gut zuredet und daß man ihm möglichst das Gefühl, versagen zu können, nimmt, und meistens gelingt das unserer Erfahrung nach auch. Wir hatten den Eindruck, daß die Kinder der überbesorgten Eltern deshalb schlecht abschnitten, weil ihnen die praktischen

Fähigkeiten abgingen, und daß dieser Mangel der Erziehungshaltung im Elternhaus zuzuschreiben ist.
Wieviel Gewicht besitzen diese Resultate? Die Untersuchung hat ihre Mängel. Genetische Faktoren wurden nicht kontrolliert, wie es möglich gewesen wäre, wenn wir eine adäquate Stichprobe, etwa eineiige Zwillinge, untersucht hätten, die schon früh getrennt und mit unterschiedlichen Erziehungsmethoden aufgezogen wurden. Auch konnten wir die Umwelteinflüsse nicht von den Erbeinflüssen trennen, wie es bis zu einem gewissen Grade möglich gewesen wäre bei Kindern, die schon früh adoptiert wurden. Auch einige andere Faktoren im Elternhaus konnten wir nicht kontrollieren, die vielleicht die geistige Entwicklung beeinflußt haben, wie zum Beispiel das kulturelle Niveau des Elternhauses oder die Intelligenz und den Bildungsgrad der Eltern, oder auch die Auswirkung traumatischer Erlebnisse. So könnte man beispielsweise argumentieren, daß die relativ hohen Testwerte der Kinder fordernder Eltern daher rührten, daß eine fordernde Erziehungshaltung vornehmlich von Eltern höherer Intelligenz und Bildung angewendet wird, bei denen zu erwarten ist, daß ihre Kinder vielleicht eine bessere genetische Konstitution bereits ererbt haben. Gegen dieses Argument spricht, daß wir keinen Zusammenhang zwischen dem Berufsniveau des Vaters und der Erziehungshaltung finden konnten, doch bedeutet das keine unbedingte Widerlegung. Wie bereits erwähnt, erwies sich das Vorhandensein traumatischer Erlebnisse ebenfalls als unabhängig von der Erziehungshaltung. Außerdem zeigte sich kein Unterschied in den Testwerten zwischen denen, die minimale, mäßige oder schwere Traumen erlitten hatten.

Schlußbemerkung

Unsere Resultate scheinen daher die Hypothese zu bestätigen, daß die intellektuelle Entwicklung, wie sie mit der Binet-Skala und den WISC-Handlungs-Subtests gemessen wird, wesentlich von dem Aspekt der familiären Umwelt beeinflußt wird, den wir als die Erziehungshaltung im Elternhaus bezeichnet haben.

Literatur

Bowlby, J. (1951): *Maternal Care and mental health.* Genf: World Health Organization Monograph Series.

Davis, D. R. (1954): Nurture and mental development. In: Gairdner, D. (Ed.): *Recent advances in paediatrics.* Kap. 20. London: Churchill.

Kanner, L. (1944): Early infantile autism. *J. Pediat.* 25, 211–217.

Levy, D. M. (1933): Relation of maternal overprotection to school grades and intelligence tests. *Amer. J. Orthopsychiat.* 3, 26–34.

Levy, D. M. (1943): *Maternal overprotection.* New York: Columbia Univ. Press.

Stellung in der Geschwisterreihe und Intelligenz*

von D. Burton
(National Academy of Sciences, Washington)

Einleitung

In neuerer Zeit zeigt die Forschung ein gesteigertes Interesse an der Geschwisterposition, nachdem Untersuchungen vorliegen, die darauf hinweisen, daß die Erstgeborenen mehr Aussicht haben, hohe Leistungen zu vollbringen als ihre nachgeborenen Geschwister (Bayer 1966, 1967; Cobb & French 1966; Roe 1953). Dabei wird häufig angenommen, daß die Intelligenz die vermittelnde Variable ist. Allerdings haben die Untersuchungen über den Zusammenhang zwischen der Stellung in der Geschwisterreihe und der Intelligenz zu widersprüchlichen Ergebnissen geführt. Manche Untersuchungen deuten auf eine höhere Intelligenz der später Geborenen im Vergleich zum Erstgeborenen hin, während andere zu dem Schluß führen, daß die Erstgeborenen intelligenter sind als ihre nachgeborenen Geschwister.
Die erstgenannte Gruppe von Forschungsarbeiten bestätigt die Ergebnisse eines vorausgegangenen klassischen Berichts von Thurstone und Jenkins (1931). Diese Forscher haben anhand von Unterlagen des Institute for Juvenile Research in Chicago Geschwister in 382 Familien untersucht, doch handelte es sich dabei in erster Linie um »Problemkinder« mit Fallgeschichten von asozialem und antisozialem Verhalten. Während die Forscher den Standpunkt vertraten, daß die Wechselbeziehungen der Merkmale dieser Stichprobe keine Abweichungen von ähnlichen Beziehungen bei der allgemeinen Bevölkerung aufwiesen, war die Intelligenz dieser Kinder weit unter dem Durchschnitt. Ihr mittlerer IQ lag bei 80. Die Ergebnisse von Thurstone und Jenkins veranlaßten Berelson und Steiner, in ein kürzlich erschienenes Kompendium von über 1000 »wichtigen und verifizierten Verallgemeinerungen« auf dem Gebiet der Sozialwissenschaften die Feststellung aufzunehmen, daß »in Familien mit mehreren Kindern eine stetige Zunahme der durchschnittlichen Intelligenz vom Erstgeborenen bis zum Letztgeborenen zu beobachten ist« (Berelson & Steiner 1964).
Mehrere neuere Untersuchungen bestätigen die Feststellungen von Thurstone und Jenkins. Cohen (1951) teilt Resultate aus einer Untersuchung mit einer kleinen Stichprobe von Kindern mit, in der die Testergebnisse beim ›Stanford Revised Intelligence Test‹ von Erstgeborenen und Zweitgeborenen mit denen

* Birth order and intelligence. Bericht der Commission on Human Resources and Advanced Education, National Academy of Sciences, Washington, D. C. Mit freundlicher Genehmigung von The Journal Press, Provincetown (Mass.), entnommen aus: *The Journal of Social Psychology* 76, 1968, S. 199-206.

von Kindern verglichen wurden, die in der Geschwisterreihenfolge an späterer Stelle standen. Er stellte fest, daß 60 % der Zweitgeborenen den höchsten IQ unter allen ihren Geschwistern hatten, während nur 22 % der Erstgeborenen den jeweils höchsten IQ erreichten. Koch (1954) hat erst- und zweitgeborene Erstkläßler anhand der von diesen beim ›SRA Primary Mental Abilities Test‹ erreichten Testwerte miteinander verglichen. Eine Stichprobe von 360 Kindern aus verschiedenen Public Schools und einer Privatschule wurde nach der Stellung in der Geschwisterreihe, nach dem Altersunterschied der Geschwister und nach dem Geschlecht in 24 Untergruppen eingeteilt. Diese Untergruppen wurden dann Kind um Kind nach dem Lebensalter und dem sozioökonomischen Status der Eltern (SES) parallelisiert, um Erstgeborene mit Zweitgeborenen vergleichen zu können. Dabei stellte sich heraus, daß die Geschwisterposition mit der Gesamtleistung beim ›Primary Mental Abilities Test‹ in signifikanter Weise derart in Beziehung stand, daß die Zweitgeborenen bessere Leistungen zeigten als die Erstgeborenen.

In einer großen Stichprobe hat Altus (1959) die Bedeutung der Geschwisterposition untersucht, indem er im Zweiten Weltkrieg 13 000 Angehörige der Streitkräfte, die Analphabeten waren, testete. Die nach der Wechsler-Skala ermittelten Testwerte ergaben, daß der IQ bei den jeweils Jüngsten am höchsten war. Dagegen geht aus neueren Untersuchungen an Hochleistungsgruppen, die Altus durchgeführt hat (1965 a, 1965 b), hervor, daß Erstgeborene bei Fähigkeitsmessungen in diesen Gruppen im allgemeinen besser abschneiden als die später Geborenen. Unter Benutzung der beim ›Scholastic Aptitude Test‹ (SAT) erreichten Punkte als einem Maßstab für die schulische Leistungsfähigkeit hat er bei sämtlichen Studenten des ersten Semesters der Jahre 1960 und 1961 an der University of California in Santa Barbara deren Stellung in der Geschwisterreihe untersucht. Aus seinem Bericht geht hervor, daß die Erstgeborenen unter den Anfangssemestern im verbalen Abschnitt des SAT höhere Testwerte erreichten als die später Geborenen. Die erstgeborenen weiblichen Studienanfänger erreichten im mathematischen Teil des SAT einen höheren durchschnittlichen Testwert als die später geborenen Studentinnen, während die Werte, welche die entsprechenden beiden Gruppen der männlichen Studienanfänger zeigten, keine Unterschiede erkennen ließen.

Neben diesen Feststellungen von Altus haben auch mehrere frühere Untersuchungen Daten ergeben, die zu den zitierten in Widerspruch stehen, so daß es notwendig erscheint, sich erneut mit der Beziehung des IQ zur Geschwisterposition zu befassen. Anfang der zwanziger Jahre hat Terman (1926) eine Forschungsarbeit vorgelegt, in der er berichtet, daß unter 574 begabten Grundschulkindern Erstgeborene in der Überzahl waren. Die Stichprobe umfaßte Schüler der acht Klassen der Elementarschule mit überdurchschnittlichen IQs, gemessen mit der Binet-Skala. Bei Familien mit 2, 3 und 4 Kindern notierte Terman 56,1 %, 36,9 % beziehungsweise 33,0 % Erstgeborene in der Gruppe der überdurchschnittlich Begabten. Schachter (1963) fand unter sämtlichen nichtgraduierten Studenten, die Einführungsveranstaltungen zur Psychologie an der University of Minnesota 1959 und 1961 besuchten, 50,2 % Erstgeborene; von sämtlichen ortsansässigen graduierten Studenten, die am Department of Psychology der University of Minnesota 1961 registriert waren, waren 57,8 % Erstgeborene. Da anzunehmen ist, daß der IQ graduierter Studenten höher ist als der von nichtgraduierten, lassen diese Ergebnisse darauf schließen, daß mit dem Anstieg des Prozentsatzes der Erstgeborenen der IQ im Durchschnitt ansteigt. Nach den Ergebnissen der oben zitierten ersten Gruppe von Untersuchungen hätte man aber gerade das Gegenteil erwarten müssen, daß nämlich die Erstgeborenen in den Gruppen mit einem hohen IQ und daher mit einem hohen Leistungsniveau schwächer vertreten gewesen wären.

Berelson und Steiner (1964) suchen den Grund für die Diskrepanz zwischen den Ergebnissen der beiden oben erwähnten Gruppen von Untersuchungen im sozioökonomischen Status der Probanden. Nach den beiden Autoren nimmt der IQ innerhalb von Familien (das heißt bei echten Geschwistern) mit der laufenden Nummer in der Geschwisterreihe zu, während quer durch die Gesamtbevölkerung (das heißt bei einer Querschnittsbetrachtung, die nicht die tatsächliche Geschwisterzahl berücksichtigt) Erstgeborene in den Gruppen mit hohen IQs in der Überzahl sind, was auf die geringere Kinderzahl von Eltern mit hohen IQs zurückzuführen ist. Gegen diese Interpretation spricht jedoch, daß sämtliche hier besprochenen Untersuchungen, die einen niedrigeren IQ für die später Geborenen ergaben, die Größe der Familie mitberücksichtigt haben. Außerdem erscheint die Interpretation von Berelson und Steiner angesichts der Ergebnisse einer dritten Gruppe von Untersuchungen weniger überzeugend, bei der keine Beziehung zwischen Intelligenz und Geschwisterposition festgestellt wurde (Murphy et al. 1937).

Eine alternative Erklärung für die Diskrepanz der Ergebnisse bei Untersuchungen über den IQ und Fähigkeitskorrelate der Geschwisterposition sucht den Grund in Besonderheiten der getesteten Gruppen. Bei den allermeisten der bisher durchgeführten Untersuchungen handelt es sich um Analysen institutionalisierter Stichproben, die alles andere als für die Gesamtbevölkerung repräsentativ sind. Von den sieben oben diskutierten Untersuchungen befassen sich zwei mit Stichproben von Versuchspersonen mit unterdurchschnittlichem IQ, und drei Untersuchungen beschäftigen sich nur mit Versuchspersonen von überdurchschnittlicher Begabung. Außerdem kranken einige der Untersuchungen daran, daß die Stichprobe zu klein war. Ein N von 100 oder 200 ist kaum groß genug, wenn es darum geht, die Bedeutung der Geschwisterposition bei jeder Kombination von männlichen und weiblichen Probanden und bei jeder Familiengröße getrennt zu untersuchen. Ohne Zweifel brauchen wir die Analyse einer umfangreichen Stichprobe mit einer repräsentativen IQ-Verteilung, wenn wir entscheiden wollen, ob irgendeine voraussagbare Beziehung zwischen Intelligenz und Stellung in der Geschwisterreihe besteht. Die vorliegende Untersuchung gliedert die aus einer nationalen Stichprobe von Schülern der oberen Klassen von High Schools gewonnenen Daten auf. Die mittleren Intelligenz-Testwerte werden nach dem Geschlecht und für jedes sozioökonomische Niveau der Familie und für jede Familiengröße analysiert.

Daten

Im Frühjahr 1960 wurden annähernd 80 000 Schüler aus den oberen Klassen von 1225 High Schools mit einer Testbatterie aus dem Projekt ›TALENT‹ untersucht. 12 bis 18 Monate nach dem ursprünglichen Test wurden Fragebogen verschickt, auf die etwa 50 000 brauchbare Antworten eingingen, welche mit den ursprünglichen Daten in Beziehung gesetzt wurden. Hieraus wurden für unsere endgültige Stichprobe 43 352 Fälle ausgewählt, bei denen Daten zu sämtlichen fünf grundlegenden Variablen vorlagen, nämlich für Geschlecht, Stellung in der Geschwisterreihe, Familiengröße, sozio-ökonomischer Status (SES) und Intelligenz. Diese Fälle wurden dann mit Gewichtszahlen versehen, um Korrekturwerte für Variationen in den Stichprobenverhältnissen der verschiedenen Kombinationen von Schultyp, Familiengröße und geographischer Lage zu erhalten. Außerdem wurden Gewichtszahlen benutzt, um Annäherungen an die Populationsverteilungen in dieser Altersgruppe zu erreichen. Dabei ergab sich eine gewichtete Stichprobe von 1 298 000 Fällen, deren Verteilung auf Familien verschiedener Größe aus Tabelle 1 zu ersehen ist (nach Flanagan u. a. 1964):

Tabelle 1: Verteilung der Familiengröße bei Schülern der oberen Klassen von High Schools im Jahre 1960

Größe der Familie (Kinderzahl)	Prozentsatz der gewichteten Gesamtstichprobe
1	8,7 %
2	24,2 %
3	23,0 %
4	16,4 %
5	10,6 %
6	6,2 %
7 und mehr	10,9 %
Alle Familiengrößen zusammen	100 %

Die Maßzahl für Intelligenz im Projekt ›TALENT‹ ist ein zusammengesetzter Wert, der sich aus drei Testgruppen ergibt, die Leseverständnis, abstraktes Denkvermögen und mathematische Begabung erfassen. Diese Tests werden mit 51 %, 25 % und 24 % gewichtet (ebd., S. B-8). Das Leseverständnis wird mit zwei Teiltests gemessen; in einem Fall ist der Text einem Roman und im anderen Fall einem Magazin entnommen. Jeder Teiltest besteht aus hundert Fragen des Mehrfach-Wahl-Typs (multiple-choice questions), welche sich auf 20 Textstellen beziehen (ebd., S. 3-117, 118). Der für die Messung der Fähigkeit zu abstraktem Denken konstruierte Test besteht aus nichtverbalen Aufgaben, die Beziehungen zwischen Diagrammen zum Inhalt haben (ebd., S. 2-86). Die dritte Komponente der Intelligenzmessung ist ein Test für rechnerisches Denken, der sich aus 16 Einzelaufgaben zusammensetzt, welche erfordern, daß der Schüler elementare Probleme lösen kann, ohne daß von ihm

verlangt wird, Rechenoperationen tatsächlich auszuführen (ebd., S. 2-123). Das Intelligenzmaß ist durch einen Mittelwert von 50 und eine Standardabweichung von 10 standardisiert.
Der sozioökonomische Index ist ein gewichteter Meßwert, der sich auf die Antworten des Schülers auf 9 Fragen gründet: Bewertung seiner Familie, Familieneinkommen, Beruf des Vaters, Schulbildung des Vaters, Schulbildung der Mutter, eigenes Zimmer des Schülers und Anzahl der Bücher, Haushaltsgeräte und Fernsehapparate zu Hause (Flanagan & Cooley 1966, S. E-11).

Tabelle 2: Mittlere Intelligenz-Punktzahlen, geordnet nach Geschlecht, sozioökonomischem Status (SES) und Geschwisterfolge in Familien mit 2 bis 5 Kindern

Geschlecht und sozioökon. Status (SES)	Familien mit 2 Kindern Erstgeb.	Familien mit 2 Kindern Letztgeb.	Familien mit 3 Kindern Erstgeb.	Familien mit 3 Kindern Zweitgeb.	Familien mit 3 Kindern Letztgeb.
Männlich					
Niedriger SES	44,3	44,6	42,8	46,3	44,8
Untere Mittelschicht	49,8	46,4	50,1	48,8	48,3
Obere Mittelschicht	52,5	51,5	51,9	51,7	52,3
Hoher SES	54,0	52,5	53,5	52,6	54,5
Weiblich					
Niedriger SES	44,6	44,6	44,9	45,0	44,4
Untere Mittelschicht	49,6	48,4	48,0	47,0	46,2
Obere Mittelschicht	51,3	49,8	50,8	49,3	48,1
Hoher SES	53,4	52,9	53,1	51,0	53,0

Geschlecht und sozioökon. Status (SES)	Familien mit 4 Kindern Erstgeb.	Familien mit 4 Kindern Zweitgeb.	Familien mit 4 Kindern Letztgeb.	Familien mit 5 Kindern Erstgeb.	Familien mit 5 Kindern Zweitgeb.	Familien mit 5 Kindern Letztgeb.
Männlich						
Niedriger SES	46,2	44,0	45,0	47,0	41,4	37,7
Untere Mittelschicht	48,0	48,7	48,5	49,4	47,2	44,6
Obere Mittelschicht	52,2	50,7	46,1	49,4	51,8	51,7
Hoher SES	55,4	52,4	49,7	51,6	53,7	54,2
Weiblich						
Niedriger SES	43,5	42,7	44,2	40,8	42,2	42,6
Untere Mittelschicht	46,6	46,1	45,3	45,3	45,3	44,6
Obere Mittelschicht	50,5	49,0	49,9	48,6	49,2	42,4
Hoher SES	53,2	51,3	50,6	55,0	52,7	45,4

Ergebnisse und Diskussion

Tabelle 2 zeigt die mittleren Intelligenz-Testwerte geordnet nach Geschlecht, sozioökonomischem Status und Geschwisterfolge in Familien mit 2, 3, 4 und 5 Kindern. Zur Feststellung, ob entsprechend der Geschwisterfolge eine Progression der Intelligenz-Testwerte stattfindet, kann man in den Familien mit 3 bis 5 Kindern die Dazwischengeborenen mit ihren Geschwistern vergleichen. Zur Erleichterung der Diskussion wird jeder der 24 nach Familiengröße und sozioökonomischem Status gruppierten Fälle als Einzelfall behandelt.

Unter den 24 Fällen haben bei 13 die Zwischengeborenen Intelligenz-Testwerte zwischen ihren älteren und jüngeren Geschwistern, und bei 11 von diesen 13 Fällen nimmt dabei die Intelligenz stetig ab. Bei den übrigen 11 Fällen, wo keine stetige Progression der Intelligenz-Testwerte mit der Geschwisterfolge festzustellen ist, haben 5 der Zwischengeborenen höhere Testwerte als ihre älteren und auch ihre jüngeren Geschwister, und 6 haben niedrigere Punktzahlen als ihre beiderseitigen Geschwister. Man erkennt also eine mit der Geschwisterfolge abnehmende Progression der Intelligenz in jeder sozioökonomischen Gruppe bei Familien mit drei, vier und fünf Kindern. Diese Regel zeigt sich jedoch nur in knapp der Hälfte (11 von 24) der Fälle. Bei den meisten Familien mit 2 Kindern weist das zuletzt geborene einen niedrigeren Intelligenzgrad auf als das erstgeborene. In den sozioökonomischen Kategorien und in der Gruppierung nach der Familiengröße erscheinen keine konsistenten Unterschiede in den Intelligenztestwerten, die auf die Geschwisterfolge zurückzuführen sein könnten.

Tabelle 3: Unterschiede in den mittleren Intelligenz-Punktzahlen zwischen Erst- und Letztgeborenen, aufgegliedert nach Geschlecht und sozioökonomischem Status in Familien mit 2 bis 5 Kindern

Geschlecht und SES	Familien mit 2 Kind.	Familien mit 3 Kind.	Familien mit 4 Kind.	Familien mit 5 Kind.
Männlich				
Niedriger SES	–0,3	–2,0**	1,2	9,3**
Untere Mittelschicht	3,4**	1,8*	–0,5	4,8**
Obere Mittelschicht	1,0*	–0,4	6,1**	–2,3
Hoher SES	1,5**	–1,0	5,7**	–2,6*
Weiblich				
Niedriger SES	0,1	0,5	–0,7	–1,8
Untere Mittelschicht	1,2**	1,8**	1,3	0,7
Obere Mittelschicht	1,5**	2,7**	0,6	6,2**
Hoher SES	0,5	0,1	2,6*	9,6**

Anmerkung: Negative Zahlen bedeuten eine höhere mittlere Intelligenz-Punktzahl bei dem letztgeborenen Kind gegenüber dem erstgeborenen.

* 5 %-Signifikanzniveau, Z-Tests für Mittelwert-Unterschiede
** 1 %-Signifikanzniveau, Z-Tests für Mittelwert-Unterschiede

Um etwaige signifikante Unterschiede in den mittleren Intelligenztestwerten zu erkennen, wenn man lediglich die beiden extremen Positionen in der Geschwisterfolge ins Auge faßt, sind in Tabelle 3 die Unterschiede in den mittleren Testwerten der Erst- und Letztgeborenen je nach Familiengröße und sozioökonomischem Status angegeben. Bei 23 der 32 Vergleiche, die in der Tabelle angegeben sind, zeigt sich ein höherer Intelligenztestwert bei den Erstgeborenen. Die Unterschiede sind in 12 dieser 23 Fälle auf dem 1%-Niveau statistisch signifikant, und bei weiteren 3 Fällen sind die Unterschiede auf dem 5%-Niveau signifikant. Hierzu ist jedoch zu bemerken, daß 9 Bedingungskombinationen vorhanden sind, unter denen der Letztgeborene eine höhere Intelligenz aufweist als der Erstgeborene. In einem von diesen 9 Fällen ist der Unterschied auf dem 1%-Niveau statistisch signifikant, und in einem weiteren Fall ist der Unterschied auf der 5%-Ebene signifikant.

Die hier mitgeteilten Beobachtungen bei Familien mit 2, 3, 4 und 5 Kindern weisen auf eine leichte Überlegenheit der Erstgeborenen bezüglich der Intelligenz im Vergleich mit den Letztgeborenen hin, wobei bei den Zwischengeborenen eine Tendenz zu Intelligenzwerten zwischen ihren älteren und jüngeren Geschwistern zu erkennen ist. Obwohl diese Differenzen zwischen den Erst- und Letztgeborenen in der Mehrzahl der Fälle statistisch signifikant sind, beträgt der mittlere Unterschied bei den standardisierten Intelligenztestwerten zwischen Erst- und Letztgeborenen 1,64, was 3,28 IQ-Punkten entspricht. Es ist unwahrscheinlich, daß ein so kleiner Unterschied auf die Leistung des Erstgeborenen im Vergleich zu der des Letztgeborenen einen bemerkenswerten Einfluß hat.

Die Unterschiede in der Intelligenz dürften demnach nicht groß genug sein, um die in zahlreichen Untersuchungen beobachteten großen Leistungsunterschiede zwischen den Positionen der Geschwisterreihe zu erklären, und auch ökonomische Hypothesen können die unterschiedlichen Leistungen bei den Geschwisterpositionen nicht verständlich machen (vgl. Bayer 1966). Weitere Forschungsarbeiten zur Bedeutung der Geschwisterfolge könnten ergiebig sein, wenn man dabei das Hauptaugenmerk auf die sozialpsychologischen Variablen richtet, die mit der Geschwisterfolge zusammenhängen sollen (Sampson 1962; Smith & Goodchilds 1963). Bis heute haben nur wenige Untersuchungen über sozialpsychologische Korrelate der Geschwisterfolge eine Erklärung für die verschiedenen Leistungsniveaus der Geschwisterpositionen angestrebt, und diejenigen, die sich hiermit beschäftigt haben, haben dazu gewöhnlich nur kleine, nichtrepräsentative Stichproben benutzt, die nur wenige Verallgemeinerungen erlauben und nur einen geringen Voraussagewert haben. Wir vertreten daher die Meinung, daß die Analyse einer umfangreichen Stichprobe nach Art des hier benutzten ›Project TALENT-Samples‹ mit einer repräsentativen Verteilung von Persönlichkeits- und Umweltcharakteristiken notwendig ist, um festzustellen, welche etwaigen sozialpsychologischen Variablen klar und konsistent mit der unterschiedlichen Geschwisterfolge zusammenhängen und wie diese Variablen die Schulleistungen und den Berufserfolg beeinflussen.

Literatur

ALTUS, W. D. (1959): Birth order, intelligence, and adjustment. *Psychol. Rep.* 5, 502.

ALTUS, W. D. (1965 a): Birth order and academic primogeniture. *J. Person. and Soc. Psychol.* 2, 872–876.

ALTUS, W. D. (1965 b): Birth order and scholastic aptitude. *J. Consult. Psychol.* 29, 202–205.

BAYER, A. E. (1966): Birth order and college attendance. *J. Marriage and Family* 28, 480–484.

BAYER, A. E. (1967): Birth order and attainment of the doctorate: A test of economic hypotheses. *Amer. J. Sociol.* 72, 540–550.

BERELSON, B., & STEINER, G. (1964): *Human behavior: An inventory of scientific findings.* New York: Harcourt, Brace & World.

COBB, S., & FRENCH, J. R. P. jr. (1966): Birth order among medical students. *J. Amer. Med. Assoc.* 195, 172–173.

COHEN, F. (1951): Psychological characteristics of the second child as compared with the first. *Indian J. Psychol.*, 79–84.

FLANAGAN, J. C., & COOLEY, W. W. (1966): Project Talent, One-Year Follow-Up Studies. Pittsburgh: Univ.

FLANAGAN, J. C., DAVIS, F. B., DAILEY, J. T., SHAYCOFT, M. F., ORR, D. B., GOLDBERG, I., & NEYMAN, C. A. jr. (1964): The American High-School Student. Pittsburgh: Univ.

KOCH, H. L. (1954): The relation of »primary mental abilities« in five-and-six-years-olds to sex of child and characteristics of his sibling. *Child Devel.* 25, 209–223.

MURPHY, G., MURPHY, L. B., & NEWCOMB, T. M. (1937): *Experimental social psychology: An interpretation of research upon the socialization of the individual* (rev. ed.). New York: Harper.

ROE, A. (1953): A psychological study of eminent psychologists and anthropologists, and a comparison with biological and physical scientists. *Psychol. Monogr.* 67, 3–4.

SAMPSON, E. E. (1962): Birth order, need achievement, and conformity. *J. Abn. Soc. Psychol.* 64, 155–159.

SCHACHTER, S. (1963): Birth order, eminence, and higher education. *Amer. Sociol. Rev.* 28, 757–768.

SMITH, E. E., & GOODCHILDS, J. D. (1963): Some personality and behavioral factors related to birth order. *J. Appl. Psychol.* 47, 300–303.

TERMAN, L. M. (Ed.) (1926): *Genetic studies of genius* Bd. 2: *Mental and physical traits of a thousand gifted children.* Palo Alto (Calif.): Stanford Univ. Press.

THURSTONE, L. L., & JENKINS, R. L. (1931): *Order of birth, parent-age, and intelligence.* Chicago: Univ. of Chicago Press.

Zweisprachigkeit und Intelligenz: Eine Übersicht über zehn Jahre Forschungsarbeit*

von N. T. Darcy
(Brooklyn College)

Zweck der Abhandlung

Seit fast einem halben Jahrhundert ist man sich darüber klar, daß die Zweisprachigkeit in der psychologischen Forschung ein komplexes Problem darstellt. Arsenian (1937) und Darcy (1953) geben einen Literaturüberblick über die Auswirkungen der Zweisprachigkeit auf Intelligenztestleistungen: Sie sind dabei auf widersprüchliche Ergebnisse gestoßen, die jedoch häufig auf unterschiedliche Forschungsmethoden und auf die Schwierigkeit zurückzuführen sind, das angebliche sprachliche Handikap von einer durch die Schulbildung bedingten Retardation, von kulturellen und sozioökonomischen Umständen, von emotionalen Begleiterscheinungen oder irgendwelchen Kombinationen dieser Faktoren zu trennen.

Die vorliegende Abhandlung beschränkt sich im wesentlichen auf eine kritische Übersicht über die zwischen 1951 und 1961 durchgeführten Arbeiten, die sich mit der Auswirkung der Zweisprachigkeit auf die Intelligenztestleistungen befassen. Bevor wir jedoch näher auf eine repräsentative Anzahl dieser Untersuchungen eingehen, scheint es uns angebracht, einen kurzen Überblick über einige der Probleme zu geben, mit denen man sich bei Forschungsarbeiten auf diesem Gebiet konfrontiert sieht.

Probleme bei der Forschungsarbeit mit zweisprachigen Versuchspersonen

Unterschiedliche Definitionen

Unterschiedliche Definitionen des Begriffs Zweisprachigkeit in der Literatur erschweren den Versuch, die Ergebnisse von Untersuchungen über zweisprachige Populationen auf einen Nenner zu bringen. Um nur ein paar Beispiele zu nennen: Bloomfield (1933, S. 56) definiert Zweisprachigkeit als »Beherrschung zweier Sprachen wie die eigene Muttersprache«, während Leopold (1939, S. 6) meint, man könne auch dann von Zweisprachigkeit reden, wenn

* Bilingualism and the measurement of intelligence: Review of a decade of research. Diese Abhandlung basiert teilweise auf einem Bericht, der auf der Jahrestagung 1960 der British Psychological Society in Belfast und Durham vorgelegt wurde. Mit freundlicher Genehmigung von The Journal Press, Provincetown (Mass.), entnommen aus: *The Journal of Genetic Psychology* 103, 1963, S. 259–282.

die eine Sprache besser gesprochen werde als die andere, sofern nur beide Sprachen regelmäßig als Kommunikationsmedium benutzt würden. O'Doherty (1958) führt die Schwierigkeit, das Problem der Zweisprachigkeit zu durchschauen, zum Teil darauf zurück, daß der hauptsächliche und der nur gelegentliche Gebrauch der betreffenden Sprache durcheinandergebracht wird. Er unterscheidet zwischen dem Zweisprachigen, der beide Sprachen als Mittel zur sozialen Kommunikation benutzt, und dem Pseudo-Zweisprachigen, der zwar gewisse Kenntnisse in einer zweiten Sprache besitzen mag, aber möglicherweise nicht einmal eine der beiden Sprachen in der Praxis richtig beherrscht. Tan (1947) schließlich vertritt die Ansicht, daß Zweisprachigkeit und Einsprachigkeit als die beiden Extrempunkte eines Kontinuums angesehen werden können, wobei jeder Aspekt der Sprache sein eigenes Kontinuum besitze, und fügt hinzu, daß die meisten die eigene Muttersprache nicht in jeder Hinsicht beherrschen und daß Zweisprachige nur höchst selten dieses Ziel in beiden Sprachen erreichen.

Die Bestimmung von verschiedenen Graden der Zweisprachigkeit

Als man anfing, sich mit dem Problem zu beschäftigen, wie man die Auswirkung der Zweisprachigkeit auf Intelligenztestleistungen feststellen könnte, waren sich die meisten Forscher nicht einmal der Schwierigkeit bewußt, die verschiedenen Grade der Zweisprachigkeit zu bestimmen, und nur sehr wenige Forscher haben damals den Versuch gemacht, die unterschiedlichen Grade der Zweisprachigkeit bei ihren Versuchspersonen objektiv zu erfassen.

Die verschiedenen Typen der angewandten Intelligenztests

Die Verfahren, mit denen man bisher die Intelligenz zweisprachiger Versuchspersonen zu erfassen suchte, waren sehr verschieden, und die dabei erzielten Resultate weisen entsprechende Unterschiede auf. Viele Forscher haben sich dabei lediglich verbaler Gruppen-Intelligenztests bedient, ein Verfahren, welches von zweifelhaftem Wert erscheint, wenn es darum geht, eine zweisprachige Population zu testen. In den letzten Jahren hat man diese Methode seltener angewandt, doch hat man sie oft durch eine nicht weniger zweifelhafte ersetzt, indem man nichtverbale Intelligenztests benutzte. Solange nicht erwiesen ist, daß die Beziehungen zwischen den Leistungen bei verbalen und den Leistungen bei nichtverbalen Tests enger sind, als Untersuchungen über diese Korrelation bisher angezeigt haben, scheint es wenig gerechtfertigt, anstelle der verbalen Intelligenztests nichtverbale Tests anzuwenden. Seidl (1937) hat zahlreiche Untersuchungen über die Beziehung zwischen der Leistung bei verbalen und bei nichtverbalen Tests zusammengefaßt und Korrelationskoeffizienten zwischen 0,83 und 0,60 gefunden. Aufgrund dieser Daten wird die Ansicht vertreten, daß die erfolgversprechendste Methode zur richtigen Einschätzung der Intelligenz des zweisprachigen

Kindes eine individuelle Anwendung verbaler und nichtverbaler Intelligenztests ist.

Die Isolierung von anderen Umweltfaktoren

Die richtige Interpretation der Ergebnisse von Untersuchungen über Zweisprachigkeit wird auch oft noch dadurch erschwert, daß die betreffenden Forscher den Einfluß der Zweisprachigkeit nicht von anderen Umweltfaktoren isolieren. In der Berichtszeit haben verschiedene Forscher sowohl in den Vereinigten Staaten (Anastasi & Cordova 1953; Anastasi & de Jesus 1953; Axlerod 1953; Singer 1956; Soffietti 1955) als auch in Wales (James 1960; Jones 1960), in Irland (O'Doherty 1958) und in Indien (Weinreich 1957) erkannt, daß die Zweisprachigkeit Teil eines umfassenden Problems ist, bei dem die politischen, nationalen, sozialen und ökonomischen Bedingungen, unter denen der Betreffende sich eine zweite Sprache aneignet, mitberücksichtigt werden müssen.

Tests mit Zeitlimit

Ein weiterer Außeneinfluß, der – wie sich herausgestellt hat – eine ungünstige Wirkung auf die Punktzahlen von zweisprachigen Versuchspersonen hat, ist die Verwendung von Intelligenztests mit einem Zeitlimit (Knapp 1960; Lewis 1959; Morgan 1957; Morrison 1958). Aus den Untersuchungen geht hervor, daß Tests zur Messung der Intelligenz zweisprachiger Populationen ohne Zeitbegrenzung solchen mit zeitlicher Begrenzung vorzuziehen sind.

Das optimale Alter zum Erlernen einer zweiten Sprache

Das für den Unterricht in einer zweiten Sprache als optimal angesehene Alter variiert von Land zu Land und hängt außerdem von der kulturellen Umwelt des Kindes in dem betreffenden Lande ab, was das Problem für den Forscher noch beträchtlich kompliziert. Die Forschungsergebnisse (Singer 1956; Smith 1957) sprechen stark dafür, daß man ein Kind keine zweite Sprache lernen lassen sollte, bevor es nicht seine eigentliche Muttersprache voll beherrscht. Penfield (1953) ist jedoch der Ansicht, daß ein Kind mehrere Sprachen ohne große Schwierigkeit lernen kann, bevor es zehn bis vierzehn Jahre alt ist, da die dominierenden Gehirnhemisphären alle Sprachen ohne erkennbare geographische Unterschiede aufnehmen, während nach dem vierzehnten Lebensjahr das Gehirn für diese Funktionen unelastischer und langsamer zu werden scheint. Bevor wir in der Lage sind, endgültig zu sagen, welches das optimale Alter für den Beginn des Erlernens einer zweiten Sprache ist, sind weitere Forschungen notwendig; doch deuten die meisten bereits verfügbaren Forschungsergebnisse darauf hin, daß das zweisprachige Kind sprachlich gehandikapt ist, was erst dann geringer wird, wenn eine der beiden Sprachen dominierend wird.

Die Beziehung der Sprache zum begrifflichen Denken

In enger Beziehung zum optimalen Alter für die Erlernung einer zweiten Sprache steht das Problem der Beziehung der Sprache zum begrifflichen Denken. Da alles dafür spricht (Jones 1953; Lewis 1959; Piaget 1950; Tan 1947), daß die Sprache zur Bildung von Begriffen unentbehrlich ist, liegt die Vermutung nahe, daß die Punktzahl, die ein Kind bei einem verbalen Intelligenztest erreicht, niedriger ist, wenn es die Sprache des Tests nur unvollkommen versteht. Diesem Problem der Beziehung zwischen Sprache und Denken hat man bisher noch kaum Beachtung geschenkt.
Angesichts der etwas verwirrenden Vielzahl der Probleme wollen wir nunmehr eine repräsentative Anzahl von Untersuchungen aus den Berichtsjahren überprüfen, in denen versucht wurde, einige der erwähnten Probleme bei der Bestimmung des Einflusses der Zweisprachigkeit auf die Intelligenztestleistung zu erfassen. Die meisten einschlägigen Veröffentlichungen aus der Berichtszeit befassen sich mit spanisch-englischen Zweisprachigen in den Vereinigten Staaten und mit walisisch-englischen Zweisprachigen in Wales. Wir wollen uns im folgenden mit repräsentativen Untersuchungen dieser Gruppen in beiden Ländern beschäftigen und außerdem noch einige weitere einschlägige Arbeiten über andere zweisprachige Populationen diskutieren.

Untersuchungen spanisch-englischer Zweisprachiger

Die Forschung über die Zweisprachigkeit und ihre Auswirkung auf die Intelligenztestleistung in den Vereinigten Staaten hat sich in der Berichtszeit hauptsächlich mit spanisch-englischen Zweisprachigen meist mexikanischer Abstammung beschäftigt, die im Südwesten der Vereinigten Staaten wohnten, sowie mit spanisch-englischen Puertorikanern in der Stadt New York.
Die Bevölkerungsgruppe der Puertorikaner in New York City stellt ein kompliziertes Problem im Schulunterricht dar. Die Landessprache von Puertoriko ist Spanisch; Englisch wird als getrennte Sprache gelehrt oder ist ab der vierten Klasse die Sprache, in der der Unterricht abgehalten wird, wobei sich allerdings gelegentlich auch die Klasse ändert, in der dies geschieht. Diese Situation hat dazu geführt, daß viele puertorikanische Kinder praktisch in beiden Sprachen Analphabeten bleiben und Verwirrung im Schulunterricht entsteht (Mills, Senior & Goldsen 1950).
Aus dem vom Board of Education von New York City 1961 veröffentlichten Datenmaterial (Leviton 1961) geht hervor, daß im Oktober 1960 153 694 Kinder aus puertorikanischen Familien New Yorker Public Schools besuchten. Diese Kinder waren entweder in Puertoriko geboren, oder sie waren auf dem Festland der Vereinigten Staaten geboren, doch kam ein Elternteil oder auch beide aus Puertoriko. Diese Kinder machten zu diesem Zeitpunkt 15,6 % aller Schüler der New Yorker Public Schools aus; da aber in dieser Zahl die große Anzahl von Kindern aus puertorikanischen Familien nicht enthalten war, die in New Yorker Konfessionsschulen gingen, ist anzunehmen, daß die angegebene Zahl hinter der tatsächlichen Situation zurückbleibt.

Obwohl in den Schulen von New York City Englisch die Unterrichtssprache ist, wird in den puertorikanischen Gemeinden der Stadt Spanisch als Hauptsprache beibehalten. Die Folge ist, daß viele puertorikanische Kinder beide Sprachen nur mangelhaft beherrschen. Das könnte teilweise der Grund für ihre schlechteren Testergebnisse bei den verbalen Intelligenztests sein, wenn diese in englischer oder spanischer Sprache durchgeführt werden (Anastasi & de Jesus 1953, S. 357).

Altus (1953) hat im Südwesten der Vereinigten Staaten eine Untersuchung von spanisch-englisch zweisprachigen Kindern durchgeführt, und zwar von zwei Gruppen zurückgebliebener Kinder, die eine zweisprachig von mexikanischer Abstammung, die andere einsprachig (von nicht-mexikanischer Abstammung) aus Santa Barbara (Kalifornien). Die Versuchsgruppen waren nach dem Alter und dem Geschlecht sowie nach dem Handlungs-IQ im ›Wechsler-Intelligenztest für Kinder‹ (WISC) parallelisiert. Altus benutzte die Wechsler-Skala, weil deren Standardisierungsdaten eine Gewähr dafür zu bieten schienen, daß »der mittlere Handlungs-IQ des ›Wechsler-Tests‹ wenigstens beim Vergleich von Gruppen eine recht gute Voraussage des mittleren verbalen IQ erlaubt, ausgenommen bei Stichproben, bei denen sich hinderliche Einflüsse, wie Zweisprachigkeit, auswirken« (S. 242).

Sämtliche zweisprachigen Versuchspersonen hatten zwischen 1949 und 1951 irgendwann in Santa Barbara eine Schule besucht, und die meisten waren dem Guidance Department der Schulbehörde als geistig zurückgeblieben gemeldet worden. Die Kinder wurden als zweisprachig klassifiziert, wenn aus ihren Personalbogen hervorging, daß bei ihnen zu Hause ausschließlich spanisch oder sowohl spanisch wie englisch gesprochen wurde. Auch die einsprachige Gruppe setzte sich aus Kindern zusammen, die dem Guidance Department gemeldet waren, doch war bei ihnen der Hauptgrund mangelnde Anpassungsfähigkeit.

Der Unterschied im IQ auf der verbalen Skala des ›Wechsler-Tests‹ betrug im Durchschnitt 17 Punkte zugunsten der Einsprachigen. Die Zweisprachigen erreichten einen mittleren verbalen IQ von 72,02 bei einer Standardabweichung von 14,25, während die Einsprachigen einen mittleren verbalen IQ von 88,98 mit einer Standardabweichung von 14,20 erzielten. Bei allen verbalen Subtests ergaben sich zwischen den beiden Gruppen statistisch signifikante Unterschiede auf dem 1%-Niveau oder einem noch höheren Niveau. Die auffälligsten Diskrepanzen zeigten sich im Wortschatz sowie bei den Tests ›Allgemeines Wissen‹ und ›Gemeinsamkeiten finden‹. Jedoch erreichten die zweisprachigen Kinder auf der Handlungsskala einen IQ von 84,01, bei einer Standardabweichung von 15,75, und die Einsprachigen einen IQ von 86,43, bei einer Standardabweichung von 14,40. Altus schloß hieraus, daß die Punktzahlen der zweisprachigen Kinder auf der verbalen Skala vermutlich nicht das widerspiegeln, was sie hätten leisten können, wenn sie nur mit einer Sprache aufgewachsen wären. Bei der englisch sprechenden Gruppe dagegen entsprachen sich weitgehend die Intelligenzquotienten auf der verbalen und auf der Handlungsskala.

Die Ergebnisse bei den Subtests entsprachen bei den zweisprachigen Kindern nicht den üblichen Subtestergebnissen des ›Wechsler-Tests‹ bei geistig zurückgebliebenen Erwachsenen. Die Autorin stellt fest, daß »diese Resultate bei der Differentialdiagnose von Grenzfällen psychometrischer geistiger Retardation einer zweisprachigen Population mexikanischer Abstammung von Wert sein könnten und daß sie außerdem ein gewisser Hinweis darauf sein könnten, daß die Zweisprachigkeit bei dieser speziellen Minderheitengruppe ein Handikap darstellt« (S. 247). Sie empfiehlt weitere Längsschnittuntersuchungen der Unterschiede in den bei verbalen und nichtverbalen Intelligenztests erreichten Punktzahlen und den Auswirkungen einer weiteren Schulbildung auf die von zweisprachigen Populationen erreichten Punktzahlen.

Anastasi und Cordova (1953) haben den ›Culture-Free Test‹, Form 2A und 2B, von Cattell auf 176 zweisprachige Knaben und Mädchen der sechsten, siebten und achten Klasse im Alter zwischen elf und fünfzehn Jahren angewendet; die Probanden besuchten eine Konfessionsschule in Spanisch-Harlem, New York City. Die Hälfte der Gruppe erhielt in der ersten Testsitzung die Testunterweisungen der Form A auf englisch und in der zweiten Testsitzung die Testanweisungen der Form B auf spanisch. Bei der anderen Hälfte der Gruppe war die Reihenfolge der beiden Sprachen umgekehrt. Die Verläßlichkeitskoeffizienten der Formen A und B bei der englischen und der spanischen Testversion reichten von 0,84 bis 0,92, und die Autoren stellten fest, daß die Geschwindigkeit der Durchführung der Tests in ihrer Auswirkung auf die erreichten Punktzahlen kaum ins Gewicht fiel. Der Grad der Zweisprachigkeit der Versuchspersonen wurde nach dem ›Hoffman Bilingual Schedule‹ bestimmt. Bei fast allen Probanden kamen die Eltern aus Puertoriko, und fast die Hälfte der Probanden selbst war in Puertoriko, der Rest in New York City geboren. Die meisten Eltern gehörten nach der Goodenough- und Anderson-Skala der Gruppe der angelernten oder ungelernten Berufstätigen an.

Mit 108 Probanden, darunter 27 Knaben und 27 Mädchen je Sprachgruppe, wurde eine Varianzanalyse durchgeführt. Für die beiden Variablen Versuchsperson und Sitzung sowie für die Interaktion von Reihenfolge und Geschlecht wurden signifikante F-Werte festgestellt. Ein hochsignifikantes Ergebnis bestand darin, daß die Testpunktzahlen sich von der ersten zur zweiten Testsitzung merklich verbesserten, und zwar ohne Rücksicht auf die Reihenfolge, in der die Sprachen angewandt wurden. Die von beiden Geschlechtern erreichten Punktzahlen unterschieden sich nicht generell, obgleich die Mädchen bessere Ergebnisse zeigten, wenn die Reihenfolge Spanisch–Englisch, und die Knaben, wenn die Reihenfolge Englisch–Spanisch war. Die Autoren führten dieses Ergebnis darauf zurück, daß die stärker amerikanisierten Knaben günstiger auf den zunächst englisch sprechenden Prüfer reagierten, während der zunächst spanisch sprechende Prüfer einen besseren Kontakt mit den weniger amerikanisierten Mädchen hatte.

Der durchschnittliche Standardwert-IQ der Gesamtgruppe war 70 mit einer Standardabweichung von 24 Punkten. Dieser IQ lag um 1,25 Standardabweichungen unter den von Cattell im Testhandbuch angegebenen Testnormen. Die Autoren führten diese niedrige Punktzahl auf folgendes zurück: auf den niedrigen sozioökonomischen Status der Eltern, auf die Zweisprachigkeit der Probanden, die zur Folge hatte, daß die Kinder sowohl das Englische als auch das Spanische nur mangelhaft beherrschten, auf ihren gänzlichen Mangel an

Testerfahrung und auf ihre mangelhafte Anpassung an die Schulsituation. Die Schlußfolgerung lautete, daß nicht nur die Testleistung, sondern die allgemeine intellektuelle Entwicklung, die mit dem Intelligenztest gemessen werden soll, durch die Einstellung und die intellektuellen Gewohnheiten dieser Kinder aufgrund ihrer Sprachverwirrung in früher Jugend ernsthaft beeinträchtigt wird. Die Zweisprachigkeit der Gruppe hatte zur Folge, daß die Beherrschung beider Sprachen stark beeinträchtigt war, und die Autoren nahmen an, daß die besseren Punktzahlen bei der Wiederholung des Tests teilweise darauf zurückzuführen sind, daß die Kinder, nachdem sie die Anweisungen zweimal bekommen hatten, durch ihre Zweisprachigkeit in der Lage waren, das, was sie in der einen Sprache nicht verstanden hatten, mit ihren Kenntnissen in der zweiten Sprache zu ergänzen. Diese Untersuchung ist deshalb von besonderem Interesse und von besonderer Wichtigkeit, weil sie auf Probleme hinweist, die sich bei zukünftigen Untersuchungen der vielfältigen Ursachen der niedrigen Intelligenztestleistungen zweisprachiger Gruppen ergeben dürften.

Anastasi und de Jesus (1953) nahmen Messungen der sprachlichen Entwicklung und des IQ aufgrund des ›Draw-A-Man-Test‹ von Goodenough bei je 25 puertorikanischen Knaben und Mädchen vor, die Kindertagesstätten in New York City besuchten und alle nicht mehr als sechs Monate von ihrem fünften Geburtstag entfernt waren. Ihre Punktzahlen wurden mit denen von 50 weißen und 50 schwarzen Kindern verglichen, die bereits früher nach dem gleichen Verfahren von Anastasi und D'Angelo getestet worden waren (1952). Die Testuntersuchung der puertorikanischen Kinder wurde von einem puertorikanischen Prüfer durchgeführt, und alle Kinder wurden auf spanisch angeredet, konnten jedoch nach Belieben auf spanisch oder auf englisch antworten.

Bei diesem im Zuge unserer Übersicht äußerst wichtigen Intelligenztest ergaben sich folgende Resultate: Der mittlere IQ beim ›Draw-A-Man-Test‹ von Goodenough war bei den Puertorikanern 88,88 in der Gruppe der Knaben, 102,52 bei den Mädchen und 95,70 für die gesamte Gruppe; dagegen betrug er bei den weißen Probanden in der Gruppe der Jungen 99,00, bei den Mädchen 105,64 und für die gesamte weiße Gruppe 102,32. Bei den Negerkindern betrug er in der Gruppe der Jungen 96,88, in der Gruppe der Mädchen 103,28 und für die gesamte schwarze Gruppe 100,08. Bei den puertorikanischen Mädchen waren die IQs signifikant variabler als bei den weißen wie auch bei den schwarzen Mädchen. Bei den puertorikanischen Jungen waren sie signifikant variabler als bei den schwarzen Jungen. Der Unterschied in der Variabilität zwischen den IQs der puertorikanischen und der weißen Knaben lag in der gleichen Richtung, erreichte jedoch nicht das 5%ige Signifikanzniveau.

Die Autoren äußerten die Vermutung, daß die niedrigeren Punktzahlen der puertorikanischen Kinder beim Intelligenztest darauf zurückzuführen sein könnten, daß sie mit der Situation einer Schule, in der englisch unterrichtet wird, zu einem Zeitpunkt konfrontiert wurden, als sie noch kaum oder überhaupt nicht englisch sprechen konnten, und daß sie daher für solche schulischen Aufgaben noch nicht die entsprechende Reife besaßen. Wichtig ist auch, daß das bildungsmäßige und berufliche Niveau der Eltern dieser Kinder deutlich niedriger lag als das der schwarzen und weißen Eltern.

Carrow (1957) hat bei 50 zweisprachigen und 50 einsprachigen Kindern der dritten Klasse von vier Elementarschulen in San Antonio (Texas) den nichtverbalen ›Otis Quick Scoring Mental Ability Test‹, Form A, angewendet. Die zweisprachigen Kinder waren mit Spanisch und Englisch aufgewachsen und wollten lieber auf englisch getestet werden. Daß sie als zweisprachig einzustufen waren, ergab sich aus einem Gespräch mit ihren Eltern. Die einsprachigen Kinder sprachen nur Englisch. Beide Sprachgruppen wiesen die gleiche Zusammensetzung nach den sozioökonomischen Hauptkategorien der Bachmann-Skala auf und bestanden aus der gleichen Zahl von Jungen und Mädchen. Beim nichtverbalen ›Otis-Test‹ entsprach der Differenz zwischen den von beiden Sprachgruppen erreichten mittleren IQs ein t-Wert von 0,83. Dieser Unterschied war auf der 5%-Vertrauensebene nicht signifikant.

Darcy (1952) hat 235 zweisprachige puertorikanische Kinder der fünften und sechsten Klasse in zwei Public Schools von New York City getestet, und zwar wurden diese Kinder aus den neun Klassen dieser Klassenstufe ausgesucht aufgrund eines Fragebogens, der zur Feststellung des Grades ihrer Zweisprachigkeit diente. Die für den Test ausgewählten Kinder sprachen zu Hause immer oder fast immer Spanisch, während sie in der Schule immer oder fast immer Englisch hörten und sprachen. Das Lebensalter reichte von zehn Jahren und vier Monaten bis zu vierzehn Jahren und zehn Monaten, das durchschnittliche Lebensalter betrug zwölf Jahre und drei Monate. Als verbaler Intelligenztest wurde der Pintner General Ability Test, Intermediate Form B, und als nichtverbaler Intelligenztest der Pintner Non-Language Test, Form K, angewandt. Man ging dabei von der Annahme aus, daß die im nichtverbalen Test jeweils erreichten Punktzahlen beträchtlich höher sein müßten als beim verbalen Test, falls die Zweisprachigkeit tatsächlich ein sprachliches Handikap darstellt. Sollten sich jedoch keine signifikanten Unterschiede zwischen den beim verbalen und beim nichtverbalen Test von den Zweisprachigen erreichten Punktzahlen herausstellen, so war die Zweisprachigkeit nicht als nachteilig für die Leistung bei verbalen Intelligenztests anzusehen.

Zwischen der Durchführung der beiden Tests lagen jeweils nur 48 Stunden, und die Reihenfolge wurde systematisch so variiert, daß sie sich nicht auf das Testergebnis auswirken konnte.

Der mittlere IQ aller 235 Probanden betrug beim nichtverbalen Test 87,84 mit einer Standardabweichung von 16,52, beim verbalen Test 79,56 mit einer Standardabweichung von 14,31. Der Unterschied von 8,28 Punkten zugunsten des nichtverbalen Tests war auf der 1%-Vertrauensebene signifikant. Der ermittelte Unterschied im mittleren Intelligenzalter betrug 8,62 zugunsten des nichtverbalen Tests, und dieser Unterschied war auf der 1%-Vertrauensebene signifikant. Diese signifikanten Unterschiede in den mittleren IQs und im mittleren Intelligenzalter erhärteten sich, als die Gesamtgruppe der Probanden in ihre neun Schulklassen aufgeteilt wurde. In sämtlichen neun Klassen ergaben sich erhebliche Unterschiede zwischen dem durchschnittlichen IQ und dem durchschnittlichen Intelligenzalter der Kinder, und zwar immer zugunsten der im nichtverbalen Test erreichten Werte.

Der Pearsonsche Korrelationskoeffizient zwischen den im verbalen und im sprachfreien Test nach Pintner erreichten IQ-Werten betrug 0,58 mit einem wahrscheinlichen Fehler von 0,03, und zwischen dem jeweils erreichten Intelligenzalter war der Koeffizient 0,42 mit einem wahrscheinlichen Fehler von 0,04. Diese Korrelationskoeffizienten sind zu niedrig, als daß man den einen Test durch den anderen ersetzen könnte, doch sind sie verläßlich, denn der Korrelationskoeffizient zwischen den erreichten IQs ist über 19mal, und der zwischen den Intelligenzaltersstufen immer noch über zehnmal so groß wie der jeweilige wahrscheinliche Fehler.
Die Autorin schließt daraus, daß mit beiden Tests relativ weitgehend die gleichen Funktionen gemessen wurden, jedoch nicht so weitgehend, daß es gerechtfertigt scheint, den einen Test durch den anderen zu ersetzen, und sie folgert daraus, daß die Anwendung sowohl von verbalen als auch nichtverbalen Tests ein valideres Bild von der Intelligenz einer zweisprachigen Population wie der hier untersuchten ergibt, als wenn ausschließlich einer dieser Tests angewendet wird.
Johnson (1953) hat dreißig spanische Knaben in einer kleineren Stadt im Südwesten der Vereinigten Staaten getestet, um die Beziehung zwischen ihren Punktzahlen bei verbalen und bei nichtverbalen Intelligenztests festzustellen und um herauszufinden, welche Rolle der Grad der Zweisprachigkeit spielt, den er mit einer Reaktionszeit-Methode gemessen hat.
Sämtliche Probanden besuchten eine Schule, in welcher der Unterricht auf englisch abgehalten wurde, und alle konnten Spanisch. Der Grad ihrer Zweisprachigkeit wurde nach dem ›Hoffman Bilingual Schedule‹ sowie einem Zweisprachigkeits-Reaktionszeit-Test gemessen. Letzterer wurde von Johnson selbst entwickelt, um festzustellen, wie leicht eine Versuchsperson die Sprachsymbole handhaben kann, und um den Grad dieser Leichtigkeit in den beiden Sprachen miteinander zu vergleichen. Das Verhältnis zwischen der Zahl der englischen Wörter, an die sich der Proband nach fünf Minuten erinnern kann, und der Zahl der im gleichen Zeitraum erinnerten spanischen Wörter wurde bei jedem Probanden in der Hälfte der Gruppe festgestellt. Das gleiche wurde bei der anderen Hälfte der Gruppe gemacht, nur in umgekehrter Reihenfolge der beiden Sprachen. Dabei ergab sich kein signifikanter Unterschied zwischen den Gruppen mit verschiedener Sprachreihenfolge, doch zeigten die Punktzahlen bei diesem Reaktionszeit-Test, daß die Probanden mit mehr englischen als spanischen Worten reagierten, und zwar ungefähr im Verhältnis 7 : 5.
Der Autor stellte fest, daß das ›Hoffman Bilingual Schedule‹ und der Reaktionszeit-Test offenbar die gleichen Faktoren messen, da ihre Beziehung zu den Intelligenztests in gleicher Richtung verläuft; doch waren die Reaktionszeit-Beziehungen auf der 2%-Ebene signifikant, und die Beziehungen des Hoffman Schedule zu den Intelligenztestwerten waren es nicht.
Der ›Otis Self Administering Test of Mental Ability‹, Intermediate Form, wurde als verbaler Intelligenztest und der ›Goodenough-Draw-A-Man-Test‹ wurde als sprachfreier Intelligenztest verwandt. Der Unterschied zwischen dem mittleren IQ von 98,77 beim Goodenough- und dem von 86,37 beim Otis-Test war signifikant auf der 1%-Ebene. Eine umgekehrte Beziehung

bestand zwischen der Leistung im Otis-Test und der Kenntnis der spanischen Sprache, und umgekehrt zeigte sich die Tendenz, daß Probanden mit besseren Spanisch-Kenntnissen beim Goodenough-Test höhere Punktzahlen erreichten. Die Otis-Punktzahlen kamen den Goodenough-Punktzahlen bei all jenen Probanden näher, die die wenigsten Reaktionen beim Reaktionszeit-Test für Zweisprachigkeit zeigten.
Der Untersucher schloß daraus, daß die Intelligenzdiagnose bei zweisprachigen Probanden so viele komplexe Probleme aufwirft, daß die mit verbalen und nichtverbalen Tests der hier beschriebenen Art erzielten Ergebnisse fragwürdig werden. Bemerkenswert ist jedoch, daß Schüler, welche die englische Sprache, die ja die Sprache der Bildung und des Schulunterrichts ist, besser beherrschten, signifikant höhere Punktzahlen beim verbalen Intelligenztest erreichten.
Keston und Jiminez (1954) wandten die Form M des ›Stanford-Binet-Intelligenztests‹ auf ein Sample von fünfzig spanisch-amerikanischen Kindern aus der vierten Klasse von fünf verschiedenen Schulen in Albuquerque (Neu-Mexiko) an. Einen Monat später wurde die gleiche Gruppe mit der Form L dieses Tests in einer spanischen Übersetzung getestet. Sämtliche Tests wurden von einem zweisprachigen Prüfer, der Spanisch als Muttersprache hatte, durchgeführt. Die Zweisprachigkeit der Kinder wurde vom Prüfer in einem persönlichen Gespräch qualitativ beurteilt. Die Probanden, 22 Knaben und 28 Mädchen, waren zwischen 9 Jahre, 3 Monate, und 11 Jahre, 9 Monate, alt; das Durchschnittsalter war 9,85 Jahre.
Bei der englischen Version der Form M ergab sich ein mittlerer IQ von 86,0 und eine Standardabweichung von 15,3; bei der spanischen Version der Form L war der mittlere IQ 71,8 und die Standardabweichung 9,9. Zwischen den IQ-Werten der beiden Formen wurde ein Korrelationskoeffizient von 0,36 festgestellt, während Terman und Merrill zwischen Form M und Form L des ›Stanford-Binet-Tests‹ eine Korrelation von 0,93 angeben. Der Unterschied zwischen den Mittelwerten war statistisch signifikant. Die Autoren führen diesen Unterschied auf die Tatsache zurück, daß das Niveau der von den getesteten Kindern gesprochenen englischen Sprache höher war als das des von ihnen gesprochenen Spanisch. Die Kinder wurden in englischer Sprache unterrichtet, und soweit sich in den Ergebnissen des ›Stanford-Binet-Tests‹ die Schulleistung der Kinder spiegelt, war zu erwarten, daß sie in der Sprache, die sie formal besser beherrschten, höhere Punktzahlen erreichten.
Für diese Interpretation sprach eine Reihe von Faktoren, die sich bei dem Test ergaben. Der Prüfende hatte den Eindruck, daß diese Kinder, wenn sie sich auf spanisch unterhielten, die Sprachgewohnheiten von Vorschulkindern zeigten. Sie beantworteten die spanisch gestellten Fragen meist auf englisch, woraus hervorgeht, daß es ihre unmittelbare Reaktion war, auf englisch zu antworten. Es ist zu vermuten, daß bei den Kindern die Weiterentwicklung des spanischen Sprachgefühls in dem Augenblick zum Stillstand kam, wo sie in die Schule kamen und dort auf englisch unterrichtet wurden.
Andererseits bereitete die englische Formulierung des Textes Schwierigkeiten. Worte wie »alike« (gleich), »different« (verschieden), »before« (vor) und »after« (nach) verwirrten die Kinder, was vermuten läßt, daß selbst die

englische Version des ›Stanford-Binet-Tests‹ diesen Kindern nicht gerecht wurde, die in einer zweisprachigen Situation in Verwirrung gerieten.
Es wurde festgestellt, daß nur sieben Kinder beim spanischen Test besser abschnitten als beim englischen. Vier von diesen gehörten zur Gruppe der fünf schlechtesten Kinder beim englischen Test, zwei zählten aufgrund ihrer Leistungen zu den unteren 25 %, und nur ein Kind kam dem Gruppendurchschnitt nahe. Die Autoren schlossen daraus auf die Möglichkeit, daß die Schüler, die beim spanischen Test besser abschnitten als beim englischen, unbegabt waren und mit ihren Leistungen in der Schule zurückgeblieben waren. Sie zogen die Schlußfolgerung, daß die spanische Übersetzung des ›Stanford-Binet-Tests‹ nicht dem Spanisch entsprach, welches in jenem Gebiet tatsächlich von diesen Kindern gesprochen wird, und daher ungeeignet war, und empfahlen eine besser an das dortige Spanisch angepaßte Übersetzung oder aber die Entwicklung eines anderen Intelligenztests.
Knapp (1960) hat die Hypothese getestet, daß »die Punktzahlen bei einem Intelligenztest mit mexikanischen Einwanderern im Vergleich zu den entsprechenden Testwerten amerikanischer Probanden unter Schnelligkeitsbedingungen niedriger sind als unter ›Niveau‹-Bedingungen (ohne Zeitbegrenzung)« (S. 19). Hundert männliche erwachsene Visum-Anwärter spanischer und indianischer Abstammung sowie hundert amerikanische Freiwillige, die aus den Stellensuchenden einer großen Flugzeugfirma ausgewählt wurden, wurden nach dem ›Cattell-Culture-Free Test‹, Form 2A und 2B, getestet. Das Durchschnittsalter der Mexikaner betrug 27,3 Jahre (Streuungsbereich: 14 bis 50 Jahre) und das der Amerikaner 31,4 Jahre (Streuungsbereich: 18 bis 60 Jahre). Die Berufe waren bei beiden Gruppen sehr verschieden: Bei den Amerikanern war die am stärksten vertretene Kategorie die von Facharbeitern, während bei den Mexikanern 31 % als Landarbeiter und 15 % als ungelernte Arbeiter verschiedener Art einzustufen waren.
Die Testanweisungen wurden ins Spanische übersetzt und auf Tonband gesprochen. Beide Gruppen erhielten ihre Anweisungen über Tonband, und der Versuchsleiter leistete zusätzliche Hilfestellung, indem er erforderlichenfalls einzelne Sätze aus den Anweisungen wiederholte. Die Probanden hatten den Test unter den beiden Testbedingungen »Schnelligkeit« und »Niveau« (d. h. ohne Zeitbegrenzung) auszuführen, und ihre Punktwerte wurden einer Varianzanalyse unterworfen. Die Schnelligkeitsbedingungen waren die, auf welchen die Testnormen basierten. Die Ergebnisse zeigten, daß beide Gruppen unter der Niveau-Bedingung höhere Punktzahlen erreichten als unter der Schnelligkeitsbedingung; dabei waren die Unterschiede bei den Mexikanern signifikant größer als bei den Amerikanern. Der mittlere IQ der Mexikaner betrug unter der Bedingungsabfolge Schnelligkeit – Niveau in der ersten Sitzung 53 und in der zweiten Sitzung 81, derjenige der Amerikaner dagegen in der ersten Sitzung 95 und in der zweiten Sitzung 114. Unter der Bedingungsabfolge Niveau – Schnelligkeit war der mittlere IQ der Mexikaner in der ersten Sitzung 78 und in der zweiten Sitzung 66, derjenige der Amerikaner dagegen in der ersten Sitzung 119 und in der zweiten Sitzung 110.
Obwohl die von den mexikanischen Probanden erreichten Punktzahlen weit unter denen der Amerikaner blieben, meint der Forscher, daß die erzielten

Daten die Hypothese nicht bestätigten, wonach die niedrigeren Punktzahlen mehr auf das unterschiedliche intellektuelle Niveau der beiden Gruppen als auf kulturelle Unterschiede zurückzuführen seien (S. 19). Er fügt hinzu, die Gruppen könnten nicht als repräsentative Stichproben aus ihren Kulturen angesehen werden, und die Ergebnisse seien daher nur begrenzt anwendbar. Die Untersuchung ist jedoch eine der wenigen in der Literatur, die die Auswirkung von Intelligenztests mit Zeitlimit auf die Punktzahlen zweisprachiger Probanden mitberücksichtigen, und die Ergebnisse lassen weitere Forschungsarbeiten über diesen Aspekt der Zweisprachigkeit wünschenswert erscheinen.

Untersuchungen mit walisisch-englischen Zweisprachigen

In Wales ist die Untersuchung der Zweisprachigkeit besonders wichtig, weil nach der letzten Erhebung fast ein Drittel der Bevölkerung Walisisch spricht. Außerdem hat das Central Advisory Committee on Education in Wales den Vorschlag gemacht, in der Elementarschule das Walisische als Unterrichtssprache einzuführen und englischen Unterricht erst nach Verlassen der Elementarschule abzuhalten (James 1960).

Eine Auswirkung der Zweisprachigkeit auf die Intelligenztestleistung ist jedoch noch nicht endgültig nachgewiesen, wenn man sich auch in Wales seit 1922 mit diesem Problem beschäftigt. Eine Übersicht über frühere Untersuchungen findet sich in Darcy (1953) und Jones (1959). In diesen früheren Untersuchungen wurde nicht versucht, den Grad der Zweisprachigkeit der Probanden festzustellen, und zur Intelligenzmessung wurden nur verbale Tests benutzt.

Von 1933 bis 1950 wurden sowohl sprachfreie als auch verbale Tests benutzt, und die Resultate deuteten darauf hin, daß zweisprachige walisische Kinder stets im Nachteil waren, wenn ihre Intelligenz in verbalen Tests gemessen wurde, daß sie jedoch nicht immer im Nachteil waren, wenn nichtverbale Tests angewandt wurden. In den Berichtsjahren haben mehr walisische Forscher den Grad der Zweisprachigkeit und den sozioökonomischen Status ihrer Probanden mit objektiven Methoden festzustellen gesucht. In diesem Abschnitt soll eine repräsentative Anzahl dieser Arbeiten unter die Lupe genommen werden, welche die eine oder die andere dieser Variablen untersuchen.

Jones (1952) hat 117 Kinder getestet, welche die oberen Klassen von fünf Schulen in Caernarvonshire besuchten, um festzustellen, ob sich die Leistungen von walisisch sprechenden Kindern bei einem nichtverbalen Intelligenztest mit walisischen Anweisungen von ihrer Leistung bei einem verbalen Intelligenztest mit englischen Anweisungen signifikant unterscheiden.

Das Alter der Probanden reichte von 10 Jahren, 2 Monate, bis zu 12 Jahren, 0 Monate. Die Kinder besuchten Schulen, in denen über 98,4 Prozent der Schüler walisisch sprachen. Doch wird hervorgehoben, daß Englisch als Unterrichtssprache gegen Ende der Unterstufe »einen fast ebenso wichtigen Platz einnimmt wie die Muttersprache« (S. 116). Die sozioökonomischen Kategorien der Probanden wurden nach »einer Standardklassifizierung«

geschätzt. Zur Messung der nichtverbalen Leistung wurde die ›Scale of Non-Verbal Mental Ability‹ von Jenkins benutzt, als verbaler Test wurde der ›Moray House Intelligence Test‹ angewendet. Zusätzlich wurden die Punktzahlen aus Schonells ›Graded Reading Vocabulary‹ und dem ›Silent Reading Test‹ von Watt-Vernon kombiniert, um das individuelle Lesealter eines jeden Probanden festzustellen. Die Anweisungen für den nichtverbalen Test wurden auf Walisisch gegeben, während die übrigen Tests sämtlich auf englisch waren, und zwar mit englischen Anweisungen.
In vier von den fünf Schulen waren die Unterschiede zwischen den mittleren nichtverbalen IQs signifikant höher als die mittleren verbalen IQs. Dieses vorteilhaftere Abschneiden beim nichtverbalen Test blieb auch bestehen, wenn alle fünf Schulen zusammen betrachtet wurden. In allen Fällen tendierten die Unterschiede dazu, mit wachsendem Lebensalter geringer zu werden. Der Verfasser bezweifelte die Validität der IQs beim verbalen Test bei diesen Probanden, weil sie zu wenig Englisch konnten. In der Intelligenz bestanden zwischen den einzelnen Schulen keine signifikanten Unterschiede, wenn auch die Kinder in einigen der Schulen signifikant besser englisch lesen konnten. Jones führte diese Überlegenheit auf einen besseren Unterricht, auf bessere sozioökonomische Verhältnisse bzw. auf eine Kombination beider Faktoren zurück.
Der gleiche Autor (1953) berichtet über Intelligenztests bei zwei Zufallsgruppen von Kindern zwischen 10 und 12 Jahren aus einem englisch sprechenden und einem walisisch sprechenden Bezirk von Caernarvonshire, die er durchführte, um festzustellen, welchen Einfluß die Fähigkeit, auf englisch zu lesen, auf den Intelligenztest von walisisch sprechenden Kindern hatte. In den Testgruppen befanden sich 64 Einsprachige und 51 Zweisprachige, und um die Kinder entsprechend zu klassifizieren, benutzte Jones einen dem ›Hoffman Bilingual Schedule‹ ähnlichen Fragebogen.
Die ›Non-Verbal Ability-Scale‹ von Jenkins wurde den einsprachigen Kindern auf englisch und den zweisprachigen auf Walisisch vorgelegt. Als verbale Tests wurden der ›Moray House Intelligence Test‹ sowie der ›Silent Reading Test‹ von Schonell benutzt.
Bei den mittleren nichtverbalen IQs wurden keine signifikanten Unterschiede gefunden, und auch in den Varianzen der Punktzahlen ergaben sich keine signifikanten Unterschiede. Beim verbalen Intelligenztest gab es den signifikanten Unterschied von 10,63 Punkten zugunsten der einsprachigen Kinder. Der mittlere Unterschied in der Lesefähigkeit betrug 7,90 Punkte zugunsten der Einsprachigen. Um herauszufinden, ob der Unterschied in der verbalen Intelligenz signifikant blieb, wenn beide Gruppen in bezug auf ihre Lesefähigkeit auf gleicher Stufe standen, wurden die Punktzahlen des verbalen Intelligenztests einer gemeinsamen Lesebasis mit Hilfe des Verfahrens der Kovarianzanalyse angepaßt. Die Überlegenheit der einsprachigen Gruppe verringerte sich hierbei von 10,63 auf 6,27 IQ-Werte, doch war dieser Unterschied immer noch deutlich signifikant.
Der Autor folgerte aus diesen Resultaten, daß abgesehen von der Fähigkeit, das Material auf englisch zu begreifen, noch ein anderer Faktor oder andere Faktoren für den signifikanten Unterschied in der verbalen Intelligenz

verantwortlich sein mußten. Die Antworten im Fragebogen legten die Vermutung nahe, daß die zweisprachigen Kinder sehr wenig Gelegenheit hatten, die englische Sprache außerhalb der Schule aktiv zu benutzen und daß der Schulunterricht in Englisch als zweiter Sprache auf eine mehr passive als aktive Weise abgehalten wurde, weshalb es den Kindern schwerfiel, auf englisch zu denken. Jones betont, diese Ergebnisse seien mit Vorsicht zu betrachten, bis weitere Untersuchungen über das Wesen der Zweisprachigkeit und ihrer Beziehung zur Denkleistung vorlägen.

Jones (1959) berichtet über seine Untersuchung der aus der Bangor-Studie von 1951 gewonnenen Daten, wo 2586 Schüler nach einem Sprachen-Fragebogen und dem Urteil der Klassenlehrer in vier verschiedene Gruppen eingeteilt wurden, und zwar wurden die Gruppen als walisisch, gemischt-walisisch, gemischt englisch und englisch bezeichnet. Die Berufsklassifizierung (der Eltern) erfolgte aufgrund einer Befragung in der Art der ›Maternity Inquiry of Great Britain‹.

Aus dieser Befragung ergab sich, daß die kleinen Angestellten und die nichthandwerklichen Berufe in der englischen und der gemischt-englischen Gruppe weit zahlreicher vertreten waren als in den beiden walisischen Gruppen und daß mit diesen berufsmäßigen Unterschieden signifikante Unterschiede in den durchschnittlichen Punktzahlen beim nichtverbalen Intelligenztest zugunsten der englischen Gruppen Hand in Hand gingen, wenn man diese als Ganzes mit den walisischen Gruppen als Ganzes verglich. Strukturierte man dagegen die zweisprachigen und die einsprachigen Gruppen entsprechend den Berufen der Eltern, so war der Unterschied in den mittleren IQs beim nichtverbalen Intelligenztest nicht signifikant. Jones schließt hieraus, daß der Unterschied in den Testpunktzahlen vor allem auf die mangelhafte Kontrolle der Variablen des sozioökonomischen Status zurückzuführen sei, und vermutet, daß auch die Ergebnisse früherer walisischer Untersuchungen dadurch beeinflußt sein könnten, daß der sozioökonomische Status der Probanden nicht mitberücksichtigt worden sei.

Eine neuere walisische Untersuchung, die den sprachlichen Hintergrund mit Hilfe eines Fragebogens, ergänzt durch das Urteil der Lehrer, ermittelte, wurde von Lewis (1959) mit zehnjährigen Kindern aus sechzehn Elementarschulen in Südwales durchgeführt. Zweck dieser Untersuchung war, die Punktzahlen dieser Probanden bei einem nichtverbalen Intelligenztest festzustellen. Der linguistische Fragebogen war nach Art des ›Hoffman Bilingual Schedule‹ aufgebaut, und die Probanden wurden nach den hierbei festgestellten Resultaten in vier Gruppen eingeteilt, die nach Lewis durch »abnehmende Zweisprachigkeit oder zunehmende Walisigkeit« gekennzeichnet waren. Gruppe I umfaßte 27 Kinder aus Familien, in denen nur walisisch gesprochen wurde, und zwar sprachen die Kinder auch mit ihren Kameraden immer oder fast immer nur walisisch. Von den 139 Kindern der Gruppe IV sprach keines walisisch. Gruppe II war gemischt walisisch-englisch mit 180 Probanden, Gruppe III war eine gemischt englisch-walisische Gruppe, die aus 29 Kindern bestand.

Als nichtverbaler Test wurde die ›Non-Verbal Scale of Mental Ability‹ von Jenkins benutzt, und für alle, die es wünschten, wurde eine alternative Fassung der Testanweisungen auf walisisch bereitgehalten. Aus den Resultaten ging hervor, daß die mittleren Punktzahlen im gleichen Maße zunahmen, wie der Hintergrund der Kinder weniger walisisch war. Dies war besonders deutlich an den mittleren Punktzahlen der Gruppen I und IV zu erkennen. Die mittlere Punktzahl der nicht walisisch sprechenden Kinder war um acht Punkte höher als die derer, welche aus Familien kamen, in denen walisisch gesprochen wurde und die mit ihren Kameraden stets oder fast stets walisisch sprachen. Der Unterschied zwischen diesen beiden mittleren Punktzahlen war auf der 1%-Ebene signifikant. Der Gesamtunterschied zwischen den Gruppen war auf der 5%-Ebene signifikant.

Lewis schloß hieraus, daß sich diese zweisprachigen Zehnjährigen bei einem nichtverbalen Intelligenztest deshalb im Nachteil befanden, weil sie bei einem Test mit Zeitlimit nicht mitkamen. Außerdem hatte man den sozioökonomischen Status der Gruppen hier nicht mitberücksichtigt. Bei der Gruppeneinteilung wurde der städtische oder ländliche Hintergrund der Kinder nicht mitberücksichtigt, und der Test erforderte zudem ein gewisses verbales Verständnis.

Morgan (1957) war einer der ersten walisischen Forscher, die eine objektive und qualitative Messung der verschiedenen Grade von Zweisprachigkeit vornahmen und diese mit der Leistung beim nichtverbalen Intelligenztest verglichen. Er bediente sich dabei der ›Welch Language Background Scale‹, der ›Raven Progressive Matrices‹ von 1938, ferner Daniels ›Figure Reasoning Test‹ sowie des ›Non-Verbal Test No. 2‹ der ›National Foundation for Educational Research‹ und testete damit 648 Kinder zwischen zehn und zwölf Jahren aus 29 Schulen in Mittel- und Südwales.

Die Resultate wiesen darauf hin, daß der Einfluß des sprachlichen Hintergrundes auf die nichtverbalen Tests bei denjenigen Probanden am größten war, deren Zweisprachigkeit bei 70 bis 99 % auf der ›Welch Language Background Scale‹ lag. Kinder aus vorwiegend walisisch sprechenden Familien erreichten bei sämtlichen Tests in der Regel niedrigere Punktzahlen, und zwar auch dann, wenn die Testanweisungen in der Sprache gegeben wurden, die dem Kind am vertrautesten war. Von den verschiedenen hier angewandten Tests erwiesen sich die ›Raven Progressive Matrices‹, die allein kein Zeitlimit hatten, als der vom walisischen Hintergrund der Kinder am wenigsten abhängige Test und daher als die zuverlässigste Meßmethode zur Erfassung der nichtverbalen Intelligenz.

Morgan ist nicht der Meinung, daß sich einer dieser Tests dazu eignet, walisische Kinder zu testen, wenn es sich darum handeln sollte, die Resultate mit denen englisch sprechender Kinder zu vergleichen, um davon etwa die Aufnahme in bestimmte Schulen abhängig zu machen. Wenn man seine Untersuchungsergebnisse überblickt, erscheint es fraglich, ob es einen Vorteil bringt, die Testanweisungen in die von den Kindern hauptsächlich gesprochene Sprache zu übersetzen, wenn der Schulunterricht nicht in dieser Sprache abgehalten wird.

Untersuchung weiterer zweisprachiger Populationen

Es scheint uns angebracht, neben den Untersuchungen von spanisch-englischen und walisisch-englischen Zweisprachigen in den vorangegangenen Abschnitten auch noch auf die folgenden Untersuchungen anderer zweisprachiger Populationen hinzuweisen, und zwar einmal, weil dabei andere Typen der Zweisprachigkeit behandelt werden, zum anderen wegen der unterschiedlichen angewendeten Methoden, und schließlich, weil dabei in einigen Fällen versucht wird, eine oder mehrere Variablen, die die Intelligenztestleistung beeinflussen können, zu erfassen.
Cooper (1958) hat eine ausgelesene Stichprobe von zweisprachigen Kindern der fünften Klasse aus Guam getestet, um zu untersuchen, ob und inwieweit sich aus den Ergebnissen von sechs mit ihnen vorgenommenen Intelligenztests auf ihre zu erwartenden Schulleistungen schließen läßt. Die beiden von den Kindern gesprochenen Sprachen waren Englisch und die lokale Eingeborenensprache der Chamarros. Während im Schulunterricht ausschließlich Englisch gesprochen wurde, wurde dies nur selten auf dem Schulhof und kaum zu Hause oder in der Gemeinde benutzt.
Der ›California Test of Mental Maturity‹, 1950 S Form, Elementary, die ›Davis-Eells Games‹, Intermediate Level, sowie der ›Culture-Free Intelligence Test‹, Scale 2, Form A, wurden bei den Kindern aus der fünften Klasse von vier isoliert gelegenen Dörfern angewendet. Eine geschichtete Stichprobe von 51 aus der größeren Gruppe ausgewählten Schülern wurde mit der ›Leiter International Performance Scale‹, der WISC (Wechsler Intelligenz-Skala für Kinder) und der ›Columbia Mental Maturity Scale‹ getestet. Cooper wählte diese sechs Tests, weil sie ganz oder teilweise Handlungs- bzw. nichtverbale Tests sind; mit den isoliert gelegenen Dörfern sollten die kulturellen Faktoren konstant gehalten werden.
In diesem Zusammenhang sind folgende Ergebnisse von Interesse: Die ›Columbia Mental Maturity Scale‹ erbrachte als höchste mittlere IQ-Gesamtpunktzahl 83,86 Punkte, während beim ›California Test of Mental Matury‹ der mittlere IQ 83,49 betrug. Der Bereich der durchschnittlichen IQ-Werte bei den sechs Tests reichte von 83,86 auf der ›Columbia Mental Maturity Scale‹ bis 66,97 beim ›Davis Eells Test‹. Eine mittlere Differenz von 7 IQ-Punkten zugunsten des sprachfreien Tests wurde beim ›California Test of Mental Maturity‹ erreicht; bei der WISC ergab sich eine mittlere Differenz von 6 IQ-Punkten zugunsten der Handlungs-Skala.
Die bei den drei individuellen Tests erreichten IQs waren niedriger als diejenigen, die in den Handanweisungen als Werte der Eichstichprobe angegeben sind. Die erzielten Punktzahlen waren um drei bis vier IQ-Punkte niedriger als die im Manual der WISC angegebenen; sie stimmten mit den für die ›Columbia Mental Maturity Scale‹ angegebenen Werten überein, waren aber niedriger als die für die ›Leiter International Performance Scale‹ genannten Werte.
Aus den Ergebnissen derartiger Untersuchungen wird klar, daß weitere Forschungsarbeiten notwendig sind, um einen Intelligenztest zu konstruieren, der mit Vertrauen angewandt werden kann, um die geistigen Fähigkeiten

dieser zweisprachigen Populationen festzustellen. Bemerkenswert ist jedoch, daß die Versuchspersonen höhere IQs bei den ausgeprägt nichtverbalen Tests mit weniger komplizierten verbalen Anweisungen erreichten.

Kittell (1959) hat die bei sprachlichen und sprachfreien Intelligenztests von einer ausgelesenen Gruppe von 83 Kindern aus einer Elementarschule in Berkeley (Kalifornien) erreichten Punkte miteinander verglichen. Die zweisprachige Gruppe umfaßte 42 Kinder (24 Knaben und 18 Mädchen), die einsprachige 41 Kinder (30 Knaben und 11 Mädchen). Zur zweisprachigen Gruppe gehörten alle die Kinder, die zwischen dem Herbstsemester 1953 und dem Frühjahrssemester 1957 die zweite Hälfte der dritten Klasse besucht hatten und deren Eltern angaben, daß in der Familie eine oder mehrere Fremdsprachen anstelle von Englisch oder neben Englisch gesprochen würden. Die Kontrollgruppe bestand aus einer Zufallsstichprobe der Kinder, die während eines Semesters zwischen dem Herbstsemester 1953 und dem Frühjahrssemester 1957 in der dritten Klasse waren und deren Eltern angaben, daß zu Hause keine andere Sprache als Englisch gesprochen würde. Das mittlere Lebensalter der zweisprachigen Gruppe betrug 104,05 Monate, das der Kontrollgruppe 104,39 Monate.

In der zweisprachigen Gruppe waren fünfzehn verschiedene Sprachen vertreten, und zwar gehörten etwas über 35 Prozent den Kategorien Chinesisch und Japanisch an. Der Grad der Englisch-Kenntnisse variierte innerhalb der Gruppe.

Die Angaben über die Berufe der Eltern wurden den Schulakten entnommen und nach der ›Warner's Revised Occupational Rating Scale‹ interpretiert. Außerdem wurde die zweisprachige Gruppe nach dem Geburtsort der Eltern klassifiziert.

Während das betreffende Kind die obere Hälfte der dritten Klasse im zweiten Monat besuchte, wurde es mit dem ›California Short Form Test of Mental Maturity‹, 1953 S Form, und dem ›California Reading Test‹, Primary Form AA, getestet. Aus den Resultaten ging hervor, daß das mittlere verbale Intelligenzalter bei der Kontrollgruppe beträchtlich über dem der zweisprachigen Gruppe lag, daß jedoch beim sprachfreien Test kein signifikanter Unterschied im mittleren Intelligenzalter bestand. Bei der zweisprachigen Gruppe bestand kein signifikanter Unterschied zwischen dem mittleren Intelligenzalter beim sprachlichen und sprachfreien Test, aber die mittleren Intelligenzalter-Werte der Kontrollgruppen waren beim verbalen Test signifikant höher als die beim sprachfreien Test.

Die Berufe der Eltern hatten innerhalb einer jeden Sprachgruppe keinen signifikanten Einfluß auf die Intelligenzalter-Werte; dagegen hatte der berufliche Status einen signifikanten Einfluß auf die mittleren Intelligenzalter-Werte, wenn beide Sprachgruppen miteinander verglichen wurden. Die Kinder der einsprachigen Gruppe, deren Eltern alle der mittleren Berufskategorie angehörten, erreichten signifikant höhere Punktzahlen beim verbalen Test als die Kinder in der zweisprachigen Gruppe, deren Eltern den mittleren oder unteren Berufskategorien angehörten. Die Variablen Geschlecht, Lebensalter oder Geburtsort der Eltern wirkten sich nicht auf die Punktzahlen beim verbalen Test der geistigen Reife beider Gruppen aus.

Der Autor schloß daraus, daß IQ-Punkte oder allgemeine Intelligenzalter-Werte irreführend sein können, wenn man eine zweisprachige Population testet, und daß man den sozioökonomischen Status als einen Faktor ansehen sollte, der bei Intelligenzmessungen mit der Zweisprachigkeit in Beziehung stehen könnte.
Kolaska (1954) hat eine Untersuchung mit 237 zweisprachigen polnisch-amerikanischen Highschool- und College-Schülern durchgeführt. Vier unabhängige Variablen wurden gemessen: der zweisprachige Hintergrund, getestet nach dem ›Hoffman Bilingual Schedule‹; der sozioökonomische Status nach der ›Sims Score Card for Socioeconomic Status‹; die zweisprachige Leistung nach dem ›Polish Vocabulary Test‹, und das Intelligenzniveau nach dem Q Subtest der ›ACE Psychological Examination‹. Die abhängige Variable war die Leistung beim L Subtest der ›ACE Psychological Examination‹.
Die Beziehung einer jeden Variablen zu den anderen wurde einer Varianzanalyse unterworfen. Die Nullhypothese, wonach kein Unterschied zwischen hochgradigen und nicht-hochgradigen Zweisprachigen bestehen soll, wurde getestet, und zusätzlich wurden die Interkorrelationen zwischen allen Variablen festgestellt.
Eine hochsignifikante Beziehung wurde zwischen den Punktwerten beim Q Subtest des ACE und der Leistung bei der verbalen Form des L Subtest des ACE gefunden. Weder der sozioökonomische Status noch der Grad der Zweisprachigkeit wirkte sich auf die Leistung beim L-Test aus, und die weitgehend zweisprachigen Probanden schnitten weder besser noch schlechter ab als die nur mäßig zweisprachigen.
Kolaska schloß daraus, daß offenbar keiner der beiden Aspekte der Zweisprachigkeit auf Highschool- oder Collegeniveau die Leistung beim verbalen Intelligenztest beeinflußte. Nur wenige Forscher haben kontrollierte Untersuchungen über das Problem der Zweisprachigkeit und ihren Einfluß auf die Leistung beim verbalen Intelligenztest auf einer höheren Bildungsebene durchgeführt. Die Ergebnisse dieser Untersuchungen bestätigen die Resultate einiger früherer Untersuchungen (Portenier 1947; Wang 1926), doch liegen auch andere vor, mit denen sie nicht übereinstimmen (Feingold 1924; Spoerl 1944).
Levinson (1959) hat die Leistung von zweisprachigen und einsprachigen, in Amerika geborenen Vorschulkindern aus traditionsgebundenen jüdischen Familien getestet, um festzustellen, welcher Test oder welche Testaufgaben die geeignetsten sind, um die Intelligenz von zweisprachigen Kindern festzustellen. Dabei wurden 57 Einsprachige und 60 Zweisprachige in zwei Sitzungen mit rotierter Testfolge getestet, und zwar mit der ›Stanford-Binet-Scale‹, Form L, der ›Wechsler Intelligenz-Skala für Kinder‹ (WISC), den ›Progressive Coloured Matrices‹ und dem ›Goodenough-Draw-A-Man-Test‹.
Die Kinder jeder Sprachgruppe waren zwischen fünf und sechs Jahre alt, und bei ihrer Klassifizierung nach dem Beruf des Vaters gemäß den Daten des US-Zensus stellte sich heraus, daß in beiden Gruppen etwas über ein Drittel der Väter zur Kategorie der »in akademischen, technischen und ähnlichen Berufen Beschäftigten« gehörte; etwas über ein Drittel fiel unter die Kategorie »Facharbeiter, Meister und verwandte Berufe«, und 28 % gehörten zur

Kategorie der »in Büro-, kaufmännischen und verwandten Berufen Beschäftigten«.

Die Resultate zeigten, daß in beiden Gruppen keine Korrelation zwischen Intelligenz und sozioökonomischem Hintergrund bestand. Signifikante Unterschiede auf der 5%-Vertrauensebene wurden zwischen den durchschnittlichen Punktzahlen der Zweisprachigen und denen der Einsprachigen auf der ›Stanford-Binet-Skala‹; der ›WISC Full Scale‹ sowie im Verbalteil und im Handlungsteil der WISC festgestellt, wenn man sie gesondert betrachtete. In allen Fällen fielen die Unterschiede zugunsten der Einsprachigen aus. Die Unterschiede zwischen den Gruppenleistungen beim ›Goodenough-Test‹ und bei den ›Progressive Matrices‹ waren statistisch nicht signifikant.

Eine Untersuchung der Subtest-Resultate beim Wechsler-Test ergab, daß im Verbalteil die Subtests »Allgemeines Wissen«, »Allgemeines Verständnis« und »Gemeinsamkeiten finden« und im Handlungsteil die Subtests »Bilderergänzen«, »Mosaik-Test« und »Figurenlegen« für die Zweisprachigen »faire Tests« waren (S. 77). Es wurde daher der Vorschlag gemacht, sie besonders zu bewerten und zur Feststellung des IQ vergleichbarer zweisprachiger Populationen einzusetzen.

Bei diesen Ergebnissen ist zu beachten, daß die Väter der Kinder beider Sprachgruppen ziemlich ähnliche Berufe hatten und daß die ökonomischen Kategorien die drei höchsten auf der Berufsskala waren. Die Einsprachigen waren jedoch bei den verbalen Intelligenztests und bei einem der Handlungstests den Zweisprachigen überlegen.

Zusammenfassung

1. Untersuchungen mit spanisch-englischen Zweisprachigen aus den südwestlichen Vereinigten Staaten und New York City in den Berichtsjahren haben ergeben, daß zweisprachige Kinder signifikant niedrigere Punktzahlen sowohl bei verbalen als auch bei nichtverbalen Gruppen-Intelligenztests (Darcy 1952) und bei individuellen nichtverbalen Tests (Johnson 1953) erreichten. Die zweisprachigen Kinder erzielten signifikant niedrigere Punktwerte als die einsprachigen bei verbalen Subtests individueller Intelligenzskalen (Altus 1953) sowie bei individuellen Handlungs-Intelligenztests (Anastasi & de Jesus 1953). Bei einigen Untersuchungen hat die Übersetzung der Anweisungen für den Intelligenztest aus dem Englischen ins Spanische die Testpunktwerte der Zweisprachigen nicht verbessert (Anastasi & Cordova 1953; Knapp 1960), während in einer anderen Arbeit, bei der die Probanden mehrere Jahre lang englischen Unterricht gehabt hatten und nur wenig Spanisch konnten, die mittleren Punktzahlen der englischen Version des Intelligenztests signifikant höher waren als die bei der spanischen Übersetzung des Tests (Keston & Jiminez 1954). Wenn die sozioökonomischen Kategorien der zweisprachigen und der einsprachigen Probanden nicht übereinstimmten, erreichten die Einsprachigen bei verbalen (Altus 1953) und bei nichtverbalen Intelligenztests (Anastasi & de Jesus 1953; Knapp 1960) signifikant höhere Punktzahlen. Stimmten jedoch die Zweisprachigen und die Einsprachigen bezüglich ihres sozioökonomischen Status überein, so wichen ihre durchschnittlichen Punktzahlen beim nichtverbalen Test nicht signifikant voneinander ab (Carrow 1957). Bei Intelligenztests mit Zeitlimit zeigten die Punktzahlen von erwachsenen Zweisprachigen stärker die Tendenz abzusinken als die der einsprachigen erwachsenen Probanden (Knapp 1960).

2. Untersuchungen von zweisprachigen walisischen Kindern ergaben während der Berichtszeit, daß ihre mittleren Punktzahlen bei verbalen Intelligenztests signifikant niedriger lagen als ihre mittleren Punktzahlen bei nichtverbalen Tests (Jones 1952, 1953). Beim Vergleich der Punktzahlen von zweisprachigen und einsprachigen walisischen Kindern bei verbalen Intelligenztests erreichten die Einsprachigen signifikant höhere mittlere Punktzahlen. Dieser Unterschied zugunsten der Einsprachigen blieb auch signifikant, wenn die beiden Sprachgruppen englisch gleich gut lesen konnten (Jones 1953). Die zweisprachigen walisischen Kinder erreichten signifikant niedrigere mittlere Punktzahlen als die einsprachigen, wenn die Testanweisungen in der Sprache gegeben wurden, die dem Kind am besten vertraut war (Lewis 1959; Morgan 1957). Waren jedoch die Sprachgruppen in bezug auf den sozioökonomischen Status ausbalanciert, so wurden bei nichtverbalen Intelligenztests keine signifikanten Unterschiede zwischen den mittleren Punktzahlen der beiden Gruppen gefunden (Jones 1959). Intelligenztests ohne Zeitlimit erwiesen sich bei den walisischen zweisprachigen Kindern als unabhängiger vom walisischen Hintergrund und damit als zuverlässigere Verfahren zur Erfassung der Intelligenz (Morgan 1957).

3. Zwar wurden die meisten Untersuchungen, die sich mit der Auswirkung der Zweisprachigkeit auf die Intelligenztestleistungen befassen, in den Berichtsjahren mit spanisch-englischen Zweisprachigen in den Vereinigten Staaten und mit walisisch-englischen Zweisprachigen in Wales durchgeführt, doch liegen außerdem noch einige Untersuchungen anderer zweisprachiger Populationen vor, welche hierher gehören.

Zweisprachige Grundschulkinder in Guam erreichten bei sechs Intelligenztests durchschnittliche IQs, die weit unter den Normen lagen, die in den Handanweisungen zu den betreffenden Tests angegeben sind. Doch erreichten die Probanden bei denjenigen unter den sechs Tests, die zum Begreifen der Testanweisungen nur ein Mindestmaß an Englisch-Kenntnissen erforderten oder die weitgehend nichtverbal waren, höhere mittlere IQ-Werte (Cooper 1958).

Eine zweisprachige Population in Kalifornien, die fünfzehn verschiedene Sprachgruppen repräsentierte, erzielte bei einem verbalen Intelligenztest ein signifikant niedrigeres Intelligenzalter als vergleichbare Einsprachige. Bezüglich des durchschnittlichen Intelligenzalters beider Sprachgruppen war dagegen bei einem sprachfreien Test kein signifikanter Unterschied festzustellen. Die Berufskategorien der Eltern hatten beim Vergleich beider Sprachgruppen einen signifikanten Einfluß auf das mittlere Intelligenzalter; sie hatten dagegen keinen signifikanten Einfluß, wenn die Werte des Intelligenzalters innerhalb jeder Sprachgruppe miteinander verglichen wurden (Kittell 1959). Bei einer Untersuchung polnisch-amerikanischer Zweisprachiger, die die Highschool oder ein College besuchten (Kolaska 1954), wurde festgestellt, daß weder unterschiedliche Grade der Zweisprachigkeit noch Unterschiede im sozioökonomischen Status bei einem verbalen Intelligenztest einen signifikanten Einfluß auf die erreichten Punktzahlen ausübten. Die hochgradig Zweisprachigen schnitten weder besser noch schlechter ab als die nur mäßig Zweisprachigen. Die Punktzahlen bei vier Intelligenztests von zweisprachigen und einsprachigen, im Land geborenen jüdischen Vorschulkindern aus orthodoxen Familien wurden miteinander verglichen (Levinson 1959). Die Sprachgruppen waren in bezug auf die Berufskategorien der Eltern und das Lebensalter der Kinder ziemlich ausbalanciert. Dabei wurde in keiner der Gruppen eine Beziehung zwischen dem Beruf der Eltern und der Intelligenz festgestellt. Signifikante Unterschiede zugunsten der Einsprachigen zeigten sich im Durchschnitt beim ›Stanford-Binet-Test‹ und bei der ›Wechsler-Intelligenz-Skala für Kinder‹ (WISC), sowie im Verbalteil und im Handlungsteil des ›Wechsler-Tests‹, wenn man diese Teile gesondert betrachtete. Keine signifikanten Unterschiede zeigten sich zwischen den mittleren Punktwerten beider Gruppen beim ›Goodenough-Draw-A-Man-Test‹ oder beim Test ›Progressive Matrices‹.

Schlußfolgerungen

Die Ergebnisse der in unserem Bericht behandelten Untersuchungen bestätigen die Tatsache, daß Zweisprachigkeit ihrem Wesen nach nichts Einheitliches ist und daß man nicht voraussagen kann, welchen Einfluß sie auf Personen verschiedener Rasse und verschiedener Umwelt hat, solange nicht mehr Forschungsarbeit auf diesem Gebiet geleistet ist. Jedoch hat man einigen der Variablen, die auf die IQ-Werte von Zweisprachigen einen Einfluß haben könnten, in den Berichtsjahren mehr Aufmerksamkeit gewidmet.

Sowohl in den Vereinigten Staaten als auch in Wales hat man sich bemüht, die unterschiedlichen Grade der Zweisprachigkeit bei den betreffenden Probanden objektiv und quantitativ zu messen. Dabei hat man den sozioökonomischen Status ebenfalls mit in Betracht gezogen, wenn auch weniger häufig und weniger exakt. Man hat festgestellt, daß der Zeitfaktor beim Testen eine wichtige Rolle spielt, und immer mehr Forscher halten Tests ohne Zeitlimit bei Intelligenzuntersuchungen zweisprachiger Kinder für vorteilhafter.

Während die meisten Untersuchungen ergaben, daß die zweisprachigen Kinder bei verbalen Intelligenztests signifikant niedrigere Punktzahlen erhalten als vergleichbare einsprachige, ist diese Unterlegenheit nicht festzustellen, wenn es sich um nichtverbale Tests handelt, besonders dann nicht, wenn die einsprachigen und die zweisprachigen Probanden der gleichen sozioökonomischen Klasse angehören.

Die Literatur, die sich mit der Auswirkung der Zweisprachigkeit auf die Intelligenztestleistungen von Highschool- und College-Studenten befaßt, kommt nicht zu einheitlichen Ergebnissen; doch weist die eine hier behandelte Untersuchung darauf hin, daß Zweisprachigkeit auf dieser relativ hohen Bildungsebene keinen Einfluß auf die Punktwerte bei verbalen Intelligenztests hat.

Ein weiterer Faktor, von dem festgestellt wurde, daß er die Diskrepanz zwischen den Punktwerten von Zweisprachigen und Einsprachigen bei verbalen und nichtverbalen Tests vermindert, ist die größere Lesefertigkeit in der zweiten Sprache. Wird jedoch ein verbaler Test in die Muttersprache übersetzt oder werden die Anweisungen für einen nichtverbalen Test in der vertrauteren Sprache gegeben, so verbessern Zweisprachige nicht immer ihre Punktzahlen.

Wenn auch die Literatur über die Zweisprachigkeit und ihren Einfluß auf die Intelligenztestleistung nicht ohne Widersprüche ist, lösen sich diese Widersprüche oft, wenn man den Zeitpunkt, zu dem der Proband mit der zweiten Sprache begonnen hat, seinen sozioökonomischen und kulturellen Hintergrund, sowie die Methoden, mit denen sowohl der unterschiedliche Grad der Zweisprachigkeit als auch die verbale und nichtverbale Intelligenz gemessen wurden, mitberücksichtigt und auch die Unterrichtsmethoden für die zweite Sprache nicht außer acht läßt. Das Problem erfordert weitere sorgfältig kontrollierte Untersuchungen, die teilweise Längsschnittcharakter haben sollten, bevor man verbindlichere Antworten geben kann.

Literatur

ALTUS, G. T. (1953): WISC patterns of a selective sample of bilingual school children. *J. Genet. Psychol.* 83, 241–248.

ANASTASI, A., & CORDOVA, F. A. (1953): Some effects of bilingualism upon the intelligence test performance of Puerto Rican children in New York City. *J. Educ. Psychol.* 44, 1–19.

ANASTASI, A., & D'ANGELO, R. Y. A. (1952): A comparison of Negro and white children in language development and Goodenough Draw-A-Man IQ. *J. Genet. Psychol.* 81, 147–165.

ANASTASI, A., & de JESUS, C. (1953): Language development and non-verbal IQ of Puerto Rican preschool children. *J. Abn. Soc. Psychol.* 48, 357–366.

ARSENIAN, S. (1937): *Bilingualism and mental development.* New York: Teachers College, Columbia Univ.

AXLEROD, H. C. (1953): Bilingual background and its relation to certain aspects of character and personality of elementary school children. *Dissertation Abst.* 13, 1245–1246.

BLOOMFIELD, L. (1933): *Language.* New York: Holt.

CARROW, M. A. (1957): Linguistic functioning of bilingual and monolingual children. *J. Speech and Hear. Dis.* 22, 371–380.

COOPER, J. (1958): Predicting school achievement of bilingual pupils. *J. Educ. Psychol.* 49, 31–36.

DARCY, N. T. (1946): The effect of bilingualism upon the measurement of the intelligence of children of preschool age. *J. Educ. Psychol.* 37, 21–44.

DARCY, N. T. (1952): The performance of bilingual Puerto Rican children on verbal and on non-language tests of intelligence. *J. Educ. Res.* 45, 499–506.

DARCY, N. T. (1953): A review of the literature on the effects of bilingualism upon the measurement of intelligence. *J. Genet. Psychol.* 82, 21–57.

FEINGOLD, C. A. (1924): Intelligence of first generation of immigrant groups. *J. Educ. Psychol.* (Baroda) 15, 65–82.

JAMES, C. B. E. (1958): Bilingualism and non-verbal reasoning. Bull. Nr. 5, Univ. Col. Fac. Educ., Aberystwyth, Wales.

JAMES, C. B. E. (1960): Bilingualism in Wales: An aspect of semantic organization. *Educ. Res.* 2, 123–136.

JOHNSON, G. B. jr. (1953): Bilingualism as measured by a reaction-time technique and the relationship between a language and a non-language intelligence quotient. *J. Genet. Psychol.* 82, 3–9.

JONES, W. R. (1952): The language handicap of Welch-speaking children: A study of their performance in an English verbal intelligence test in relation to their non-verbal ability and their reading ability in English. *Brit. J. Educ. Psychol.* 22, 114–123.

JONES, W. R. (1953): The influence of reading ability in English on the intelligence test scores of Welch-speaking children. *Brit. J. Educ. Psychol.* 23, 114–120.

JONES, W. R. (1959): *Bilingualism and intelligence.* Cardiff: Univ. Wales Press.

JONES, W. R. (1960): A critical study of bilingualism and non-verbal intelligence. *Brit. J. Educ. Psychol.* 30, 71–77.

KESTON, J. J., & JIMINEZ, C. (1954): A study of the performance on English and Spanish editions of the Stanford-Binet Intelligence Test by Spanish-American children. *J. Genet. Psychol.* 85, 263–269.

KITTELL, J. E. (1959): Bilingualism and language – non-language intelligence score of third grade children. *J. Educ. Res.* 52, 263–368.

KNAPP, R. R. (1960): Effects of time limits on the intelligence test performance of Mexican and American subjects. *J. Educ. Psychol.* 51, 14–20.

KOLASKA, B. J. (1954): The relationship between bilingualism and performance on a linguistic intelligence test. *Dissertation Abst.* 14, 2396 (Mic. A 54–3566).

LEOPOLD, W. F. (1939): *Speech development of a bilingual child: A linguistic record,*

Bd. 1. Chicago: Northwestern Univ.
LEVINSON, B. M. (1959): A comparison of the performance of bilingual and monolingual native-born Jewish preschool children of traditional parentage on four intelligence tests. *J. Clin. Psychol.* 15, 74–76.
LEVITON, B. (1961): Special census of school population: Classification of non-English speaking pupils, Oct. 31, 1960, Nr. 171, New York City Board of Education.
LEWIS, D. G. (1959): Bilingualism and non-verbal intelligence: A further study of test results. *Brit. J. Educ. Psychol.* 29, 17–22.
MILLS, C. W., SENIOR, C., & GOLDSEN, R. K. (1950): *The Puerto Rican Journey.* New York: Harper.
MORGAN, E. R. (1957): Bilingualism and non-verbal intelligence: A study of test results. Pamphlet Nr. 4, Collegiate Faculty of Education, Aberystwyth, Wales.
MORRISON, J. R. (1958): Bilingualism: Some psychological aspects. *Advanc. Sci.* 56, 287–290.
O'DOHERTY, E. F. (1958): Bilingualism: Educational aspects. *Advanc. Sci.* 56, 282–287.
PENFIELD, W. (1953): A consideration of the neuro-physiological mechanisms of speech and some educational consequences. *Proc. Amer. Acad. Arts and Sci.* 82, 208–209, 213.
PIAGET, J. (1950): Perception et intelligence. *Bull. du groupes d'études,* Psychol., Univ. Paris.
PORTENIER, L. G. (1947): Abilities and interests of Japanese-American high school seniors. *J. Soc. Psychol.* 25, 53–61.
SEIDL, J. C. (1937): The effect of bilingualism on the measurement of intelligence. Unpublished Doctoral dissertation, Fordham Univ.
SINGER, H. (1956): Bilingualism and elementary education. *Mod. Lang. J.* 40, 444–458.
SMITH, M. E. (1957): Word variety as a measure of bilingualism in preschool children. *J. Genet. Psychol.* 90, 143–150.
SOFFIETTI, J. P. (1955): Bilingualism and biculturalism. *J. Educ. Psychol.* 46, 222–227.
SPOERL, D. T. (1944): The academic and verbal adjustment of college-age bilingual students. *J. Genet. Psychol.* 64, 139–157.
TAN, G. L. (1947): Bilingual education and its inherent problems, with special reference to Burma. Unpublished Doctoral dissertation, Univ. of California.
WANG, S. L. (1926): A demonstration of the language difficulty involved in comparing racial groups by means of verbal intelligence tests. *J. Appl. Psychol.* 10, 102–106.
WEINREICH, U. (1957): Functional aspects of Indian bilingualism. *Word* 13, 203–233.

Soziale Klasse und Intelligenz*

von H. Maddox
(Universität Birmingham)

Zusammenhang zwischen sozialer Klasse und Intelligenz

Es gibt viele verschiedene Indices für die soziale Klasse, wie Beruf, Einkommen, Wohngebiet, materieller Besitz, Lebensstil, Freundeskreis, Selbstverständnis. Alle diese Begriffe wurden schon irgendwann einzeln oder auch in zusammengesetzten Skalen verwendet. Es mag vielleicht zunächst merkwürdig anmuten, daß ein so abstraktes und komplexes Attribut wie die soziale Klasse einen Einfluß auf die Quantität oder Qualität der Intelligenz haben soll. Zusammengesetzte Skalen des sozialen Status, die eine Anzahl von Faktoren umfassen, sind, wenn man über die Intelligenz eines Kindes Voraussagen machen will, tatsächlich weniger geeignet als unmittelbare Messungen der elterlichen Intelligenz und Bildung. Die Intelligenz und Bildung der Eltern steht in enger Beziehung zu ihrem Beruf, und man kann daher vernünftigerweise eine beträchtliche Korrelation zwischen der Intelligenz der Kinder und dem Beruf ihrer Eltern erwarten. Wie in der britischen Soziologie üblich, werden wir daher auch in dieser Abhandlung die Berufskategorie als geeignetsten Index für die soziale Klasse benutzen.

Viele Untersuchungen kommen zu dem übereinstimmenden Ergebnis, daß zwischen den verbalen Intelligenz-Testwerten der Kinder und dem intellektuellen Status des väterlichen Berufs eine Korrelation von rund 0,4 besteht. Durchschnittlich pflegen die Kinder von Angehörigen höherer Berufe etwa 15–20 IQ-Punkte höher zu liegen als Kinder von ungelernten Arbeitern. Die Kinder von Angehörigen höherer Berufe liegen eine Standardabweichung[1] über dem Mittelwert, die Kinder ungelernter Arbeiter – etwas weniger konsequent – eine halbe Standardabweichung unter dem Mittelwert. Bei der revidierten Version des Binet-Tests von 1937 stellten Terman und Merrill (1937, S. 48) fest, daß der Unterschied zwischen Kindern von Angehörigen höherer Berufe am einen Extrem und denen von Gelegenheitsarbeitern am anderen Extrem etwa 20 IQ-Punkte betrug und daß die Testwerte der dazwischenliegenden Gruppen etwa der Rangordnung der väterlichen Berufe entsprachen. Im wesentlichen gleiche Gruppenunterschiede wurden in England mit den Moray House Tests (Floud 1956, S. 59), mit der Intelligenzskala für Kinder von Wechsler (WISC) (Seashore u. a. 1950, S. 99 f.) und mit vielen anderen Tests gefunden. Die Gruppenunterschiede verändern sich nicht merklich mit dem Alter; nach Terman und Merrill sind sie zwischen 2 und 5 ½

* Social class and intelligence. Mit freundlicher Genehmigung der Redaktion (Universität Birmingham) entnommen aus: *Educational Review* 10, 1957, S. 54–60.

Jahren ebenso groß wie zwischen 15 und 18 Jahren. Unter 2 Jahren hat man überhaupt keine Gruppenunterschiede festgestellt. Das legt die Vermutung nahe, daß die Unterschiede zum Teil eine Funktion des verbalen Inhalts der Tests sind. (Bei Elfjährigen besteht eine Korrelation von 0,83 zwischen der Gesamtpunktzahl beim Binet-Test und dem Testwert beim dazugehörigen Wortschatz-Subtest.) Trotzdem kann man die Verallgemeinerung wagen, daß eine beträchtliche Beziehung zwischen den Intelligenzwerten von Kindern und dem Beruf des betreffenden Vaters besteht, und zwar ungeachtet des verwendeten Testtyps, d. h. eines Gruppen- oder eines Individualtests.

Herkömmlicherweise waren Intelligenztests meist ihrem Inhalt nach verbal, und man hat sich angewöhnt, »Intelligenz« in etwa mit der bei einem verbalen Intelligenztest erreichten Punktzahl gleichzusetzen. Dies hat eine gewisse Berechtigung, da sich wenigstens in den mittleren Kindheitsjahren höhere positive Korrelationen zwischen den verschiedenen verbalen und nichtverbalen Tests ergeben. Die meisten Psychologen stimmen jedoch heute darin überein, daß es in der Regel angebrachter ist, Testleistungen nicht nur in bezug auf die allgemeine Fähigkeit (g), sondern auch durch Gruppenfaktoren, wie verbale (v) und praktische (k) Fähigkeiten, zu definieren (vgl. Peel 1952). In den ersten Schuljahren pflegt der allgemeine Faktor (g) den Einfluß der Gruppenfaktoren zu überdecken, wenn sie auch – besonders was v betrifft – erkennbar vorhanden sind (vgl. Burt 1939). Akzeptiert man jedoch das Modell des Gruppenfaktors, so müssen die Verallgemeinerungen bezüglich der Beziehung zwischen Intelligenz und sozialer Klasse unbedingt qualifiziert werden, und gründlichere Kenntnisse über die soziale Verteilung der verschiedenen Gruppenfaktoren sind erforderlich.

Soziale Klassenunterschiede bei verschiedenen Arten von Intelligenztests

Wenn auch bis jetzt nur wenige Untersuchungen über die soziale Verteilung der verschiedenen Arten von Intelligenz durchgeführt worden sind, ist doch oft die Beobachtung gemacht worden, daß nichtverbale Intelligenztests – vor allem Handlungstests – kleinere Gruppenunterschiede ergaben als verbale. 1922 berichtete Burt (S. 190 ff.), daß die Binet-Aufgaben in ihrem Schwierigkeitsgrad bei kontrastierenden Statusgruppen variierten, wobei sprachliche Aufgaben und Aufgaben aus dem Schulbereich den Kindern von höherem Status und perzeptorische und praktische Aufgaben den Kindern von niedrigerem Status relativ leichter fielen. Neueren Datums hat Eells (1951, S. 51 ff.) die Leistungen von Kindern von höherem und von niedrigerem Status bei den üblichen Gruppentests miteinander verglichen und gefunden, daß die Unterschiede bei verbalen Aufgaben am größten und bei bildlichen und geometrischen Aufgaben am geringsten waren. Hielt man dagegen die Symbolform (verbal versus bildlich) konstant, so wurden keine konstanten Trends zwischen den verschiedenen Aufgabentypen (Gegensätze finden, Analogieaufgaben usw.) festgestellt. Die Statusunterschiede waren bei den 13- bis 14jährigen von größerem Einfluß als bei den 9- bis 10jährigen, vermutlich aufgrund des größeren verbalen Inhalts bei den Tests für die 13- bis 14jährigen. Jordan (1933) hat festgestellt, daß der durchschnittliche IQ von Kindern armer Arbeiter in Baumwollspinnereien bei einem verbalen Test (›National A‹) um etwa 10 Punkte unter dem Ergebnis bei nichtverbalen Tests (Dearborn, Pintner) lag. Im letzten Krieg berichtete Vernon (1947), daß die Unterschiede zwischen den Berufsgruppen von Marine-Rekruten bei den ›Matrices‹ von Raven (einem nichtverbalen Test) geringer waren als die, welche man gewöhnlich bei verbalen Tests feststellte. Die WISC ergibt sowohl einen verbalen als auch einen Handlungs-IQ. Bei 5- bis 15jährigen waren die Unterschiede zwischen extremen Berufskategorien bei der verbalen Skala größer (IQ 111–95) als bei der Handlungsskala (IQ 107–95). Havighurst und Janke (1944) haben gefunden, daß unter 9- bis 10jährigen die Kinder von höherem Status bei sämtlichen Tests einer Testbatterie besser abschnitten, doch waren auch hier die Gruppenunterschiede bei nichtverbalen und Handlungstests am geringsten.

Man ist daher allgemein der Ansicht, daß Intelligenztests jeder Art von den Kindern aus einer höheren sozialen Klasse besser bewältigt werden, daß ihre Überlegenheit bei nichtverbalen Tests jedoch weniger ausgeprägt ist. Diese unterschiedliche Leistung findet man bei allen Altersstufen, doch weist einiges (wenn auch nicht absolut schlüssig) darauf hin, daß sie bei älteren Kindern ausgeprägter ist. Welche spezifischen Einflüsse diese unterschiedliche Leistung hervorrufen, ist unklar, doch meint Eells, die einleuchtendste Erklärung für die meisten seiner Ergebnisse sei, daß verbale Testaufgaben speziell Wörter und Prozesse beinhalten, die den Kindern von höherem Status vertrauter sind. Mit anderen Worten, die verbalen Tests besitzen einen »kulturellen Aspekt«, und der Unterschied ist größtenteils dadurch bedingt, daß die Kinder in unterschiedlichem Maße Gelegenheit haben, mit dem verbalen Material vertraut zu werden.

Die in dieser Studie angewandte Methode

In England werden verbale Tests häufig zur ›11+‹-Auslese angewendet. Infolge der Verteilung auf unterschiedliche Wohngebiete besuchen die Kinder aus verschiedenen Berufsgruppen verschiedene Schulen. Daher könnte man die beobachteten Unterschiede sehr wohl mit dem verschiedenartigen Schulunterricht und mit der Vertrautheit der Kinder mit Testaufgaben erklären, auf die sie in unterschiedlicher Weise vorbereitet sind. Wir haben daher in der vorliegenden Untersuchung die Leistung von Kindern aus verschiedenen Berufsgruppen innerhalb einer bestimmten Schulklasse verglichen. Es war uns nur möglich, eine adäquate soziale Mischung in den A-Zügen von drei konfessionellen Schulen in den Wohngebieten einer Industriestadt zu finden, was den von uns untersuchten Fähigkeitsbereich einschränkte.

Zweck dieser Studie war, die Unterschiede zwischen den Testwerten bei verbalen und nichtverbalen Tests zu untersuchen, welche hochbegabte Kinder aus verschiedenen Berufsgruppen lieferten, die jedoch in bezug auf ihre materielle Umgebung und ihren Lebensstil einander weit ähnlicher waren, als dies in kontrastierenden Gruppen üblicherweise der Fall ist. Wenn nun aber die höheren Werte der Kinder von höherem Status bei den meisten Tests auf deren größere Vertrautheit mit dem verbalen Material zurückzuführen sind, so stand zu erwarten, daß Gruppen von Kindern mit der gleichen Schulbildung und aus Elternhäusern mit weitgehend gleichem materiellem Standard auch bei Tests beiderlei Art gleich gut abschneiden würden oder daß die Gruppenunterschiede wenigstens sehr klein sein würden. Dies dürfte besonders für die unteren Klassen zutreffen, wo der Einfluß des allgemeinen Faktors (g) noch über die spezifischeren Faktoren dominiert.

Wir haben zwei gleichlange Tests (100 Aufgaben) von annähernd gleicher Schwierigkeit benutzt: ›Schonell Essential B‹ und ›NFER Nonverbal Nr. 5‹. Inhaltlich weisen beide Tests einige Unterschiede auch abgesehen von der Symbolform auf. Der ›Essential‹ ist ein konventioneller Test, der Wortschatzaufgaben, Wortergänzungsaufgaben, Aufgaben des Typus »Gemeinsamkeiten finden«, Analogie- und Reihenaufgaben sowie komplexe Probleme enthält, wobei die Items gemischt und nach ansteigendem Schwierigkeitsgrad geordnet sind. Der ›NFER‹ enthält vier Subtests: einen Zahlen-Symbol-Test, einen Analogietest, einen Test »Gemeinsamkeiten finden« und einen Test mit Reihenaufgaben.

Die Tests wurden in der Reihenfolge ›Essential‹ – ›NFER‹ im Abstand von zwei Tagen durchgeführt, und zwar in drei A-Klassen, die eine etwa gleiche Anzahl von Knaben und Mädchen umfaßten. Das Durchschnittsalter der 109 Kinder, deren vollständige Akten wir zur Verfügung hatten, betrug 10 Jahre und 4 Monate. Hinsichtlich Alter und Geschlecht bestanden keine signifikanten Unterschiede zwischen den Berufsgruppen.

Die Berufsklassifikation konnte nur grob vorgenommen werden, denn die Informationen über den Beruf der Eltern konnten wir nicht direkt von den Kindern, sondern nur aus den Schulakten oder von Lehrern oder dem Schulpersonal erhalten. Es wurden drei Berufskategorien benutzt:

Höhere Berufe: (25)	Ärzte, Juristen, Lehrer usw., wobei unser Kriterium eine anerkannte berufliche Qualifikation war.
Angestellte: (53)	Büroangestellte, Verkaufspersonal, Geschäftsleute und alle anderen nicht als Angehörige höherer Berufe oder als Handwerker Klassifizierten.
Handwerker: (31)	Die meisten, die dieser Kategorie zugeordnet wurden, waren Facharbeiter – Elektriker, Monteure, Mechaniker usw.

Ergebnisse

Die mittleren Testwerte dieser drei Gruppen beim verbalen (V) und beim nichtverbalen (N) Test waren die folgenden:

	Höhere Berufe n = 25		Angestellte n = 53		Handwerker n = 31		Gesamtzahl n = 109	
	V	N	V	N	V	N	V	N
Knaben	83	80	80	77	78	79	81	78
Mädchen	83	79	81	73	79	80	81	75

Der Gesamtmittelwert für V betrug 81, Standardabweichung 6, und für N 77, Standardabweichung 8.

Offenbar bereitete der nichtverbale Test den Mädchen größere Schwierigkeiten als den Jungen. Die Unterschiede zwischen den Mittelwerten erscheinen zunächst geringfügig, aber bei genauerer Überprüfung erweist sich die Interaktion zwischen dem Testtyp und der Berufsklasse als signifikant. Dies ist in erster Linie auf die unterschiedliche Leistung der Töchter von Angestellten zurückzuführen, deren Testwerte bei V viel höher sind als bei N, und in geringerem Maße darauf, daß die Söhne und Töchter der Handwerker bei N höhere Testwerte erreichten als bei V.

Es ist schwierig, diese Ergebnisse in IQ-Werte zu übertragen, weil die Normen für den ›Essential Test‹ sich auf das Intelligenzalter beziehen und mittlere IQs ergeben, die etwas zu hoch erscheinen. Wenn wir annehmen können, daß der mittlere IQ bei beiden Tests der gleiche ist, dürfte jedoch der nichtverbale Mittelwert die beste IQ-Schätzung darstellen. Wenn man daher annimmt, daß 81 Punkte beim ›Essential‹ einer Punktzahl von 77 beim ›NFER‹ entsprechen und daß ein Item einem IQ-Wert in dem berücksichtigten Fähigkeitsbereich entspricht, kann man die Test-Rohwerte etwa folgendermaßen transformieren:

	Höhere Berufe		Angestellte		Handwerker	
	V	N	V	N	V	N
Knaben	122	123	120	121	119	122
Mädchen	122	122	121	117	120	123

Die Kinder der Angehörigen höherer Berufe und die Söhne der Angestellten schneiden bei beiden Tests gleich gut ab. Die Töchter der Angestellten schneiden bei V besser ab als bei N. Die Kinder der Handwerker schneiden bei N besser ab als bei V. Man kann diese Ergebnisse auch anders ausdrücken, indem man die Test-Rohwerte auf Standardwerte[2] reduziert und die Anzahl derer, die bei V besser abschneiden als bei N, mit der Anzahl derer vergleicht, die bei N besser abschneiden als bei V:

	V-Werte höher als N-Werte	N-Werte höher als V-Werte
Höhere Berufe	12	13
Angestellte	37	16
Handwerker	9	22

Es zeichnet sich demnach deutlich eine bestimmte Beziehung der Testleistungen ab. Die Kinder der Angestellten, besonders die Mädchen, schneiden in der Regel bei den verbalen Tests besser ab als bei den nichtverbalen, während die Kinder der Handwerker umgekehrt bei N besser abschneiden als bei V. Dies stimmt mit früheren Forschungsergebnissen überein, und es sieht so aus, als ob selbst in diesem eingeschränkten Begabungsbereich und bei Kindern aus einer ähnlichen materiellen Umgebung deutliche Unterschiede in den relativen Testleistungen bestehen. Dabei nehmen wir natürlich an, daß der ›Essential‹ ein typischer verbaler und der ›NFER‹ ein typischer nichtverbaler Test ist und daß die Symbolform für die Unterschiede verantwortlich ist.

Interpretation und Schlußfolgerungen

Die einleuchtendste Erklärung für diese Feststellungen dürfte sein, daß die Töchter von Angestellten in diesem Alter mehr lesen und sich daher gewandter auszudrücken verstehen, was ihnen bei einem Intelligenztest zustatten kommt. Vermutlich erwerben die Kinder von Angehörigen der höheren Berufe und die Söhne der Angestellten diese Fähigkeit nicht im gleichen Ausmaß. Die Kinder aus Handwerkerfamilien dürften durch ihren Mangel an verbaler Gewandtheit leicht gehandikapt sein. Man könnte ihre höheren Testwerte beim nichtverbalen Test jedoch auch ebensogut auf den Besitz einer positiven Fähigkeit, vielleicht der praktischen Fähigkeit im Sinne von (k) zurückführen. Freilich ist nur schwer einzusehen, wieso eine spezifische, im praktischen Leben erworbene Fähigkeit der Handwerkerkinder, wie etwa die Entwicklung von mehr handwerklichen und peripheren Fertigkeiten im Haushalt eines Handwerkers, die Leistung bei einem ›Papier-und-Bleistift-Test‹ beeinflussen sollte. Während der verbale Einfluß bei Wortschatztests unmittelbar einzusehen ist, kann man sich weniger leicht vorstellen, auf welche Weise praktische Fertigkeiten die Leistung bei einem nichtverbalen Test beeinflussen könnten. Natürlich besteht die Möglichkeit, daß es sich um die Ausreifung gewisser ererbter Fähigkeiten handeln könnte und daß dies die Testwerte beeinflußt. Die ähnliche äußere Umwelt der Kinder würde diese Erklärung plausibel machen, außer wenn man darin einen Hinweis auf eine mit dem Geschlecht der Kinder verknüpfte Vererbung verbaler Fähigkeiten sehen wollte, was uns, gelinde ausgedrückt, unwahrscheinlich vorkommt.
Am einleuchtendsten scheint uns der Schluß, daß im Alter von zehn Jahren der Einfluß von ›g‹ noch so groß ist, daß verbale und nichtverbale Tests bei hochbegabten Kindern keine sehr unterschiedlichen Resultate ergeben. Allerdings scheinen die verbalen Tests den Mädchen aus Angestelltenfamilien einen leichten Vorteil gegenüber den Kindern aus Handwerkerfamilien zu geben. Doch sollte man sich natürlich vor Augen halten, daß ›v‹ für die Voraussage von Schulleistungen keineswegs ein irrelevanter Faktor ist und daß das Ziel der meisten Tests nicht ist, das reine ›g‹ zu messen, sondern spätere Schulerfolge vorauszusagen. Von diesem Standpunkt aus ist ›v‹ keinesfalls ein irrtümlicher Wert, den man außer acht lassen könnte, sondern ein nützlicher Faktor zur Voraussage der Schulleistungen.

Gleichzeitig weisen die geringfügigen Unterschiede darauf hin, daß in den Fällen, wo ein verbaler Test für die ›11+‹-Auslese benutzt wird, es für ein Mädchen aus einer Angestelltenfamilie leichter sein dürfte, aufs Gymnasium zu kommen, als für ein Mädchen mit einem gleichen ›g‹-Wert, das die Tochter eines Handwerkers ist. Auch der Sohn eines Handwerkers ist im Wettbewerb um einen Platz im Gymnasium leicht im Nachteil. Sollten sich die Ergebnisse dieser kleinen Studie bestätigen, so ist klar, daß sich die soziale Zusammensetzung der Schüler im Gymnasium ein wenig ändern würde, wenn bei der Schülerauswahl nichtverbale Tests anstelle der verbalen angewendet würden.

Anmerkungen

1 Die Standardabweichung ist ein Maß für die Streuung der individuellen Werte um ihren Mittelwert.

2 Unter einem Standardwert versteht man die Differenz zwischen dem individuellen Testwert und dem Mittelwert dividiert durch die Standardabweichung.

Literatur

BURT, C. (1939): On the relations of educational abilities. *Brit. J. Educ. Psychol.* 9, 45–71.

BURT, C. (1922): *Mental and scholastic tests.* London: King.

EELLS, K., et al. (1951): *Intelligence and cultural differences.* Chicago: Univ. of Chicago Press.

FLOUD, J. E., et al. (1956): *Social class and educational opportunity.* London: Heinemann.

HAVIGHURST, R. J., & JANKE, L. L. (1944): Relations between ability and social status in a mid-western community. I. Ten-years-old children. *J. Educ. Psychol.* 35, 357–368.

JORDAN, A. M. (1933): Parental occupations and children's intelligence scores. *J. Appl. Psychol.* 17, 103–119.

PEEL, E. A. (1952): Selection for technical education. *Educ. Rev.* 4, 183–195.

SEASHORE, H., et al. (1950): The standardisation of the Wechsler Intelligence Scale for children. *J. Consult. Psychol.* 14, 99–110.

TERMAN, L. M., & MERRILL, M. A. (1937): *Measuring intelligence.* London: Harrap.

VERNON, P. E. (1947): Variations of intelligence with occupation. *Brit. J. Psychol. Stat. Sect.* 1, 52–63.

Der Einfluß der Schulbildung auf den IQ*

von T. Husén
(Universität Stockholm)

Der Einfluß der Schulbildung auf die Leistung bei herkömmlichen Intelligenztests ist eines der umstrittensten Probleme in der pädagogischen Psychologie; vom methodologischen Standpunkt aus gehört es zu denen, auf die am schwierigsten eine Antwort zu finden ist. Man hat sich dabei mit einer sehr großen Anzahl von relevanten Variablen zu befassen, und in der Regel hat man nur einige davon unter Kontrolle. Außerdem wird die Interpretation der gewonnenen Ergebnisse noch durch das Stichprobenproblem und den Regressionseffekt kompliziert.

Wegen der großen Schwierigkeiten, die häufig mit der administrativen Seite der Forschung verbunden sind, werden Untersuchungen eines umfangreichen Materials nur relativ selten nach einem längeren Zeitraum wiederholt. Die meisten gut kontrollierten Untersuchungen haben sich bisher mit dem Einfluß des Vorschulunterrichts auf die intellektuelle Entwicklung befaßt; in diesem Zusammenhang sind zunächst die Arbeiten von Beth Wellman (1940) und der Iowa-Gruppe zu erwähnen (vgl. Mursell 1949, S. 315 ff.). Es gibt aber nur wenige einschlägige Untersuchungen, bei denen der erste Test im Grundschulalter und der zweite im Erwachsenenalter vorgenommen worden ist, und meistens wurden mehr oder weniger ausgelesene Gruppen getestet. Die interessantesten Untersuchungen stammen von Lorge. Dieser benutzte Testergebnisse, die er 1921/22 und dann wieder 1941 von 131 männlichen Probanden erhielt. Während der ersten Untersuchung waren seine Versuchspersonen Schüler einer achten Volksschulklasse in New York City, wo sie Schulleistungstests unterzogen wurden. Bei der zweiten Untersuchung absolvierten sie zwei der üblichen Gruppen-Intelligenztests, wobei es sich bei dem einen um den ›Otis-Gruppentest‹ handelte. Die ursprüngliche Gruppe hatte aus 863 Knaben bestanden, doch konnte Lorge nachweisen, daß die 131 von ihnen, die nach zwanzig Jahren für einen weiteren Test noch zur Verfügung standen, in bezug auf die bei der ersten Untersuchung erreichten Testwerte ein repräsentatives Sample der ursprünglichen Gruppe darstellten. Er hat das Material nach den Testergebnissen von 1921 in verschiedene Klassenintervalle unterteilt. In jeder Klasse wurde dann die mittlere Punktzahl im ›Otis-Gruppentest‹ für die verschiedenen Schulniveaus bestimmt. Dabei wurden besonders große Unterschiede zwischen denen, die eine höhere

* The influence of schooling upon IQ. Mit freundlicher Genehmigung von C. W. K. Gleerup Bokvoerlag, Lund, entnommen aus: *Theoria* 17, 1951, S. 61–88.

Schulbildung erhalten hatten, und denen, die nur die Elementarschule besucht hatten, festgestellt, und das trotz der Tatsache, daß sie anfangs alle das gleiche Ausgangsniveau gehabt hatten.[1] Von denen, die beim Test von 1921 89–98 Punkte erreicht hatten, erhielten die mit einer Schulzeit von 8–9 Jahren beim ›Otis-Test‹ 38–39 Punkte, gegenüber 53–54 Punkten bei den Probanden mit einer theoretisch ausgerichteten Schulbildung von 15 Jahren oder mehr. In mehrfacher Hinsicht ruhen allerdings die Ergebnisse von Lorge auf einer etwas unsicheren Grundlage. Er nahm seine Untersuchungen mit besonders kleinen Untergruppen vor, wobei die mittleren Unterschiede nur selten statistisch signifikant sind.[2] Außerdem sind die beiden miteinander verglichenen Tests ihrem Charakter nach tatsächlich recht verschieden. Wie bereits erwähnt, war der erste ein ausgesprochener Schulleistungstest (Lese- und Rechentests).
Byrns und Henmon (1935) haben die Ergebnisse beim ›National Intelligence Test‹ untersucht, die 8–10 Jahre zuvor von 250 College-Studenten erzielt worden waren. Die Korrelation zwischen beiden Reihen von IQ-Werten war + 0,81. Da jedoch eine Testwiederholung mit den Probanden, die keine höhere Schule besucht hatten, nicht durchgeführt werden konnte, ist diese Untersuchung für die Frage nach den Auswirkungen der Schulbildung auf den IQ nicht relevant.

Methodologische Probleme

Wenn man die Auswirkungen des theoretisch akzentuierten Schulunterrichts auf den Intelligenzquotienten untersuchen will, wobei letzterer mit herkömmlichen Gruppentests definiert wird, sollte man sich von Anfang an darüber klar zu werden versuchen, bis zu welchem Ausmaß die Schulbildungs-Variable überhaupt separat untersucht werden kann. Dies ist für die Interpretation der auftretenden interindividuellen Unterschiede wie auch der Gruppenunterschiede von größter Wichtigkeit. Die Möglichkeit, die im folgenden angegebenen idealen Forschungsbedingungen zu erreichen, variieren von Fall zu Fall je nach dem Umfang der dem Forscher zugänglichen Daten.[3]
1. Neben der Experimentalgruppe auch eine Kontrollgruppe zu benutzen, ist höchst wünschenswert, um nicht zu sagen unerläßlich. Will man den Einfluß der Schulbildung auf die geistige Fähigkeit testen, so ist es empfehlenswert, von Anfang an zwei äquivalente Gruppen zu benutzen. Die eine dieser Gruppen weist keinerlei Variationen in bezug auf die theoretische Schulbildung auf (Kontrollgruppe), während die andere nach der Elementarschule in unterschiedlichem Ausmaß eine weitere Schulbildung genossen hat (Experimentalgruppe).
2. Natürlich sollte sich die Äquivalenz in erster Linie auf die Testvariable beziehen, welche den IQ definiert; doch sollte sie möglichst auch soziale Variablen, wie das Einkommen der Eltern, deren sozioökonomische Gruppenzugehörigkeit, Schulbildung, Beruf usw. umfassen. Der Idealfall wäre, jeder Versuchsperson eine Kontrollperson an die Seite zu stellen, und zwar derart, daß die beiden ein Paar bildenden Personen in bezug auf alle relevanten Variablen annähernd gleich sind. Diese Paarbildung sollte a priori vorgenom-

men werden, denn wenn es a posteriori geschieht, besteht die Gefahr, daß der Faktor, aufgrund dessen der Betreffende zur Versuchs- bzw. zur Kontrollperson wurde, mit der Variablen in einen korrelativen Zusammenhang gebracht wird, deren Auswirkung untersucht werden soll. Wenn wir – wie Wellman – die Auswirkung des Vorschulunterrichts auf die intellektuelle Entwicklung untersuchen wollen und zu diesem Zweck eine Anzahl Kinder sowohl vor als auch nach diesem Vorschulunterricht testen und wenn wir diese Testergebnisse anschließend mit den entsprechenden Ergebnissen bei einer Gruppe von Kindern vergleichen, die in keinen Kindergarten gegangen sind, so wird der Unterschied sehr schwer zu interpretieren sein. Es kann sehr leicht der Fall sein, daß wohlhabendere Eltern, die gebildeter sind und einen stärkeren gesellschaftlichen Ehrgeiz haben, ihre Kinder häufiger in einen Kindergarten schicken. Die Überlegenheit von Kindern mit einer Vorschulausbildung im Vergleich zu Kindern, die diese nicht hatten, kann auch zu einem nicht geringen Teil auf die Stimulation zurückzuführen sein, die das Elternhaus dem Kind in intellektueller Hinsicht gibt. Daß die Experimental- und die Kontrollgruppe a priori zusammengestellt werden, ist – wie bereits gesagt – ein Idealfall, der in der Regel unerreichbar ist.

3. Im allgemeinen ist die Experimentalgruppe bereits in der Form gegeben, daß einige Probanden einen bestimmten Ausbildungskurs begonnen haben oder demnächst beginnen werden (Terman & Oden 1947, S. 125 ff.). Das sollte jedoch nicht hindern, den Versuch zu machen, beide Gruppen in bezug auf die Variablen, die kontrolliert werden können, äquivalent zu halten. Freilich stößt man hier auf die Schwierigkeit, daß das zur Verfügung stehende Material begrenzt ist. Wenn wir beispielsweise eine Gruppe von 400 Personen haben und diese bezüglich Alter, Eltern, Einkommen und Schulbildung des Probanden kontrollieren wollen, so besteht ein beträchtliches Risiko, daß wir so kleine Untergruppen erhalten, daß die Gruppenunterschiede schon sehr groß sein müssen, wenn sie überhaupt statistisch signifikant sein sollen. Ein Ausweg, dessen sich die Forschung gelegentlich bedient, ist, daß man jeweils nur eine Variable zu kontrollieren versucht. Wenn man – wie in unserem Fall – den Einfluß der Schulbildung auf den IQ bestimmen will und die Experimental- und die Kontrollgruppe vom sozialen Standpunkt aus nicht äquivalent sind, so kann man die mittlere Wirkung einer jeden Variablen für sich vergleichen und gleichzeitig jeweils den Einfluß der anderen Variablen ausschließen.

4. Wie Anastasi und Foley (1949, S. 241 ff.) darlegen, ist das Problem der Stichprobenauswahl von größter Wichtigkeit. Bei Längsschnittuntersuchungen erhalten wir oft eine positive Auswahl, weil der Teil unseres Materials, der intellektuell und sozial am schlechtesten gestellt ist, von der öffentlichen Registrierung schwerer zu kontrollieren ist. Wenn beispielsweise ein Test mit 300 Kindern später noch einmal wiederholt werden soll und nach einer Reihe von Jahren nur noch 125 davon aufzuspüren sind, dann sollte man natürlich diese 125 nicht mit den ursprünglichen Daten für die 300 Kinder, sondern mit den entsprechenden Daten für die 125 verbleibenden Probanden vergleichen.

Eine der interessantesten Längsschnittuntersuchungen, die durchgeführt worden sind, ist die Untersuchung begabter Kinder durch Terman, die in den frühen zwanziger Jahren ausgesucht wurden (vgl. Terman & Oden 1947). Diese Gruppe war in höchstem Maße positiv ausgelesen, und der Einfluß, den Unterschiede im theoretischen Schulunterricht in dieser Gruppe gehabt haben können, erlaubt natürlich nicht, irgendwelche Schlußfolgerungen zu ziehen, die für eine normale Population gelten sollen.

5. Einer der wichtigsten Faktoren bei Längsschnittuntersuchungen, bei denen die gleiche Gruppe zweimal oder mehrmals getestet wird, ist der sogenannte Regressionseffekt, auf dessen Bedeutung für die Effektbestimmung des Trainings geistiger Fähigkeiten zuerst McNemar (1940) hingewiesen hat. Der Regressionseffekt bedeutet, daß Personen, die extrem hohe Testwerte erreichen, bei einer erneuten Testuntersuchung dazu neigen, auf den Durchschnitt hin zu regredieren. Testen wir eine Reihe von Personen und lesen alle die aus, die einen IQ von über 130 haben, um sie dann mit dem gleichen Test erneut zu testen, so werden wir finden, daß der neue Mittelwert 5–10 Einheiten niedriger liegt. Entsprechend würden wir einen um 5–10 Einheiten höheren Mittelwert erhalten, wenn wir Versuchspersonen mit einem IQ unter 70 ausgewählt hätten. Ursache für diese Erscheinung ist die ungenügende Meßgenauigkeit des Tests, sein Mangel an idealer Verläßlichkeit. Zufallsfehler beeinflussen die individuellen Testwerte. Der Regressionseffekt ist umkehrbar. Wenn wir alle Versuchspersonen auslesen, die beim zweiten Testen einen IQ über 130 erreichen, werden wir feststellen, daß ihr Durchschnitt beim ersten Testen 5–10 Einheiten höher gelegen hat.

Man muß sich vor Augen halten, daß der Regressionseffekt unter bestimmten Bedingungen zum Auftauchen von Gruppenunterschieden beitragen kann. Wenn zwei Gruppen aus unterschiedlichen Populationen verglichen werden und die beiden »Mutter-Populationen« bezüglich der Variablen, mit der sich der Gruppenvergleich befaßt, differieren, wirkt sich der Regressionseffekt aus. Wir werden später noch Gelegenheit haben, auf dieses Problem zurückzukommen, und zwar im Zusammenhang mit den sich bei unserer Forschungsarbeit ergebenden Gruppenvergleichen.

Auf eine Bedingung, unter der sich der Regressionseffekt bemerkbar macht, wollen wir schon hier eingehen. Wenn wir den Einfluß untersuchen, den die höhere Schulbildung auf den IQ bei verschiedenen Fähigkeitsniveaus hat, so finden wir, daß sie auf den unteren Niveaus den IQ »anhebt« und daß sie ihn auf den höheren Niveaus »senkt«. Man hat dieses Phänomen gelegentlich fälschlicherweise so interpretiert (unter anderem auch in den Iowa-Untersuchungen), daß die Schulbildung einen »nivellierenden« Einfluß habe. Da aber, wie bereits dargelegt, die extremen Testwerte die Tendenz zeigen, beim erneuten Testen nach dem Durchschnitt hin zu regredieren, sind die beschriebenen Veränderungen zu erwarten. In der Regel besteht eine Interrelation zwischen ihnen und systematischen Veränderungen anderer Art.[4]

6. Die Größe der Abweichungen, die zwischen zwei Testuntersuchungen bei verschiedenen Gelegenheiten mit den gleichen oder mit vergleichbaren Tests und bei denselben Versuchspersonen zu beobachten ist, hängt von folgenden drei Faktoren ab:

a) der Länge des Zeitabstandes,
b) dem Alter der Versuchsperson bei der ersten Testuntersuchung,
c) der Verläßlichkeit (Reliabilität) des Tests.

R. L. Thorndike (1933, 1940) behauptet nachgewiesen zu haben, daß, wenn sich bei der unmittelbaren Testwiederholung eine Korrelation von +0,89 ergibt, diese nach einer Pause von 10 Monaten auf +0,87, nach 2 ½ Jahren auf +0,81 und nach 5 Jahren auf +0,70 absinkt. Den Einfluß des Alters hat er nicht mitberücksichtigt. Letzteres hat J. E. Anderson besser mit in Betracht gezogen. Er hat gezeigt, daß eine um so bessere Voraussage (d. h. eine um so geringere Abweichung) während eines bestimmten Zeitabstandes erfolgt, je älter die Versuchsperson bei der ersten Testwiederholung ist, da dann die Zahl der »gemeinsamen Elemente« größer ist. Vom rein statistischen Standpunkt aus sind höhere Korrelationen zwischen den Tests zu erwarten, wenn diese mit denselben Versuchspersonen beispielsweise zwischen derem 10. und 20. Lebensjahr vorgenommen werden, als wenn dies zwischen ihrem 5. und 15. Lebensjahr geschieht.

Andersons (1940) »Überlappungshypothese« wird durch die uns zur Verfügung stehenden Forschungsdaten bestätigt (vgl. auch Anastasi & Foley 1949, S. 292 ff.; Jones 1946, S. 586 ff.). Ein bekanntes Sprichwort parodierend, kann man sagen, daß das Kind mit zunehmendem Alter immer mehr zum Vater des späteren Mannes wird. Dieses Argument ist von großer praktischer Bedeutung. Da man sich in der Schule der Tests zum Zweck der Auslese bedient, wäre es äußerst wichtig, wenn man ein bestimmtes Alter festlegen könnte, bei dem die IQ-Testwerte anfangen, einen befriedigenden prognostischen Wert zu besitzen.

7. Möglichst sollte der gleiche Test sowohl für die erste als auch für die zweite Untersuchung benutzt werden. Das ist prinzipiell möglich, wenn man die Längsschnittuntersuchungen mit Kindern innerhalb eines begrenzten Zeitraums oder solche mit Erwachsenen innerhalb eines beliebigen Zeitraums vornimmt. Wenn jedoch – wie in unserem Fall – dieselben Personen im Alter von 10 bzw. 20 Jahren getestet werden, muß man Skalen mit verschiedenem Inhalt verwenden (bei denen die Testaufgaben variieren), was jedoch nicht besagt, daß diese unterschiedlich strukturiert sein müssen. In unserem Fall hatten beide Testskalen zufällig in folgender Hinsicht die gleiche Struktur: Beide waren

a) Gruppentest-Skalen,
b) unterteilte Skalen mit 4 Subtests,
c) Skalen mit Zeitlimit und
d) Skalen, bei denen 3 Subtests hauptsächlich verbal und einer nicht-verbal war.

Wir konnten die Skala nicht benutzen, deren man sich 1938 in Malmö bei der Einberufung von Rekruten bedient hat, schon deshalb nicht, weil die Verteilung der erhaltenen Testwerte positiv verfälscht worden wäre, ohne daß die Möglichkeit einer Differenzierung in der besseren Hälfte der getesteten Personen bestanden hätte, in der die meisten derjenigen zu finden sind, die eine höhere Schule besucht haben.

Im folgenden wollen wir nun über unsere Forschungen bezüglich des

Einflusses der Schulbildung auf Veränderungen des IQ berichten. Im Jahre 1938 wurde die gesamte Schulpopulation, 1549 Kinder, die eine dritte Klasse der Elementarschulen in Malmö (einer schwedischen Stadt mit etwa 140 000 Einwohnern) besuchten, einem Gruppen-Intelligenztest unterzogen. Das mittlere Alter der Schüler war 9,65 Jahre. Zehn Jahre später, 1948, wurde der männliche Teil dieser Population bei der Einberufung zum Wehrdienst abermals getestet. Dabei standen die vollständigen Testdaten und sozialen Daten aus dem Jahre 1938 für 722 im Jahre 1928 geborene junge Männer zur Verfügung. Bei dieser Gelegenheit konnten wir 95 % der ursprünglichen Population identifizieren. Für 85 %, d. h. 613 Probanden, standen die vollständigen Testdaten und die Schulakten zur Verfügung. Die identifizierte Gruppe war hinsichtlich der ursprünglichen Testwerte eine repräsentative Stichprobe der gesamten Population. Beim ersten Test hatten uns die Beurteilungen der Lehrer über die allgemeine geistige Fähigkeit auf einer 5-Punkte-Skala zur Verfügung gestanden.
Der Test von 1938 wurde kurz vor dem Zeitpunkt vorgenommen, zu dem eine Differenzierung in bezug auf die Schulausbildung ihren Anfang nahm. Der Test von 1948 wurde gegeben, als die Differenzierung praktisch beendet war. Die Probanden wurden in fünf Kategorien eingeteilt, und zwar nach der höchsten von ihnen erreichten Schulklasse.

Elementarschule (7 Klassen)	431 Probanden
Untere Klassen einer höheren Schule ohne Abgangszeugnis (7. bis 10. Klasse)	28 Probanden
Untere Klassen einer höheren Schule mit Abgangszeugnis (9. oder 10. Klasse)	73 Probanden
Obere Klassen einer höheren Schule ohne Abgangszeugnis (11. bis 13. Klasse)	66 Probanden
Reifezeugnis (12. bis 13. Klasse)	15 Probanden
	Insgesamt 613 Probanden

Der Intelligenztest von 1938 war eine Skala mit 4 einzelnen Subtests: »Gegensätze finden«, »Satzergänzung«, »Figurenidentifikation« (nichtverbal) und »Sätze ordnen«. Auch der Test von 1948 bestand aus vier Subtests: »Synonyme finden«, »Wortverständnis«, »Zahlenreihen« und »Matrizen«.

IQ-Unterschiede in Beziehung zur Schulbildung

Die Rohwerte aus den Tests von 1938 und 1948 wurden in IQ-Werte transformiert. Dann wurde für jeden einzelnen Probanden die Differenz zwischen dem IQ von 1948 und dem IQ von 1938 bestimmt. Dabei ist eine positive Differenz ein Hinweis auf eine relative Steigerung der intellektuellen Fähigkeit, während eine negative Differenz ein Absinken derselben bedeutet.[5] Die Verteilung der Unterschiede mit ihren Charakteristiken für die verschiedenen Schulbildungsniveaus ist in Tabelle 1 dargestellt. Die bis auf eine Stelle nach dem Komma berechneten mittleren Unterschiede sind folgende:

Elementarschule	− 1,2 ± 0,6
untere Klassen einer höheren Schule ohne Abgangszeugnis	+ 2,1 ± 2,3
untere Klassen einer höheren Schule mit Abgangszeugnis	+ 3,0 ± 1,1
obere Klassen einer höheren Schule ohne Reifezeugnis	+ 7,2 ± 1,1
Reifezeugnis	+ 11,0 ± 2,6

Offensichtlich steigt der IQ um so deutlicher an, je höher das erreichte Schulniveau ist. Zu einer signifikanten Abweichung von Null kommt es nur bei den drei obersten Gruppen. Wie man sieht, erfolgt die Zunahme nicht linear, sondern wird nach der Stufe der höheren Schule mit Abgangszeugnis rasch größer.[6]

Wir kommen nunmehr zu dem Hauptproblem, ob die auftretenden Unterschiede im IQ-Mittelwert bei den verschiedenen Gruppen ganz oder teilweise der unterschiedlichen Schulbildung zuzuschreiben sind. Da der Übergang in die höhere Schule in beträchtlich stärkerem Maße bei den höheren sozialen Gruppen und Einkommensgruppen als bei den niedrigeren erfolgt, fragt man sich mit gutem Grund, ob diese sozialen Variablen, die mit der Schulbildung korrellieren, nicht die beobachteten mittleren Unterschiede in beträchtlichem Maße beeinflussen. Wie bereits in anderem Zusammenhang ausführlicher dargelegt, ist in den höchsten Einkommensgruppen beim IQ eine mittlere Zunahme von etwa 3 Einheiten zu beobachten. (Husén 1950, S. 81 ff.). Von den vier sozialen Gruppen zeigt nur Gruppe 1 eine signifikante mittlere Steigerung von 7,5 Einheiten. Die »reinste« der sozialen Variablen ist das Einkommen. Da letzteres aber keineswegs mittlere Unterschiede von derselben Größe hervorruft wie die Schulbildung, kann man berechtigterweise annehmen, daß diese für die Unterschiede in Tabelle 1 hauptsächlich verantwortlich ist. Die mittlere Steigerung beim IQ, wie sie bei der sozialen Gruppe 1 zu beobachten ist, kann man hauptsächlich der Tatsache zuschreiben, daß etwa 80 % ihrer Mitglieder in die höhere Schule gegangen sind (wobei die Mehrheit, etwa 60 %, die oberen Klassen einer höheren Schule besuchten).

Aus dieser Analyse der Zusammenhänge zwischen den verschiedenen Variablen mit den Unterschieden im IQ kann man den Schluß ziehen, daß der Schulbildung – wenigstens was die drei unteren sozialen Gruppen betrifft – die unvergleichlich größte Bedeutung für die systematischen Veränderungen im IQ zwischen dem 10. und 20. Lebensjahr zukommt (Husén 1950, S. 85, 89 u. 92).

Man wird sich fragen, wieso die Steigerung des IQ in den Gruppen aus den Oberklassen der höheren Schulen und in den Abiturientengruppen größer ist als in der Unterklassengruppe. Hierfür kommen drei Gründe in Betracht: 1. könnte beim Übergang von den Unter- in die Oberklassen der höheren Schulen eine gewisse Auslese der Schüler, die besonders leicht lernen, stattgefunden haben; 2. könnte ein Absinken der Testwerte darauf zurückzuführen sein, daß es den Probanden, die die Oberschule bereits nach den Unterklassen ohne Abgangszeugnis verlassen haben, durch die große Zeitspanne zwischen dem Schulabgang und der Absolvierung der Tests an Übung fehlte; 3. könnte die Gruppe, die die Oberklassen einer höheren Schule besucht hat, durch ihr längeres intellektuelles Training im Vorteil sein.

Da unsere Gruppe von Schülern aus den Unterklassen mit Abgangszeugnis sich ausschließlich aus Probanden zusammensetzte, die die Schule nach der Abschlußprüfung verließen, wissen wir nicht, wie die Verteilung der IQ-Unterschiede bei allen Schülern aussah, die dieses Examen gemacht hatten. Beim Übergang von den Unterklassen in die Oberklassen der höheren Schulen ist die manifeste Leistungsfähigkeit (definiert durch Schulzeugnisse, Testpunkte usw.) ebenso von Bedeutung wie die sozialen Faktoren. In einer zehnjährigen Längsschnittuntersuchung 1925 geborener Schulkinder aus Stockholm ist es Boalt gelungen nachzuweisen, daß die Korrelation zwischen den Faktoren Schulzeugnis, soziale Gruppe und Einkommensgruppe und dem Übergang in die Oberstufe der höheren Schule annähernd +0,50 ist. In unserem Material ist in bezug auf den Test von 1938 kein signifikanter Unterschied zwischen der Gruppe, die die höhere Schule mit Abgangszeugnis verließ, einerseits und den beiden Gruppen mit der höchsten Schulbildung andererseits zu erkennen. Es hat den Anschein, daß keine irgendwie bedeutsame Selektion nach der Leistungsfähigkeit stattgefunden hat. Ob dabei eine Selektion der Schüler, denen das Lernen besonders leicht fiel, stattgefunden hat, läßt sich nur schwer entscheiden.

Die zweite Erklärung für das starke Ansteigen des IQs in der Oberklassengruppe der höheren Schulen bzw. das Absinken aufgrund des Mangels an Übung bei der Gruppe, die die höhere Schule nach den Unterklassen mit einem Abgangszeugnis verließ, ist schwieriger zu verifizieren. Vernon, der Untersuchungen an englischem Material über die Entwicklung von verschiedenen Formen von Leistungen bei Vierzehn- bis Achtzehnjährigen vorgenommen hat, kommt zu dem Schluß: »Es hat den Anschein ..., als nähme die allgemeine Intelligenz nach dem vierzehnten Jahr bei den begabteren Mitgliedern der Population zu, die die Schule weiter besuchen, jedoch nicht bei denen, die die Schule verlassen ...« (Vernon 1948, S. 138). Hier handelt es sich um den Vergleich zwischen denen, die die Schule nach Absolvierung der Elementarschule verließen, und denen, die bis zu ihrem achtzehnten Lebensjahr weiter in die Schule gingen. In unserem Fall haben wir zwei Gruppen, die eine weitere Ausbildung erhielten, und die eine davon wurde etwa 3 Jahre nach dem Verlassen der Schule getestet, während die andere getestet wurde, als sie die Schule noch besuchte, oder kurz nach Beendigung der Schulzeit. Praktisch aber hatten alle Probanden, welche die höhere Schule mit Abgangszeugnis besucht haben, einen Beruf, der ihnen Gelegenheit zu weiterem verbalen und numerischen Training gab; folglich mußte für sie der Verlust an Übung nach dem Verlassen der Schule weit geringer sein als bei denen, die einen handwerklichen Beruf ergriffen haben (Husén 1950, S. 551 ff.).

Die dritte Erklärung, daß nämlich das bessere Testergebnis auf die größere Übung durch ein längeres theoretisches Training zurückzuführen sei, kann man hypothetisch als die wichtigste ansehen.

Aus Tabelle 1 ist die Verteilung der IQ-Abweichungen ohne Berücksichtigung des Vorzeichens zu ersehen. Die durchschnittliche Abweichung für die gesamte Population beträgt 8,71 Einheiten. Der Median ist 7,0. Etwa ein Drittel der Abweichungen liegt unter 5 Einheiten, und ein Viertel liegt über 11 Einheiten. Es gibt eine kleine Anzahl sehr starker Abweichungen. Ausgedrückt in Form eines Korrelationskoeffizienten beträgt die Korrelation

Tabelle 1: Verteilung der IQ-Differenzen (IQ_{48}-IQ_{38}) von Probanden des Jahrgangs 1928 bei Unterteilung nach dem Schulbesuch

Unterschied (mit Vorzeichen)	Elementar-schule	Unterstufe einer höheren Schule ohne Abgangs-zeugnis	Unterstufe einer höheren Schule mit Abgangs-zeugnis	Oberstufe einer höheren Schule ohne Abgangs-zeugnis	Reife-zeugnis	Ins-gesamt
−36 bis −39	1					1
−32 bis −35	2					2
−28 bis −31	3					3
−24 bis −27	7	1	1			9
−20 bis −23	12					12
−16 bis −19	24	1	2	1		28
−12 bis −15	35		2			37
− 8 bis −11	37	4	4	3		48
− 4 bis − 7	47	2	8	1		58
0 bis − 3	64	5	10	10	2	91
4 bis 1	58	4	16	11	4	93
8 bis 5	53	3	7	11	1	75
12 bis 9	48	4	12	13	1	78
16 bis 13	21	2	8	8	2	41
20 bis 17	9	1	1	2	3	16
24 bis 21	7			2	1	10
28 bis 25	1		1	3		5
32 bis 29	1		1	1		3
36 bis 33					1	1
40 bis 37	1	1				2
N	431	28	73	66	15	613
M	−1,18±0,56	2,07±2,29	2,99±1,14	7,23±1,13	11,03±2,58	0,67±0,47
σ	11,44±0,39	12,11±1,62	9,77±0,81	9,18±0,80	10,00±1,82	11,54±1,04
Anzahl der Probanden mit angestiegenen Testwerten	46,2 %	53,6 %	63,0 %	77,3 %	86,7 %	52,9 %

zwischen dem IQ von 1938 und dem IQ von 1948 +0,72. Dieses Resultat scheint sehr weitgehend mit den Ergebnissen der äußerst spärlichen Untersuchungen übereinzustimmen, die auf diesem Gebiet vorliegen. Embree (zitiert bei Anastasi & Foley 1949) und R. L. Thorndike (1947) berichten über ihre Untersuchung von College-Bewerbern, wobei sie die Ergebnisse von deren Aufnahmeprüfung mit ihren Testergebnissen in der Schule verglichen. Im Kommentar zu ihren Untersuchungen weisen Anastasi und Foley (1949, S. 292 f.) darauf hin, daß eine Längsschnittuntersuchung derartig ausgelesener

Gruppen keine Schlüsse auf den Voraussagewert des Testergebnisses bei repräsentativen Populationen gestattet. Embree erhielt zwischen den Testergebnissen in der siebten Klasse der Elementarschule und den Ergebnissen der ›American Council Psychological Examination‹, die 5–6 Jahre später vorgenommen wurde, eine Korrelation von +0,80. Für nichtausgelesene Populationen liegen keine entsprechenden Längsschnittuntersuchungen vor. So können wir auch unsere Resultate nicht mit denen vergleichen, die Terman bei seinen Längsschnittuntersuchungen von begabten Kindern gewonnen hat.

Eine mittlere Abweichung von 7 Einheiten bzw. eine Korrelation von +0,72 zwischen den im Alter von zehn und zwanzig Jahren erhaltenen Testergebnissen weist unserer Meinung nach auf einen engeren Zusammenhang zwischen den beiden Testungen hin, als zu erwarten gewesen wäre. Das geringe Alter (9,65 Jahre) beim ersten Test, der lange Zwischenraum und zwei unterschiedliche Testskalen stellen Bedingungen dar, die sehr wohl eine numerisch niedrigere Beziehung verursacht haben könnten, als es tatsächlich der Fall war. Wie bereits festgestellt, hält Thorndike +0,70 für den wahrscheinlichsten Wiederholungstest-Koeffizienten, wenn zwischen beiden Tests ein Zwischenraum von 5 Jahren liegt.

Die Abweichungen zwischen dem IQ von 1938 und dem IQ von 1948 sind zurückzuführen a) auf Zufallsfehler beim Messen, »ungenügende Halbierungs-(splithalf-)Reliabilität«, b) auf systematische Veränderungen bei den Probanden, c) auf Zufallsänderungen bei den Probanden und d) auf die Tatsache, daß die Tests bis zu einem gewissen Grad verschiedene Dinge, nämlich bestimmte Test-Spezifitäten, messen. Es dürfte interessant sein, die Korrelation zu berechnen, die sich ergeben hätte, wenn die beiden Tests voll verläßlich (reliabel) wären. In diesem Fall sollte man unserer Meinung nach für die Berechnung die Retest-Verläßlichkeit und nicht die Halbierungs-Verläßlichkeit (splithalf reliability) benutzen. Der Grund hierfür ist vor allem, daß letztere Art von Verläßlichkeitskoeffizient bei Tests mit Zeitlimit oft unzulässig erhöht ist. Benutzt man dagegen Retest-Koeffizienten, so wirkt sich die Unbeständigkeit der Probanden innerhalb kurzer Zeiträume neben Zufallsfehlern aus. Soweit uns bekannt ist, hat man bisher keinen Retest-Koeffizienten für den Gruppentest von 1938 bestimmt. Da dieser Test relativ kurz ist (56 Aufgaben gegenüber 160 Aufgaben beim I-Test von 1948) und da die Retest-Koeffizienten die Tendenz zeigen, bei Kindern niedriger zu sein als bei Erwachsenen, besteht vermutlich die Gefahr, daß man sie zu gering schätzt, wenn man von der Annahme ausgeht, daß die Verläßlichkeit bei der Skala von 1938 +0,85 betrug. Untersuchungen zur Retest-Reliabilität von I-Tests sind mit unterschiedlichen Zeitabständen bei erwachsenen Populationen durchgeführt worden. Der niedrigste Koeffizient war dabei +0,91 und der höchste +0,95.[7] Es dürfte sich daher empfehlen, den höchsten Koeffizienten zu wählen, damit es nicht zu unzulässigen »Überkorrekturen« bezüglich des Einflusses der Reliabilität auf die Korrelation zwischen den Tests kommt. Setzen wir dann die Werte in die Korrekturformel (correction for attenuation) ein, so erhalten wir einen Koeffizienten von +0,80, der nun die vermutliche Korrelation zwischen den beiden Tests für den Fall angibt, daß die Verläßlichkeit vollkommen ist. Die Abweichung des Koeffizienten von 1 dürfte dann zum Teil auf Veränderungen bei den Probanden und teilweise auf die Tatsache zurückzuführen sein, daß die Tests etwas unterschiedliche Funktionen messen. Letzterer Faktor scheint eine recht unbedeutende Rolle gespielt zu haben. Wie bereits bemerkt, besitzen die Tests weitgehend die gleiche Struktur. Wir selbst haben herausgefunden, daß spezifisch verbale Tests mit recht unterschiedlichen Testtypen bei einer normalen Population einen Retest-Koeffizienten von über +0,90 ergeben (Husén & Henricson, 1951, S. 59).

Es hat daher den Anschein, als könne man bereits nach den Ergebnissen von Gruppentests bei Zehnjährigen deren Leistungen bei Tests in einem beträchtlich höheren Alter relativ zuverlässig voraussagen.

Zusammenfassend ist festzustellen: Es besteht Grund zu der Annahme, daß theoretischer Schulunterricht nach dem Verlassen der Elementarschule das intellektuelle Niveau, wie es mit Gruppentests des konventionellen Typs erfaßt wird, beträchtlich erhöht. Im Durchschnitt liegt die Zunahme zwischen 0 und 10 IQ-Einheiten, je nach dem Umfang des späteren Unterrichts. Im Durchschnitt beträgt die Steigerung bei allen, die irgendeine Form von weiterführendem Unterricht erhielten, 4,84 Einheiten. Die Oberstufe der höheren Schule hebt das Niveau durchschnittlich um 7–10 Einheiten.

Veränderungen des IQ auf den verschiedenen Fähigkeitsniveaus

IQ-Veränderungen im Test als Fähigkeitskriterium

Bisher haben wir uns hauptsächlich mit den mittleren Abweichungen bei verschiedenen Schulbildungsgruppen zwischen den IQs von 1938 und denen von 1948 beschäftigt. Diesen Mittelwert haben wir in seiner Beziehung zu verschiedenen äußeren Faktoren, wie dem theoretischen Schulunterricht und – in anderem Zusammenhang – der sozialen Gruppe, der Einkommensgruppe und der Anzahl der Kinder betrachtet. Natürlich ist es von größtem Interesse, diese mittleren Tendenzen zu bestimmen, aber es ist ebenfalls interessant zu untersuchen, ob die systematischen Veränderungen dazu tendieren, auf verschiedenen Fähigkeitsniveaus voneinander abzuweichen.

Wie bereits erwähnt, darf man annehmen, daß die IQ-Abweichungen zwischen 1938 und 1948 auf folgende Faktoren zurückzuführen sind:

a) auf die ungenügende Verläßlichkeit der beiden Gruppentests,
b) auf den Einfluß gewisser Umweltvariablen auf die Probanden,
c) auf die Zufallsänderungen, die in der Zwischenzeit eingetreten sind,
d) auf Eigenarten der beiden Tests.

Unser Ziel ist, den systematischen Einfluß zu bestimmen, den bestimmte Umweltvariablen – in diesem Fall besonders die Schulbildung – ausgeübt haben. In diesem Zusammenhang ist es wichtig festzustellen, welche Rolle die Zufallsänderungen (Punkt a und c) spielten. Die Korrelation von +0,72 zwischen dem IQ von 1938 und dem von 1948 weicht teilweise aufgrund von Zufallsveränderungen von 1 ab. Man sollte sich jedoch vor Augen halten, daß die systematischen Veränderungen noch mehr dazu beitragen, die Korrelation zu senken, da sie die ursprüngliche Rangordnung der IQ-Testwerte ändern.

Eine Möglichkeit, den Einfluß verschiedener Faktoren zu ermitteln, ist die Anwendung der Varianzanalyse. Man kann die Gesamtvarianz in jedem Fall in eine Varianz zwischen Schulbildungsgruppen und eine Varianz innerhalb dieser Gruppen unterteilen. Man kann dann abschätzen, welcher Anteil der Gesamtvarianz in beiden Fällen auf die Schulbildungsvarianz zurückzuführen ist.

In diesem Zusammenhang wollen wir uns vor allem bemühen herauszufinden, welche IQ-Veränderungen auf den verschiedenen Fähigkeitsniveaus stattfanden. Wir benutzen dabei folgende Fähigkeitskriterien: a) den Gruppentest von 1938, b) die Beurteilung der Lehrer von 1938. Da keiner der beiden Tests unbedingt verläßlich ist und sie außerdem bis zu einem gewissen Grad unterschiedliche Funktionen messen (zweifellos besitzen sie eine recht bedeutsame Spezifität gegeneinander), ist ein beträchtlicher Regressionseffekt in Rechnung zu stellen. Dieses Phänomen haben wir bereits definiert und auch auf einige konkrete Beispiele hingewiesen, wo sein Einfluß sich bemerkbar macht. Wenn man wie in diesem Fall die »realen« systematischen Veränderungen in den intellektuellen Leistungsniveaus, die auf unterschiedlichen Niveaus eingetreten sind, messen will, muß man den Einfluß des Regressionseffekts bestimmen.

Terman und McNemar sahen sich mit diesem Problem konfrontiert, als sie ihre Längsschnittuntersuchung der Gruppe von »Genialen« durchführten, die Terman Anfang der zwanziger Jahre getestet hatte. Er hatte dazu Kinder mit einem ursprünglichen IQ von über 140 ausgewählt. Beim Wiederholungstest, der 1940 durchgeführt wurde, stellte man fest, daß nach der angewandten Berechnungsmethode eine mittlere Regression zwischen 10,4 und 17–18 IQ-Einheiten stattgefunden hatte. Diese Veränderung konnte man aus folgenden vier Tatsachen erklären: 1. aus der ungenügenden Verläßlichkeit der Tests, 2. aus den Eigentümlichkeiten der Tests, 3. aus systematischen Veränderungen, die durch Umweltbedingungen und spontanes Wachstum verursacht sein konnten, und 4. aus Zufallsänderungen im Laufe der Zeit (Terman & Oden 1947, S. 138). McNemar versuchte, die Größe des Regressionseffekts zu bestimmen (vgl. Terman & Oden 1947, S. 140 ff.). Bei einer so stark ausgelesenen Gruppe wie der erwähnten war der Effekt recht beträchtlich, schätzungsweise etwa ½ σ.

Die Korrelation zwischen dem IQ von 1938 und dem von 1948 ist, wie bereits erwähnt, +0,72, und die Korrelationstabelle läßt erkennen, daß deutliche Regressionseffekte vorhanden sind. Bestimmt man die Regressionsgleichungen und schätzt für die verschiedenen IQ-Niveaus von 1938 die entsprechenden IQ-Werte von 1948, so erhält man einen Regressionseffekt, der sowohl aus Zufallsveränderungen als auch aus systematischen Veränderungen resultiert, ohne daß man diese voneinander trennen kann. Die Gleichung für die Bestimmung der wahrscheinlichen Testwerte (x) von 1948, die den jeweiligen Testwerten (y) von 1938 entsprechen, lautet

$$x = 0{,}72\,y + 28$$

Nach dieser Gleichung erhalten wir folgende Aufstellung von Werten für x und y, die es uns ermöglicht, das Ausmaß der Regression auf den verschiedenen Niveaus zu bestimmen:

IQ von 1938	IQ von 1948	Regression
70	78,4	+8,4
80	85,6	+5,6
90	92,8	+2,8
100	100	±0
110	107,2	−2,8
120	114,4	−5,6
130	121,6	−8,4

Auf diese Weise erhält man einen Regressionseffekt von etwa ½ σ auf Niveaus, die um 2 σ vom Mittelwert für die gesamte Population differieren. Es fragt sich nun, bis zu welchem Grad dieser Effekt auf den verschiedenen Fähigkeitsnive-

Tabelle 2: Verteilung des Materials auf die verschiedenen IQ-Niveaus nach dem Test von 1938. Für jedes IQ-Niveau 1938 sind die Mittelwerte beim Test von 1948 für die Probanden mit Volksschulbildung (M_p) oder mit höherer Schulbildung (M_s) vermerkt, sowie auch die Anzahl der Probanden in den einzelnen Schulgruppen, die 1948 in einer höheren (h), in der gleichen (s) oder in einer niedrigeren (l) IQ-Klasse relativ zu 1938 waren.

IQ-Bereich 1938	Gesamt (n)	Elementarschule %*	h s l	Unterstufe einer höheren Schule ohne Abgangszeugnis %	h s l	Unterstufe einer höheren Schule mit Abgangszeugnis %	h s l
			14		1		
65– 74	29	97	13	3	–		
			1		–		
			40		2		2
75– 84	79	92	25	3	–	3	–
			8		–		–
			43		1		2
85– 94	123	90	45	4	2	2	–
			25		1		–
			26		4		9
95–104	125	75	31	5	2	10	3
			37		–		–
			5		2		9
105–114	145	55	30	8	5	18	13
			44		4		4
			1		–		1
115–124	92	42	11	3	1	27	15
			27		2		9
			–		–		–
125–134	20	25	1	5	–	30	4
			4		1		2

* Die Prozentangabe bezieht sich auf die jeweilige Gesamtzahl der Zeile.

IQ-Bereich 1938	Oberstufe einer höheren Schule ohne Abgangszeugn. %	h s l	Reifezeugnis %	h s l	M_p (IQ)	M_s (IQ)	M_p–M_s
65– 74					76	(105)	(29)
75– 84	1	1 – –	1	1 – –	86	(101)	(15)
85– 94	4	4 – —			92	101	9
95–104	7	9 – –	4	4 – –	98	104	6
105–114	17	17 7 1	2	3 1 –	101	115	14
115–124	22	5 12 3	6	3 2 —	108	118	10
125–134	35	– 3 4	5	– 1 –	(118)	125	(7)

aus von Zufallsfehlern beim Messen abhängt und wieweit er auf systematische Veränderungen zurückzuführen ist. Im folgenden wollen wir versuchen, mit Hilfe verschiedener Methoden eine Antwort auf diese Fragen zu finden.

In Tabelle 2 gibt jede Zeile für einen Bereich von jeweils 10 IQ-Einheiten von 1938 die Häufigkeit der Fälle eines bestimmten Schulbesuchs an. Innerhalb jedes Bereichs sind die verschiedenen Schulbesuchsfälle getrennt gehalten. Für jeden Probanden wird angegeben, ob er 1948 in einem höheren (h), einem niedrigeren (l) oder im gleichen (s) IQ-Bereich lag wie beim Test von 1938. Schließlich haben wir noch innerhalb jedes Bereichs den mittleren Unterschied zwischen den Probanden, die nur in die Elementarschule gingen, und denen, die höhere Schulen besuchten, bestimmt. Diese Differenz ist auf unserer Tafel in der Spalte ganz rechts angegeben. Da nur ganz wenige Probanden den extremen Gruppen angehören, müssen wir hauptsächlich die Spanne 85–124 ins Auge fassen. Offenbar besteht die Tendenz, daß sich der Unterschied in dieser Spanne zwischen den Probanden mit Elementarschulbildung und denen mit höherer Schulbildung vergrößert (vgl. Tabelle 3).

Man sollte sich dabei jedoch vor Augen halten, daß der ursprüngliche Unterschied zwischen Elementarschülern und Oberschülern durch den selektiven Einfluß der sozialen Faktoren auf den unteren Fähigkeitsniveaus etwas geringer ist. Der mittlere Unterschied zwischen allen vier IQ-Bereichen liegt zwischen 9–10 Einheiten. Wir stellten bereits fest, daß die höhere Schulbildung den IQ im Durchschnitt voraussichtlich um 5 Einheiten erhöht. Die hier beobachtete Erhöhung geht auf zwei Tatsachen zurück: 1. Wir haben es hier mit Probanden zu tun, von denen einige die Elementarschule und andere eine höhere Schule besuchten, die aber ursprünglich zum gleichen IQ-Intervallbereich von 10 Einheiten gehörten. Es ist sehr wahrscheinlich, daß die Mitglieder eines bestimmten IQ-Bereichs, die die höhere Schule besucht hatten, von Anfang an einen höheren Testdurchschnitt hatten als die, welche nur die Volksschule besuchten (vgl. Garrett 1946, S. 72 f.). Wir vergleichen hier Probanden, die nur die Volksschule besuchten, mit solchen, die in die höhere Schule gingen, und nicht jede dieser Gruppen mit sich selbst (IQ von 1938 mit dem IQ von 1948).

Tabelle 3

IQ-Bereich 1938	Mittlerer IQ-Unterschied zw. Elementar- und höherer Schule	Anzahl aller Personen im IQ-Bereich mit Schulbildung in der	
		Unterstufe einer höheren Schule	Oberstufe einer höheren Schule
85- 94	9	6 %	4 %
95-104	6	14 %	11 %
105-114	14	26 %	19 %
115-124	10	30 %	28 %

Aus den in Tabelle 4 angegebenen Werten folgt, daß die Differenz zwischen den mittleren Abweichungen der Probanden, die nur die Elementarschule besucht hatten, und denen, die in eine höhere Schule gegangen waren, etwa 7 Einheiten ausmachte. Wir sahen daher keinen Grund, die Annahme zu verwerfen, daß eine Zunahme von 5–7 IQ-Einheiten auf die höhere Schulbildung zurückzuführen ist.

Besonders interessant ist es, die Zeilen »h«, »s« und »l« in Tabelle 2 näher zu betrachten, wo angegeben ist, ob der IQ von 1948 für die Betreffenden höher, gleich hoch oder niedriger war als der IQ von 1938. Aus der Spalte für die Elementarschulgruppen ist zu ersehen, daß der Regressionseffekt in den

Tabelle 4: Häufigkeit des Aufstiegs bzw. Abstiegs in einen anderen IQ-Intervallbereich von 1938 bis 1948 je nach Schulbildung. (Die Prozentzahlen beziehen sich auf die Gesamtzahl der Probanden in der betr. Schulbildungsgruppe. Untersuchter IQ-Bereich: 105–134.)

IQ 1948 relativ zu IQ 1938	Elementarschule (n=123)	Unterstufe einer höheren Schule (n=57)	Oberstufe und Universitätsreife (n=62)
Höherer Bereich	5	18	44
Gleicher Bereich	34	56	43
Niedrigerer Bereich	61	26	13

extremen IQ-Intervallbereichen sehr ausgeprägt ist. Von 28 Probanden, deren IQ von 1938 im Bereich 65–74 lag, waren 14 in einen höheren Bereich aufgerückt, 13 waren im gleichen IQ-Bereich geblieben, und nur einer war in einen niedrigeren Bereich abgesunken. Von 39 Probanden mit Elementarschulbildung, die zum Bereich 115–124 gehörten, waren 27 abgesunken, 11 waren im gleichen Bereich geblieben, und nur einer war in einen höheren Bereich aufgestiegen. Wenn wir die Spalten für die höheren Schüler überprüfen, bestätigt sich ebenfalls, daß die Wirkung der Schulbildung den Regressionseffekt ausgleicht. Bis zu welchem Ausmaß dies der Fall ist, geht deutlich aus der folgenden Zusammenstellung hervor:

IQ-Bereich 1938	Anzahl (in %) der Probanden, die von 1938 bis 1948 in einen niedrigeren Bereich absanken	
	Elementarschule	Höhere Schule
95–104	25	–
105–114	56	14
115–124	70	26

Im Bereich 105–114 stiegen nur 5 von 79 (6 %) von denen, die die Volksschule besucht hatten, in einen höheren Bereich auf, während nicht weniger als 31 von 66 (47 %) der höheren Schüler aufstiegen.
Schließlich können wir noch die IQ-Veränderungen im Bereich 105–134 bei den verschiedenen Schulgruppen vergleichen, d. h. bei einem Teil des Materials, das beim Test von 1938 über dem Durchschnitt lag (Tabelle 4). Durch den Regressionseffekt war eine sehr große Anzahl derer, die nur eine Elementarschule besucht hatten, in einen niedrigeren Bereich abgesunken. Bei denen, die eine höhere Schule besucht hatten, war der Regressionseffekt durch die größere Übung ausgeglichen worden, was zur Folge hatte, daß proportional zum Grad der Schulbildung immer mehr Probanden in höhere Bereiche aufrückten.

Zusammenfassend ist folgendes zu sagen: Durch Aufteilung des Materials in verschiedene Fähigkeitsniveaus nach den Testergebnissen von 1938 wurde es möglich, den Einfluß der Schulbildung auf diesen verschiedenen Niveaus im einzelnen besser zu untersuchen. Dabei wurde beobachtet, daß bei 61 % der Volksschüler, bei 26 % der Oberschüler und bei 13 % der Oberschüler mit Reifezeugnis ein Absinken der IQ-Testwerte zu beobachten war, wobei sämtliche Probanden beim Test von 1938 über dem Durchschnitt gelegen hatten. Es war uns möglich, eine Untersuchung über die Interaktion zwischen dem Einfluß der höheren Schulbildung und dem Regressionseffekt durchzuführen.

IQ-Veränderungen und Beurteilung durch die Lehrer als Fähigkeitskriterien

In den verschiedenen Klassen wurden die Lehrer gebeten, die Kinder hinsichtlich ihrer Fähigkeit in 5 Gruppen zu klassifizieren. Dabei handelte es sich um folgende Gruppen: B (hochbegabt), M+ (überdurchschnittlich begabt), M (Durchschnitt), M− (unterdurchschnittlich begabt) und S (schwachbegabt). Ferner sollten die Lehrer angeben, welche Schüler im Hinblick auf ihre geistige Fähigkeit zu den 15 % der am meisten bzw. der am wenigsten begabten gehörten. Natürlich fielen die beiden letztgenannten Gruppen weitgehend mit den Gruppen B und S zusammen. In Tabelle 5 sind die IQ-Unterschiede für die 15 % der nach der Beurteilung seitens der Lehrer am meisten und am wenigsten begabten Schüler angegeben. Außerdem sind die Unterschiede bei den begabten Schülern, die nur die Elementarschule besuchten, und bei denen mit höherer Schulbildung gesondert vermerkt. Der mittlere IQ für die 15 % am meisten begabten Schüler war beim Test von 1938 etwa 115. Der Regressionseffekt mußte nach der oben angegebenen Gleichung gleich 4,2 sein. In Tabelle 5 sehen wir, daß die mittlere IQ-Abweichung für diejenigen 15 % der begabtesten Schüler, die nur die Volksschule besucht hatten, −4,5 betrug, was mit dem errechneten Regressionseffekt übereinstimmt. Als wir zuvor den Einfluß einiger wichtiger Umweltvariablen auf den IQ untersuchten, haben wir gefunden, daß die Schulbildung einen beträchtlich größeren systematischen Einfluß als die anderen Variablen auf den IQ hat. Diejenigen unter den 15 % der begabtesten Kinder, die irgendeine theoretische Weiterbildung erfuhren, zeigen keinen signifikanten Unterschied.

Tabelle 5: IQ-Unterschiede (IQ_{48}-IQ_{38}) bei den 15% begabtesten und den 15% unbegabtesten Probanden nach der Beurteilung seitens der Lehrer

	Die 15 % Begabtesten		Die 15 % Unbegabtesten
	Elementarschule	Höhere Schule	(nur Elementarschule)
n	22	49	63
Mittl. IQ-Unterschiede	-4,54±1,48	0,00±1,15	0,32±1,32
σ	6,96±1,05	8,04±0,81	10,48±0,93

Hier haben sich Schulbildung und Regressionseffekt gegenseitig aufgehoben. Praktisch alle Mitglieder der Gruppe haben ihre Zwischenprüfung abgelegt oder die oberen Klassen der höheren Schule größtenteils absolviert. Aufgrund unserer Ergebnisse können wir behaupten, daß eine weitere Schulbildung wenigstens bis zur Absolvierung der Zwischenprüfung bei herkömmlichen Gruppentests den IQ der begabtesten Schüler um 4–5 Einheiten erhöht. Das stimmt im wesentlichen mit unseren vorhergehenden Ergebnissen überein.

Aus Tabelle 5 ersehen wir, daß die mittlere IQ-Abweichung für die 15 % der am wenigsten begabten Schüler +0,32 Einheiten beträgt. Ihr Mittelwert beim Test von 1938 war etwa 85, d. h. er lag etwa 1 σ unter dem Gesamtdurchschnitt. Nach der Regressionsgleichung dürfen wir einen Regressionseffekt von +4,2 Einheiten erwarten. Die IQ-Abweichung von +0,32 weicht signifikant vom errechneten Regressionswert ab. Da keiner der 15 % am wenigsten Begabten eine weitergehende theoretische Schulbildung erhielt, haben wir keinerlei Möglichkeit zu beurteilen, welche Wirkung eine theoretische

Schulbildung auf diesem Niveau besitzen würde. Die einleuchtendste Erklärung für die Tatsache, daß die IQ-Abweichung 4 Einheiten unter dem zu erwartenden Wert liegt, ist die, daß die intellektuell am wenigsten Begabten durch Mangel an Übung oder aus irgendwelchen anderen Gründen im Durchschnitt gegenüber dem übrigen Material etwa um 4 Einheiten regrediert sind. Das stimmt auch mit den Ergebnissen anderer Forschungen überein, die durchgeführt wurden, um festzustellen, wie sich die Leistung bei Teenagern auf den verschiedenen Begabungsniveaus entwickelt. Die besten Schüler behalten ihr Niveau selbst dann bei, wenn sie nicht weiter in eine höhere Schule gehen, während die intellektuell weniger Begabten regredieren.
Vernon (1948) konnte die gleichen Resultate in seiner Längsschnittuntersuchung von Jugendlichen zwischen 14 und 20 Jahren registrieren.

Die auf den verschiedenen Begabungsniveaus auftretenden Veränderungen sind genauer in den Tabellen 2 und 6 zu erkennen. In Tabelle 6 sind die IQ-Unterschiede für die verschiedenen Begabungsniveaus nach dem Urteil der Lehrer angegeben. Auf jedem Niveau wurden die Probanden, die nur die Elementarschule besucht hatten, getrennt von denen aufgeführt, die eine höhere Schulbildung hatten. Bevor wir nun versuchen, die gefundenen IQ-Unterschiede zu interpretieren, wollen wir den Versuch machen, die Stärke des Regressionseffekts auf sämtlichen 5 Niveaus zu bestimmen. Man erhält dabei folgende Werte:

	Hochbegabt	Über Durchschnitt	Durchschnitt	Unter Durchschnitt	Schwachbegabt
Festgestellter IQ (1938)	113,5	107,4	100,0	91,5	83,9
Wahrscheinlicher IQ (1948)	109,7	105,3	100,0	93,9	88,4
Regression	−3,8	−2,1	±0	+2,4	+4,5

Wie bereits festgestellt, zeigt die Elementarschulgruppe die geringsten relativen systematischen Veränderungen; vor allem steht diese Gruppe nicht unter dem deutlichen systematischen Einfluß, den die höhere Schulbildung ausübt. Folglich sollte sie den Regressionseffekt weit deutlicher manifestieren. Nicht zu vergessen ist, daß die Probanden, die nur die Elementarschule besuchten, die geringste mittlere IQ-Abweichung zeigen, da sie die Mehrheit darstellen und für die Gesamtpopulation $M_{diff.} = 0$ ist.
Wenn man die IQ-Abweichungen auf den verschiedenen Begabungsniveaus, welche wir für die Probanden mit Volksschulbildung erhalten haben, mit den errechneten Regressionswirkungen vergleicht, so ergibt sich folgende Reihe:

	Hoch-begabt	Über Durch-schnitt	Durch-schnitt	Unter Durch-schnitt	Schwach-begabt
Beobachtete durchschnittl. IQ-Differenz	−3,5	−3,3	−1,5	+0,4	+0,5
Berechneter Regressions-effekt	−3,8	−2,1	±0	+2,4	+4,5
Abweichung	+0,3	−1,2	−1,5	−2,0	−4,0

Es sieht so aus, als ob die Abweichung um so größer wäre, je weiter der Betreffende vom höchsten Begabungsniveau entfernt ist. Die starke Abweichung des errechneten Regressionseffekts von der beobachteten IQ-Abweichung auf der niedrigsten Begabungsebene haben wir oben auf das relative Absinken auf diesem Fähigkeitsniveau zurückgeführt, welches unter anderem von der mangelnden Übung bei Teenagern kommen könnte. Wir sehen keinen Grund, diese Erklärung zu verwerfen.

Der nächste Schritt ist eine Analyse der Wirkung der höheren Schulbildung auf den verschiedenen Fähigkeitsniveaus. Diese Analyse wird dadurch etwas erschwert, daß die höhere Schulbildung dieser Gruppe (vgl. Tabelle 6) auf den verschiedenen Fähigkeitsniveaus hinsichtlich des Anteils der Schüler, die nur die unteren Klassen mit einem Abgangszeugnis besucht haben, und denen, die die oberen Klassen absolviert haben, variiert. Wie jedoch aus Tafel 2 zu ersehen ist, ist der Unterschied bezüglich der jeweiligen Schülerzahl nicht so groß, daß wir ihn nicht für den Augenblick ignorieren könnten. Beim Vergleich der IQ-Unterschiede mit den berechneten Regressionswirkungen auf den verschiedenen Begabungsebenen erhalten wir folgende Wertreihen:

	Hoch-begabt	Über Durch-schnitt	Durch-schnitt	Unter Durch-schnitt	Schwach-begabt
Beobachtete durchschnittl. IQ-Differenz	+0,9	+5,4	+6,6	–	–
Berechneter Regressions-effekt	−3,8	−2,1	±0	–	–
Abweichung	+4,7	+7,5	+6,6	–	–

Die Abweichungen in positiver Richtung, die wir zwischen den beobachteten IQ-Unterschieden und dem errechneten Regressionseffekt nachweisen konnten, müssen mit dem systematischen Einfluß zusammenhängen, der sich auf die Leistung auswirkt. Die durchschnittliche Auswirkung des Trainings, das die höhere Schulbildung auf diesen Fähigkeitsebenen zu vermitteln scheint, dürfte etwa 6 IQ-Einheiten betragen. Mit dem in Tabelle 1 angewandten Verfahren konnten wir feststellen, daß die IQ-Differenz für Probanden, welche die unteren Klassen einer höheren Schule mit Abgangszeugnis besucht hatten, 3 Einheiten betrug; für Absolventen der höheren Klassen betrug sie 7 Einheiten. Nimmt man diese beiden Gruppen zusammen, so erhält man eine durchschnittliche IQ-Zunahme aufgrund der zusätzlichen höheren Schulbildung von 5 Einheiten.

Zusammenfassend kann man feststellen, daß eine höhere Schulbildung durch Besuch der unteren Klassen mit Abgangszeugnis oder der höheren Klassen den IQ um 5–7 Einheiten anhebt. Probanden ohne weiterführende theoretische Schulbildung nach Absolvierung der Elementarschule zeigen durchschnittlich eine leichte Regression um 1–2 Einheiten; die Regression ist auf der niedrigsten Begabungsebene am größten (etwa 4 Einheiten), während die Probanden auf der höchsten Begabungsebene ihren Status quo beibehalten.

Tabelle 6: Verteilung der IQ-Differenzen (IQ_{48}-IQ_{38}) bei Unterteilung nach der Beurteilung seitens der Lehrer im Jahre 1938. In jedem IQ-Bereich sind die Probanden mit nur Elementarschule und die mit irgendeinem höheren Schulbesuch einander gegenübergestellt.

Unterschied (mit Vorzeichen)	Hochbegabt Elem.-Schule	Hochbegabt Höhere Schule	Über-Durchschnitt Elem.-Schule	Über-Durchschnitt Höhere Schule	Durchschnitt Elem.-Schule	Durchschnitt Höhere Schule
−36— −33					1	
−32— −29						
−28— −25					3	
−24— −21		1	2		4	1
−20— −17	1		3		6	
−16— −13	2	2	2		10	1
−12— − 9	3	1	5	1	13	
− 8— − 5	3	5	4	2	18	1
− 4— − 1	3	7	5	1	18	3
0— +	6	16	16	18	36	11
+ 4— + 7	2	5	8	10	20	10
+ 8— +11	4	9	3	6	21	10
+12— +15				8	10	9
+16— +19		3	2	1	10	3
+20— +23		2				2
+24— +27					2	1
+28— +31				1	1	3
+32— +35						
+36— ...				2		
n	24	51	50	50	173	55
M	−3,50	0,86	−3,28	5,36	−1,53	6,62
σ	8,11	8,69	9,18	9,14	11,13	9,65

Unterschied (mit Vorzeichen)	Unter Durchschnitt Elem.-Schule	Unter Durchschnitt Höhere Schule	Schwachbegabt Elem.-Schule	Schwachbegabt Höhere Schule
−36– −33				
−32– −29	1		1	
−28– −25				
−24– −21	1			
−20– −17	2			
−16– −13	7	1	1	
−12– − 9	4		6	
− 8– − 5	5	1	3	
− 4– − 1	12		7	
0– + 3	20	2	18	
+ 4– + 7	13	1	11	
+ 8– +11	8	1	6	
+12– +15	11	2	6	
+16– +19	1		1	
+20– +23	2		1	
+24– +27	2			
+28– +31	1			
+32– +35				
+36– ...				
n	90	8	61	0
M	0,40	(1,50)	0,46	–
σ	10,83	(9,15)	8,60	–

Anmerkungen

1 J. Lorge (1945): Schooling makes a difference. Teacher's College Record 46, S. 483 ff., zitiert bei Mursell, op. cit., S. 326.

2 Vgl. H. E. Garrets (1946) Kritik in: The effects of schooling upon IQ. Psychological Bulletin 43, S. 72 ff.

3 Die mit der Untersuchung des Einflusses der Schulbildung auf den IQ verbundenen methodologischen Probleme haben u. a. diskutiert: McNemar (1940), Anastasi & Foley (1949), S. 239 ff., und Jones (1946), S. 617 ff.

4 Einen Überblick über das Regressionsproblem geben Anastasi & Foley (1949, S. 241 ff.) Vgl. auch R. L. Thorndike (1942).

5 Die Ausdrücke »Steigerung« und »Absinken« beziehen sich natürlich auf Veränderungen in bezug auf die gesamte Population.

6 Bei der Interpretation der Abweichungen sollte man sich vor Augen halten, daß sie von der Größe der Gruppe abhängen. M ist definitionsgemäß Null für das gesamte Material, was zur Folge hat, daß die absolute Maximalgröße der Abweichungen im umgekehrten Verhältnis zur Größe der betreffenden Gruppen steht.

7 Korrelationen zwischen +0,85 und +0,94 wurden trotz des Zwischenraums von einem Jahr erhalten, als die gleichen Probanden mit Tests von völlig anderer Struktur getestet wurden (Husén 1951 a).

ANASTASI, A., & FOLEY, J. P. (1949): *Differential Psychology*. New York: Macmillan.
ANDERSON, J. E. (1940): The prediction of terminal intelligence from infant and preschool tests. *39th Yearbook, Nat. Soc. Stud. Educ.* Chicago: Univ. of Chicago Press, 385–403.
BYRNS, R., & HENMON, V. A. C. (1935): Long range prediction of college achievement. *School and Society* 41, 877 ff.
GARRETT, H. E. (1946): The effects of schooling upon IQ. *Psychol. Bull.* 43, 72 ff.
HUSÉN, T. (1950): Intelligence and occupation. In: G. Westerlund (Ed.): *Man and Work*. Stockholm: Stroemberg.
HUSÉN, T. (1950): *The predictive value of intelligence tests*. Stockholm: Geber.
HUSÉN, T. (1951 a): On the stability of test scores. *Svenska Läkartidningen*, Vol. 48, 133–157.
HUSÉN, T., & HENRICSON, S. E. (1951 b): *Some principles of construction of group intelligence tests for adults*. Stockholm: Almqvist & Wiksell.
JONES, H. E. (1946): Environmental influences on mental development. In: Carmichael, J. (Ed.): *Manual of Child Psychology*. New York: Wiley.
LORGE, J. (1945): Schooling makes a difference. *Teacher's College Record* 46, 483–492.
MCNEMAR, Q. (1940): A critical examination of the University of Iowa studies of environmental influences upon the IQ. *Psychol. Bull.* 37, 63–92.
MURSELL, J. L. (1949): *Psychological testing*. 2. Ed. New York: Longmans, Greene and Co.
TERMAN, L. M., & ODEN, M. (1947): *The gifted child grows up*. Stanford, Calif.: Stanford Univ. Press.
THORNDIKE, R. L. (1933): The effect of interval between test and retest on the constancy of the I. Q. *J. Educ. Psychol.* 24, 543–549.
THORNDIKE, R. L. (1940): ›Constancy‹ of the I. Q. *Psychol. Bull.* 37, 167–186.
THORNDIKE, R. L. (1942): Regression fallacies in the matched groups experiment. *Psychometrika* 7, 85–102.
THORNDIKE, R. L. (1947): The prediction of intelligence at college entrance from earlier test. *J. Educ. Psych.* 36, 129–148.
VERNON, P. H. (1948): Changes in abilities from 14–20 years. *Advancement of science* 5, 138 ff.
WELLMAN, B. (1940): Iowa studies on the effects of schooling. *39th Yearbook, Nat. Soc. Stud. Educ.* II.

zeitnah
kritisch
weltweit
ausführlich
und oft
unbequem
DEUTSCHES
ALLGEMEINES
SONNTAGS
BLATT
HERAUSGEBER HANNS LILJE
Berichte,
Kommentare,
Analysen aus
Politik, Kultur
und der Wirtschaft.
Die Wochenzeitung
der besser Informierten.
Fordern Sie kostenlos drei
Ansichtsexemplare bei uns an:
2000 Hamburg 13 · Mittelweg 111